法学学科新发展丛书
New Development of Legal Studies

中国法学教育现状与发展趋势

冀祥德 孙远 杨雄\著

中国社会科学出版社

图书在版编目（CIP）数据

中国法学教育现状与发展趋势/冀祥德等著. —北京：
中国社会科学出版社，2008.10
（法学学科新发展丛书）
ISBN 978 – 7 – 5004 – 7304 – 6

Ⅰ. 中⋯　Ⅱ. 冀⋯　Ⅲ. 法学教育 – 研究 – 中国
Ⅳ. D920.4

中国版本图书馆 CIP 数据核字（2008）第 159783 号

出版策划　任　明
责任编辑　官京蕾
责任校对　王兰馨
技术编辑　李　建

出版发行	中国社会科学出版社		
社　址	北京鼓楼西大街甲 158 号	邮　编	100720
电　话	010 – 84029450（邮购）		
网　址	http：//www.csspw.cn		
经　销	新华书店		
印　刷	北京奥隆印刷厂	装　订	广增装订厂
版　次	2008 年 10 月第 1 版	印　次	2008 年 10 月第 1 次印刷
开　本	710×980　1/16		
印　张	24.25	插　页	2
字　数	418 千字		
定　价	38.00 元		

凡购买中国社会科学出版社图书，如有质量问题请与本社发行部联系调换
版权所有　侵权必究

总　序

景山东麓，红楼旧址。五四精神，源远流长。

中国社会科学院法学研究所位于新文化运动发源地——北京大学地质馆旧址。在这所饱经沧桑的小院里，法学研究所迎来了她的五十华诞。

法学研究所成立于1958年，时属中国科学院哲学社会科学学部，1978年改属中国社会科学院。五十年来、尤其是进入改革开放新时期以来，法学研究所高度重视法学基础理论研究，倡导法学研究与中国民主法治建设实践紧密结合，积极参与国家的立法、执法、司法和法律监督等决策研究，服务国家政治经济社会发展大局。改革开放初期，法学研究所发起或参与探讨法律面前人人平等、法的阶级性与社会性、人治与法治、人权与公民权、无罪推定、法律体系协调发展等重要法学理论问题，为推动解放思想、拨乱反正发挥了重要作用。20世纪90年代以后，伴随改革开放与现代化建设的步伐，法学研究所率先开展人权理论与对策研究，积极参与国际人权斗争和人权对话，为中国人权事业的发展作出了重要贡献；积极参与我国社会主义市场经济法治建设，弘扬法治精神和依法治国的理念，为把依法治国正式确立为党领导人民治国理政的基本方略，作出了重要理论贡献。进入新世纪以来，法学研究所根据中国民主法治建设的新形势和新特点，按照中国社会科学院的新定位和新要求，愈加重视中国特色社会主义民主自由人权问题的基本理论研究，愈加重视全面落实依法治国基本方略、加快建设社会主义法治国家的战略研究，愈加重视在新的起点上推进社会主义法治全面协调科学发展的重大理论与实践问题研究，愈加重视对中国法治国情的实证调查和理论研究，愈加重视马克思主义法学和中国法学学科新发展的相关问题研究……

五十年弹指一挥间。在这不平凡的五十年里，法学所人秉持正直精邃理念，弘扬民主法治精神，推动法学创新发展，为新中国的法治建设和法学繁荣作出了应有贡献。

法学研究所的五十年，见证了中国法学研究事业的繁荣与发展；法学研究所的五十年，见证了中国特色社会主义民主法治建设的进步与完善；法学研究所的五十年，见证了中国改革开放与现代化建设事业的成就与辉煌。

今天的法学研究所，拥有多元互补的学术背景、宽容和谐的学术氛围、兼收并蓄的学术传统、正直精邃的学术追求、老中青梯次配备的学术队伍。在这里，老一辈学者老骥伏枥，桑榆非晚，把舵导航；中年一代学者中流砥柱，立足前沿，引领理论发展；青年一代学者后生可畏，崭露头角，蓄势待发。所有的这一切，为的是追求理论创新、学术繁荣，为的是推动法治发展、社会进步，为的是实现公平正义、人民福祉。

在新的历史起点上，我们解放思想，高扬改革开放的大旗，更要关注世界法学发展的新问题、新学说和新趋势，更要总结当代中国法学的新成就、新观点和新发展，更要深入研究具有全局性、前瞻性和战略性的法治课题，更要致力于构建中国特色社会主义法学理论创新体系。

为纪念中国社会科学院法学研究所建所五十周年，纪念中国改革开放三十周年，我们汇全所之智、聚众人之力而成的这套法学学科新发展丛书，或选取部门法学基础理论视角，或切入法治热点难点问题，将我们对法学理论和法治建设的新观察、新分析和新思考，呈现给学界，呈现给世人，呈现给社会，并藉此体现法学所人的襟怀与器识，反映法学所人的抱负与宏愿。

五十风雨劲，法苑耕耘勤。正直精邃在，前景必胜今。

中国社会科学院法学研究所所长李林　谨识
二〇〇八年九月

法律、法学和法律人（代序）

汪建成[①]

呈现在读者面前的这部《中国法学教育的现状与发展趋势》一书，是中国社会科学院法学研究所的重点研究课题。作者委托我为本书作序，大抵是因为两个方面的原因：一是因为我是中国法学教育百花园中的一名园丁，对中国的法学教育有所历，也有所感；二是因为本书的三位作者，均是中国法学教育的高绩效产品，而他们恰恰都是我指导过的优秀博士研究生。

我从1986年开始了大学法学教育的职业生涯，先后在烟台大学法学院和北京大学法学院两所法律院校执教，前者代表了中国法学教育的新生力量，后者则是中国法学教育的先驱。在20多年的法学教育生涯中，我亲历了中国法学教育的成长历程，感受了中国法学教育的艰辛与乐趣，更见证了改革开放以来中国法制状况的发展与变迁。于是我对法律、法学和法律人形成了一些自己很不成熟的看法，并于2007年在北京大学法学院新生开学典礼上就这一话题作了一个演讲。现借本书出版之际，让这段鸣自内心深处的文字与读者见面，如果诸君能从中分享我这个法学教育者身上的快乐与责任，那将是我莫大的欣慰！

法律看上去很简单，因为在中学的法律常识课本中就已经介绍了一些关于法律的基本概念；法律其实很复杂，因为一项法律之所以成为法律，是因为其充满着利益的平衡和价值的博弈。

法律看上去很枯燥，因为法律无非都是由假定、行为和责任组成的各种命题，以至于我们不得不花很大工夫去背诵这些命题；法律其实很生动，因为法律的生命根植于活生生的生活实践。

法律看上去是万能的，因为法律是建立、维持和恢复社会秩序的基本手段；法律其实并非万能，因为法律只不过是人类行为的最低准则，道德才是人类行为的最高要求。

法律看上去很冷，因为一谈到法律人们总会联想到法不容情、大义灭

[①] 北京大学法学院教授、博士生导师，中国法学会刑事诉讼法学研究会副会长。

亲、手铐、铁窗等冷冰冰的词语和画面；法律其实很热，因为法律一样充满着人文关怀，法律总是与人类社会的文明同步成长，法律制度的发展和变革记录了社会文明和进步的历史轨迹。

法律看上去很不职业，因为曾几何时人们对复转军人进法院做法官习以为常；法律其实很职业，因为而今只有那些接受过正规法学教育且通过国家司法考试者才能迈入法院的门槛。

法律看上去离我们很远，因为似乎只要永远做一个守法公民，一辈子都可以不同法律打交道。而且，现代社会在司法独立的旗帜之下，总是希望为法律营造一个独立于权力、金钱和民怨民情的隔音空间；法律其实离我们很近，因为任何一个人从呱呱坠地之时，医院的一纸出生证明，就给每个人打上了法律的烙印，从此他便实现了从自然生命体向法律生命体的过渡，每个人都无时无刻不生活在各种法律编织的网络之中。

然而，我还是要说，现实生活是纷繁复杂的，即使再高明的立法者也难以穷尽社会生活的现实，所以立法者往往只能以抽象、模糊代替具体、明确。为使所立之法不因时势之变迁而变得不知所云，变得僵化、教条，迫切需要一个专门的学科来研究法律精神、发掘法律功能、探索法律价值、促进法律适用、推动法律变革、传承法律文化。有理由认为，正是法学这一专门法律学科的勃兴，才使得纸上的法律变为现实中的法律；才使得普遍的法律变成个案中的法律；才使得死的法律变为活的法律；才使得静态的法律变为动态的法律。

古人云：徒法不足以自行。法学教育的终极目的也不在于研究法律本身，而是为社会、为国家培育出一代又一代的法律英才。只有这样，法律这把生命之火才能生生不息，世代相传。社会所需要的法律人必须具备精良的法学知识，因为只有这样才能满足法治社会中法律越来越职业化的需要；社会所需要的法律人必须具备开阔的视野，因为法律的触点涉及人类生活的方方面面；社会所需要的法律人必须具备雄辩的口才，因为法律是调整社会和人际关系的规则，当我们选择法律作为自己的职业就注定了一辈子要同人打交道；社会所需要的法律人必须具备过硬的文字素养，因为在现实中法律关系往往是以文本的方式表现出来的；社会所需要的法律人必须具备高尚的良知和品德，因为法律实践过程中留有太多的自由裁量的空间，但无论怎么裁量，都不能违背起码的良知，高尚的良知是维护公正的最低道德底线；社会所需要的法律人必须具备高度的社会责任感，因为法律人作为社会的精英，是推动人类社会和谐与进步的重要力量。

本书是一本专门以中国法学教育为主题的重要著作，作者们竭尽心智，对中国法学教育的历史进行了全面的回顾；对中国法学教育的现状进行了客观的描述；对中国法学教育中存在的问题进行了深入的剖析；对中国法学教育的未来进行了审慎的展望。于是，在他们的努力之下，一个很普通的话题，却结出了丰硕的、对于我们每一个法学教育工作者都会有所启迪的果实，在法律、法学和法律人之间架起了一座彼此联系的桥梁和纽带！

　　我祝贺这部成果的问世，故书写以上文字，是为序！

汪建成
2008年8月写于燕园书斋

给教育以信仰与德行（代自序）

在本书即将付梓之际，从新出版的《读者》第15期上读到了《让青春不再沉重》一篇短文，顿生感慨。文章以夹叙夹议的方法，从不同的层面质疑、检讨、反思了中国大学教育的困顿与窘况，给人留下了深刻而沉重的思考。

质疑：从中国某重点大学教授杨某因学生到课率低而引发辱骂殴打学生的事件，质疑高等学校陈旧落后的教学模式

老师讲课味同嚼蜡，学生听课呆若木鸡。几十年来大学教育始终没有走出"上课记笔记"、"考前背笔记"、"考试考笔记"的三段论固定模式。个少学生戏称大学课程分为两种，一种是"必逃课"，一种是"选逃课"。"填鸭式的知识传授方式已成为大学教育中最受人诟病的问题，而从大学的源头考察，知识传授从来就不是大学最主要的功能。"文章引用英国著名教育家纽曼《大学的理想》话说，大学的职责就是提供智能、理性和思考的练习环境，让年轻人凭借自身具有的敏锐、坦荡、同情心、观察力在共同的学习、生活、自由的交谈和辩论中，得到受益一生的思维训练，这才是大学所要完成的任务。在知识和信息可以在互联网上或者其他更方便的途径中获取的当代，大学应当以直接的人与人——老师与大学生之间的具有活力的文化交流，成为互联网所依赖的文化中心。[①]

检讨：从一位大学生迷路跪地而哭、两名乘客用四种语言对骂，检讨中国素质教育的成败

19岁的重点大学的学生，迷路后茫然不知所从，只好跪在路边失声痛哭，让人不得不质疑大学生的生活常识、处世能力与社交技能——"我们的传统教育方式到底是把人教聪明了，还是把人教傻了？"在飞机上因为一点小摩擦而破口大骂，双方先后用汉语、英语、日语和法语相互辱骂，人们不禁感叹，会三种外语的"高素质人才"，居然在大庭广众之下有如此低素质的表现。文章评论说，"我们的传统教育观念认为，有足够知识储备的人

---

① 夏磊：《让青春不再沉重》，载《读者》2008年第15期。

就是高素质的人。在大学教育中，就表现为重知识传授而轻个人素质教育，结果造成现代大学生较为普遍的高分低能。有人'很傻很天真'……只知道书本知识，缺乏基本的生活技能和道德判断能力。更多的人读书出于功利，热衷于获取各种证书和技能，不具备基本的科学理论、系统知识，关于人生、社会的基本素养几乎空白"。①"训练是传授某种技艺，教育则是要给人提供某种精神品质。大学就是要为年轻人建立一个精神的故乡，使他们在瞬息万变的世界里闯荡时，有一种内在的资源。"哈佛大学校长陆登庭认为，大学对学生人文素质的培养才是大学教育中无法取代的部分。它不仅有助于我们在专业领域里更具创造性，还使我们变得更善于深思熟虑，更有追求，更有理想，更有洞察力，成为更完美、更成功的人。②

反思：从考试作弊、应聘简历注水、助学贷款赖账比例高于普通人10倍，反思中国诚信教育的缺失

文章引用一位经济学教授的话说："中国学生申请出国留学，需要教授写推荐信。20世纪80年代，我在上面签上自己的名字，对方学校就认可了；到了90年代早期，签名之外还要盖上自己的印章；再过几年，除了签名、盖章外，还要求加盖系、院或大学的骑缝章才行；现在这些都不算了，外国大学在收到推荐信之后，通常还会给推荐教授发函，以确认教授是否真的推荐了此人！"文章举例说，在2006年的一项调查中，180位接受调查的博士里，有60%的人承认曾花钱在学术刊物上发表论文，相近比例的人承认曾抄袭过其他学者的成果；大学毕业招聘会上，几乎人人都是优秀班干部、三好学生；工作后随意违约，频繁跳槽，一旦目的达到便不辞而别，让招聘单位措手不及，造成用人单位对应届大学生的普遍反感；国有商业银行国家助学贷款坏账比例高达10%，远远高于普通人1%的比例，以至于2006年4月，全国已有100多所高校被银行列入暂停发放助学贷款的"黑名单"。③更令人忧虑的是，高校中诚信的缺失，不仅仅是学生，教师言而无信、学术成果剽窃等事件也在频频发生。

"青春的花开花谢，让我疲惫却不后悔……"代表了莘莘学子对大学生活的美好向往和追求。然而，对于当今时代的大学生而言，充满青春和梦想的大学生活，已经在严峻的现实中渐行渐远。法学教育在中国的现状同样存

---

① 夏磊：《让青春不再沉重》，载《读者》2008年第15期。
② 同上。
③ 同上。

在上述问题和矛盾，正如李林教授指出的：中国法学教育急剧扩张，导致法学的"粗放式"发展，量的增长快，但质的提高不足。表现为：一是学生多了，但科学素质不高。我国法学本科生主要是从文科类学生中招生，而文科生在高中阶段就被分出来，不再接受自然科学的课程教育，逻辑思维能力养成不足；二是教授多了，但大师难觅。法学院有大楼，没有大师，不少独立学院的法学院系的教师队伍中，没有一个法学专业的教授，甚至没有一个法学专业硕士学位获得者；三是法学出版物多了，但学术价值不高。近年来，法学学术专著、论文可谓成果丰硕，让人目不暇接，但真正有可读性的寥寥无几，特别是有理论创新性或者对国家法治建设有价值的学术成果屈指可数。中国法学教育总体定位不清，法学教育到底是通识教育还是职业教育，法学教育到底是大众教育还是精英教育，这个定位没有弄清；法学教育现在的低起点与法律职业高素质要求之间存在着巨大的差距，怎样克服这个矛盾还没有找到更好的道路；此外，中国法学教育还存在两个根本性缺陷，一是中国法学教育当中缺乏司法伦理的训练。不具有司法伦理的法官、检察官和律师是很危险的；二是中国法学教育当中缺乏职业技巧培训。没有职业技巧的法官、检察官和律师就不能适应职业的要求。制约中国大学法学教育发展的，还有人才培养上的结构失衡。一方面农村、乡镇闹"律师荒"；另一方面真正能够处理复杂跨国法律业务的高端法律人才产出不足。中国大学法学教育的"产品"主要囤积在中下档次。这可能也是导致法学专业学生就业形势日益严峻的一个重要因素。有消息说，2007年的法学本专科学生的就业率在全部文科中排在倒数第一。从未来的发展趋势看，中国大学法学院在培养合格法科毕业生的基础上，在功能定位上走分化和差异化的路线（如划分精英法学院和非精英法学院），可能是在不久的将来会变成现实的一个推测。[①]

匮乏信仰与德行的教化是世界教育的共弊。据悉，针对西方近代以来的大学教育制度在脱离神学的同时，也把人生的价值和信仰放在一边的现实，2007年哈佛大学在教学改革中将通识课中的"历史研究"（historical study）改成了"文化与信仰"（culture and belief）。[②] 哈佛的课程变化给人们一种深

[①] 参见李林教授2007年10月21日在贵州贵阳"花溪之畔·法学教育改革论坛"上的演讲。
[②] 据说，哈佛大学发现当今学生热衷于讨论宗教问题，为因应变化，通识课程就加进了该内容。但为避免造成在学校传教的误会，决定以程度较弱的belief代替强信仰faith。即在淡化宗教因素的同时，强调重信仰及文化的内涵。龚隽：《教育需要信仰》，载《南方周末》2008年7月24日。

层次的思考，即信仰问题已经成为当今教育中十分重要的环节，教育中信仰的灌输，需要配合文化的教养，特别是不同传统文化的学习。但丁说："一切事物中的最深欲求从一开始就是要回到源头。"健全人格的培养离不开对不同信仰系统的文化理解，而这又必须根植于不同传统文化和历史之中才能够落实，生命教育的问题就是如何回到不同文化传统的教育当中去，使教育成为"变化气质"之学。即在强调知识训练的同时，必须注重教养的传输；在教化闻见的过程中，必须重视德行的养成。

世界范围内现代教育实践下的一个个活生生的事例在不停地警示着我们，广博的知识并不能保证受教育者拥有德行和幸福的生活，只能把现代人教育成没有人格的会"走动的百科全书"。现代教育中，应当全方位考虑吸纳传统文化中积极的元素，以呼应当前生活的各种问题和需求，正如马丁·布伯所言，传统教育并不是去重复古代的教义和仪式，而是获得一种根源性的选择力量——通过那种力量去倾听一种呼唤——一种对他们时代和生命所需要的呼唤。当然，我们的教育需要信仰、德行和传统文化的培植，同样也需要现代意识的转换能力。①

在对当下教育的现实予以质疑、检讨和反思之下，想到还将有一代又一代的学生要走进校园，要读大学，读硕士，读博士，想到他（她）们、他（她）们的父母以及社会对于教育的期待，我最想说的一句话就是：

请给教育以信仰与德行！

冀祥德

二〇〇八年八月十一日

谨识于北京圆明园花园寓所

---

① 参见龚隽《教育需要信仰》，载《南方周末》2008 年 7 月 24 日。

目 录

第一章　中国法学教育概述 ………………………………………… (1)
　　一　以时间为纵向坐标的回溯 ………………………………… (1)
　　二　以现实为横向界面的描述 ………………………………… (8)
　　三　基于历史、现实和未来的思考 …………………………… (12)
　　四　中国法学教育2007年回顾及其展望 ……………………… (24)

第二章　法学教育的历史沿革 ……………………………………… (32)
　　一　高等法学教育的历史发展 ………………………………… (32)
　　二　法律职业教育的历史 ……………………………………… (44)
　　三　普法教育的历史发展 ……………………………………… (51)

第三章　法学教育的功能与定位 …………………………………… (58)
　　一　法学教育的内涵和外延 …………………………………… (59)
　　二　法学教育的功能 …………………………………………… (62)
　　三　法学教育的定位 …………………………………………… (66)

第四章　法学教育的层次 …………………………………………… (80)
　　一　法学学历教育 ……………………………………………… (81)
　　二　法律职业教育 ……………………………………………… (98)

第五章　法学院系的构成 …………………………………………… (107)
　　一　我国法学院系的分布 ……………………………………… (107)
　　二　我国法学院系设置存在的问题及优化措施 ……………… (119)

第六章　法学课程的设置 …………………………………………… (124)
　　一　法学本科生课程设置 ……………………………………… (124)
　　二　法学研究生课程设置 ……………………………………… (135)

第七章　教学方法 …………………………………………………… (155)
　　一　传统教学法及批判 ………………………………………… (155)
　　二　案例教学法 ………………………………………………… (161)
　　三　诊所式教学 ………………………………………………… (172)
　　四　反思 ………………………………………………………… (181)

第八章　法学教材 …………………………………………………… (185)

一　行政化的编纂模式 …………………………………… （186）
　　二　质量上的问题 ………………………………………… （191）
　　三　回归学术 ……………………………………………… （199）
第九章　法学考试 …………………………………………… （206）
　　一　专业考试的功能 ……………………………………… （206）
　　二　存在的问题 …………………………………………… （208）
　　三　考试方法之改进 ……………………………………… （212）
　　四　司法考试与法学教育之关系 ………………………… （217）
第十章　法学教师 …………………………………………… （231）
　　一　法学教师的基本素质 ………………………………… （232）
　　二　问题及原因 …………………………………………… （238）
　　三　提高法学教师队伍素质 ……………………………… （244）
第十一章　法学教育与司法职业 …………………………… （248）
　　一　法学教育与司法职业关系之辨析 …………………… （248）
　　二　法学教育供给与司法职业需求面临的困境 ………… （254）
　　三　法学教育与司法职业之间关系域外之考察 ………… （263）
　　四　法学教育与司法职业关系之改良 …………………… （275）
第十二章　法学教育的质量控制 …………………………… （284）
　　一　影响法学教育质量的因素 …………………………… （284）
　　二　法学教育质量控制的必要性 ………………………… （288）
　　三　法学教育质量控制体系的构建 ……………………… （294）
　　四　法学教育质量控制的薄弱环节 ……………………… （308）
第十三章　科研机构法学教育的发展方向 ………………… （317）
　　一　设立中国社会科学院法学院的现实背景 …………… （318）
　　二　设立中国社会科学院法学院的可行性与必要性 …… （320）
　　三　设立中国社会科学院法学院面临的困难与挑战 …… （329）
　　四　结语 …………………………………………………… （331）
附件一　中国社科院法学所全日制法律硕士培养方案Ⅱ ……… （332）
附件二　中国社科院法学所在职法律硕士培养方案Ⅱ ………… （337）
附件三　在全国法律硕士十年工作总结表彰大会上的发言 …… （341）
附件四　"社科法硕"发展历程（2004—2008） ………………… （348）
主要参考文献 ………………………………………………… （365）
后记 …………………………………………………………… （373）

第一章 中国法学教育概述

"百年大计,教育为本",已经是一个老生常谈的问题。但在建立推进生产力全面发展的社会主义市场经济体制,构建公平、正义的和谐社会的今天,再谈这个老生常谈的问题,足见其恒久不变的价值。法律人才作为建设法治国家的第一资源,与其攸关之法学教育已成为衡量社会文明程度和法治建设的进程的重要标志。霍宪丹教授指出:今日中国的法学教育将决定明日中国的法治建设。如果创立国家的时代是英雄的时代,建设国家的时代是技术精英大显身手的时代,那么管理国家的时代必然是法治精英登上历史舞台的时代。而这个时代的来临,万万离不开法学教育的可持续发展和不断创新。① 目前,中国的法学教育已经进入一个多元化的转型时期,处在一个新的发展的十字路口,每一所法学院(系)、每一个法学教育者都有责任、都有可能探索出一条适合自身发展规律的出路。

一 以时间为纵向坐标的回溯

纵观中国的法学教育,可以回溯到三千多年前的西周时期。传统的儒家学说作为治国平天下的准则,成为中国封建社会长达丁年统治的主流。应当指出的是,由于自给自足的农业经济、乡土气息深厚的社会人际关系、儒家礼治思想的强盛、君王至高无上的统治地位,法只是君王进行统治的一种手段,没有"善"与"公平正义"等价值观念在其中,因此中国古代并不存在西方意义上的"法学"。但是不可忽视,中国古代的法律教育毕竟有着深厚的历史积淀。历代各朝皆有或官或民所办的法律教育机构。尤其是秦汉、隋、唐以至明清,不仅设有专营法律的官职,更把法律的考试作为择官的条件之一,设有"法科"。随着法在中国古代社会的产生、发展,法学教育也

---

① 霍宪丹:《不解之缘——二十年法学教育之见证》,法律出版社2003年版,封面语。

在中国古代社会形成了其特有的形式内容。①

中国古代法学教育的目的是"安上治民"或"治政安民",即确保统治阶级对劳动人民的统治。仅仅是统治阶级巩固自己政治统治所采取的一种工具。这也决定了中国古代的法并不具有自己的独立地位,与"礼"不分。中国古代的法律渊源于古代的礼俗,而其发展又与古代的"礼"有着相当密切的关联。根据与"礼"密切程度的不同,中国古代的法律教育大抵可以分为较为显著的三个阶段。第一阶段是西周至战国初的以"礼"为主的阶段。第二阶段为战国至秦朝末的以法为主的阶段。第三阶段为西汉至清的礼、法融合阶段。而总的倾向是礼刑兼施,法学教育或多或少地掺杂着礼的内容。因此,从整体而言,无论官学还是私学,法学教育在教育地位上是非独立的。

在清末修律、建立新式法科大学之前,中国已经开始了近代内容的法律教育。1867年,美国传教士丁韪良出任于1862年设立的京师同文馆的国际法教师,讲授美国学者惠顿的《万国公法》。据文献记载,该课程为同文馆学生的必修课。1895年之后,受甲午战争失败的强烈刺激,有感于单独借助引进西方先进的科学技术以加强军事力量不足以救国于危亡,中国先进的知识分子首先起来呼吁开展法律教育,培养急需人才。与之相呼应,统治阶级中的一部分开明人士也开始在行动上作出努力。1895年,天津海关道台盛宣怀奏请朝廷批准设立了中国第一所近代意义上的大学——天津中西学堂(1903年改名为北洋大学堂),继其之后,1896年建立的上海南洋公学、1898年建立的京师大学堂也开设了法律教育的课程。1903年,清政府颁布

---

① 中国古代的法律教育主要存在官学和私学两种形式。从教学内容上又可分为非专门和专门讲授法律知识两种。非专门进行法学教育但兼授法律知识的官学,至少可以追溯到西周。而专门的官办法律学校则诞生于唐高祖武德元年(618)左右,其名称为"律学"。唐代"律学"的出现在中国法制史和中国法律教育史上具有重要意义,它是中国成为法律教育古国的重要标志之一。进入宋代,"律学"进一步发展,其入学、升级的考试更严格,人数也比唐代增多。宋代以后,虽然不再有官办的专门法律院校,但法律仍是官办学校的讲授内容之一。就私办学校而言,虽然在中国古代没有专门讲授法律的私办学校,但法律的教育却同样是这类学校教学的重要内容之一。私学被认为兴起于春秋时期,春秋战国时期的一些法律学家和法制官员,就是由这类学校培养出来的。春秋时期官学失修私学兴起,又逢诸子百家争鸣,各自宣扬自己的观点,法家作为百家之一,其学说盛极一时,为多国采用,尤其是秦国。但在商鞅变法、统一中国、建立秦朝之后,为了达到对民众思想的控制,刚刚发展的私学教育被禁止、扼杀了。在西汉时期,私学规模之大在中国历史上是空前的,其私授法律之风对后世一直都有影响。但随着"罢黜百家,独尊儒术",儒学确立了其在中国历史上长达几千年的正统地位,律学出现了儒家化的趋势,失去了独立地位。至隋唐时实行科举取士,私学更为儒学所垄断。这种情况一直延续到清末才有所改观。

了《奏定学堂章程》,明令废止科举制,规定了高等教育的学制与科目,大学堂中设法政科大学,开设有政治、法律、交涉、理财、掌故等课程。1904年,清政府成立了中国历史上第一所具有近代意义的法学教育专门机构——直隶法政学堂。随后全国各地法政学堂纷纷设立。这些学堂都订有完备的法律课程计划。法政教育开始勃兴,法政学堂数大量增加,学生人数也不断上升。据统计,至1909年,全国共有高等教育层次的学堂127所,学生23735人。其中,法政学堂47所,学生13282人,分别占学堂总数的37%和学生总数的55%。在此时期,不仅国立、公立法政大学数量不断增多,而且私立的法政大学(包括法政学校以及大学中的法律院系)也开始出现,如东吴大学(1901年)、北京法政大学(1912年)、复旦大学(1917年)、燕京大学(1919年)等综合大学中的法学院以及浙江私立法政专门学校等40余所专科法政大学。法学教育得到了空前的兴盛,法学一度成为显学。但在量上兴盛的外表之下,也存在着法律人才质量不高的消极影响。从宏观上看,为适应社会对法律人才从无到有的需求,量比质更具有优先性,而且从总量上看,无论法律教育多么兴盛,接受过高等教育的人在当时中国人口中的比例仍是很小的一部分,更不用说法律教育了。从微观上看,在中国传统"官本位"思想的影响下,在科举制被废止、学习法律成为进入仕途的一条捷径的情况下,人们对学习法律抱有相当高的热情也是可以理解的。

1927年南京国民政府成立之后,教育部为了整顿法学教育,不断采取措施加强对法学教育的监督和控制,法学教育经历了缓慢起步(1927—1932)、压缩控制(1932—1936)、战时发展(1937—1945)、短暂复兴(1946—1949)四个阶段的发展演变。中国近代的法律教育日趋成熟,并基本定型。此时,全国涌现了一批有质量和有声望的设置有法学院的大学,如清华大学、政治大学、厦门大学、台湾大学,虽然总量不大,但也初步构造起了一个高等法律教育的网络体系。

经过上述80多年的艰难历程建立起来的中国近代法律教育体系,初步形成了自己的培养目标、学制、课程设置、教师聘任以及学校管理等一整套制度。

在办学主体上,总的来说,中国近代法学教育可分为官办和私办两种。清政府时期,虽然禁止私人兴办法学教育机构的禁令直到清政府崩溃的前一年才得以解除,但这个从严禁私办到准许私办的转变过程,有助于法学与官方的分离,也有助于培养民主与自由的气氛。民国时期的法学教育由官办和私办两部分组成,其中官办又分为国立和地方公立两类。国立由中央政府设立,地方公立则由地方政府依据相关法令,由中央政府批准设立,隶属各地方政府。民国政府对法学教育采取了具体而严密的政府管制,学术机构官僚化的趋势严重,法学教育逐渐演变成"官学"。

在培养目标上,因不同时期和学校的不同类型而有所区别。总括从清末至国民党政府的法律教育的目标,虽然在说法上不同,但基本上是一以贯之的,即主要培养精通法律知识、懂得西方法学理念、服从法律规范、能够处理社会问题的高层次法律人才。这一目标,从清末至1949年这40多年法律教育以及立法和司法实践来看,基本上是实现了。

在学制、学科与课程设置上,1903年颁行的《奏定学堂章程》,规定了癸卯学制。这一学制几经变化之后,在北洋政府期间基本上被维持了下来。南京国民政府建立之后,通过颁布一系列关于学校管理体制方面的法律和法规,进一步完善了高等法律教育的学制。与学制相联系,在法律教育的分科方面,各个时期也是不一样的。在1895年创办的天津中西学堂中有了律例的课程,法律属于高等政治学的内容。自1898年京师大学堂建立,开始了大学教育的分科,政法科与经事科等一起,是大学堂的八大学科之一。1903年《奏定学堂章程》颁布以后,政治学与法学开始分离,成为法科中的一个专业,法政教育获得了比较快的发展。1912年中华民国建立以后,法律教育的分科有了进一步的发展。各个大学,一般都分为文、理、商、法、医、农、工7科,法政大学成为其中的一个分科大学。在法政大学中,一般设置三个主要专业,即法律学、政治学和经济学。这一体制以后一直被延续了下来,至1949年也没有什么大的变化。高等法律教育的核心是课程设置问题。它是随着中国近代法律教育的日益进步而逐步完善的。法律课程在先期设立的学校中的数量经历了一个从少到多的发展过程,其地位也经过了一个从低到高的发展过程。

在师资队伍上,中国近代法律教育的师资队伍有一个发展进步的过程。最早从事法律教育的主要是西方传教士以及其亲属。至清末修律,中国开创新式法学教育,旧有的法律制度被打破,新的法律体系又未建立,因此教学中以研习西方的法律制度为主,加上中国当时专业法律人才的缺乏以及列强扩张在华势力的意图,中国政府大量聘请外国法律专家来华任教,20世纪30年代之后,随着在中国接受法律教育的人才的增加以及海外法学留学生的陆续回国,在各政法院校中执教的中国教师日益增多,并开始占据主导地位。但即使如此,外国教师在法学院中仍然为数不少。

中国近代法律教育是中国近代法学萌芽和诞生的基础之一。中国特定的国情使中国近代法律教育具有许多与其他国家不同的特点，这些特点也影响了中国近代法学的成长及其风格：

第一，中国近代法律教育是派生的，不是原产的。世界上第一所法学院于11世纪中叶诞生于意大利中部的波伦那（Bologna）。至19世纪末，大学法学院的建设在西方已经具有800余年历史，已经非常成熟了。而在中国，自公元2世纪东汉末出现律学教育至7—12世纪唐宋两朝有过一个比较繁荣阶段之后，到元代官方的法律教育被正式取消，直到清末，法律教育一直被排除在国家正规的教育科目之外。而且即使中国中世纪的法律教育，也是以刑律为主要内容、以科举考试策问为主要形式，既不能称之为学校（School），又不是大学（University）类型的以从属于经学为主要特征的法律教育。因此，中国近代以后的法律教育都是从西方传入的。

由于中国近代法律教育源自西方，带有强烈的模仿色彩，因此它具有一系列的派生法律教育所具有的特点，如比较功利，发展时期短，政治色彩浓厚（政府为了维持自己的政治统治才不得不开展法律教育，而不是中国历史上法律教育发展的自然结果），学术积累不够（没有学术传统，教学与科研的底气不足），教师以留学生为主体，由于开展时间短，因而各地发展不平衡，时断时续，历经艰难，等等。而这些特点也影响了中国近代法学的诞生与成长，使其具有幼稚、底气不足、模仿外国、没有自己的传统和特色、政治干预比较强等特征。

第二，法科留学活动在中国近代的法律教育的起步时期占据着非常重要的地位。清代的国外留学始于自费留学。自费留学生在留学过程中认识到西方的民主和法律制度的先进，在归国后极力建议清政府公派留学。清政府接受建议，于1872年开始选派学生到美国留学，形成第一次留学高潮。此后留学之风一直未断。法科留学生尽管是在国外接受的法律教育，但由于其学成后都回国工作，故也可以看做是中国近代法律教育的有机组成部分。尤其是对中国近代法学的诞生与成长而言，留学生的意义更为重大，因为他们在中国各法律院校任教，传播法律知识，翻译法学著作、教材、论文，创办法学刊物等方面均发挥着主力军的作用。法科留学活动构成近代法律教育的有机组成部分，当然不只是中国特有的现象，它是法律教育派生之东方国家如明治维新时期日本等国家所共有的历史现象。但是，留学生人数规模这么巨大，延续时间如此之长，则是中国特有的。

第三，与上述两点相连，中国近代的法律教育的总量较小（这一点与教育在国家生活中的总量太小密切相关），名人不多，对社会贡献度不大。

同时，法律教育独立的传统（大学独立、法律教育独立）没有形成，影响也不大，对社会的贡献度自然也就不高。

第四，政治多变，战乱频繁，没有好的学术环境，社会上最优秀的青年没有学法律，而是或走实业救国之路，或走上以革命解放中国之路。中国近代社会始终处在一个激烈动荡变化之中，中国近代法律教育因此命运多舛，历经坎坷。许多法律教育机构不断搬迁，如厦门大学曾迁校长汀，这种动荡的局面不但无法为法学教育提供安全、稳定的教学与研究环境，更重要的是影响了法律在社会上的至尊地位，严重损伤了法律在人们心目中的权威，公众普遍认为法律不能解决中国的危机，只有走武装反抗的道路才能解放中国，只有发展实业才能拯救积贫积弱的中国。这样，社会上许多优秀的青年就不再将报考法学院学习法律作为实现人生之价值目标的途径，而是或投笔从戎、从政。

中国现代法学教育50多年的发展历程可谓一波三折。新中国成立以后，旧的法律教育体系被废止。以马克思主义法学理论为指导的新法学教育在全国兴起，苏联法学教育模式被全面引进。全面移植苏联的法学和法学教育体系，客观上固然使中国缩短了自己探索发展道路的时间，但也造成了长久的负面影响，并奠定了我国法学教育的基调：泛政治化和非职业化，按照政治标准和政治人的要求来构建法学教育的体系，法学教育的法律职业性被政治性所淡化直至吸收。

20世纪50年代国家进行"院系调整"，全国设立法律系的大学从34所减少到6所（人民大学、东北人民大学、北京政法学院、华东政法学院、西南政法学院、中南政法学院）。院系调整之后，我国法学教育格局基本确立，这种调整使原本分布不均的法学院系布局趋于合理，便于集中有限的法学教育资源，提高法学教育的质量，但同时也产生了一些负面影响，比如政法院校为主的局面长期持续，不利于法科学生综合素质的培养。

1958年以后我国法学教育开始滑坡，直至"文化大革命"中完全被取消。遭受"文化大革命"十年的严重破坏后，法律教育陷于瘫痪。到20世纪70年代，全国名义上只剩下两个本科和一个专科，北大法律系、吉大法律系和湖北大学法律专科，实际上已停止招生。

十一届三中全会开创了我国历史发展的新时期，也迎来我国法学教育的春天，法学教育得到了恢复和发展。1978年之后，相继有北京大学法学院、中国人民大学法学院、北京政法学院（后改为中国政法大学）、西南政法学院（后改为西南政法大学）、华东政法学院（后改为华东政法大学）、西北政法学院（后改为西北政法大学）、中南政法学院（后改为中南财经政法大学）等政法院校复办。法学教育基本恢复到"文化大革命"前的规模。20世纪80年代以来是高等法学教育的大发展阶段。此间，几乎所有综合大学都设立了法律院系，甚至一些理工、农林、外语、经贸等院校也设立了法律院系。到1992年底，全国已在135个普通高校设立了法学专业，比1957年增长了13倍，法学学士占全国在校大学生总数的1.58%，总数达40555人（其中本科生27580人，专科生12975人）。到1995年增加到140所。到2001年底，全国普通高等院校设立法律专业的院系有241个，法学专业本科在校学生为8.5万人，年招生2.9万人，毕业生约1.78万人，法学硕士点共201个，授予法学硕士学位6572人；法学博士点共38个，授予法学博士学位320人。到2002年底，全国已有330多所普通高等院校设置了法学院（系）或法学专业。截至2005年底，在不包括独立学院和各类法学专科院校的情况下，全国已有559所高校开设法学专业，在校的法学专业本科生和研究生约30万人，其中本科生为20万人，硕士研究生8万多人，博士研究生6000多人。① 据2005年国务院学位办公室发表的统计数据，我国大学授予的法学学士占学士总数的3.6%；在1999—2003年授予的硕士和博士学位中，法学硕士占硕士总数的6.86%；法学博士占博士总数的3.56%。② 截至2007年底，全国普通高等院校设立法学专业的有615所，在校法学本科生30多万人，硕士研究生8万多人，博士研究生6000多人。

从上述以时间为纵向坐标的回溯可以看出，中国法学教育发展的历史几乎如同中国的历史一样源远流长。从3000年前西周时期的萌芽生成，到2000多年前春秋战国时期私塾性质的法学教育，至汉唐时期法学教育已经有了长足的发展，直至清末民初正规的、职业化的法学教育的形成。1949年新中国成立后，法学教育经历了引进初创、遭受挫折、恢复重建的艰难发展历程，经过90年代以来的持续改革和发展，已经形成了具有一定规模、结构比较合理、整体质量稳步提高的法学教育体系，并在世界法学教育中占有重要一席。对此，有学者认为，目前我国已经形成了有中国特色的社会主义法学教育模式，其基本内容为：以法学学士、硕士、博士教育为主体、法律硕士教育为补充的高等法学教育体系；法学的基本教育、特色教育、拓展教育有机结合的人才培养模式；普通高校的法律素质教育与专门学校的法律

---

① 徐显明主编：《中国法学教育状况》，中国政法大学出版社2006年版，第1页。
② 夏利民、李恩慈主编：《法学教育论》，中国人民公安大学出版社2006年版，第1页。

职业教育衔接、统一司法考试与法学教育互动的就业机制。法学教育的中国模式与法学教育的美国模式、欧洲模式呈三足鼎立之势。①

二 以现实为横向界面的描述

应该看到，改革开放以来，中国法学教育的发展确实如雨后春笋一般，呈现出一派欣欣向荣的局面。但是，在繁荣的背后，伴随着法学教育规模的空前扩张，各种各样的法学院系越来越多，法学毕业生数量迅速增加的同时，人们对法学学科毕业生的质量却产生了越来越多的怀疑和批评，有调查显示法学学科毕业生的就业率列文科毕业生倒数第一，"学法之人如过江之鲫，法律文凭贱如粪土"，法学学科毕业生的就业越来越难。为此，不得不引起人们对于管理体制、教育层次、招生制度、专业设置和教学形式等问题的深刻反思，探索法学教育改革之路。

（一）关于管理体制

在1998年以前，我国法学院校依其性质及管理方式的不同可以划分为三类：（1）司法部所属的法学教育体系，分别是中国政法大学、西南政法大学、华东政法学院、西北政法学院、中南政法学院。这些法学院系（校）具有雄厚的师资力量且规模较大，其在校生已近全国法学在校生的一半。（2）教育部直接主管的重点综合大学的法学院系，如北京大学、人民大学、武汉大学、吉林大学、清华大学、南京大学、南开大学、中山大学、厦门大学等法学院系，其师资力量雄厚，在全国有较大的影响。（3）行业主管部门所属的理工院校与地方所属的大学的法学院系，近年来以其行业优势举办法学教育，为法学专业复合型人才的培养增添了新的亮点，但这类院系的师资有限，招生相对较少。在学校与主管部门的关系上，高等学校基本上完全依附于主管的政府部门，从学校的设立、撤销、院校长任免、人事制度、机构设置、财务制度、师生待遇以及教学计划教学大纲教材等，都是由主管部门决定，学校只根据主管部门所拨经费、下达的计划办学，缺乏独立性。而不同的学校附属于不同的主管部门，又易造成条块分割的局面，各类学校之间产生不必要的内耗，不利于教学的正常发展。

1998年以后，根据《中共中央国务院关于深化教育改革全面推进素质

---

① 张文显：《中国法学教育的若干问题》，载《中国法学教育通讯》2007年版。

教育的决定》和《国务院关于进一步调整国务院部门（单位）所属院校管理体制和布局结构决定》，国务院各部委一般不再直接管理普通高等院校。自2000年春季起司法部将直属的五所政法高等院校划转教育部及有关省市管理。实行由教育部或者中央与地方共建、地方管理为主的新体制。两所成人高校中中央政法管理干部学院与中国政法大学合并交由教育部直接管理，中南政法学院与中南财经大学合并为中南财经政法大学隶属教育部，中央司法警官教育学院（2000年改为中央司法警官学院，转制为普通高校）作为培养监狱、劳教警察的基地仍由司法部直接管理，西南政法大学、华东政法学院、西北政法学院则变为省部共建，地方管理为主。如此一来，"由教育行政部门的行政管理与司法行政部门的行业指导构成我国法学教育宏观管理指导体制的基础，①再加上法学院自身成立的行业协会即中国法学会法学教育研究会的自律性管理，三者的有机结合，共同形成有中国特色的法学教育宏观管理体制。"②

（二）关于教育层次

20世纪80年代以前，我国的法学教育一直集中于高校的法学院系，教育层次也以本科教育为主。20世纪80年代以后，各种形式的法学教育纷纷出现，呈现出层次呈多样化趋势，从中专、大专、本科（学士）到硕士、博士，共存在五个层次。其中，中专教育主要集中在各省所办的司法学校，学制为两年；大专的教育方式最为多样，包括全日制普通高等学校教育、全日制短期职业大学、普通高等学校附设夜大学、普通高等学校附设函授部或独立函授学院、广播电视大学、职工业余大学、管理干部学院和高等教育自学考试等，学制一般为两年或三年；本科的学士教育主要由全日制普通高等学校承担，以四年制本科为主，还有二学位制和辅修制；研究生（硕士、博士）集中在全日制普通高等学校中进行，学制一般为两年或三年，还有法律硕士培养方案。

在中国法学教育的结构中，普通高等法学教育占主流，囊括了各个层次的学历学位，从学士、硕士到博士各层次学位应有尽有。成人教育除脱产本

---

① 这种行业指导是一种典型的司法行政工作。根据我国宪法第89条和第107条的规定精神和国务院"三定"方案，司法行政机关作为国务院的司法行政职能部门，肩负着指导法学教育和法学研究，组织国家司法考试的重要职能。参见霍宪丹《不解之缘——20年法学教育之见证》，法律出版社2003年版，第181页。

② 霍宪丹：《不解之缘——20年法学教育之见证》，法律出版社2003年版，第181页。

科、专升本外，函授远程教育、广播电视、夜大学、自修大学层次单一，多为大专，但规模庞大。而自学考试是一个开放的体系，既有专科学历，亦设有本科学历。

（三）关于招生制度

普通高等学校本、专科学生均从应届高中毕业生中招收，由国家统一命题，统一组织考试，统一时间录取。学校根据国家的招生计划到各地招录。录取顺序一般以学校级别为序从重点到普通，根据考生的志愿和成绩决定是否录取。法学学制本科为四年，大专为二年。硕士研究生的考试则实行全国统一与学校命题相结合的考试招生制度，即外语、政治理论课由全国统一命题，法学专业课由学校自行命题。外语成绩由国家统一划定录取分数线，学校再依据择优原则录取，招生名额以国家计划为准，学制为三年。博士生由国家授权的招生专业点根据自己的研究方向自行命题招生，学制由三年到五年不等。成人法学专业招生亦由国家成人教育管理系统统一组织考试，统一确定录取标准。脱产专科一般为两年，本科为四年，不脱产不离岗的为三年、五年不等。

（四）关于专业设置

在20世纪五六十年代和恢复重建的一段时间，法学只设法律专业一科。20世纪80年代中期，随着国家经济建设的飞速发展，民主法制建设步伐的加快，社会对专门人才的需求日增，迫切要求人才培养更加专门化。法学专业设置随着社会需求进行了多次调整，法学本科、专科设置了法律（后改为法学）、经济学、国际经济学、监狱法（行政法）、犯罪学、知识产权法（双学位）、环境法（即双学位）等专业，各地区发展不平衡，各院校师资状况不同，专业设置不一。

由于这些过窄的专业设置在市场经济条件下阻碍了学生综合能力的提高，难以满足社会需求，教育部于1998年底重新调整了法学专业的专业设置。按照"宽口径"、"厚基础"、提高学生思想素质、文化素质、专业素质、身心素质的要求，法学本科取消了经济法、国际经济法等专业，只设一个法学专业（允许学校根据情况设若干方向）。在此基础上确定了法学专业的标准：设14门核心课作为设立法学专业的统一要求。这14门专业核心课是：中国宪法、法理学、民法学、刑法学、民事诉讼法学、刑事诉讼法学、行政法与行政诉讼法、中国法制史、经济法概论、商法概论、知识产权法、国际法、国际私法、国际经济法概论。党的十六大以来,以胡锦涛为总书记的党中央提出科学发展观,更加注重民生和人权保障,提出保护劳动者的合法权益,构建和发展和谐稳定的劳动关系,并提出建设生态文明,建设环境友好型社会和资源节约型社会,全国人大和国务院加大有关劳动和社会保障的立法及其实施监督、有关环境资源的立法及其实施监督。为此教育部法学学科教学指导委员会于2007年3月11日研究决定,将《劳动与社会保障法学》、《环境与资源法学》作为核心课程,使核心课程增加到16门。

法学硕士研究生、博士研究生共设10个专业。为了培养高层次复合型应用型法律人才,吸引更多的非法学学士学位获得者加盟法律事业,国家增设"法律硕士专业研究生"层次,目前已招数届,成为继法学双学位后又一个高级复合型人才培养的模式。

在国家专业目录内,教育部直属学校设置专业须经教育部批准;行业主管的学校专业设置须由行业主管部门批准,报教育主管部门即教育部备案;地方院校设置专业须经省市教育部门批准,报教育部备案。法学类专业设置亦同。

(五) 关于教学形式

中国法学教育全面移植于苏联,偏向于大陆法系国家的教学模式,但又不是真正的大陆法系教学模式。各法学院系一度以注重知识体系传授的讲授课模式为主。这种教学模式优点在于,可以完整地介绍部门法的基础理论,有利于初学者构建系统的知识框架,缺点在于缺乏灵活性,一方讲,一方听,缺乏互动,不利于培养学生的质疑精神和独立思考能力,以至于有的学生将这种学习方式归纳为"记笔记,背笔记,考笔记,忘笔记"的四部曲。近年来,随着人们对法学教学模式改革的思考和实践,各学校借鉴外国的经验,对教学模式进行了一些探索性的改进,主要表现为,引进了一些注重培养学生法律实践能力的教学方式,如练习课,案例分析,法律诊所,模拟法庭以及注重培养学术能力的专题研究等教学方式。而对传统的讲授课方式,一些老师也在微观上进行了尝试性的改变,比如注重课堂师生的互动、改变传统的考试方式等,取得了一些成效。

但是课程的设置必须考虑效益和可行性。无论法律诊所,还是模拟法庭,其覆盖面都比较小,真正能够融入其中、受到训练,并且得到专家点评指导的学生在数量上受到制约。在我国目前法学成为显学,法学院系林立、法学学生数量剧增的情况下,这些新生教学模式所发挥的实效更要打上折扣。因此以上教学形式在实践中的开展和推广，必须考虑到我国高校扩招，法学专业人数急剧增加的现状。

三 基于历史、现实和未来的思考

中国当前的法学教育存在不少问题，其中有历史遗留的问题，也有体制上的缺陷。表现比较突出的是法学教育和法律职业的脱节，法学教育层次过多，等等。而且，各个问题之间并不孤立，而是牵一发而动全身，不仅需要精准的外科手术式制度重构，而且要作整体全局的调养，需要对法学教育进行重新思考和定位。中国法学教育的问题反映出中国法学教育的现状及其发展趋势。

（一）当前中国法学教育的焦点问题

1. 中国法学教育的历史与功能定位

自从1977年国家恢复高考制度以来，中国法学教育的发展可谓迅猛与繁荣。然而在法学教育的迅猛与繁荣背后，却潜伏着巨大的矛盾与危机，尤其是2002年国家实行统一司法考试制度后，多种矛盾明显显露而出。一些教育专家并非危言耸听地指出，现阶段的中国法学教育正处在一个新的十字路口上，"文化大革命"以来中国法学教育的历史定位基本可以界定为"量的积累"和"规模建设"。这一历史任务目前已经基本完成。[①]

在这样的一个历史阶段中，人们将法学教育视为以传授知识为主的法律院校的学历教育。这种观念和认识是与旧的教育思想、计划经济体制和处在初级阶段的民主法制建设大体相适应的。而法学教育应该是一种在大教育观指导下的建构与实践，这种大教育观是以终身教育思想和人力资源理论为指导的，是一种与人的一生相伴相随的教育理念和培养模式，是法律院校法学专业教育与法律职业教育、学历教育与非学历教育、人文教育与专业教育的统一，是教育制度与法律职业制度的有机结合。从该种意义上说，法学教育应当是法律人才培养体制和法律人才宏观培养模式的同义词。[②]

[①] 徐显明：《在"强化专业学科建设，提高法学教育质量"研讨会闭幕式上的讲话》，载《中国法学教育研究》2006年第3辑，中国政法大学出版社2006年版，第5页。

[②] 霍宪丹：《中国法学教育的反思与出路》，载《中国法学教育研究》2006年第1期，中国政法大学出版社2006年版，第70—73页。

现代中国法学教育的功能应当定位于，一是为法律职业培养后备人才，为法律从业者提供终身化的教育培训服务；二是面向全社会培养所需的法律人才，尤其是各种复合型法律人才；三是为党政领导干部提供法律培训服务，为依法执政、依法行政和依法治国，提供法律素质的保障；四是向社会提供广泛的各种形式的法律服务，为培养社会法律意识，树立和增强法治观念作长期不懈的努力；五是为司法体制改革和解决司法实践中遇到的重大理论和实践问题，提供理论服务和智力支持。[①]

2. **法学教育的全面质量观**

如上所述，中国法学教育已经基本完成了规模建设和数量积累的历史任务，当前的迫切任务应当是，创新法学教育发展的传统模式，将法学教育发展的主题全面转移到教育质量上来。为此，有专家提出了法学教育全面质量观的树立，认为应当从五个层次分析把握法学教育全面质量观的内涵：第一层次是法学教育的生源质量；第二层次是法学教育的师资质量；第三层次是法学教育的培养质量；第四层次是法学教育的组织管理；第五层次是法学教育的办学条件。全面、系统地落实法学教育的全面教育质量观，是当今法学教育的出路所在。[②]

3. **法学教育和法律职业的关系**

中国法学教育存在的突出问题就是法学教育与法律职业之间严重脱节。由于缺乏制度联系，法律职业与法学教育长期处于分离的状态。一方面导致法学教育走上自成一体的发展道路，中国法学教育的学院化现象成为主流。另一方面又出现了法律职业的行政化、大众化、地方化和泛政治化的倾向，导致法律职业难以形成专门化分工，也使得法律从业人员难以顺利走上职业化发展的轨道。

1949年以来，由于中国的法学教育起起伏伏，一波三折，而社会对法律从业人员的需求却一直都存在，对法律从业人员的数量需求却不会因为法学教育发展的不顺利而有相应地减少，因而在新中国成立伊始及在之后一段时期，有相当部分未接受过系统法学教育的人从事法律工作，这在当时也是一种无奈的选择。

[①] 参见霍宪丹《不解之缘——二十年法学教育之见证》，法律出版社2003年版，第17—18页。

[②] 参见徐显明《在"强化专业学科建设，提高法学教育质量"研讨会闭幕式上的讲话》，载《中国法学教育研究》2006年第3辑，中国政法大学出版社2006年版，第6—8页。

改革开放以后，法学教育有了较大程度的恢复和发展，法律教育与法律职业相脱节的现象却没有得到根本性的改观。其原因是多方面的，其中有历史的遗留问题，也有现存体制的问题。

随着司法改革的深入，国家整合法官、检察官和律师三种职业资格考试实行三考合一，这种统一的国家司法考试不仅有利于建立我国法律职业准入制度，而且有助于在法学教育与法律职业间建立起制度上的连接点，这对法学教育尤其具有重大意义。

本来法学教育是从事法律职业的必经之路，法律职业共同体应对那些具有同一教育背景的人开放门户。但国家统一司法考试在实效上并未完全实现。在参加国家统一司法考试的资格要求上，即使本科不是学习法律专业也不影响其报名参加考试。而从考试的试题设置和难度上看，接受过系统法学教育的参考者与未接受过系统法学教育的参考者之间，并无明显的优势差别。在考试通过与否的结果上，也没有体现出系统法学教育对考试成绩的影响。在历年考试的高分者中，接受过系统法学教育的参考者也不占优势。与之相应的结果就是，接受过系统法学教育的人，未必能够从事法律职业，而未接受过系统法学教育的人，也可以从事法律职业，即法律教育并非是从事法律职业的必要条件。法学专业的毕业生不能直接从事法官、检察官、律师等法律职业；而法官、检察官、律师和其他法律工作者又不一定是法律专业毕业的。

4. 法学教育层次和形式

中国法学教育的层次、形式之多、之杂在世界上是罕见的。这种情况所产生的负面影响现在已成为法律职业人士以及有志于从事法律职业人们的切肤之痛。

首先，对法学教育质量而言，一些大学在缺乏最起码的师资力量和教学条件的情况下也开办法律院系或法律专业，严重影响了法律人才的培养质量。师生比例严重失衡，图书资料严重不足，学生学习、生活环境恶劣，整个校园人满为患，学校的办学质量明显滑坡，法学教育的规模和质量之间的矛盾日益突出。

其次，从构建法律职业共同体的角度来看，建立法治社会必然要求法律界成为一个更有力量的群体。而欲使法律界有力量，同质性是一个基本的要求。反过来说，使同一种职业力量削弱的最有效的方法就是设法让层次多样、品类不一的各色人等都进入其中，令成员们语言无法沟通，标准难以认同，价值观不能统一。在共同生活和学习过程中，一个职业共同体阶层逐渐形成，并非因为之前他们的融洽关系，也并非因为有把他们导向共同目标的协议；而是他们学习内容的相似和方法的同一性将他们的心灵结合在一起，如同一种共同利益可以联合他们的力量。而现在的情况显然不能满足这个要求。

再次，对接受法学教育的个人而言，入学标准、学制、学历和学位的"多元化"，一方面增加了证明个人教育背景的难度，另一方面又降低了证明文件的可信性。

5. 素质教育特别是职业技能教育的呼唤

教育的内容一般应当包含知识、能力和素质三方面。其中，知识是人们对于事物规律性的认识，能力就是运用知识的过程，而素质则是能力内化为一种沉淀于个体的稳定因素。在素质教育中，法学教育有别于其他学科教育的特质就是法学教育中德性教育、伦理教育和价值教育。在法学素质教育中，首先施教的是公民道德教育，其次是更高层次的法律职业道德教育，然后是比法律职业道德教育更高的政治道德教育。[①] 当前的法学素质教育，只能解决公民道德层面的教育问题，普遍缺失法律职业道德教育和政治道德教育。

目前我国的法学教育采用的依然是传统的课堂讲授教学方法。该种方法既有能帮助学生系统掌握基本的法律知识和在较短时间内领会法律思想和内容要领之长，更有使学生只是被动地接受，无法形成独立思考和思辨以及实务操作能力之弊，所谓学生的实践活动也是流于形式，形同虚设。司法实务部门普遍反映法学毕业生缺乏实际运用能力，对法律实务实际运作方式不了解，只会单纯地硬搬、硬套法律条文，而对案件的具体情形缺乏全面的分析，应对突发事件、疑难复杂案件的能力欠缺。学生毕业到法律实务部门后，至少要3年以上的时间才能够适应处理案件、代理各种法律事务的需要。针对该种情况，美国法律诊所教育模式的引进，给中国的法学本科教育吹进了一股春风。中国社会科学院法学研究所率先在全日制法律硕士研究生培养中，开设法律诊所教育课程，收到了良好的效果。

[①] 法律人首先应学会怎样做人，这是一般公民道德。法律人要从事的是治理国家、管理社会的正义事业，就必须具备比公民道德更高的法律职业道德。而法学精英中的治国之才，则必须具备比职业道德更高的社会道德体系中最高标准的政治道德。参见徐显明《在"强化专业学科建设，提高法学教育质量"研讨会闭幕式上的讲话》，载《中国法学教育研究》2006年第3辑，中国政法大学出版社2006年版，第8—9页。

6. 法学教材在法学教育中的作用

据统计，我国有660所法学院校在培养不同规格的法律人才。之所以出现培养质量良莠不齐、千差万别之现状，除去师资队伍、办学条件等的差异原因外，法学教材的建设与重视不足无疑是重要原因。因为在法学教育中，师资力量是关键，教材建设是基础。一方面，需要考虑在许多院校，由于师资严重匮乏，教学质量无法得到保证，如何通过教材的规范化建设以保障这些学校的基本教学质量；另一方面，考虑到各个学校的情况差别很大，也应当推出结构严谨、内容全面的法学教材，为法学教学提供前提条件。①

有学者认为，法学教材种类可以多元化。既可以针对不同学校的教学特点编写不同类型的教材，也可以针对不同的教学对象（如法学本科、法学硕士、法律硕士）编写不同的教材；既可以有注重法学知识传授的教材，也可以有强调法律职业技能培养的教材。教材的形式也可以多样化。既可以包括传统的系统传授知识的教材，也可以包括案例教材、阅读资料、以影视作品为素材的光盘等。② 总之，必须将法学教材建设纳入到中国法治建设的系统工程之中，从推动中国法治建设进程的高度来认识法学教材建设的重要性。

7. 司法考试与法学研究生考试的改革

虽然司法考试并不是法学院校教育的必然组成部分，但是从它的考试对象来说，他和法学院的教育息息相关。当下，司法考试的特点集中表现为重记忆、轻理解，重法条、轻法理，重基础知识、轻法学前沿，而且有使法学教育逐步失去多样性而渐渐走向以司法考试为目标的单一的应试教育之嫌。由于司法考试的竞争异常激烈，没有通过司法考试实际上等于四年法学教育的失败，所以法学院校也会把精力集中在如何使学生提高自己的应试能力上以便帮助学生谋求法律职业的基本通行证，因此忽略法学理论教育和专业精神培养的趋势自然会成为必然，这样的结果会使得所有的法学教育围绕着司法考试打转，如果司法考试的考试特点不加以改革以适应其指挥棒的特点，这将是对法学教育的一个打击，可能会严重阻碍法学教育的正常发展。③ 鉴于国家司法考试已经成为未来法科毕业生从事法律职业的唯一途径，作为教

---

① 王利明：《关于法学教材建设的几点意见》，载《中国法学教育研究》2006年第3辑，中国政法大学出版社2006年版，第17页。
② 同上书，第17—23页。
③ 秦玉彬：《我国当前法学教育困境探微》，http://www.dffy.com，访问日期：2007年4月5日。

育行政和司法行政部门应该考虑把司法考试和法学教育结合起来。2006年下半年，司法部曾专门组织安排专家编写法学本科教育与司法考试通用教材，并计划于2007年4月出版使用，但现因故中止，再次成为法学学子的期待。

2005年，研究生教育中陈丹青辞职、女考生性贿赂教授、贺卫方罢招等一系列不平静的事件，使公众对现行研究生考试与录取方式的合理性产生质疑。与此同时，官方的一些改革措施也逐步浮出水面。教育部下发的通知明确表示，2006年的研究生招生将进一步深化招生初试改革，减少自命试题种类，提高自命试题质量，对考生专业方面的深入考查主要通过复试进行。复试权重将适度扩大，各招生单位要加强复试的科学性、规范化、透明度，维护公平与公正。然而，导师参与研究生入学考试命题与阅卷、主持或参与复试等尚未根除的隐患，使得研究生考试的"黑洞"与可操作性，依然备受质疑。

8. 法学教育机构的分类设置与管理

2006年，针对法学专业教育机构多元、水平参差不齐的现状，关于对法学教育机构分类设置与管理的问题也成为法学教育研究之焦点。以法学院校设置为例，我国目前既有综合性大学的法学院，又有独立设置的大法学院，也有行业性大学，还有理工类、师范类、财经类法学院和民族院校法学院等。在这些院校中，依据不同的法学院在国家法学教育体系中所承担的责任和发挥的作用进行分类，可以分为领袖型法学院、挑战型法学院、跟随型法学院和服从型法学院四种。有学者建议，我国法学教育机构的设置与管理，应当总结自20世纪50年代开始至今的以法学教育机构的价值定位作为划分标准的传统做法，将当前的法学教育机构分为学术型、实用型、结合型、特色型和普通型5个种类，按照不同的标准予以指导管理。①

9. 法学本科的去留之争

我国的法律本科专业一直是社会各界讨论的焦点，近年来法学院系的队伍如雨后春笋不断扩大，泡沫般的扩张必然造成了教育质量的下降，也形成了法律专业既是高考招生热门专业又是就业冷门专业的怪异现象。2006年7月，"中非大学校长论坛"举行期间，部分中国大学校长建议我

---

① 徐显明：《在"强化专业学科建设，提高法学教育质量"研讨会闭幕式上的讲话》，载《中国法学教育研究》2006年第3辑，中国政法大学出版社2006年版，第10—12页。

国高等教育应取消法律本科专业。理由是，本科层次培养的法学专业毕业生，很难从事相应的工作。专业的法律人才需要更高层次的知识结构。并指出，精英式法学教育与高起点法学教育是世界法学教育发展和改革的方向。我们现在有应用型的法律硕士教育，有理论型的法学硕士教育，就不应该在本科阶段设置法律专业。可以在大学本科阶段普及法律教育，将法律作为一门必修课。

相对于支持者来说，反对取消法律本科专业的声音似乎更高。有人认为，我国目前总的情况是法学教育供不应求，以律师队伍为例，我国跟法治发达国家相比，比率还很低，还需要大批这方面的专业人才，简单地取消法律本科不可取。本科法律专业不宜取消但应改进。对此，教育部法学学科教学指导委员会主任委员张文显表示，教育部法学学科教学指导委员会还没有研究过取消法律本科的问题，更谈不上正在考虑取消。他说："法学的本科教育是非常重要的，没有良好本科教育的大学是令人失望的大学；没有良好的本科教育，就没有一个高水平的研究生教育，这对于法学教育来讲尤其重要。"[1]

有论者认为，在我国目前的社会体制之下，法学本科教育在法学教育中的地位、作用，决定了法学教育必须以法律本科教育为办学主体和基础。为此不仅取消法学本科设置为不可能，而且法学教育必须坚决贯彻"以本为本"的原则。但在法学本科教育中，必须坚持培养法律人才的一元化培养目标；明确不仅要为法律职业培养后备人才，而且要适应依法治国的需要，面向全社会培养所需法律人才的二元性培养任务；认识到法律本科毕业生适用范围和毕业去向的多元性。[2]

10. 研究生教育的诟病

谈及我国的研究生教育（含硕士生、博士生），有人撰文抨击说：法学是高等教育中的热门专业，法学院"人多势众"已属常见风景，一名导师带数十名法学研究生也已屡见不鲜。与此相对应，高校法学教师、法学研究生每年发表的论文、出版的著（译）作，数量也极为惊人。面对法学教育从人数到"成果"的剧增，人们不能不发出一系列疑问：法学院在大规模扩招的同时，教学设施的改善有没有跟上？一名导师带数十名法学研究生，

---

[1] 参见法制网《2006 中国"法学院"这一年》，作者不详。
[2] 参见霍宪丹《不解之缘——二十年法学教育之见证》，法律出版社 2003 年版，第 18 页。

意味着导师每年要指导、审阅数百万字的毕业论文,① 学位论文的质量能否得到保证? 每年诞生的数万篇法学论文中,究竟有多少"成果"是原创的,其"含金量"如何? 为什么中国成千上万的法学教授、法学博士生、法学硕士生,罕有能与国际学术界平等对话之人? 中国的法学教育、尤其是法学研究生教育的高速发展,究竟是实实在在的硕果,还是数字堆砌的美丽泡沫?②

事实上,研究生教育的诟病之处远不止此。没有专门性的培养教材,没有针对性的教学方式,没有方向性的教学目标,带来了法学研究生的"高产"和"低用",近年来,越来越多的法学博士被招录到基层法院、检察院、律师事务所,从书记员、律师助理等法律事务性工作做起,莫不凸显出了我国法学研究生教育的痼疾。有人感叹,现在的全国重点本科相当于20世纪70年代恢复高考时之中专,现在的硕士研究生相当于彼时之专科,博士研究生相当于彼时之本科,或许并非没有一些道理。

笔者以为,解决之道在于明确法学研究生培养教育的目标。法学教育的主要目标是培养应用类法律人才,即实践性人才和复合型人才,培养学术类法律人才的任务主要应由法学教育的"国家队"承担,不可一哄而起,又搞"小而全"、"大而全"、低水平重复。③

11. 法学大师的推崇

2006年9月30日,首届"钱端升法学研究成果奖"评定结果揭晓。该奖项是中国政法大学发起的国内第一个以法学家名字命名的民间法学奖项。钱端升是中国政法大学(前身为北京政法学院)首任院长,我国当代著名政治学家、法学家和教育家,中国现代政治学和比较宪法研究的开创者之一,在中国当代法学发展史上具有重要影响。该奖项的设立,旨在纪念钱端升先生对我国法学研究的巨大贡献,促进中国法学研究的繁荣发展,推动国

---

① 吉林大学法学院:导师38人,在校全日制硕士研究生1509人、博士生330人。中国政法大学:导师三百余人,现共有在册博士、硕士研究生4580人。北京大学法学院:导师67人,在校博士研究生217人、硕士研究生1128名;继续教育系列在职申请硕士学位学生1200人;为最高人民法院和最高人民检察院定向培养大专起点升本科在职干部17044人;与香港树人学院联合办学培养的本科生和硕士生340人。四川大学法学院:导师29人,在校全日制硕士研究生669人,博士研究生48人。在职法律硕士508人。(以上数据来自所涉高校主办的网站,未计算本科生和专科生的数量,并且假定副教授以上教师为研究生导师)参见韩莹莹、支振锋《法学教育,繁荣背后的阴影》,载《民主与法制》2006年第10期。

② 参见韩莹莹、支振锋《法学教育,繁荣背后的阴影》,载《民主与法制》2006年第10期。

③ 参见霍宪丹《不解之缘——二十年法学教育之见证》,法律出版社2003年版,第18页。

家法治建设的进程。评论认为：钱端升先生作为我国法学教育史上的重要人物，对中国的法学教育作出了重要贡献。以钱先生名字命名的法学研究成果奖的设立，不仅对于法学研究具有重大的促进作用，更重要的在于它凸显出中国法学教育和法学研究尊重大师的传统在逐步确立。学术研究需要大师，法学教育呼唤大师，中国的法制建设期待更多大师级人物的出现。"钱端升法学研究成果奖"作为一个法学研究奖项超出其本身的意义所在。①

12. 法学教育研究的国际交流与合作

2006年7月4日至5日，来自澳大利亚和中国近百所法学院校的100多位院长和法学家参加了联席会议，共同商讨法学教育之道，这是中国与澳大利亚法学教育界层次高、规模大的一次学术盛会。2007年11月8日，首届"中国—非洲法学教育与法律文化论坛"由中国法学会法学教育研究会、中国人民大学法律文化研究中心、曾宪义法学教育与法律文化基金会、湘潭大学非洲法律与社会研究中心主办召开，以落实《中非合作论坛——北京行动计划》，这是中非法律、法学界前所未有的第一次学术盛会。有人评论认为：和平崛起的中国需要中外法学交流模式的调整。和平崛起的中国负有稳定区域和平以及促进区域经济发展的使命，中外法学教育交流必须为这一使命服务。中国成功的经验对于他国的经济和法律制度改善具有重要参考价值，中外交流模式必须能够为此提供有效的平台和途径。但同时这种中外法学交流功能的转型，仅仅依靠大学的力量是不够的，必须获得政府和企业界的支持。希望明年在推动与亚非拉发展中国家的法学教育交流方面有更多实质性突破。②

2007年12月13日至14日，中美法律教育联合委员会成立仪式在人民大会堂隆重举行。该委员会是由中国教育部法学学科教学指导委员会与美国法学院协会共同倡议成立的。中方首届委员会委员分别由中国政法大学、北京大学、武汉大学、吉林大学、上海交通大学派员出任。有评论者说：开展法学教育不仅要认识法的本质，培养依法治国需要的高层次人才，同时也要引领整个社会的法律文化，促进不同法律文化之间的交流融合。中美之间关于法学教育的交流源远流长，委员会成立的目的在于使中美法学院之间建立全面的相互联系，使中美法律教育者能够以此为平台，进行观点与经验的交

---

① 参见《2006年中国法学教育十大新闻》，http://hi.baidu.com/kafka77/blog/item/b1cea4-fdfec4701609244ddc.html，访问日期：2007年4月4日。

② 同上。

流，协调中美两国之间的法律教育交流活动。因此中美法律教育联合委员会的成立有助于建立中美之间法学教育领域的长效交流机制，相互借鉴，这种交流对促进我国法学教育的发展与进步具有重要的积极意义。[①]

(二) 对中国法学教育的反思

在我看来，导致中国法学教育存在诸多问题的原因主要有以下几个方面：

1. 管理模式的滞后

我国自清末产生近代法律教育以来，就形成了政府对法律教育过度热心和集中控制的传统。改革开放以来，随着高等教育体制改革的开展和推进，政府的教育行政管理职能和方式发生较大转变，大学的教育自主权不断扩大。但是，整个体制尚未完全摆脱计划经济条件下形成的集权型高等教育管理模式。而高等教育的某些方面又出现了失范、无序乃至混乱的现象。这种矛盾错杂的现象在大学法学教育中表现得尤为明显。一方面，国家和省两级教育主管部门通过控制大学的重大事务（如校级官员的任命、人员编制、统编教材的编写、计划内招生人数、教师职称评聘、经费的使用等）和稀缺教育资源的分配（如硕士点、博士点、法律专业硕士点、重点学科、重点研究基地等）对包括法学教育在内的整个大学教育行使着直接的控制权，大学在很多方面只是主管部门履行教育职能的一种方式，而不是一个独立的教育机构。另一方面，大学在某些方面又拥有很大的权力，最明显的情况是，由于缺乏全国统一的关于法律院系批准条件和资格审查的规定，任何一所大学基本上可以自主决定设立法律院系或法律专业。由此导致，高等教育在某些方面又难免会出现失控的局面。

2. 调控机制的失范

我国法学教育虽然经过了30年的拨乱反正，但是，至今没有制定出统一的法学教育准入制度，既缺乏规范的准入条件，也没有制度化的推出机制，更缺乏完善的监督管理机制。虽然教育部于2001年设立了法学学科教学指导委员会，通过设立法学学科核心课程等发挥了较好的作用，但是，由于法学学科教学指导委员会是由教育部管理人员与部分高等院校及科研机构的学者组成，分布于全国各地，除去一年有限的开会讨论外，多数委员均忙

[①] 参见《2006年中国法学教育十大新闻》，http://hi.baidu.com/kafka77/blog/item/b1cea4fd-fec4701609244ddc.html，访问日期：2007年4月4日。

碌于自身几乎与法学学科管理毫不相干的事务，既没有工作运行的长效机制，也没有硬性的职权，难以对法学教育的种种问题予以系统的长久的有针对性的思考和谋划。

3. 市场化过程中的负面影响

自改革开放以来，我国的法学教育得到了空前的发展。为了适应"依法治国"、"建设社会主义法治国家"等基本国策的要求，国家需要在较短的时间内造就一大批法律人才去充实法官、检察官、律师和司法行政队伍。同时，还需要一批从事立法、行政执法乃至管理社会和国家的法律专业人才。这种形势给法学教育带来了契机，多种形式的法学教育蓬勃发展。但同时，教育市场化也成了不可逆转的潮流。近年来，法学教育的经济导向日趋明显，各个学校纷纷设置法学院系，不仅综合大学开设，而且理工科院校也开设，不仅本科开设，而且大专、中专、高职、成人教育都开设，虽然有些院校的办班，实则是在教学经费不足的情况下进行自救、自我完善的无奈之举，最终造成了培养层次混乱、生源水平低、师资力量薄弱等恶果。不同质的教育授予同样的学位，不同成本却获得相同的收益，导致同样学位不同的含金量，出现了经济学上所称的选劣不选优的"逆向选择"现象。

4. 办学利益的驱动

法学院系由1977年的3家发展到目前的615家，增长了200多倍，这其中的办学动力很大一部分是来自利益的驱动。这主要是因为法律在社会和人们的生活中越来越受到青睐，加之我国原有的法律职业人员素质较低，使得社会对高素质法律职业人才需求增加，同时，法官、检察官、律师、警察较高的社会地位和收入，成为吸引人们学习法学的重要动力。到20世纪90年代，我国高等教育呈现大发展的态势，法学更成为各专业中的显学。一时间，法学专业成为当时全国最热的专业之一，成为众多考生填报高考志愿的首选专业，也成为大学、学院增设专业、扩大招生的首要考虑之一；而一些拥有较长办学历史的法学院校，尽管其本身具备相应的法学专业办学条件，但在这种"大干快上"的形势下，也无法摆脱盲目扩大招生的怪圈，从而使得有限的法学教育资源更加捉襟见肘。

5. 教学模式的简单化

我国的法学教育几乎是延续了小学、中学的教学方式，对于课堂讲授的固定模式长期以来没有多大程度的改变。这种教学模式简单，办学成本低，只要有一间教室和几位教师，即可招生办班，于是成为一些追求学科分布数量和综合性大学的发展目标。特别是一些需要独立核算、自负盈亏的独立学院,对于成本低、门槛不高的法学教育,就理所当然地成为选择。在这些院校中,有的没有法学图书馆,[1] 有的没有一名法学专业副教授[2]。如此培养出来的学生,仅仅对于书本知识一知半解,几乎没有实践能力和实务技巧。近年来,不少学校在探索案例教学、诊所法律教学等方法,已经取得了一些效果,积累了一些经验,但是,学风的浮躁和利益的诱惑却也在时时威胁和考验着这些需要长久不懈、持之以恒的改革。

6. 法学教师的不合格

记得季卫东教授曾言:有什么样的法学院,就会有什么样的法院;有什么样的法学教师,就会有什么样的律师。美国法学院培养学生的基本原则是训练学生"像律师一样思考"。所以,美国法学院的师资队伍中很少没有任何法律实务经验的人。在中国,法学教师没有法律实务经验的大有人在,他们很少或者也不可能重视学生实务能力的培养,甚至抱有耻于从事兼职律师等法律实务工作的强烈偏见,他们给予学生的是什么样的法学教育呢?重理论知识传授,轻职业技能培养;重法学理论讲解,轻法律实践训练几乎是中国各高等院校法学教育的通病。法学是实践性科学,我国的法学教育之所以出现与社会需求严重错位,与市场经济背离深远的现状,根本原因之一就是法学教师的不合格。如果法学教师自身不具备一定的实务知识和实务经验,"以其昏昏,使人昭昭,是不可能的"。在笔者看来,必须强调法学教师参与法律实务对于法律实务教学的重要性,尽快扭转多数法学教师不屑或者没有条件从事法律实务工作的现状,倡导通过从事兼职法律服务以获得教学所需实践经验的做法。[3]

徐显明教授曾经这样形容中国当前的法学教育:"当前的中国法学教育已经处在一个新的十字路口上,一方面,法学教育表现出空前繁荣、欣欣向荣的大好形势;另一方面,它的背后正隐藏着一些深层次的矛盾。这些矛盾,有些已充分暴露,有些矛盾仍在形成之中"。[4] 可以说,法学教育在这

---

[1] 孙笑侠教授曾经一针见血地指出:"如果认真对待法学图书馆的话,中国不会有六百多家法学院系!"载 2007 年 6 月 15 日《南方周末》。

[2] 刘恒教授说:"有些负责任、理性一点的学校,考虑到自身实力就不办了;但是有些不具备条件的学校却变着花样办。比如,让一个老师上两门甚至三门课。有的院校让自然辩证法博士教法律课。"载 2007 年 6 月 15 日《南方周末》。

[3] 当然,教学乃教师之本职,笔者反对一些法学教师因为从事兼职律师等法律实务工作而影响正常教学工作,对此,学校可以在教学考核、职称评定等方面设定制度监督。

[4] 徐显明:《在"强化专业学科建设,提高法学教育质量"研讨会闭幕式上的讲话》,载《中国法学教育研究》2006 年第 3 辑,中国政法大学出版社 2006 年版,第 3 页。

个十字路口上已经徘徊了好多年，现在到了不得不进行选择的时候了。包括法学教育研究者在内的所有法学教育的管理者、教育者、受教育者都有义务来认真研究法学教育的科学规律，深刻反思我国法学教育的体系及其中存在的诸多问题，并结合我国实际努力为法学教育选择一条光明的康庄大道。

四　中国法学教育 2007 年回顾及其展望

（一）2007 年中国法学教育回顾

2007 年是中国恢复高考制度的第 30 年。目前，中国高等教育在学总人数超过了 2300 万人，规模位居世界首位，进入了国际公认的大众化发展阶段。高等教育在取得突破性发展和显著成绩的同时，也存在不少困难和问题。法学教育作为高等教育的一个重要组成部分，其情况亦同，即在快速发展的过程中，也面临一系列挑战。

总的来说，30 年来，中国法学教育从恢复重建，到持续改革和发展，已经形成了具有一定规模、结构比较合理、整体质量稳步提高的、具有中国特色的社会主义法学教育模式。法学教育的中国模式与美国模式、欧洲模式呈现出三足鼎立之势，主要特色表现为：以法学学士、硕士、博士教育为主体、法律硕士教育为补充的高等法学教育体系；法学的基本教育、特色教育、继续教育有机结合的人才培养模式；普通高校、科研机构的法律素质教育与专门学校的法律职业教育衔接、统一司法考试与法学教学教育互动的就业机制。

2007 年中国法学教育的发展状况主要体现为：

2007 年 1 月和 3 月，教育部法学学科教学指导委员会两次召开会议，讨论向教育部和中央实施马克思主义理论研究和建设工程办公室提出拟列入"马克思主义理论研究和建设工程"的法学重点教材的建议，并建议在原有的 14 门法学专业核心课程的基础上，增设劳动与社会保障法学、环境与资源保护法学两门课程。

2007 年 1 月 19 日，首届中国法治论坛暨首届钱端升法学研究成果奖颁奖大会在北京人民大会堂隆重召开，该奖被认定为部级奖项。钱端升法学研究成果奖由中国政法大学倡议，以我国当代著名法学家钱端升先生名义于 2006 年设立，是我国法学界第一个以个人名义设立的全国性民间奖项。该奖明确的宗旨、权威的奖励委员会组成、评审程序的公正性在全国法学界产生了普遍接受的公信力，成为全国法学研究优秀成果的重要奖项。首届中国法治论坛以"法治与和谐社会"为主题。根据教育部办公厅《关于2007年全国普通高等学校人文、社会科学研究统计年报工作的通知》和《全国普通高等学校人文社科研究管理系统》的说明，钱端升法学研究成果奖已被列入全国普通高等学校人文、社会科学研究统计范围，与霍英东奖、安子介奖、孙冶方奖、吴玉章奖、陶行知奖并列"部级奖"。钱端升法学研究成果奖被认定为部级奖项，对我国法学研究的繁荣将起到推动作用。

2007年5月24日至25日，全国财经类高等院校法学专业人才培养模式研讨会在山西省太原市召开。会议达成的共识有：（1）财经类院校的法学教育追求特色是院校和专业得以生存和发展的基础，也是财经类院校专业的毕业生能够顺利就业的重要因素；（2）有必要在深入探讨、允分结合实践的基础上，总结和规划出财经类院校法学教育的特色路径；（3）财经类院校的法学教育必须面对实践，在了解实务的基础上争取能够使毕业生直接介入实践工作。与会代表的不同意见在于：（1）何谓财经类院校的法学专业的特色，特色与共性之间是什么关系；（2）如何界定和具体勾画财经类院校的法学专业教育的特色；（3）如何在教学过程中推进实践教学。①

2007年3月，经教育部批准，华东政法学院正式更名为华东政法大学。至此，司法部原来直属的"五院"全部晋升为大学。② 华东政法大学的前身是华东政法学院。华东政法学院创办于1952年，是新中国创办的首批高等政法院校之一。6月9日，华东政法大学揭牌庆典仪式在上海举行，最高人民法院院长肖扬出席并讲话。更名后，华东政法大学将定位为建设一所国内高水平的多学科性大学，更注重培养复合型人才。

2007年，浙江大学吸收社会资本，成立光华法学院并完成迁址。继2006年9月25日浙江大学与光华教育基金会、台湾润泰集团签署光华教育基金会向浙江大学捐资壹亿元人民币筹建"浙江大学光华法学院"协议书之后，2007年4月20日，浙江大学光华法学院正式成立。学院成立典礼上，著名法学专家江平发表贺词，希望光华成为探索中国法学教育新体制的先锋。该院院长孙笑侠向南方周末记者介绍，光华正在建国内最好的法学图

---

① 参见2007年12月教育部高等学校法学学科教学指导委员会、中国法学会法学教育研究会秘书处编辑：《中国法学教育通讯》。

② 所谓"五院"是指1949年后创立的北京政法学院、西南政法学院、中南政法学院、西北政法学院、华东政法学院。

书馆,并且在学校和学院原有经费的基础上,每年净增加200万元作为学生经费。9月8日,浙江大学光华法学院举行迁址仪式,迁址于占地670亩的浙江大学之江校区。据悉,为了与国际一流法学院的管理体制接轨,浙江大学决定将法学院当做浙江大学文科建设的特区,实行独特的、不同于浙江大学其他学院以及其他大学法学院的管理体制、学术机制、评价体系、人事政策,聘请华人法学界著名的法学家组成光华教授委员会,由它来决议光华法学院的学术发展方向、专业与课程设置、学术评价标准、教师聘任与解聘、教师职称晋升、研究生导师资格评审等学术性事务。

2007年2月7日,欧洲委员会与中国商务部就创建中欧法学院签署财政协议。据欧盟驻华大使赛日·安博先生介绍,中欧法学院项目旨在帮助中国法律专业人士提高关于欧洲和国际法律的执业水平,帮助欧洲的法律专业人士了解中国法律知识,加强中国与欧洲法律专业人士的联系。在符合中国法律的框架内,法学院将在一所中国大学里设立。欧洲联盟将为该项目投入1820万欧元。11月底,欧盟欧洲委员会驻华代表团大使赛日·安博表示,中欧法学院的主要中方合作者是中国政法大学,另外清华大学也参与其中。中欧法学院的校园将设在中国政法大学内。

2007年,全国有法学专业的高校数量有所增加,但法学专业的招生数量却呈下降之势。截至2007年12月底,全国有法学专业的高校数量增加到615所,在校生约30万人。

2007年,全国新增法律硕士培养单位30所。至此,全国法律硕士培养单位达80所。法律硕士的生源问题,特别在职攻读法律硕士专业学位研究生的生源问题越来越突出。清华大学停止招收在职攻读法律硕士专业学位研究生。

2007年,中国社会科学院研究生院(法学研究所)147名首届全日制法律硕士专业学位研究生毕业。法学所对该届法律硕士研究生的针对性培养,以91%的司法考试通过率和100%的就业率,成为中国法律硕士研究生教育的一个成功范例。

2007年,高等教育出版社聘请教育部高等学校法学学科教学指导委员会名誉主任曾宪义、主任委员张文显、副主任委员王利明、龙宗智、吴汉东、吴志攀、胡建淼、徐显明、曾令良组成法学教材编写委员会,负责组织、协调法学专业核心课程教材及有关重点教材的编写工作。

2007年9月15日,由贵州大学主办、贵州大学法学院承办的"花溪之畔·法学教育改革论坛"在贵州省贵阳市举行。这是近年国内法学教育界并不多见的直接以"改革"为主题的"集体反思"。论坛围绕"法学教育改革的必要性和方向、路径","西部高校法学教育的困境与出路"等问题进行专题研讨,直指当前中国法学教育界普遍面临的"困境"。与会学者指出,法学教育改革势在必行,但改革一定要从实际出发,培养社会真正需求的法律人才。有专家指出,中国法学教育主要存在四个问题:一是法学教育是通识教育还是职业教育的定位不清;二是法学教育是大众教育还是精英教育的定位不明;三是法学教育现在的低起点与法律职业高素质要求之间存在着巨大的差距,怎样克服这个矛盾还没有找到更好的道路;四是法学教育到底是人文教育还是科学教育或者是二者兼有不明。此外,中国法学教育还存在两个根本性缺陷,一是中国法学教育当中缺乏司法伦理的训练。不具有司法伦理的法官、检察官和律师是很危险的;二是中国法学教育当中缺乏职业技巧培训。没有职业技巧的法官、检察官和律师就不能适应职业的要求。[1]

2007年9月26日,"促和谐·中国优秀学子法律援助专项基金"启动仪式暨新闻发布会在人民大会堂举行。此项基金的设立是支持贫困地区法律援助事业发展,培养优秀法律人才的社会民心工程。香港尼邦集团公司捐助五百万元首批资金,此项基金将公正、透明地专用于优秀学子法律援助志愿行动。

2007年11月27日,十七届中共中央政治局以完善中国特色社会主义法律体系和全面落实依法治国基本方略为题进行了第一次集体学习,中共中央总书记胡锦涛主持。他强调,必须适应我国社会主义经济建设、政治建设、文化建设、社会建设不断发展的客观需要,增强科学执政、民主执政、依法执政的自觉性和坚定性,不断完善中国特色社会主义法律体系,不断推进国家各项工作法治化,切实把党的十七大提出的全面落实依法治国基本方略、加快建设社会主义法治国家的重大任务落到实处。中国政法大学徐显明教授、中国社会科学院信春鹰研究员就学习内容进行讲解,并谈了对建设社会主义法治国家的意见和建议。

2007年11月30日至12月2日,教育部高等学校法学学科教学指导委员会、中国法学会法学教育研究会2007年年会暨中国法学教育论坛在江苏省南京市召开。会议选举产生了新一届会长、副会长、常务理事、理事和秘书长,举行了第一届中国法学教育研究成果颁奖活动,围绕法学教育的理

---

[1] 详见李林教授在该论坛上的发言,载 http://edu.sina.com.cn/gaokao/2007—9—19/1527101514.shtml,访问日期:2007年12月25日。

念、法学教学方法的创新、法学教育的质量监控体系研究、法学教育与司法职业的互动关系等问题进行了研讨。

2007年12月,在教育部批准的国家一级重点学科开设学校中,北京大学、中国人民大学和中国政法大学的法学学科榜上有名。这是教育部第一次从一级学科角度评审法学重点学科。

(二) 中国法学教育未来展望

党的十七大报告深刻阐明了中国特色社会主义理论体系,阐述了科学发展观,明确了坚持发展社会主义民主政治、全面落实依法治国基本方略,科学回答了事关党和国家发展全局的重大理论和实际问题。在教育问题上,提出了教育乃民生之首、教育公平是社会公平的基础、教育是民族振兴的基石、教育属于公益性领域等重要论断,指出教育工作要全面实施素质教育,普及基础教育,发展职业教育,提高教育质量,为建设创新型国家、繁荣和发展社会主义文化,培养和造就一大批世界一流的科学家、科技领军人才和人文社会科学大师等,为包括法学教育在内的高等教育指明了方向。因此,2008年中国法学教育的总体目标就是认真学习和贯彻落实党的十七大精神,深刻领会科学发展观的时代内涵,全面把握社会主义法治理念的本质特征,立足法学教育的现状与未来,着眼于法学教育的改革、创新和发展,总结深化法学教育的内在规律,全面提高法学教育质量,积极推动法学教育的进一步繁荣发展。集中表现为:

1. 重视法学教育中的社会主义法治理念教育

法制教育是任何一个社会生活个体都必须接受的教育内容和教育活动。据悉,在2007年举行的国家司法考试中,考生对"社会主义法治理念"试题的得分率令人大跌眼镜。法治理念标志着法治的社会属性、政治原则、价值蕴涵等根本问题,关系着法律职业人员的精神信仰、意志品格和职业意识,必须将社会主义法治理念教育系统地贯穿于法学教育的整个体系之中。

2. 加强法学教育中的公民意识教育

党的十七大报告提出了"公民意识"的概念,强调加强公民意识教育,树立社会主义民主政治、自由平等、公平正义理念。公民是社会成员的法律身份。发展社会主义民主政治,深化政治体制改革,建设社会主义政治文明,一个重要的基础性工作就是开展公民意识教育,提高全社会政治素质。而民主政治、自由平等、公平正义既是人类社会的美好追求,又是政治建设、政治发展的重要价值和目标。法学教育责无旁贷。

3. 注重法学教育中的教育质量

党的十七大报告首次将"提高高等教育质量"写入党的纲领性文献中，进一步说明法学教育的质量观已经不仅是2007年的倡导，而且应当在2008年开始成为实践。为此，应当：（1）加大教学投入，包括对教学工作的精力投入、经费投入和教学信息化建设投入等；（2）强化教学管理，包括学风建设、师资队伍建设、教学质量评估体系建设等；（3）深化教学改革，包括培养学生的创新精神和实践能力、深化人才培养模式、课程体系、教学内容和教学方法的改革等。教育部高等学校法学学科指导委员会制定的《高等学校法学专业本科教学工作合格评估方案》（试行），有望在2008年经教育部高教司审核同意后，在部分高校开展法学专业合格评估。

4. 法学教育领域的产学研结合继续拓展

1949年后法律教育演进过程中，公立法科一直居于主导地位，民间资本进入法学教育极其罕见。但在民国时期，私立法学教育机构遍地开花。而今，台湾名企光华集团创办的北京大学光华管理学院已是国内同类专业的翘楚，随着光华集团捐资一亿人民币创建的"光华法学院"在浙江大学的成立，社会融资办学让很多圈内人抱有期待，上海交通大学接受社会资金办学使得这一期待再次成为现实。中欧法学院有望2008年在中国驻足。可以预测，今后相当长的一个时期，社会融资有可能成为法学院重要的财政资金来源之一。

5. 法学教育院校结构开始趋于层次化、特色化

有专家认为，制约中国大学法学教育发展的瓶颈在于人才培养上的结构失衡：一方面农村、乡镇闹"律师荒"；另一方面真正能够处理复杂跨国法律业务的高端法律人才产出不足。中国大学法学教育的"产品"主要囤积在中下档次，这是导致法学专业学生就业形势日益严峻的一个重要因素。从未来的发展趋势看，中国大学法学院在培养合格法科毕业生的基础上，在功能定位上走分化和差异化的路线（如划分精英法学院和非精英法学院），"可能是在不久的将来会变成现实的一个推测"。① 部分财经类高等院校法学专业人才培养经验昭示出，不同类型的院校基于不同的地域、专业和行业探讨特色化的教育方式、教育模式非常必要。只有创出特色院校、专业才有立足之点，只有坚持特色，才有可能缓解甚至解决法学毕业生就业难的问题。

---

① 详见李林教授在该论坛上的发言。http://edu.sina.com.cn/gaokao/2007—9—19/1527101514.shtml 访问日期：2007年12月25日。

有必要通过进一步调查研究和分析论证，寻求中国法学教育不同的特色模式。可以考虑从财经院校作为试点和起点，进一步辐射到理工、师范、医学院校的法学教育领域。由此可以预见的事实是，中国的法学院必须经历一场结构性调整，经过优胜劣汰的变革之后，形成不同的特色、层次和规模。教育部高等学校法学学科指导委员会委托吉林大学起草的示范性法学院评判量化标准有望在 2008 年完成。

6. 社会对法律人才的需求依然强劲

虽然，伴随着多种资源办学，当国家在法学教育上逐步退出，法学院逐步转向多种需要之下的特色教育，法学院之间的竞争将渐趋激烈，法学院数量和招生过多的问题很可能因此化解。但是，"政治体制改革其中一个重要的任务就是依法治国，建设法治国家，现在我们法律方面的人才不是太多了，而是太少了。"2007 年五四青年节，国务院总理温家宝在中国人民大学说。由此可以断言，在走向法治的长途中，中国对法律人才的需求依然强劲。

概括而言，改革开放以后，中国法学教育全面恢复并迅速发展。伴随着法学启蒙、法律常识的学习以及整个社会对依法治国的强烈需求，法学教育目前已成为"显学"和"热学"。法学教育虽然在 30 年内得到了长足的发展，但要建立和形成一个好的法律教育传统，仍不是一朝一夕之功。特别是在随着市场经济体制、依法治国方略在中国的确立和与世界法学的交融，我国法学教育在理念意识、培养目标与模式、教育体制以及内容与形式等方面都面临着严峻的挑战。

自 20 世纪 90 年代以来，随着我国高等院校包括财经、理工科院校甚至部分专科院校普遍建立法律院系，我国法学教育的规模空前扩张。虽然这些新兴法律院系一再强调其在培养方式上不同于传统法学教育的特征，但是其不得不面临办学过滥、师资匮乏、经验缺失、教育质量低劣等多种责难。由此也引发出人们对我国法学教育现状的进一步检讨和对未来发展的探索。这些问题诸如：目前全国法学院（系）设置没有一个统一的标准；办学层次繁杂，既有正规的本科和研究生教育，也有法律函授、夜大学、全脱产成人学历教育，还有政法管理干部学院、电大、业大、职大、自学考试等，教育体制没有统一规格；招生规模在无限制地扩大；一些法学院的管理还没有脱离行政化的轨道；各种层次办学培养的毕业生与实践严重脱节；法学的二级学科划分，人为地割断了法学作为一个学科整体的内在联系，使得许多法学专业的学生只见树木，不见森林；法学课程的设置僵化，法学教材汗牛充栋，却是互相抄袭，缺乏学术性、实践性和权威性，教学内容不能反映法学作为一门科学的全貌和活力；教学方法上，不注重培养学生的创新思维和实践能力，而是一味地灌输知识，甚至空洞说教；考试方式上，更多地是以"标准答案"来限制和压抑学生的原创精神等。

  法学教育应当是法学理论教育与法律实务教育的统一、法学专业教育与法律职业教育的统一、综合知识教育与专业知识教育的统一。现代法学教育应该以开放眼光和世界视野来应对经济全球化的挑战和提高国际竞争力，定位于职业教育的培养目标与模式（这种职业教育既包括法律职业理性的教育，即法律观念、法律精神、法律思维方法的传授，也包括法律职业伦理的教育，即法律职业品质、职业操守和司法伦理的教育，同时还应当包括法律职业素养和技术的训练，即判例分析、法律推理、辩护技巧和法律公文的专业训练），建立科学、统一和专业化的教育体制。

第二章　法学教育的历史沿革

霍姆斯曾言:"一页纸的历史抵得上一卷书的推理。"此言对于法学教育同样适用。研究法学教育的历史,特别是中国法学教育的历史,研究中国法学教育与中国的政治变革、经济发展、社会变化以及世界发展之间的关系,有利于弄清楚中国的法学教育即将走向何方,中国的法学教育怎样进行改革,等等难题。我们以时间为脉络分别从法学教育变革的历史背景出发,分析法学教育在古代、近代以及当代在法学教育目标、教学内容、课程设置、师资配备、教材建设等方面的综合变迁。

一　高等法学教育的历史发展

(一) 中国古代的法学教育——律学教育

中国的法学教育历史长达三千多年,自从产生了国家、法律的概念以来,法学教育就以不同的形式而存在。西周时期就有了中国早期的法学教育。[1] 但是,中国古代的法学教育不同于现代意义上的法学教育。中国古代法律教育,以中国古代最主要的法律形式"律"为其教学内容。中国古代实行官方和民间双轨的法学教育体制。也就是说,古代的律学教育主要存在私学与官学两种形式。据《吕氏春秋》记载,邓析"与民之有狱者约,大狱一衣,小狱襦裤。民之献衣襦裤而学讼者,不可胜数"。[2] 秦始皇统一中国后,为加强专制统治,采纳李斯的建议,焚烧诸子百家之书,将法令书籍收藏于官,律学只在官府中传授,"若欲有学法令者,以吏为师"[3]。为达到对民众的思想控制,秦朝下令严禁私学,刚刚发端的律学私学教育被扼杀了。汉代更是"罢黜百家,独尊儒术",确立了儒学两千年的统治地位,同时律学亦出现了儒家化的模式。西汉以后,无论是

---

[1] 徐显明主编:《中国法学教育状况报告》,中国政法大学出版社2006年版,第9页。
[2] 汤能松等:《探索的轨迹——中国法学教育发展史略》,法律出版社1995年版,第6页。
[3] 《史记·秦始皇本纪》,中华书局1959年版。

太学还是国子监，它们虽然也能在一定程度上起到律学教育的作用，但它们首先却是儒学的教育机构，也就是说律学教育是依附于儒学教育的。即使北宋初年的国子监设有律学馆，但馆内并无律学教师。[1] 明清封建法制的进一步发展，使得律学在官方的默许下产生了比较特殊的教育形式，即幕学，又称为刑名幕友之学。[2]

总之，中国古代的律学教育与现代意义上的法学教育有着很大的区别：第一，从教育的目的上，我国古代的法律教育是为了让官吏更好地为统治者服务，让老百姓更好地接受统治者的统治。第二，在教育体制上，至迟在7世纪时，法学（律学）已作为一门独立的学科从单一儒家经典学科中分离出来，但这种分离只体现在国立学校中，而地方公立学校仍为单一学科。[3]第三，在教育方法上，基本上限定在边实践边学习的个别教育之上，律学知识的获得更多的是依据经验的积累。第四，在教学师资上，某些机构既承担实际的判案断狱的职能，又肩负着律学教育的功能，如隋唐时期的大理寺即为典型。第五，从教学内容上看，由于法律儒家化所决定，中国律学教育的内容多为儒家经典中的涉及法律的部分，即使对后世影响深远的著名法典如《唐律》、《明律》等也都是在儒家价值观念的支配下制定出来的，其中的各项具体制度如"五服"、"十恶"等均是儒家价值评判的产物。[4] 第六，在教育地位上，法学教育在国家教育中的地位很低，与算学、医学等一同列入技能教育之列。[5] 由此可见，不论是教育的目的、方法，还是教育的师资和内容，我国古代的律学教育都不具有独立的教育地位，并非现代的职业化的法学教育。而且，我国古代皇权专制的政治体制之下也难以产生现代意义上的法学教育机制，只可能存在这种非独立的、为皇权服务的律学教育。这种教育机制对于积累官吏的治理经验毫无疑问有着一定的作用，但是，毕竟这种教育不可能波及社会大众，具有其不可克服的局限性，不可能承担起现代法学教育传播知识、为社会培养有用人才的重任。

---

[1] 汤能松等：《探索的轨迹——中国法学教育发展史略》，法律出版社1995年版，第40页。
[2] 同上书，第86页。也见高浣月《清代刑名幕友研究》，中国政法大学出版社2000年版。
[3] 丁凌华、赖锦盛：《中国法学教育的历史及其反思》，《华东政法大学学报》2007年第4期。
[4] 洪浩：《法治理想与精英教育——中外法学教育制度比较研究》，北京大学出版社2005年版，第20—21页。
[5] 丁凌华、赖锦盛：《中国法学教育的历史及其反思》，《华东政法大学学报》2007年第4期。

（二）中国近代法学教育的开端——清末的法学教育

我国近代法学教育出现于清末。以康有为、梁启超、谭嗣同等人为首的维新派发动"维新变法"运动，他们在教育改革方面，提倡废除科举制度，设立近代学校。近代最早的高等教育机构——"学堂"就产生在这样的背景之下。在第一批出现的学堂中，有清朝官僚盛宣怀在天津创办的中西学堂（1903 年改名为北洋大学堂）和上海的南洋公学，还有清朝政府创办的京师大学堂。从天津中西学堂、南洋公学、京师大学堂的章程及教育状况来看，中国高等教育的初创在管理、学制等方面深受日本明治维新的影响。教学内容中虽然还有经学之类的传统科目，但就整体而言，开设了大量反映近代科学的课程。从光绪二十八年（1902）颁行的《钦定高等学堂章程》和上述三所学堂的章程来看，中国初创时期的高等教育模仿日本教育制度的痕迹较为浓重，但是已经初具现代高等教育的雏形，具备了现代高等教育的各种要素。进入 20 世纪初叶，随着教会大学在中国的发展，中国大学的构建逐渐从日本模式转向美国模式。法学教育伴随着中国高等教育的萌芽也产生和逐渐发展起来了。①

1860 年第二次鸦片战争后，清政府设立了总理各国事务衙门，专门负责处理外交事务。当时苦于官员中没有可靠的翻译人才，洋务派于 1862 年设立京师同文馆。科目起初以外国语言为主，后陆续增设了有关自然科学、实用技术和社会科学方面的课程。1864 年，美国长老会教士丁韪良应聘到京师同文馆任英文教习，1869 年任同文馆总教习兼万国公法教习。1864 年京师同文馆出版的第一本译著就是丁韪良翻译的《万国公法》。《万国公法》出版后，京师同文馆于 1867 年专门设立课程，讲授公法内容，培养国际法律人才。此乃中国近代新式法学教育之萌芽。② 1895 年创办的天津中西学堂开设有律例学门，这就是中国近代最早的法科专业。律例学门学生 4 年所修的课程主要包括：英文、几何学、格致学、物理学、天文学、富国论、法律通论、罗马律例、英国合同法、万国公法、商务律例等。1899 年第一批学生毕业，是中国自己培养出来的第一批法学毕业生。1904 年直隶法政学堂的建立，标志着中国近代正规法学教育的兴起。紧接着，相继创办了"京师法政学堂"、"广东法政学堂"、"湖南法政学堂"等。到 1909 年，全国共

---

① 邓建新：《中国法学教育的历史与现实》，中国政法大学硕士论文，2006 年，第 4—5 页。
② 同上书，第 6 页。

设法政学堂47所，学生12282人，分别占学堂总数的37%和学生总数的52%。这一时期的普通高等法学教育发展缓慢，原因在于当时预备立宪急需法政人才。而"法政专门学堂之设，意在造就通晓法政人才，其功课以切于实用为主"。① 法政学堂均以招收已仕官员为主要对象。第二次鸦片战争后，清朝政府开始派遣留学生出国学习法律。同时，在一些综合性大学里设立法科，如京师大学堂法科等。法政学堂的特点在于，它不是学历教育，而是在职文官的法律培训。但是，法学教育出现综合性大学法律系与法政学堂并存的格局，法政学堂与综合性大学法律系所开的课程均仿照日本，教学内容基本上是一致的。据统计，当时的法学院校。除开设两门中国法律课程，即"大清律例"和"大清会典"外，其余全是日本法学课程，甚至教师也聘请了不少日本人。②

由上可见，清末的法学教育具有以下几个鲜明的特点：第一，从办学形式上看，清朝中央和地方是推动法学教育发展的主导力量，也是办学的主体。但清末法学教育由官方垄断的局面逐渐被打破，开始出现民办、中外合资和外国人独办等多样化的办学体系。③ 第二，法学教育的层次多元化，既有大学堂法政大学的法律科，相当于今天大学本科层次，旨在培养通识人才，如天津大学堂、山西大学堂、京师大学堂等；还有高等学堂和法政（或法律）学堂正科、专科等，相当于今天的大学本科以下的专修层次，旨在培养应用型的职业人才。④ 第三，从教学模式上看，当时在引进西方近代资本主义法学教育模式的过程中，主要模仿英美的法学教育模式、欧陆模式和日本模式。其中，实行英美模式的学校主要有京师同文馆、天津中西学堂法律科和山西大学堂法律科；实行欧洲大陆模式的学校主要有南洋公学政治特班；采取日本模式的教育机构主要有京师大学堂法政科和各类法政专门学堂。第四，从教学师资来看，一开始主要聘请来自欧美和日本的外籍法学教师。此外，清末还向国外派遣法学留学生，他们学成归国之后，还不同程度上从事过法学教育，比如马建忠、魏瀚、伍廷芳、何启、孔祥熙、王正廷、唐宝锷、沈钧儒、宋教仁、汪精卫、胡汉民、顾维钧等。第五，在课程设置上主要依照日本，同时以直隶法政学堂（北洋法政学堂）章程规定的课程

---

① 张耕主编：《中国政法教育的历史发展》，吉林人民出版社1995年版，第52页。
② 洪浩：《法治理想与精英教育——中外法学教育制度比较研究》，北京大学出版社2005年版，第21页。
③ 侯强：《清末法学教育与近代中国法制现代化》，《沈阳大学学报》2007年第5期。
④ 周少元：《清末法学教育的特点》，《法商研究》2001年第1期。

为蓝本，各校普遍采用，大都学习宪法学、行政法、各国商法，并学习"大清会典"与大清律例。第六，在学制上，既有五年和三年制的正科，也有一年半或两年的速成科和一年的讲习科以及各类各样的进修班。

清末的法学教育一方面吸收外国的师资、教学模式，采取多元化的教学形式，为当时的发展培养了一批法律人才，促进了中国近代法学的发展，为中国现代法学教育的发展奠定了基础，但是，这种法学教育没有结合本土的国情，功利主义的思想倾向过于浓厚，有盲目地崇洋媚外的嫌疑。再加之中国缺乏西方国家那样的法治传统和文化基础，并且长期内忧外患，现代法学教育在中国始终没能很好地发展起来。

（三）南京临时政府、北京政府、南京国民政府时期的法学教育

中华民国南京临时政府时期，任教育总长的蔡元培大力发展高等教育，先后颁布了《专门学校令》、《大学令》、《政法专门学校令》，并按照《大学规程》，在大学内分文科、理科、法科、商科、医科、农科和工科，其中以文理二科为主。

随后，袁世凯的北洋政府时期，中国法学是比较热门的专业，法科学生的数量无论是在全国院校的学生总数中，还是在综合性大学的总数中，所占的比例都是很高的，一般均占50%左右。在这一时期，中国法学教育呈现以下几个特点：第一，法学教育与法律职业直接结合。按当时的有关规定，法政学堂毕业的学生，可以免试取得司法官、律师资格。[①]第二，课程结构与教学内容偏重于部门法，注重应用法学。第三，法政学堂过多，法学教育过滥，一直在低水平上运行。黄炎培先生对此曾言："一国之才学者，群趋于法政之一途，其皆优乎。"[②]第四，私立法学院得到了较大发展，最为著名的就是1911年创立的朝阳大学和1915年创立的东吴大学比较法学院。

1928年，蒋介石的南京国民政府召开了第一次全国教育会议。1929年，南京国民政府颁布了《大学组织法》和《大学规程》，规定大学分国立、省立、市立和私立四种。大学内可设法学院，而法学院又包括法律、政治、经

[①] 汤能松等：《探索的轨迹——中国法律教育发展史略》，法律出版社1995年版，第221-222页。

[②] 转引自曾宪义、张文显主编《中国法学专业教育教学改革与发展战略研究》，高等教育出版社2002年版，第51页。

济、社会学及其他各系。这一时期的法学教育层次比较齐全。南京国民政府时期的司法院有权审批法学院系，他们的审批较为严格，法学院系由1931年的29所下降为1940年的27所，法学几乎成为"官学"。在这一时期，法学教育的目标是培养法律职业的高级人才，并强化了法律职业资格考试制度。同时，法学教育也培养公务员。这一时期法学专业的课程结构也得到了调整和优化，既有模仿日本，也有模仿欧美，逐步形成以"六法全书"为核心的课程体系，并出现了两种法学教育模式：以法律实务为重点的模式（以朝阳大学、东吴大学、湖南大学的法学院为代表）和以理论研究为重点的模式（以北京大学、武汉大学的法学院为代表）。在整个南京国民政府时期，法学教育得到了一定程度的发展，出现了一些具有影响的法学家，出版了一些具有影响的教材与专著，如王世杰的《比较宪法》、周鲠生的《国际法》、程树德的《九朝律考》等。①

总之，尽管这三个时期的法学教育仍然主要是为统治阶级服务的工具，但是这一时期尤其是南京国民政府时期的法学教育，兼顾吸收两大法系（侧重于英美法系）法学教育和法学理论的优点，而且与法律职业紧密联系在一起，对我国现代法学教育模式的发展起到了促进作用，特别是对目前我国台湾地区的法学教育有着直接的影响。

（四）新中国法学教育的创立、发展与繁荣

在我国学术界，对于新中国法学教育的发展阶段，有以下几种划分方式：第一种观点认为，新中国的法学教育分为初步发展（1949—1957）、挫折（1957—1966）、全面破坏（1966—1976）、迅速恢复发展（1978—1993）和全面发展（1993年至今）五个阶段②；第二种观点认为，新中国成立后的法学教育经历了引进初创（1949—1956）、遭受挫折（1957—1965）、全面摧残（1966—1976）、恢复重建（1977—1991）、改革发展（1992年至今）五个阶段。③ 第三种观点认为，新中国成立后的法学教育经历了形成初创（1949—1956）、停滞挫折（1957—1976）、恢复发展（1977—1991）和

---

① 洪浩：《法治理想与精英教育——中外法学教育制度比较研究》，北京大学出版社2005年版，第24页。
② 霍宪丹：《不解之缘——二十年法学教育之见证》，法律出版社2003年版，第105页。
③ 曾宪义、张文显主编：《中国法学专业教育教学改革与发展战略研究》，高等教育出版社2002年版，第2页。

改革发展（1992年至今）四个阶段。① 第四种观点认为，1949年中华人民共和国成立以来，法学教育的模式大致经历了三个大的阶段：受苏联影响的法学教育政治化阶段（1949—1966），受"文化大革命"影响的法学教育虚无阶段（1966—1976），改革开放后法学教育的迅速发展阶段（1977年至今）。② 以上四种划分方法尽管存在细微的差异，但有着异曲同工之处，并没有太大区别。我们在此依据四阶段说对新中国法学教育的初创、停滞、恢复发展和逐步繁荣的历程进行阐述。

1. 初创阶段（1949—1956）

早在新中国诞生以前的1949年2月，中共中央就发布了《关于废除国民党六法全书与确定解放区司法原则的指示》，宣布彻底废除国民党的"六法全书"，以人民的新的法律作依据。随着新中国废除国民党"六法全书"和一切反动法律，新的以马克思主义法学理论为指导的法学教育取代了旧的法学教育，我国开始全面引进苏联的法学教育模式。1951年教育部制定的《法学院、法律系课程草案》规定："讲授课程有法令者根据法令，无法令者根据政策……如无具体材料可资参照，则以马列主义、毛泽东思想为指导原则，并以苏联法学教材及著述为讲授的主要参考资料。"在1954年召开的全国政法工作会议上，高教部明文规定："中国人民大学应将所编译的苏联法学教材进行校阅，推荐各校使用。"从1952年到1956年，中国翻译出版了165种法学教材和法学译著。其中有80多种是高等学校和中等专科学校的教材。最早的一批是1951年由大东书局出版的"苏联法学丛书"15种，其中《苏联国家法教程》、《苏联民法教程》、《苏联国际私法教程》、《苏联土地法教程》、《苏联劳动法教程》、《苏联刑法总论》、《苏联民事诉讼法教程》等10种是1949年经苏联高教部批准的高等学校教材。在1954—1957年由人民大学有关教研室翻译，由人民大学出版社和法律出版社出版的高等学校教材，还有《犯罪对策学》和《犯罪对策实习教材》、《苏维埃民法》（上、下）、《苏维埃民事诉讼法》和《苏维埃刑法总则》、《苏维埃刑法分则》、《苏维埃刑事诉讼法》等十几种。当时，各个法律院系教学内容也是以苏联法学为基础，强调其优越性，尽管50年代后期，随着中苏关系的恶化，也出现了苏联某些法学理论和制度的批判，但是，苏联法学对中国法学教育的影响十分明显，至今犹存。新中国成立初期照搬苏联法学的理论，不

---

① 徐显明主编：《中国法学教育状况报告》，中国政法大学出版社2006年版，第9页。
② 丁凌华、赖锦盛：《中国法学教育的历史及其反思》，《华东政法大学学报》2007年第4期。

仅导致了教条主义法学的盛行,划定了诸多不可逾越的禁区,而且给中国的法学教育本土化造成了极大的障碍。①

在这一时期,中央开始接收并改造旧大学政法院系,对政法院系进行调整。1952年进行的第一次调整是"以培养工业建设人才和师资为重点,发展专门学院,整顿和加强综合性大学"为原则的,经过院系调整之后,我国形成了3院11系的高等法学教育院系格局,到1952年底这3院11系共有教师450人,占全国教师总数的1.7%;在校生3830人,占全国高校在校生总数的2%。② 1953年暑期,教育部对高等院校又进行了第二次院系调整,这次调整的原则是,"着重改组旧的庞杂的大学,加强和增加工业学院,并适当设立师范学校,对政法财经等各院系原则上适当集中,大力整顿和加强师资培养,为以后发展准备条件"。经过1953年的第二次院系调整,全国法学教育机构成为8所,除了新成立的北京、华东、西南、中南四所政法学院外,综合性大学中设法律系的只有中国人民大学、东北人民大学(吉林大学的前身)、武汉大学和西北大学(司法专修科)。到1953年底,这些学校共有教师268人,占全国教师总数的0.8%;在校生3908人,占全国高校在校生总数的1.8%。③

新中国成立伊始,为巩固政权的需要,国家开展法学教育首先以培训政法干部为目的,先后成立了中国政法大学④、新法研究院、中央政法干部学校,进行干部教育。中央对在职司法干部进行多次短期的轮训,以"培养专政人才"和"掌握刀把子的人才"。但是,这一时期的在职法律培训和高等学校的法学教育都过分强调学员的政治素质,忽视了法学专业水平和职业能力的培养和训练,将司法人员等同于一般的政府公务人员,可以说,这一时期的法学教育依附于政治教育,没有自身的独立性。

2. 停滞时期(1958—1976)

从1957年"反右"运动后,法学教育开始下滑,教师数量和学生减少,教学和研究上都出现了思想禁区。1958年9月19日,中共中央、国务院发布《关于教育工作的指示》,开展全国系统的教育大革命,对政法院校

---

① 方流芳:《中国法学教育观察》,载贺卫方主编:《中国法律教育之路》,中国政法大学出版社1997年版,第12页。
② 《中国教育年鉴》(1949—1982),第266页。
③ 同上。
④ 该学校三个部于1950年分别并入新成立的中央政法干部学校、中国人民大学,有别于今天的中国政法大学。

再次进行调整，各校招生规模逐步下降。在这一时期，提倡半工半读，政治运动和劳动占用了教师和学生的大部分时间。而且，在教学内容上，政治理论学校占据了大部分学习时间。1953年中央政法小组、教育部党组《关于加强高等政法教育和调整政法院系问题的请求报告》明确提出，"政法院系是培养无产阶级专政工作干部的学校，阶级性强，除必须同其他院校一样坚决贯彻执行党的教育方针、政策和高等教育制度外，应该特别注意教师和学生的政治质量，加强思想政治工作，政治理论课的比重比其他高等学校大一些"。因此，在教学课程设置上，政治理论课的比重占据半数以上，法律专业课被压缩取消，1955年教学计划中专业必修课21门，1959年、1960年教学计划中专业课仅仅保留了7门。而且，法学课被政策课取代，如用"刑事政策"代替"刑法"，用"民事政策"代替"民法"，等等，所讲授内容也主要是旧法批判和新法宣传。在教学师资上，从1957年夏至1958年春，在各级教育行政机关和各级学校中，一批干部、教师职工和大学生被错划为右派分子。"1961年法学教师人数急剧下降到497人，比1957年减少了38%。"①

1962年国家颁布的《中华人民共和国教育部直属高等学校暂行工作条例（草案）》和1963年全国政法教育工作会议纠正了1957年以后的一些错误做法，其后，一些学校组织编写了一批法律专业教材、制定了教学方案，招生规模也有所回升，但是，法学教育仍然未再有机会振作发展，法律虚无主义占据主流。

"文化大革命"十年，法学教育遭受摧残，名存实亡。1966年，所有的专门政法院校全部停止招生。1970年，高等学校开始招生复课。1971年，中国人民大学、湖北大学和四所政法学院均被撤销，只有北京大学法律系、吉林大学法律系保留建制，实际上也处于停顿瘫痪状态。"文化大革命"期间，校舍被占用，教师被遣散，许多教师成为审查和批判的对象。1971—1976年，全国总共招收的法学学生329人，占全国在校生总数的不到0.1%。②

3. 恢复发展阶段（1977—1991）

"文化大革命"结束之后，为了重建法学教育，培养法学人才，满足我国社会主义法制建设的需求，1977年秋，恢复了高等学校招生统一考

---

① 汤能松等：《探索的轨迹——中国法学教育发展史略》，法律出版社1995年版，第403页。
② 霍宪丹：《不解之缘——二十年法学教育之见证》，法律出版社2003年版，第49页。

试制度。1978年开始，西南、北京、华东、西北四所政法学院和中国人民大学法律系等政法学院系先后恢复招生。到1983年，已经有50余所法学院系招生，直属教育部的重点综合性大学和一些省级综合性大学均设立法学院系。此外，除了法律普通高等院校迅速恢复之外，国家也着力发展成人法学教育。为了弥补"文化大革命"之后的法律人才短缺，国家安排复转军人和一些未受过法律专门教育的人进入司法队伍中，为了让这些人接受法律训练，1980年，中央、省级和地方政法干部学校组成的三级培训机构对这些人进行轮训。此外，从1981年开始，我国全面开展学历教育，其中主要包括自学考试教育、函授教育、业余大学教育等。通过多种层次、多种方式的法学教育，培养了一批法律人才。到1983年底，全国法律函授专科已招收4831人，电大招收6455人，夜大、业余学校招收6817人（大专4419人、中专2398人），参加自学考试学习的74900人，法律电大、夜大、业校已有毕业生1372人。[①] 对于法学教育的课程设置，司法部纠正了"左"的错误思想，明确了政法院校不是党校，学校的中心任务是教学。而且，1982年司法部下发的文件中明文规定，"政法学院应突出、加强法律专业课，目前应不低于必修课总学时的55%。政治理论课应不超过必修课总学时的20%"。1980年，司法部和教育部共同领导的法学教学编辑部，聘请著名法学专家和学者参与编写教材。在这一时期，法学教育的培养目标相比之前发生了重大变化，法学教育不再是培养"为人民服务的法律工作干部"，也不再是为了培养"政法干部和法学家"，而是为了"培养德智体全面发展的司法工作以及法学教育和理论研究的专门人才"。[②]

20世纪80年代初期法学教育的发展尽管促进了法律人才的培养，但是，仍然解决不了当时政法人才奇缺、素质低下的现状。1983年之后，除了大力发展普通高等法学教育之外，教育部、司法部更加重视"多种层次、多种形式办学""全日制教育和业余教育并举""除了继续巩固、提高和发展大学本科外，应大力发展大专、中专这两个层次"的办学方针，"大力培训在职干部。大力发展广播电视大学、函授大学、自学考试等多种形式办法

---

① 司法部教育司：《我国高等法学教育的发展概况》。
② 参见汤能松等《探索的轨迹——中国法学教育发展史略》，法律出版社1995年版，第477—483页。

律专业"。① 在这一方针指导之下，至 1989 年底，法学院（系）已达 106 所；1988 年本科招生达 14001 余人，在校研究生达 4000 余人，专任法学教师已有 2100 余人，全国除台湾省外 29 个省、市、自治区，只有青海与西藏的高校尚未设置法学专业。② 截至 1990 年，我国已经毕业的法学硕士以上程度的人数为 219615 人。③ 此外，成人教育、职业教育也得到长足的发展，而且，成人教育中的专科生人数远远超过本科生人数。

这一时期的法学教材建设出现了较为繁荣的景象。据司法部教育司法学教材编辑部的统计，1981—1993 年，共编写出版了法学专业教材 50 种，经济法专业教材 24 种、涉外经济法系列教材 6 种、国际经济法系列教材 9 种、部门行政法系列教材 25 种和高等学校教学参考书 26 种，成人大专法律教材 36 种。这些教材的出版，满足了培养法学专业人才、建设政法干部队伍、普及法律知识的急切需要，起了十分重要的作用。④

4. 逐渐繁荣阶段（1992 年至今）

1992 年后，邓小平同志南方讲话和党的十四大提出建立社会主义市场经济的目标。同时，中央对高等教育，特别是对法学教育提出了新的要求：一是数量要增多，二是质量要提高。1995 年，全国法学教育工作会议明确提出，法学教育的培养目标是为社会各个领域培养复合型、应用型、外向型的通用人才。当时，中央认为：法学教育现存的主要问题之一就是"法学教育的规模不适应新时期经济、社会发展和民主法制建设对法律人才的需求"。在这一历史背景下，法学教育的大发展则成为时代的要求。司法部制定的《法学教育"九五"发展规划和 2010 年发展设想》，确定 20 世纪 90 年代法学教育"必须保持适当高于教育平均发展速度，使办学规模有较大发展"。1997 年党的十五大确定实施"依法治国"，"建设社会主义法治国家"的治国方略，并写进了宪法修正条款，社会主义法治建设和法学教育事业获得了飞速发展。1999 年，国务院决定扩大高等学校教育规模，使我

---

① 参见教育部政研室郝克明 1984 年 1 月 2 日在全国高等法学教育座谈会上的专题报告"法学教育的层次结构应当适应我国法制建设的实际需要"和教育部副部长彭珮云 1984 年 5 月在全国高等法学教育座谈会上的讲话。

② 曾宪义、张文显主编：《中国法学专业教育教学改革与发展战略研究》，高等教育出版社 2002 年版，第 3 页。

③ 《中国教育年鉴》（1991）。

④ 吕英花：《我国高等法学教育中的教材建设若干问题研究》，首都师范大学硕士论文（2005），第 12 页。

国高等教育的毛入学率 2010 年达到 15%，实现高等教育由精英化向大众化的转变。在这一方针的指引之下，我国法学教育的规模飞速发展，法学院（系）已遍及综合性大学和财政、师范、工科、医科、农科各类专门性大学。截至 2005 年底，我国现有法学本科专业的高等院校已达 559 所。50 余所法律院校具有法学硕士学位授予权，共有硕士学位点 300 余个，20 所高等教育机构有权授予法学博士学位，其中 6 所高校和科研单位为法学一级学科授予单位。

此外，法学职业教育和成人教育逐步发展。到 2004 年，我国成人高等学校法学专业在校本科生人数为 9458 人，专科生人数 40390 人；普通高校成人法学专业在校本科生人数为 130313 人，专科生人数为 87826 人；网络学校成人法学专业在校本科生人数为 264894 人，专科生人数为 189085 人。① 在这一时期，由于人们逐渐认识到，法学教育是高层次教育，《法官法》、《检察官法》、《律师法》等都将司法人员入门的条件调整到大专以上学历，所以，曾经在 20 世纪 80 年代发展起来的中专层次的法学教育逐步取消，形成了高等法学教育与高等法律职业教育合理布局、协调发展的法学新格局。同时，曾经在 20 世纪 80 年代为了提高在职政法干部学历而备受重视的法学专科教育不再成为法学教育的重要学历层次，本科层次成为普通高等法律院校教育的基本层次。司法部制定的《法学教育"九五"发展规划和 2010 年发展设想》指出，"在层次结构上，将以专科为起点，重点发展本科法学教育，大力发展研究生教育，加快培养社会急需的高层次复合型、外向型法律人才"。为了实现上述目标，从 1996 年起我国开始招收和培养法律硕士专业学位研究生（JM），1998 年开展在职攻读法律硕士学位教育。截至 2006 年，招收法律硕士的高校已达 48 所。

在这一时期，法学教育的师资队伍建设得到了长足发展，截至 2005 年，各类高校（含普通高校、成人高校、民办的其他高等教育机构）中的法学教师达 4 万多人。② 在法学课程设置上，借鉴发达国家法学教育的模式，进行了一系列改革，首批确定的法学专业 14 门核心课程包括法理学、中国法制史、中国宪法、行政法与行政诉讼法、民法、商法、知识产权法、经济法、刑法、民事诉讼法、刑事诉讼法、国际法、国际私法、国际经济法。同时，各个学校也让教师根据自身的兴趣、国家法制的发展开设了更多的选修

---

① 《中国教育年鉴》（2005）。
② 《中国教育统计年鉴》（2004），人民出版社。

课，包括商法、环境法，等等。在这一时期，司法部、教育部分别组织编写了多套法学教材，并且进行了多次法学优秀教材的评选工作，1997 年，教育部确定了 14 门主干课程之后，在教育部高等教育司的统一领导和规划之下，组织编写了《全国高等学校法学专业核心课程教学基本要求》，组织编写了 14 门核心课程的教材。除此之外，各个法律院系以及法律类出版机构还自行组织编写了多套法学本科生专用教材和研究生教学参考用书。[①] 毫无疑问，法学教材的建设推动了法学教育的进一步发展，促进法科学生素质的提高，但是，目前我国的法学教材存在重复建设、粗制滥造、侧重于注释法条等多方面的毛病，亟待进一步完善。

同时，在这一时期，我国修改了《法官法》、《检察官法》和《律师法》，推行国家统一司法考试，自从 2002 年以来，我国已经进行六次司法考试，司法考试制度的推行直接促进了我国法学教育与法律职业的紧密联系，对我国法学教育产生了重大影响，它不仅促使一些高等院校直接司法考试必考的法学科目作为其教学的核心课程，同时有针对性地进行一些培训，以司法考试的通过率作为教学的评价指标。同时，国家统一司法考试制度下还产生了一些以短期培训为主的司法考试培训教育机构，弥补了在校法学教育的不足。

二 法律职业教育的历史

法律职业教育是针对法律职业者的职业教育，它不仅是我国法学教育的一个重要组成部分，也是我国法律制度的重要组成部分。相比其他类型的法学教育而言，它的特殊性在于，它培养的是将要在这个国家从事法律职业的法官、检察官。可以说，法律职业教育制度为司法体制的运转提供智力支持和知识贡献。[②] 受"文化大革命"的影响，我国的法律职业教育在改革开放前几乎是一片空白，改革开放以来主要是一种"补课教育"，就是说主要是为在职司法工作人员进行法律知识培训、法律业务培训。[③] 随着我国政治、

---

① 我国法学本科教育阶段，现在已经形成四种教材：一是教育部主持编写的法学教材系列，二是司法部主持编写的法学教材系列，三是有关法学院校组织编写的法学教材系列，四是出版部门组织编写的教材系列。

② 孙谦：《改革和发展面向二十一世纪的法律职业教育》，《国家检察官学院学报》2000 年第 4 期。

③ 同上。

经济和法律的不断发展，我国的法律职业教育正在逐步从补课式、应急性培训向系统化、规范化培训转变，从知识型教育向素质型教育转变，由单纯学历教育向培养复合型、高层次人才的教育转变。

（一）法官职业教育

在我国改革开放之初，我国各级法院安置了大量的部队转业干部。他们尽管政治思想素质很高，但是法律专业素养十分欠缺，成为制约司法公正实现的一大障碍。据统计，1985年以前，全国法院系统20多万干警中，具有大专文化程度的仅占干警总数的7%，而其中法律专业毕业的不足3%。为彻底改变这一状况，1985年9月，最高人民法院创办了全国法院干部业余法律大学（以下简称法律业大）。法律业大在办学过程中突出了法院系统办学的特点，贯穿了理论联系实际和为审判工作服务的宗旨，在组织领导上，最高法院设总校，地方各级法院分别设立业大分校、分部、教学班，法院院长和一名副院长兼任学校的领导职务，这样使各级法院领导把业大工作放在法院整体工作中，并作为法院工作的重要组成部分来布置安排。在管理体制上，业大受国家和地方教育行政部门的管理和监督，在法院内部则纳入法院的一体化管理，这样妥善解决了工学矛盾，既能保证教学工作的顺利进行，又促进了办学效率的提高。在教学工作中，突出了实体法和程序法教学，并根据法制建设的发展和人民法院工作的需要，不断调整原有课程，及时开设新课。在教师队伍中，业大实行以专职教师队伍为主，专兼职教师相结合的方针，开展教学工作。十多年的时间里，全国法院干部业余法律大学累计培养大专学历生8.9万人，专业证书生8.2万人，截至1997年，全国法院系统中达到大专以上文化程度的占全体干警的70%，其中法官占80%，高级法官占90%。由于全国法院系统的文化水平和业务素质大大提高，从而提高了办案水平，为保证新时期法官审判工作的顺利进行和《法官法》的制定奠定了基础。[①]

为了适应我国社会主义经济建设和法制建设，培养更多具有较强的审判工作能力的高级法官及其后备人才，最高人民法院和国家教育委员会决定联合创办中国高级法官培训中心。培训中心于1988年2月13日成立。在决定成立的通知中明确规定"培训中心是大学后继续教育的基地。在必要时，可以举办现职法官短期培训班，分别承担不同的培训任务。培训中心要贯彻

[①] 乔燕、王红：《建立和完善我国的法官教育培训体系》，《法律适用》1999年第5期。

教育改革的精神，坚持理论密切联系实际、学以致用的原则，结合我国立法和审判工作实际进行教学和研究，讲求实效，努力开辟一条培训高级法官和培养应用型高层次法律专门人才的途径。培训中心委托北京大学、中国人民大学开办进修班，并为法院定向招收和培养学位研究生"。截至1997年已培训近600名高级法官任职资格的学员，并培训了一批法学硕士，还公派了一些出国留学生，有的已获得了法学博士学位。

1997年，国家法官学院在全国法院干部业余法律大学（1985—2001）和中国高级法官培训中心（1988—1997）的基础上成立。学院的主要任务是法官培训，同时也承担大学本科及专科学历教育。法官培训主要包括拟任高、中级法院院长、副院长的任职资格培训；全国各级法院高级法官的续职资格培训；晋升高级法官的晋职资格培训和预备法官的岗前培训。"据不完全统计，截至2007年8月，全国省级法官培训机构共举办各类培训班2000余期，培训法官和其他法院工作人员50余万人次。国家法官学院也在现有条件下，克服各种困难，不断挖掘潜力，共举办各类培训班230余期，培训各级法院院长、审判骨干和司法政务人员近3万人次。"① 2008年，国家法官学院开创了法官网络教学这一新的培训形式，建立了中国法官培训网，这标志着中国法官教育培训事业迈上一个新的台阶。

此外，经最高人民法院批准，国家法官学院先后在北京、上海、天津、内蒙古、四川、山东、黑龙江、河南、甘肃、广东、广西、江苏等17个高级人民法院设立了国家法官学院分院，在九个省级法院筹备建立分院。地方各级法院在法官的教育培训工作方面也取得了较大的成绩。例如，2000年底成立的黑龙江法官学院，在进行法官学历教育的同时，把岗位业务培训作为法官更新知识、提高素质和能力的重要途径。截至2003年，全省先后举办各类培训班200余期，受训人员达15000余人次。

总体而言，这种高级法官由国家法官学院负责培训，其他法官由省一级法官培训机构培训的两级负责的法官培训体系，为人民法院审判工作的顺利开展提供了有力的支持。

我国传统的法官培训方式主要是在职离岗的脱产培训，近年逐步在加强法官培训的国际交流与合作，按照国家有关规定选派法官出国进修、邀请国外法学专家、教授和法官来中国进行专题讲座。② 例如，中国与加拿大的合

---

① 肖扬：《在庆祝国家法官学院建院十周年大会上的讲话》，《法律适用》2007年第10期。
② 王安、乔檀：《试论我国法官培训的发展与完善》，《法律适用》2004年第12期。

作培训项目让29位中国的法官在国内和加拿大获得了系统的司法培训机会。福特基金会在过去的6年中与中南政法学院以及湖北省高级人民法院合作,举办湖北省地方法官培训班,一些国内外知名的学者和法官来到武汉,为当地的法官讲课,仅湖北一省受到培训的法官便达到600名以上。

此外,我国的法官培训在近年来有了不断健全的制度保障。2000年,最高人民法院制定并颁布了《法官培训条例》,该条例明确了法官培训的组织与管理、内容与形式、条件与保障、考核与责任等各个方面。最高人民法院还先后制定了《2001—2005年全国法院干部教育培训规划》和《2006—2010年全国法院教育培训规划》,具体地明确了各个不同时期法官培训的指导思想和基本原则、总体目标和基本任务以及保障措施,从而使教育培训工作逐步走上了制度化、规范化的轨道。初步实现了人民法院教育培训工作由学历教育为主向岗位培训为主的转变,从应急性、临时性培训向系统化、规范化培训的转变,从普及性、知识性培训向职业化、精英化培训的转变。

(二) 检察官的职业教育

检察官培训是指国家为了提高检察官的素质和执法水平,按照有关法律的规定,通过各种途径和形式,有计划、有组织地对检察官进行理论和业务方面的培养和训练。检察官培训是任何一个国家司法制度中的重要组成部分。"当社会生活变得愈来愈复杂,法律规范愈来愈具有抽象性和普遍性的情况下,解决纠纷或对其可能的解决方式提出建议的工作变得更为困难时,更需要专门的训练。"[①] 科学的检察官培训制度,是提高检察官各项素质,进而提高办案质量和检察工作的效率和重要保障。我国长期以来,检察官素质偏低,不能满足检察实践的需要,尤其是随着社会、经济的发展,新情况、新问题、新的法律政策的不断出台,对检察人员的专业素质提出了更高的要求。没有相应的检察官培训制度,对于司法公正和效率的实现无疑是不利的。

自20世纪80年代以来,我国就开始重视对检察官的教育培训工作。经过20多年的努力,我国检察官的培训已经初步形成了自己的特色[②]:

一是建立了多层次的培训机构。如1986年最高人民检察院报请国家教委要求成立中央检察管理干部学院,并要求有条件的省、自治区、直辖市也

---

① [美] 埃尔曼:《比较法律文化》,贺卫方、高鸿均译,三联出版社1990年版,第104页。
② 金文彤:《中国检察官制度研究》,中国政法大学博士论文(2005),第123页。

要积极筹建检察干部学校，1988年高检院建立了高级检察官培训中心；地方检察院建立了26个电大分校、检察学校和培训中心。1990年中央检察官管理学院成立。1998年最高人民检察院成立了"国家检察官学院"，进一步加强了检察官的培训机构。

二是对检察官进行了多渠道、多层次、多种形式的培训。自1986年以来，对检察官的培训采取了党校、中央检察官管理学院或国家检察官学院、各级检察官培训中心或学校、大学等多种渠道，培训包括研究生、本科生、大专生、专业证书等多层次，并采取短期技能培训、长期专业培训、职务晋升培训、中青年骨干培训、脱产或不脱产培训等多种形式。例如1986年高检院就委托大学代培检察官，举办了专业培训班，有些省、自治区、直辖市检察院开办了检察学校，以及组织干警参加夜大、电大等学习。仅1988年，参加教育和专业培训的检察人员就达6万人。到1995年，有40%的检察官受过专业培训。

三是对检察官的培训已纳入法制轨道。在总结十年来对检察官培训经验的基础上，于1995年制定了《检察官法》，专门对检察官的培训作了规定，从而标志着对检察官的培训已纳入法制化的轨道。2001年虽然对检察官法作了较大的修改，但对有关检察官培训的内容并无修改。检察官法对培训作了如下规定：对检察官应当有计划地进行理论培训和业务培训。检察官的培训，贯彻理论联系实际、按需施教、讲求实效的原则。国家检察官院校和其他检察官培训机构按照有关规定承担培训检察官的任务。检察官在培训期间的学习成绩和鉴定，作为其任职、晋升的依据之一。

为了让检察官培训制度化、规范化，最高人民检察院制定了《2001—2005年全国检察干部教育培训规划》（以下简称《规划》），对2001—2005年五年间的检察官培训作了具体规定。该规划明确了2001—2005年五年检察官培训工作的指导思想，即以邓小平理论和江泽民"三个代表"重要思想为指导，认真贯彻党的十五大、十五届五中全会精神，始终坚持新时期检察工作方针，进一步更新教育观念，全面实施素质工程，着力提高检察人员特别是检察官的政治素质、业务能力和执法水平，切实加大改革力度，努力实现由补课式、应急性培训向系统化、规范化培训转变，由知识型教育向素质型教育转变，由单纯学历教育向培养复合型、高层次人才的教育转变，为建设高素质、专业化检察队伍，促进新世纪检察事业的全面发展提供人才保障和智力支持。2001—2005年五年检察官教育工作应达到的目标是：以素质教育、终身教育为核心的检察官教育观念进一步增强；教育培训规范化建设取得明显进展，正规化培训体系初步形成；教育手段现代化、信息化建设进展加快，教育培训质量、效果显著提高；检察人员特别是检察官的学历层次有较大改善，专业结构进一步优化，整体素质明显增强，素质养成机制初步建立；师资、教材、基地等基础建设取得实效，两级为主的教育管理体制逐步确立，统一规划、分级实施的培训运行机制更加完善，检察教育对检察事业的全局性、基础性作用得到应有发挥。《规划》将2001—2005年五年对检察官的教育培训确定为以下四项内容：岗位培训；学历教育；高层次人才培养；支援西部检察教育。为了确保上述对检察官培训内容的切实落实，《规划》还专门规定了七项保障措施，即切实加强组织领导、深化教育改革、加强师资建设、抓紧教材编写、加快基地发展、加大经费投入和全力抓好起步开局工作。

2007年初，最高人民检察院印发了《检察官培训条例》，该《条例》第2条规定，检察官培训以邓小平理论和"三个代表"重要思想为指导，全面贯彻落实科学发展观，紧紧围绕党和国家工作大局，坚持"强化法律监督，维护公平正义"的工作主题，把政治理论培训放在首位，以增强法律监督能力为核心，以专业化建设为方向，强化管理，注重质量，讲求实效，为检察事业发展提供可靠的思想政治保证、人才保证和智力支持。

按照该《条例》的规定，检察官培训分为任职资格培训、领导技能培训、专项业务培训和岗位技能培训。其中，任职资格培训包括初任检察官培训、晋升高级检察官培训。《条例》对上述各种培训的对象、内容和时间加以了具体规定。初任检察官培训的对象为已通过国家司法考试拟任检察官的人员，内容包括检察官职业道德和职业规范、检察制度、检察实务和办案技能等。重点是使其具备检察官基本履职能力。培训时间不少于90天。晋升高级检察官培训的对象为拟晋升高级检察官的人员，内容包括法学前沿理论、检察管理、司法改革理论与实践、高级检察官实务和重大疑难案件分析处理技能等。重点是使其具备高级检察官履职能力。培训时间不少于30天。领导技能培训的对象为地方各级人民检察院正副检察长及其他领导班子成员、检察委员会专职委员和业务部门负责人，内容包括政治理论与形势任务、法学前沿理论、检察改革理论与实践、检察领导与检察管理等。重点是提高组织领导和决策指挥能力。培训时间不少于15天。专项业务培训的对象为检察业务部门的检察官，内容包括最新法律和政策、检察业务专题与实务技能等。重点是提高检察官履行本职工作的能力和水平。培训时间可根据实际需要合理安排。岗位技能培训的对象为检察业务部门的检察官，内容包括计算机应用技术、电子检务、工作方法与技巧、公文写作与文书处理、外语等。重点是增强检察官岗位通用技能和岗位专门技能。培训时间可根据实际需要合理安排。

对于检察官培训的组织，《条例》规定，最高人民检察院设立国家检察官学院及其分院；省级人民检察院设立省级检察官学院等培训机构；有条件的地市级人民检察院经省级人民检察院批准，可设立培训机构。最高人民检察院、省级人民检察院根据检察业务工作的需要，可设立业务技能实训基地。国家检察官学院承担下列任务：（一）初任检察官培训；（二）晋升高级检察官培训；（三）省级人民检察院正副检察长及其他领导班子成员、检察委员会专职委员和业务部门负责人，地市级和县级人民检察院检察长的领导素能培训；（四）各类专家型人才的培训；（五）检察教育培训机构的师资培训；（六）最高人民检察院检察官的培训；（七）最高人民检察院指定的西部少数民族地区干部专门培训等其他培训。省级人民检察院检察官培训机构承担下列任务：（一）地市级和县级人民检察院副检察长及其他领导班子成员、检察委员会专职委员和业务部门负责人的领导素能培训；（二）本辖区检察官的专项业务培训和岗位技能培训；（三）最高人民检察院教育培训主管部门和省级人民检察院指定的其他培训。作为国家检察官学院分院的省级检察官学院经最高人民检察院教育培训主管部门规划，可承担初任检察官培训、晋升高级检察官培训等任务。地市级人民检察院检察官培训机构根据省级人民检察院的安排，可承担县级人民检察院检察官的专项业务培训和岗位技能培训等任务。

对于教学师资，该《条例》规定，检察官培训机构应按照数量适当、素质优良、专兼结合的原则，建立高素质的检察师资队伍。专职教师一般应具有硕士以上学位和一定的法律实务工作经历。兼职教师从检察机关或其他实务部门和学术机构聘请，一般应具有高级检察官（法官、律师）资格或其他高级专业技术职称。建立全国检察教育师资库，实现优秀师资资源共享。

对于教材，该《条例》要求，加强检察业务课程体系和教材体系建设。建立符合检察工作特点和检察官培训规律，能满足不同培训需要的检察业务课程体系及相应的教材、资料体系。"十五"期间，检察官培训已经实现从法律知识的补课式培训向正规化分类培训的转变。高检院也组织编写和编审了分类培训教材，如晋升高级检察官培训教材等，并组织各业务部门编写了业务培训的基本教材，以满足不同培训的需要。"十一五"期间，要重点开发和完善检察业务课程体系,以检察业务岗位和岗位所需的业务技能为导向,对业务岗位技能进行精细化分解,并就如何提高这些技能有针对性地设置课程、编写教材,开展相应的培训教学活动。检察业务课程体系突出实务性和可操作性。我们将鼓励检察业务专家和高层次业务骨干积极参与开发与检察业务课程体系相对应的教材、资料,其形式可以是正式出版的培训教材,也可以是实用的办案指南,还可以是讲稿;这些教材和资料既可用作开展正规化培训,也可以用作开展在岗学习。①

三 普法教育的历史发展

普法教育是指负有普法教育责任的组织对我国一切有接受教育能力的公民实施的,旨在普及法律知识、传播法治理念、树立法治信仰的教育。这种教育不论从对象、目的、内容上,都与高等院校法学教育、法律职业教育有所不同。从1986年以来的20余年里,我国进行了五次普法教育,宣传了党的民主法制建设方针与思想、依法治国的基本方略,初步实现了三个历史性转变,即:从对一切有能力接受教育公民的启蒙教育到以提高领导干部依法决策、依法管理能力为重点的全民法律意识的转变;由单一普及法律条文向全方位推进依法治理的转变;普法依法治理工作由虚变实,由弱变强,向制度化、规范化、法制化的转变。

(一)"一五"普法

我国从1986年到1990年开展的首次普法教育的目的是,争取用五年左右时间,有计划、有步骤地在一切有接受教育能力的公民中,普遍进行一次普及法律常识的教育,并且逐步做到制度化、经常化。普及法律常识的重点对象,是各级干部和青少年,各级领导干部尤其应当成为学法、懂法、依法办事的表率。普及法律常识的内容,以《宪法》为主,包括刑事、民事、国家机构等方面基本法律的基本内容,以及其他与广大干部和群众有密切关系的法律常识。各部门还应当着重学习与本部门业务有关的法律常识,各地区还可以根据需要选学其他有关的法律常识。普及法律常识的重要阵地是学校。大学、中学、小学以及其他各级各类学校,都要设置法制教育的课程,

---

① 《高检院政治部负责人解读〈检察官培训条例〉》,资料来源:http://news.xinhuanet.com/legal/2007-02/13/content_5733766.htm。

或者在有关课程中增加法制教育的内容，列入教学计划，并且把法制教育同道德品质教育、思想政治教育结合起来。全国人大常委会关于第一个五年普法教育的决定还要求，要编写简明、通俗的法律常识读物，紧密联系实际，采取多种形式，进行普及法律常识的宣传教育，努力做到准确、通俗、生动、健康。要扎扎实实，讲求实效，防止形式主义。

在当时的历史背景之下，我国为了发展社会主义民主，健全社会主义法制，必须将法律交给广大人民掌握，使广大人民知法、守法，树立法制观念，学会运用法律武器，同一切违反宪法和法律的行为作斗争，保障公民合法的权利和利益，维护宪法和法律的实施。大力加强法制宣传教育，在公民中普及法律常识，对于加强社会主义法制，保障国家的长治久安，促进社会主义物质文明和精神文明的建设，实现我国在新时期的奋斗目标和总任务，具有重大的意义。

对所有有能力接受教育的公民所进行的第一个普及法律常识五年规划，初步恢复了法律的权威地位，号召整个国家依法办事、讲法制，初步完成了对全民族的法律启蒙教育，广大公民初步填补了法律知识的空白，广大干部初步树立起了依法办事的观念，促进了各项事业的依法管理，形成了普法事业的良好开端。

（二）"二五"普法

从1986年到1990年开展的首次普法教育虽然取得了明显效果，但是，距离我国法制建设的需要还有相当大的差距。为了加强社会主义民主法制建设，国家认为有必要在认真总结第一个五年普法经验的基础上，从1991年起，实施普及法律常识，加强法制宣传教育的第二个五年规划，进一步提高广大干部群众的法制观念，保障宪法和法律的实施，坚持依法办事，促进依法治国和依法管理各项事业，为国民经济和社会发展十年规划和"八五"计划的顺利实施，为改革、开放创造良好的法制环境，促进国家的政治稳定、经济振兴和社会发展。

实施法制宣传教育的第二个五年规划，以宣传、学习《中华人民共和国宪法》为核心，普及《中华人民共和国行政诉讼法》、《中华人民共和国义务教育法》、《中华人民共和国集会游行示威法》、《中华人民共和国国旗法》、《中华人民共和国婚姻法》、《关于禁毒的决定》、《关于惩治走私、制作、贩卖、传播淫秽物品的犯罪分子的决定》等法律的基本知识；同时要有针对性地选学民事的、刑事的和国家机构的基本法律的有关内容，以及与本部门、本单位的工作密切相关的经济等方面的专业法律知识。

第二个五年法制宣传教育的重点对象是各级领导干部、执法干部、宣传教育工作者和青少年。高级干部更应带头学法、守法、依法办事，为全国人民作出表率。第二个五年法制宣传教育从培养新一代社会主义事业接班人的高度，要求在大、中、小学以及其他各级各类学校，设置法制教育必修课程，编好大、中、小学不同水平要求的课本，充实法制教育内容并列入教学计划，切实加强对在校学生的法制教育。要在第一个五年普法的基础上，进一步改进和完善学校的法制教育，努力实现法制教育的制度化，切实提高青少年学生的法律素质，增强他们的法制观念。

在"一五普法"的基础上，"二五"普法继续深入普及宪法和有关法律常识，巩固"一五"普法的成果。但是，"二五"普法与"一五"普法的侧重点不同，"一五"普法侧重法律条文宣讲，"二五"普法重在依法治理。在"一五"普法奠定了良好的基础之后，人们渐渐地认识到普法的目的在于用法，只有学用结合，深入开展依法治理工作，才是普法工作的必然要求也是普法工作的内在发展动力。由普法到依法治理，既是历史的必然选择也是普法工作发展到新阶段的要求。[1]

（三）"三五"普法

从1986年开始的法制宣传教育工作已经进行了10年，对于提高全民族的法律素质，加强社会主义民主与法制建设，保证改革开放和社会主义现代化建设事业的发展，起了积极的作用。为了适应建立和完善社会主义市场经济体制的需要，促进国民经济和社会发展"九五"计划和2010年远景目标纲要的实现，国家认为有必要从1996年起到2000年实施在公民中开展法制宣传教育的第三个五年规划。通过继续深入进行以宪法、基本法律和社会主义市场经济法律知识为主要内容的法制宣传教育，进一步增强全体公民的法制观念和法律意识，不断提高各级干部依法办事、依法管理的水平和能力，坚持有法必依、执法必严、违法必究，推进依法治国、建设社会主义法治国家的进程。

实施法制宣传教育的第三个五年规划，要求一切有接受教育能力的公民都应当接受法制宣传教育，努力学习宪法和有关的法律知识，做到知法、守法，依法维护国家、集体和个人的合法权益。各级领导干部特别是高级领导

---

[1] 刘颖丽：《我国现阶段普法教育研究》，首都师范大学2007年馆藏硕士学位论文。

干部应当带头学习宪法和法律知识，模范遵守宪法和法律，严格依法办事，做到依法决策、依法管理。各级各类干部学校应当将法制教育作为干部教育的必修课程。各部门、各地方要把是否具备必要的法律知识和能否严格依法办事作为干部考试、考核的一项重要内容。司法机关、行政执法机关的执法人员应当根据工作需要，参加法律知识培训，熟练掌握和运用与本职工作相关的法律、法规，提高自身法律素质，依法履行职责，做到依法行政、公正司法。企业事业单位的经营管理人员应当把掌握社会主义市场经济的法律知识作为必备的素质，并结合本单位实际学习有关的法律、法规，做到严格依法经营、依法管理，自觉遵守市场秩序，维护社会公共利益。青少年应当具备必要的法律知识。大专院校、中学（包括中等技术学校）、小学都应当开设法制教育课。基层组织应当抓好社会青少年的法律常识教育。

"三五"普法相比"二五"普法而言，所处的时代背景不同。"三五"普法与我国国民经济和社会发展的"九五"计划同步，因此"三五"普法提出的总体目标中，除了宪法和其他基本法律外，加入了"在全体公民中深入开展社会主义市场经济法律知识内容的宣传教育"。"三五"普法期间，党的十五大提出了依法治国，建设社会主义法治国家的基本方略，该基本方略在随后也被写入宪法。"三五"普法不再仅仅局限于"二五普法"所追求的"依法治理"目标，而在于推进依法治国、建设社会主义法治国家的逐步实现。

（四）"四五"普法

自1986年以来，全国已经实施了三个五年法制宣传教育规划，广大公民的法制观念明显增强，社会各项事业的依法治理工作逐步开展，在保障改革发展稳定的大局，促进依法治国基本方略的实施中发挥了积极的作用。为了适应新世纪我国社会主义现代化建设的要求，顺利实施国民经济和社会发展"十五"计划，积极推进社会主义民主与法制建设，有必要从2001年到2005年在全体公民中继续实施法制宣传教育的第四个五年规划。通过深入开展法制宣传教育，宣传学习邓小平民主法制建设理论、依法治国基本方略和宪法、法律，扎实推进依法治理工作，进一步提高全体公民的法律素质和全社会的依法管理水平，努力做到有法必依、执法必严、违法必究，以保障和促进经济建设和社会各项事业顺利健康地发展。

"四五"普法规划，要求继续深入宣传学习宪法，强化全体公民的宪法意识。努力开展与广大公民权利义务密切相关的法律法规的宣传教育，增强公民遵纪守法和依法自我保护的意识。围绕党和国家的中心工作，宣传社会主义市场经济的法律法规，宣传保障和促进西部大开发的法律法规，宣传我国加入世界贸易组织后公民需要熟悉的法律法规，宣传加强社会治安、维护社会稳定方面的法律法规，增强广大公民同违法犯罪行为作斗争的自觉性，为改革发展稳定创造良好的法治环境。坚持依法治国与以德治国相结合，法制教育和思想道德教育相结合，促进社会主义民主法制建设、精神文明建设和物质文明建设同步发展。

"四五"普法的对象是全体公民，重点是进一步加强各级领导干部、司法人员、行政执法人员、青少年和企业经营管理人员的法制教育。各级领导干部尤其要带头学法、守法、用法，增强法制观念特别是宪法观念，做到依法决策、依法管理。司法人员和行政执法人员应当深入学习、熟练掌握与本职工作相关的法律法规，做到公正司法、依法行政，自觉维护法制的统一与权威，保护公民的合法权益。青少年应当从小接受法制教育，在九年义务教育期间掌握公民应当懂得的基本法律常识。企业经营管理人员应当努力学习与本行业有关的法律法规，增强依法经营管理的自觉性。

"四五"普法的任务之一是继续深入学习、宣传邓小平同志民主法制理论和党的依法治国、建设社会主义法治国家的基本方略，学习宣传与公民工作、生产、学习、生活密切相关的法律知识，努力提高广大公民的法律素质。据此，"四五"普法规划确定了"两个转变、两个提高"的工作目标，即"努力实现由提高全民法律意识向提高全民法律素质的转变，全面提高全体公民特别是各级领导干部的法律素质；实现由注重依靠行政手段管理向注重依靠法律手段管理的转变，不断提高全社会法制化管理水平"。使我国的普法宣传教育工作从学法型向用法型转变，国家各项事业逐渐步入法制化轨道。同时以我国宪法的实施日——12月4日，确定了第一个"全国法制宣传日"。

（五）"五五"普法

自 2001 年开始，我国在全体公民中实施了第四个法制宣传教育五年规划，以宪法为核心的法律知识得到较为广泛的普及，人民群众的法律意识逐步增强；依法治理工作深入开展，各项事业的法治化管理水平逐步提高。为了适应构建社会主义和谐社会和全面建设小康社会的新形势，全面贯彻科学发展观，落实国民经济和社会发展"十一五"规划的新要求，促进依法治国基本方略的实施，有必要从 2006—2010 年在全体公民中组织实施法制宣传教育的第五个五年规划。2006—2010 年，我国开始实施的第五个五年法制宣传教育规划，又称为"五五普法"。

这次普法的内容是深入学习和宣传宪法、与经济社会发展相关的法律法规、与群众生产生活密切相关的法律法规、整顿和规范市场经济秩序的法律法规、维护社会和谐稳定、促进社会公平正义的相关法律法规、坚持普法与法治实践相结合、大力开展依法治理、组织开展法制宣传教育主题活动。

"五五普法"规划提出，法制宣传教育的对象是一切有接受教育能力的公民。广大公民要结合工作、生产、学习和生活实际，自觉学习法律，维护法律权威。要重点加强对领导干部、公务员、青少年、企业经营管理人员和农民的法制宣传教育。规划提出，要加强领导干部法制宣传教育，着力提高依法执政能力；加强公务员法制宣传教育，着力提高依法行政和公正司法能力；加强青少年法制宣传教育，着力培养法制观念；加强企业经营管理人员法制宣传教育，着力提高依法经营、依法管理能力；加强农民法制宣传教育，着力提高农民法律素质。

从我国五次普法教育的发展历程中，可以发现，每次普法的规划中一般都明确规定该次普法教育的指导思想、目标、任务、重点对象和组织领导及保障等内容。这些内容表明了我国的普法教育具有如下几个鲜明的特征：

第一，对象与内容上的针对性。尽管每次普法都是针对所有公民，但是在对象上都会有所侧重。相对于对象上的特定性，区别重点对象的不同特点，每次普法教育都会分别进行内容上各有侧重的教育。比如：领导干部要着重学习行政法律、法规，提高依法行政的能力；青少年要着重学习国家基本法律和未成年人保护法，培养法制观念；厂矿职工要重点学习劳动保障法和行业相关法规，培养维权意识。[①]

第二，时间上的渐进性。每次普法教育都密切与所处时期的国情结合，后一次普法教育基本上建立在前一次普法教育的基础之上。从 1986—1990 年开展的"一五"普法与我国改革开放之初刚刚恢复法制重建的社会背景紧密结合，以初步恢复法律的权威地位、初步完成对全民族的法律启蒙教育、初步填补广大公民法律知识的空白、初步树立广大干部依法办事的观念为目的。"二五"普法则以"一五"普法为基础，要求基层各行业开展依法治厂、依法治村、依法治校、依法治市的依法治理工作。"三五"普法与我国国民经济和社会发展的"九五"计划同步，体现党的十五人提出的依法

---

① 刘颖丽：《我国现阶段普法教育研究》，首都师范大学 2007 所馆藏硕士学位论文。

治国，建设社会主义法治国家的基本方略。"四五"普法规划与顺利实施国民经济和社会发展"十五"计划相结合，确定了"两个转变、两个提高"的工作目标，旨在让国家各项事业逐渐步入法制化轨道。我国目前正在展开的"五五普法"，是为了适应构建社会主义和谐社会和全面建设小康社会的新形势，全面贯彻科学发展观的要求，促进依法治国基本方略的实施。

第三，在方式上，理论与实践相结合、学法与用法的结合。普法教育非常注重理论与实践相结合，学法与用法的结合。例如，实施法制宣传教育的第二个五年规划要求，在学习中要坚持理论联系实际、学法用法相结合的原则。要把依法行政和依法管理各项事业，切实列入各级领导的议事日程；要订好规划，抓好落实，有针对性地、严肃认真地开展执法情况的调查，坚决纠正有法不依、执法不严、违法不究等现象。学法的成果要切实落实在依法办事上，并将这一点作为考核学法成绩的一项主要标准。实施法制宣传教育的第三个五年规划，要求法制宣传教育应当坚持与法制实践相结合、与经济建设和社会发展的实际相结合，全面推进各项事业的依法治理。实施第四个五年法制宣传教育规划，要求积极贯彻依法治国的方针，把学法和用法，法制宣传教育和依法治理的实践紧密结合起来。实施第五个五年法制宣传教育规划，要求坚持法制宣传教育与法治实践相结合，提高全社会法治化管理水平。

第四，在主体上，普法教育的全面参与。每次普法教育都是在党的领导下，动员和依靠全社会的力量。包括一切国家机关和武装力量、各政党和各社会团体、各企业事业组织，都积极主动地认真向本系统、本单位的公民进行普及法律常识的教育。"四五"普法规划还要求，要充分发挥居民委员会、村民委员会等基层组织的作用，把法制宣传教育工作做到每家每户。此外，每次普法教育都特别注重发挥大众传播媒介的重要作用，都要求，报刊、通讯社和广播、电视、网络、出版、文学艺术等部门，应把加强法制宣传教育、普及法律常识作为经常的重要任务，开展准确、通俗、生动活泼的法制宣传教育，形成浓厚的法制舆论氛围。

第三章　法学教育的功能与定位

　　毋庸置疑，从 1978 年改革开放以来，为顺应社会、经济的飞速发展对法律人才的需求，在国家有关法学教育相关政策的鼓励和引导下，中国法学教育取得了突飞猛进的发展。然而，在我们感慨法学教育过去取得的成就并为之而自豪的同时，不得不承认法学教育的发展过程中尚存有诸多这样或者那样的问题，尤其在经历了过去 30 年的规模化发展后，法学教育似乎已进入一个瓶颈期，其自身的许多矛盾凸显出来，显得越来越不适应社会的发展：法学教育质量整体水平不高，参差不齐；法学教育与法律职业之间始终不能实现有机地衔接和融合，而且它们之间的距离似乎越来越远，沟壑越来越深，法学教育所承载的为社会培养法律人才的功能不能得到有效发挥；法学教育所培养出来的学生难以快速、成功融入社会、实现自我价值，法学教育所担负的实现个人自我价值的功能也似乎越来越弱；法学院系越来越多，毕业生就业越来越难，而与之形成强烈对比的却是，中国中西部地区法院、检察院、律师严重缺少，有的贫困县甚至没有一名律师，等等。

　　所幸的是，已经有越来越多的学者和实务界人士开始反思我国目前的法学教育，并对之进行了深入的考察和研究，纷纷著书、撰写专门的论文，有教育机构还专门设立了法学教育研究机构①，组织专门的人员对法学教育进行研究。在笔者意欲加入到这个研究群体之前，对前面学者和专家在此问题上的研究成果进行了深入的调查和分析，获得了许多有益的启示，受益颇丰。在不少人看来，抛开其他社会因素，法学毕业生培养过剩与能够处理复杂跨国法律业务的高端法律人才产出不足、乡镇农村和中西部闹"律师荒"，强烈反差的背后正是我国当前法学教育所面临的困境，这种反思之于中国法学教育，无论是在教育目标、教育理念、教育体制，还是在教师队伍、教学内容、教学方法和就业指导方面，均存在诸多不足乃至根本性缺陷。然而，在我看来，上述反思仅仅及于问题的表层，中国法学教育已经到了对其功能与定位重新界定的时期。在法学教育研究和法

---

① 如中国政法大学专门设立了法学教育研究与评估中心。

学教育的改革实践中，结合我国法学教育的现实和法学教育的发展规律，重新审视法学教育的功能，对法学教育重新进行科学定位，已经成为当务之急之策。在我看来，在我国当前的社会发展状态下，法学教育应该发挥怎样的功能？法学教育究竟应当怎样定位？对此基本问题的不同回答，直接关系和影响到我国法学教育的改革及发展方向，也是中国法学教育能否走出当下"瓶颈"的关键。

一 法学教育的内涵和外延

在讨论法学教育的功能和定位之前，笔者在此有意来重新思考法学教育的内涵和外延问题，并非多此一举。实际上，究竟什么是法学教育？法学教育都包含哪些方面的内容？这是对法学教育中的任何一个问题进行认识和解决之前都不能回避的一个问题，也是在讨论本章所述的两个问题之前需要予以明确的一个问题。

（一）法学教育的内涵

关于这个问题，法学理论界和实务界有不同的理解和看法。

在传统的法学教育的研究中，许多学者将"法学教育"和"法律教育"两个概念混用，认为这两者之间并无实质性区别。根据霍宪丹教授的诠释，改革开放初期，"法律教育"的概念用得比较多，一是高校设定的法学类专业是法律专业，二是改革开放后的很长一段时间内，我们更多的精力是用在政法干部的在职培训和成人法律教育上，这些都是应用类的教育培训，人们习惯称之为"法律教育"，以有别于学术类人才的培养。20世纪90年代以来，普通高等法学教育在我国法学教育体系中逐渐居于主导地位，尤其在20世纪90年代中期，在本科专业目录调整中，政法类七个专业统一调整为一个法学专业，法学教育的称谓由此成为社会主要用语。霍宪丹教授承认，他本人也是在交叉使用这两个概念，"但在自我意识中，一般把培养应用类法律人才定位为法律教育，将培养应用类和学术类法律人才统称为法学教育。"[①] 也有学者认为，法学教育特指"国家通过有目的、有计划、有组织地向学生传授系统化的法学理论，培养其法律实践技能，造就从事法律职业人才的活动"。其他的传授法律知识、增加人们法制观念的活动不能被称为

---

① 霍宪丹：《中国法学教育反思》，中国人民大学出版社2007年版，第4页。

"法学教育",而宜称之为"法律教育"或"法制教育"。①

笔者认为,从广义上讲,传授法律知识,增强人们法制观念的教育活动即"法制教育"或"普法教育"也是法学教育的组成部分,这种教育活动与系统的专门以培养法律人才的法学教育之间虽然存在较大的差别,但在基本目的、内容和方法上,均有着诸多的共性;② 而法律教育与法学教育之间并没有严格的界限,对二者进行严格区分并没有太大的意义。如果一定要作出区分的话,从字面上讲,法律教育更侧重于对法律人才实践性技能的培养,而法学教育的外延更广,既包括应用型人才的培养,又包括学术型、研究型人才的培养,从这个意义上讲,法律教育是包含于法学教育之中的。

(二) 法学教育的外延

从横向意义上的法学教育,即法学教育所包含的具体内容来看,有的学者认为法学教育仅指高等院校的法学专业学历教育。有的学者则认为,法学教育应当包括学科教育和职业教育、学历教育和非学历教育、高等法律院校教育和法律职业部门等多重内容。③

笔者赞同后一种观点。在笔者看来,法学教育所包含的这些内容在法学教育中所处的地位是不同的。从法学教育的主体看,高等院校和科研院所应是法学教育的主要承担者,法律职业部门在法学教育的过程中起着不可或缺的互补性和承接性的作用;从法学教育的类型看,学历教育是法学教育的主要部分,而非学历教育居于相对次要的地位;从法学教育的内容上看,学科教育与职业教育在不同层次和类型的法学教育中所处的地位又有所不同,例如,在法律硕士的培养过程中,职业教育应居于主导地位,而在法学硕士的教育中,学科教育无疑应是法学教育的主要内容。

从纵向意义上的法学教育,即法学教育的过程或长度看,传统上,人们将法学教育限定在学校教育的范围内,由此也就认为,法学教育始于入学,终于出学。直至现在,许多学者也是在这个意义上来讨论和研究法学教育的。有学者则将法学教育视为法律人才培养体制和法律人才宏观培养模式的同义词,由此认为,普通高等法律院校开展的法学专业的学历教育仅是法律

---

① 洪浩:《法治理想与精英教育——中外法学教育制度比较研究》,北京大学出版社2005年版,第9页。

② 为了研究上与多数学者的一致性,笔者本文研究下的法学教育,系指不包括普法教育和法制教育的狭义上的法学教育。

③ 霍宪丹:《中国法学教育反思》,中国人民大学出版社2007年版,第17页。

人才培养过程一个起点和开端,是第一个重要阶段和基础,但并非全部,更非终点。① 笔者较为赞同后一种观点。综观世界上和历史的法学教育,没有哪个国家、哪个时代的学校能够独自承担起法学教育的艰巨任务。我国高等院校所拥有的法学教育资源的有限性决定了其必然不能独自承担起法学教育的重任,由此也决定了我国高等院校的法学教育也只是法学教育的一个阶段而已,而不是全部。

当然,法学教育的层次和具体培养目标的不同,其所延续的过程和经历的阶段也有所差异。以培养应用型、实践型法律人才为目标的法学教育以法学专业的学科教育为起点和基础,延伸至法律实践部门的各种形式的职业教育和训练;而以培养学术型、研究型人才为目标的法学教育的过程则可能从大学本科教育延续至硕士乃至博士教育。

从世界有关国家法学教育的实践看,无论是大陆法系还是英美法系国家,法学教育的过程都比较长,一般都分为几个相互独立、有机衔接的阶段进行。

在德国,法学教育的阶段主要有:第一,大学学习。此阶段的学习内容主要是法学基础理论和知识。第二,第一次国家考试,这次考试既是大学结业性考试,又是决定学生能否有资格参加第二次实践阶段的考试。第三,见习培训期。学生顺利通过第一次考试后,即开始为期两年的实践培训,学生在此期间要在法庭、检察官办公室和当地政府机构进行实习,此外,还须在律师事务所见习4个月。第四,第二次国家考试。通过这次考试的人员将成为候补法官,由此将开始他们的职业生涯。

在日本,法学教育也是分阶段进行的。第一,法学专业本科学习阶段。学生在本科法学教育阶段主要学习包括人文社会科学及自然科学等在内的基础知识和法律专业知识,法律职业教育的内容较少涉及。第二,国家司法考试。学生从法学院毕业后,如欲从事法律职业,就必须要通过司法考试。第三,司法研修。通过司法考试的人需要进入司法研修所进行为期两年的法律职业培训并经考核合格后才能进入法律职业。

在美国,法学教育同样是分阶段进行的。首先是基础教育阶段。法学院的学生基本上都已获得某个学院的一个学位,笔者在此有意将法学院学生的大学教育归为法学教育的一个阶段,是因为它是美国法学院开展法律职业教育的一个必要基础。其次是法学院的法律职业教育。这个阶段的法学教育主

---

① 霍宪丹:《中国法学教育反思》,中国人民大学出版社2007年版,第20页。

要侧重于培养学生的法律实践技能，是一种比较典型的职业教育。再次，欲从事律师职业的人尚需通过律师资格考试。

英国的法学教育主要分为三个阶段。第一，基础理论学习阶段。这个阶段，学生主要学习法学基础理论知识。第二，职业培训阶段。主要由律师事务所负责安排学生的职业培训，目的是为学生步入社会做必要的准备。第三，实习阶段。英国具有非常悠久的律师实习历史，其实习制度也相对比较完善，这一阶段的实习任务主要由律师事务所承担，实习者由经验丰富的律师采用学徒式的方式进行指导。

所以，法学教育是教育制度与法律职业制度的统一，应当从法律人才培养机制上认识法学教育。为此，将法学教育分为几个阶段进行，对每个阶段设置不同的培养目标，并建立起各个阶段之间相互衔接的机制，法学教育方才具有科学性和现实性。

二　法学教育的功能

在社会学视野中，功能是一个中性的概念，泛指构成某一社会系统的要素对系统的维持与发展所产生的一切作用或影响。这种作用或影响可以是正面的，也可能是负面的。"功能"与"任务"、"作用"等词具有极为相似的含义。本书在此所述"法学教育的功能"主要是从法学教育功能的正面意义上来讨论的。

法学教育的功能是对法学教育进行研究的逻辑起点，也是指引法学教育，确定法学教育目标和方向的指针。

法学教育具有教育和法律的双重属性，法学教育的功能也具有这两个属性。实际上，法学教育的功能是依托于教育的功能和法律的功能的。一方面，法学教育是教育体系的一个重要组成部分，必然承载着教育的一般功能；另一方面，法学教育又是以传授法学专业知识和法律技能为主要内容的教育部门，因此，必然也要起着支持法律在社会中的作用的功能。

从教育的功能看，教育自从与生产劳动和社会生活相分离，就以其独有的形式在社会和个人的发展过程中发挥着特有的功能和作用。我们可以从社会以及个体的角度来分析教育的功能。

从社会的角度看，教育能够为社会培养所需人才，增加社会知识存量，提高国民整体素质，进而实现经济增长，提高社会文明程度。从这个意义上讲，教育不是目的而是手段，是用以达到国家在政治、经济、社会、文化等方面目的的重要途径和手段。

从个体的角度看，国民教育在实施社会教化，培养理想公民，为个人掌握生存所需的基本知识和技能提供有利条件，使个人自我价值得以有效实现方面起着无可替代的作用，个人通过教育能够增强谋生能力，在社会和经济的阶梯上晋升。教育使个人内涵充实，怡然自得。因而，自古以来，教育就被作为个人实现人生目标的重要手段。法学教育自然也必须发挥此项功能。

从法学教育功能的法律属性上看，法学教育的功能源于"法治"的需要，正所谓"一国法律教育之得失，有关于国家法治的前途"。法治是一种科学、高效的治国方略。实现和保证法治的良好运行，需要诸多的条件和要素，其中最为重要的一个要素就是"人"，只有借助于制定并执行和遵守法律的人，才能真正实现法治，在这些人中，最重要的一个群体就是法律职业者。法律职业群体要有赖于法学教育才能得以形成和壮大。"法律为社会所履行之职责，必然要求控制训练法律工作者的方式以及方法使他们称职。如果法律教育之主要目的在于确保和维护社会肌体之健康，从而使人民过着有价值活跃之生活，则就必须把法律工作者视为'社会医生'，其服务工作应有益于法律最终目标之实现。"[①]

在对法学教育功能的认识上，必须立足于上述两个方面，不能厚此薄彼：如果法学教育不能实现教育的功能，也就不能称其为"教育"，只是一种职业培训而已；同样，如果法学教育脱离法律的属性，置法治的需要于不顾，法学教育和其他形式的教育也就无异，不具有单独存在的价值了。

具体来看，法学教育在社会中所发挥的功能主要表现在如下几个方面：

第一，培养掌握法律专门知识、具有科学的法律思维方式和专业的法律技能并具备良好职业道德和操守的法律专业人才。这是法学教育的首要也是最重要的功能，也是由法学教育的法律属性决定的。这里所说的法律专业人才主要是法律职业共同体的组成人员，既包括从事法律实务的实践型、应用型人才（包括律师、法官、检察官、公证人员、仲裁人员等），也包括从事法学研究的各类研究人员。

第二，为社会培养具有法律专业知识的高素质、综合性的管理和服务人才。这是法学教育的一个重要功能。法学教育所培养出来的人才不一定都会进入法律职业，相当一部分人会进入其他行业和领域工作，即使进入法律职

[①] [美]博登海默：《法理学：法哲学与法学方法》，范建得、吴博文译，汉兴书局有限公司1997年版，第595—596页。

业的人也不一定都会将法律职业作为终身职业,他们中的一部分人因种种原因可能会转入其他行业。对于这部分人来说,法学教育阶段的素质教育和基础教育是他们从事非法律专业工作的基础,而法学专业教育则是他们工作的专业背景优势。社会生活领域不乏一些凭借自己的法律专业背景优势在其他行业取得骄人成绩的法科学生。在日本,法律本科教育的培养目标是通才,即,不仅要培养将来从事法律职业的法曹,而且也要培养将来可能进入政府、公司等非法律职业部门的人才,因为,法科毕业生中将来真正从事法律职业的人员只占一小部分。所以,日本法学本科教育与其他国家的法学教育比起来也就更重视学生基础知识的学习。

第三,为社会各类在职人员尤其是法律职业在职人员提供定期或不定期的培训和继续教育服务。如今,知识更新速度越来越快,继续教育、终身教育已成为时代所需。法学教育机构特别是高等院校和科研院所应该利用自身的资源优势主动承担起此项功能。

第四,普及法律知识,宣传法治思想。法学教育在对法科学生传授知识、进行职业培训的过程实际上就是一种普及法律知识、宣传法治思想的过程,自不待言。这里所重点强调的受众群是指那些不具有法律专业知识的人群,向这类人群普及法律知识、宣传法治思想是法学教育的一项附加功能,也是法学教育具有辐射性的重要体现。

在笔者看来,法学教育的上述四项功能是具有层次性的,即培养法律专业人才是第一位的,居于核心地位,法学教育应以实现此项功能为首任;培养综合性的管理人才、提供继续教育和终身教育服务次之;普及法律知识、宣传法治思想在法学教育的诸项功能中则处于最次要的地位。

从我国的实际看,很长一段时间以来,国内学术界和实务界对法学教育的功能认识一直存在着偏差。新中国成立后,教育部1951年颁布的《法学院、法律系课程草案》中规定法律系的任务是"为巩固人民民主专政,适应国家建设的需要以及社会发展之前景,以《共同纲领》为基础,以毛泽东思想为指导,培养了解政策法令以及新法学、为人民服务的法律工作干部"。1964年1月24日,教育部和最高人民法院联合颁布的法律专业四年制教学方案规定,政法学院和四年制法律系的培养目标是"政法工作干部",具体要求为"(1)具有爱国主义和国际主义精神,具有共产主义道德品质,拥护共产党的领导,拥护社会主义,愿意为社会主义事业服务,通过马克思列宁主义、毛泽东著作的学习和一定的生产劳动、实际工作的锻炼,逐步树立无产阶级的阶级观点,有坚定的政治立场、较好的思想修养、较强的组织性和纪律性。(2)正确理解马克思列宁主义、毛泽东著作中关于国家和法的基本理论,具有中外政治和法律的历史和现状的知识,熟悉中国共产党关于政治工作的方针政策。(3)有较好的语言和文字的表达能力,有写作判牍的基本训练,掌握一门外国语,达到阅读政法书刊的水平。(4)具有健全的体魄。"1981 年政法学院教育工作座谈会确定的培养目标为"培养德、智、体全面发展的司法工作者以及法学教育和理论研究的专门人才"。1984 年,教育部在武汉召开的全国综合大学专业教学计划会中也作了类似规定。①

由此不难看出,从新中国成立后到 20 世纪 80 年代,我国法学教育的主要功能是培养政治素质过硬的司法工作者,为政治服务。在这里,法学教育的政治功能被突出强调,法学教育服务于政治的色彩相当浓厚。当然这与这段时期国家的政治局势和执政方针也是密切相关的。可以说,这段时间人们对法学教育的功能的认识是非常明确的,但是由于这种认识带有明显的局限性和工具性,进而违背了法学教育的规律,也注定了这种认识指导下的法学教育必然不会是真正意义上的法学教育,也必然不能有效实现法学教育的上述四项功能。

1996 年,全国法律工作会议指出,法学教育的目标是"以社会需要为导向,面向社会,培养德、智、体全面发展,有正确的政治方向,具有广泛的知识结构和文化素养……的通用人才"。这种界定淡化了法学教育的政治功能,但是却完全忽略了法学教育的特性,将法学教育的功能和一般教育混同,从而导致法学教育实践中的迷茫和混乱,无论是教师还是学生都感到无所适从,教师不知如何教,教些什么;学生不知怎么学,学些什么。

法学教育培养目标的不明确深刻反映出人们在法学教育功能认识上的模糊。对功能认识不清,必然导致法学教育实践中的混乱和迷茫,也决定了法学教育无法有效适应社会的需求。所以,在当前,对法学教育的功能进行清晰的认识是对法学教育进行一系列改革之前必须要做的一件事,这也是笔者就此作以重点讨论的原因所在。

---

① 汤能松等:《探索的轨迹——中国法学教育发展史略》,法律出版社 1995 年版,第 429—482 页。

三　法学教育的定位

国内在认识法学教育功能上存在的偏差和模糊使得人们在法学教育的定位上存在诸多争议，法学教育管理机构和主办机构在这个问题上更是一筹莫展。法学教育定位不准，也就不能对法学教育的质量和其对社会的适应性抱有太大的希望，由此也就不难理解中国法学教育缘何成为众矢之的，遭受到来自社会各方面的批评和不满，实务部门对法学院培养出来的学生感到不满意，认为法学教育没有发挥其应有的功能；法学本科学生无法对自己准确定位，毕业后也无法在短时间内适应新的职业，尤其是法律职业对他们的要求，法学专业在各个高校的毕业生就业率排行榜上一直"稳居"后位，法学教育无法满足学生就业和择业的需要，其本应承担的实现个人自我价值的功能也得不到有效发挥。

为此，当前迫切需要对中国法学教育进行明确定位，否则中国法学教育改革将很难取得实质性进展。这种定位，既要有对中国法学教育的整体定位，又要有对中国法学教育的分层次定位。

（一）中国法学教育的整体定位

1. 培养信仰法治、忠诚于正义的法律人

查士丁尼之《法学总论》开篇就已言明："法学是关于正义和非正义的科学。"徐显明教授认为，法学教育的使命就在于提升人们对正义的认知水平，拓宽社会的正义之路，培养社会正义的守护者，搭建社会正义的阶梯。这一目标是我们诊断、评判当下中国法学教育的基准。中国近代法学教育肇始于清末修律，至今已有百余年的历史。而最近的 30 年，则是中国法学教育劫后重生的 30 年。30 年披荆斩棘，30 年春华秋实。岁月峥嵘，梦想激越。今天，身处中国社会主义现代化转型和法治建设关键时期的我们，需要认真思考一下法学教育的整体定位。

大凡能够在大学中占有一席之地的学科均有自己特定的目的与使命。政治学是为了改善对公众利益的管理；管理学是为了改善对社会目标的管理；经济学是为了改善对成本与效益关系的管理；教育学是为了改善人们对德性与智性形成过程的管理；新闻学是为了改善人们对社会事物知情状态的管理，那么法学教育的使命是什么？

徐显明教授认为，中国目前的法学教育正面临着一系列困境：第一个困

境是法学教育的低起点和法律职业共同体高素质要求之间的矛盾。作为法律职业共同体的成员，应当具备超乎常人的智慧与判断力，低起点的法学教育不能满足这一要求；第二个困境是法学教育的大众化与精英化之间的矛盾。作为法律职业共同体的成员，应当具备超乎常人的德性与人格，基于提升人们一般文化知识的大众教育也显然不能满足这一要求；第三个困境是法学的通识教育与职业教育之间的矛盾。通识教育的目的是教授学生一般社会知识与做人的一般道理，而法律职业教育的目的是对未来的法律人进行职业伦理与职业技巧的训练，这两个目标如何能够在有限的时空条件下同时完成？第四个困境是法学教育的人文性与科学性之间的矛盾。科学的教育在于培养理性精神与规则意识，人文的教育在于培育个性与人文情怀，这两种精神何以能够在未来法律人身上并行不悖？要解决这些问题，就需要确立法学教育的核心理念。①

徐显明教授进一步指出，法学教育作为国家法治实践活动之重要一环，应当坚持以下三点：第一，法学教育应当承担起引领时代法律思想走向，提升整个社会法治素养的责任。不同于政府所推行的法律常识的普及，专业的法学教育与研究应当能够代表一个时代的最高理论水平，应当为一个社会的法治理念和法治走向负责。我们培养的法律人应当具有这种责任意识。第二，法学教育要承担起构筑社会伦理体系的责任。社会的伦理体系有三个层次，处在最低层次的是公民伦理，居于第二层次的是职业伦理，而处在最高层次的是社会精英的政治伦理。法律人操持的是社会的正义事业，作为社会精英的法律人除了遵守社会所赋予的职业伦理要求外，还要成为政治伦理趋向正义良善的引领者。我们培养的法律人应当具备社会最高位阶的伦理水准。第三，法学教育应当承担维护社会主流价值的责任。正义在任何时候都是社会合作的首要前提，失却正义的牵引，人类将会步入杂草丛生的丛林。罗尔斯指出：社会的每一成员都具有一种基于正义的不可侵犯性，正义否认为了使一些人享受较大利益而剥夺另一些人的自由是正当的，由正义保障的权利不应受制于政治的交易或社会利益的权衡。法学教育就是要把此种理念锻造进未来法律人的灵魂深处，使之成为对抗不义与邪恶的天然抗体。总之，社会正义需要守护。法学教育就是要培养信仰法治、忠诚于正义的法律人，由他们去守护正义，借靠着他们的智慧与理性、良知与勇气，搭建社会

---

① 徐显明：《法学教育的责任》，载《中国改革报》2007年6月21日。

的正义之梯，让社会中的每一个人都能够登临正义的高地。①

2. 大教育观下的法学教育

霍宪丹教授主要从法学教育的范畴、法学教育的主体以及法学教育与法律职业的联系等方面定位法学教育的。

（1）法学教育不仅是学历和学位教育

在霍宪丹教授看来，法学教育应该是一种在大教育观指导下的建构和实践，这种大教育观是以终身教育思想、专业化分工与社会化协作相统一的社会发展规律和智力资本及人力资源理论为指导的。②

笔者赞同霍宪丹教授的观点，长期以来，中国法学教育被习惯定位于"法学专业的学历与学位教育"，获得学历或者学位被看做是接受法学教育结束的象征。这种对法学教育的定位显然是狭隘的，与知识型、学习型社会体制下终身教育、终身学习的教育理念和教育思想是相悖的。正是因为中国法学教育"法学专业的学历与学位教育"之定位，一方面使得社会对法学教育的期待，完全集中于法学院校的学历与学位教育；另一方面社会有关机构和组织"逃离"了法学教育的责任，成为法学教育的看客，法院、检察院、律师事务所等肩负着法学继续教育责任的组织，在不履行职责的同时，反而对法学教育品头论足。为此，应当摒弃传统法学教育"法学专业的学历与学位教育"之定位，树立法学教育是一种与人相伴一生的新的教育理念和培养模式。

（2）法学教育不仅是高等学校的责任

法学教育的基本目标是把一个社会人培养成一个法律人。在社会人转变为法律人的过程中，法学院校的责任当然责无旁贷，并且应当具有举足轻重的地位。但是，社会人获得法学专业学历或者学位，并不意味着从社会人到法律人转变的完成。对此，霍宪丹教授批评说，长期以来，中国的法学教育走的是一条法学院校自我办学、自我完善、自成一体，以知识传授和理论研究为主的学科化、学院化的发展道路，人们在观念认识上习惯于将法学教育视为一次性的学校教育，将法学教育的概念等同于高等院校法学专业的学历教育。③在笔者看来，正是囿于中国法学教育就是"高等院校法学专业的学历与学位教育"之定位，才使得法学院校承担了过多的社会责任，虽负担

---

① 徐显明：《法学教育的责任》，载《中国改革报》2007年6月21日。
② 霍宪丹：《中国法学教育反思》，中国人民大学出版社2007年版，第68页。
③ 同上书，第63页。

过重,但依然备受诟病。

(3) 法学教育必须紧密联系法律职业

霍宪丹教授提出,"纵观法律职业和法学教育的发展历程,可以说,法学教育与法律职业从一开始就有着不解之缘。一方面,没有法学教育就没有法律职业;法学教育培养和提升了法律专业知识和法律职业素养。另一方面,法律职业决定了法学教育的发展方向;法律职业丰富了法学教育的内容。当两者形成良性互动关系时,法学教育与法律职业相得益彰,健康发展,而当两者脱离时,就将导致结构失范和发展失衡"。"五十年来,法律职业与法学教育之间长期缺乏制度联系,处于脱节的状态。"已经表现出的弊端至少有二:其一,法学教育长期由法学院校闭门经营,似乎与法律职业部门无关,不系统、不规范的实践教学和实习活动,无法满足法律职业对法学教育的针对性需求;其二,"法律职业离开法学教育的支持和涵养,加上受社会历史条件的制约,不仅偏离了分工专业化、队伍职业化的健康发展轨道,而且还形成了'司法模式行政化,司法活动功利化,司法机构地方化和司法队伍大众化的弊端'"。[①]

中国法学教育恢复 30 年来的实践发展告诉我们,伴随着国家法治进程的不断深入,特别是国家统一司法考试制度的建立,中国法学教育传统定位的历史使命已经完成。[②] 法治国家建设中,要求法律职业必须走上专业化和职业化的轨道,法学教育肩负着为法律职业部门和全社会培养高素质法律人才的历史使命。"这种高素质的法律人才,绝不仅仅只是掌握了法学知识体系的人,'他'应当是和必须是法律专业知识、法律职业素养和法律职业技能的统一体。而要实现这个目标,必须尽快摒弃法学教育的传统观念,重新界定和建构大法学教育的新观念,这是法学教育进一步改革发展的当务之急

[①] 霍宪丹:《中国法学教育反思》,中国人民大学出版社 2007 年版,第 63 页。

[②] 我国法学教育与法律职业相分离的局面始于 20 世纪 50 年代,这种状况在新中国成立和法学教育恢复之时具有阶段的合理性,特别是在国家统一司法考试制度建立之前,中国的各法律职业并不以经历系统的正规法学教育作为入门条件或者任职资格,"复转军人当法官"就是该时代的产物。甚至像检察官、法官职业,曾经出现以在职人员的岗位培训代替任职前的法学教育。同时,所谓正规的法学教育,长期处于各法律院校自我探索的封闭状态,既没有统一的法学教材和固定的培养模式,也没有具体的培养目标,特别是并不以法律职业需要的人才作为明确的培养目标,法学院校的毕业生分配到那个单位即从事相应的工作,法学教育无论从内容上还是在方法上,均没有贯彻法律职业的基本要求,法学教育缺乏法律职业部门的参与和引导,导致法学教育与法律职业之间无法产生良性互动,随着法律职业专业化进程的发展,法学教育所培养的人才越来越难以满足法律职业的需求。参见霍宪丹《中国法学教育反思》,中国政法大学出版社 2007 年版,第 65—66 页。

和首要前提。"①

综上所述,大教育观下的法学教育的现代定位是:法学教育不仅是高等院校和科研机构中的法学专业教育,也是法律职业机构中的互补与继续教育;法学教育不仅包括学历和学位教育,也包括非学历教育;法学教育不仅包括法律学科教育,也包括法律职业教育。

(二)中国法学教育的层次定位

1. 法学本科教育的定位

法学本科教育是我国法学教育的重要阶段。如何准确对法学本科教育进行定位,学术界和法律实务界的人们所持见解不一,仁者见仁,智者见智。有人认为,普通法学本科教育应该培养大批合格的法律实务工作者。② 有人认为,法学本科教育应完成通用型、法律交叉学科型人才,使本科教育成为入门教育。③ 有人认为,大学的法学教育不能仅局限于专才教育,而应兼顾通才教育,培养"厚基础,宽口径"人才依然要成为法学教育尤其是本科阶段法学教育的目标。④ 还有人认为,大学法学本科教育应定位在职业教育,而非培养法学大师的学术教育。⑤ 虽然观点各异,但有关法学本科教育的分歧,主要集中在法学本科教育应是一种通才教育还是一种职业教育上。

笔者认为,在法学本科教育进行定位前,需要首先对以下几个问题予以明晰:第一,法学教育发展的历史和各国法学教育的实践经验告诉我们,法学教育不可能在短时间内、在某一个阶段就能实现前面述及的其应发挥的四项功能。同样,我国法学本科教育阶段也不可能独自承担起法学教育的所有功能。因此,必须从法学教育的整体布局上对法学本科教育进行定位。第二,法学本科教育同时肩负着高等教育和法学教育的任务,在对其定位时必须兼顾这两者。第三,对法学本科教育进行定位不能脱离社会对法学教育的

---

① 霍宪丹:《中国法学教育反思》,中国人民大学出版社 2007 年版,第 69 页。
② 刘作翔:《法制现代化进程中的中国法律教育》,载《中外法学》1994 年第 5 期。
③ 苏力:《法学本科教育的研究与思考》,载贺卫方主编《中国法律教育之路》,中国政法大学出版社 1997 年版,第 287 页。
④ 廖益新、舒细麟:《当代英国法律人才培养模式研究》,载霍宪丹主编《当代法律人才培养模式研究》,中国政法大学出版社 2005 年版,第 296 页。
⑤ 方流芳:《中国法学教育观察》,载贺卫方主编《中国法律教育之路》中国政法大学出版社 1997 年版,第 17 页。

需求，更不能超越法学本科教育当前所拥有的以及将来可能获取的资源，这意味着，在对法学本科教育进行定位时，不能不"瞻前顾后"，立足于法学教育所处的资源和制度环境。第四，也是最重要的一点，必须尊重法学教育的基本规律。

在对上述四个问题进行明晰后，可以对当前我国法学教育定位上的几种主要观点作一简要评析。

（1）通才教育。持这种观点的人认为，法学教育本科阶段的基本目标是为培养高级法律人才提供毛坯，法学本科教育是一种素质教育，而非专才教育；法学本科教育阶段应着重培养学生对基本法律理论的掌握和理解能力，对学生运用法律专业知识的技能不做强调。这种定位与我国目前法学本科教育的现状较为接近。

笔者认为，作为高等教育其中一个领域的法学本科教育强调素质教育是符合高等教育的要求和目标的，但是，法学教育毕竟又有诸多不同于其他专业教育的特点，其中，最为明显的一个特点是，它与法律职业之间具有直接的联系。在笔者看来，如果把法学本科教育定位成通才教育，必须建立与之相配套的一系列制度，其中，最为重要的是建立与法学本科教育有机衔接的法律职业培训体系和制度。众所周知，从事法律职业的人仅仅掌握法学基础理论和知识是远远不够的，他们只有经过系统的法律职业培训才能在短时间内适应职业的需要。在一些大陆法系国家如德国和日本，虽然其法学本科教育也较注重学生的素质教育和专业教育，但是却都有一套完整的与法学本科教育衔接的资格考试制度和法律职业培训制度，这样就能较好地保证学生能够具备法律职业所需的专业知识和技能，同时也保证了法律职业共同体成为一个具有高度统一性的精英群体，这既是对受教育者个人的一种负责，更是对社会和公众的负责。如果撇开这个条件不考虑，单纯强调法学本科教育应是通才教育，还是像以前那样一味对学生灌输空洞的法学基础理论和知识，不注重培养学生运用知识解决实际问题的能力和技能，将无法解决当前法学本科教育面临的突出问题。所以，笔者认为，将法学本科教育定位成通才教育应首先解决法学教育与法律职业之间的衔接问题，否则法学教育永远无法摆脱当前面临的困境，而只会越陷越深。

（2）职业教育。应该说，持这种观点的学者和专家比较强调法学教育和法律职业之间的紧密关系，即法学教育是为法律职业服务的，法学教育应以培养能够适应法律职业需要的人才为主要目标，自然，这种认识非常符合法学教育和法律职业的规律，也是我们近些年来在法学教育的过程中一再予以强调的一个观点。但是，据此将法学本科教育定位成职业教育是否就是科学和切合实际的？

在回答这个问题之前，笔者想先对以下几个问题予以说明：

第一，法学本科教育是高等教育的一部分，必然要体现高等教育的特点，完成高等教育的基本任务，从高等教育的特点看，高等教育担负着对学生进行素质教育和人文教育，培养学生良好的道德修养和科学的思维方式的任务，正所谓，"大学教育除传授专门学科外，对于通才之训练及品德之熏陶，均所兼顾"。① 所以，法学本科教育必然要完成上述高等教育的任务，否则也就不能将其划入高等教育的行列。

第二，从法律专业人才需具备的素质看，法律职业技能是从事法律职业必备的也是最重要的要素，但是，作为一名合格的法律职业人员，除了具备法律职业所需的各项技能和素养外，尚需有广博的知识和文化修养。关于这点，著名法理学家博登海默先生曾经就此作过论述："攻读法律之学生如果对其本国历史都很陌生，则其不可能理解该国法律制度之演变以及该国法律制度机构对其周围之历史条件之依赖关系……如果其不太精通一般政治理论、不能洞察政府结构与作用，则其在领悟和处理宪法与公法等问题时就会遇到障碍，如果其没有受过哲学方面的基础的训练，则其在解决法理学与法学理论之一般问题时就会感到棘手，而这些问题往往对司法和其他法律程序产生决定性影响。"② 我国著名法律教育家孙晓楼先生也持相同的观点，他认为，具有社会的常识是法律人才培养应具备的三个要件之一，因为，有社会常识才可以适宜地运用法律。

第三，从法学教育的功能看，如前所述，法学教育承担着为社会培养综合性管理和服务人才的功能。从多数国家法学教育的实践看，法学本科毕业的学生中有相当一部分人所从事的并非是法律职业，随着社会的发展，社会需要各种"宽口径"、知识面广的法律人才。英国的法学本科教育是一种典型的职业教育，而这种以职业教育为目标的各大学的法学院又没有完全适应这种新的挑战。法律教育不能仅仅局限于法律人才的培养，也要使学生掌握其他学科的知识，能担当其他职业的工作。英国法学教育长期忽视理论教育、轻视抽象思维的结果是：一方面，制约了英国法学理论的发展，进而阻

---

① 蒋耀祖：《中美司法制度比较》，台北商务印书馆1976年版，第159页。
② ［美］博登海默：《法理学：法哲学与法学方法》，范建得、吴博文译，汉兴书局有限公司1997年版，第596—597页。

碍了英国法律教育的深入发展；另一方面，使受教育者视野狭隘，思想比较封闭，难以形成既具有理论知识，又有实践能力的法律职业工作者。因此，英国法学院职业训练性质浓厚的法学本科教育已开始受到质疑。

第四，从我国法学本科教育所拥有以及可能获得的资源看，我国大多数高等院校法学院在短时间内尚不能提供一支能够担当起法律职业教育重任的师资队伍。

从以上几个问题的分析中不难看出，在我国法学本科教育阶段实行职业教育既不符合法学教育的客观规律，又不具备实现的条件。所以，笔者并不赞同将法学本科教育定位成职业教育。但是，也不能否认法学教育与法律职业的紧密联系。

（3）折中观点。也有学者折中上述两种观点认为，"现阶段内地法律教育模式构建中，应考虑学生全方位的发展，单纯强调法律通才教育或法律职业教育都可能会使法律教育方向失之偏颇，无论从何种渠道接受法律教育的学生都应该既全面系统地学习法律基本原理，又要经过法律操作或运用的职业培训"。① 也有的学者认为，"法学院的教育是一个难以定位的问题，素质教育还是职业教育，普法式教育还是精英式教育。法学教育的改革势在必行，但是争论很大，一个可以妥善解决的问题，就是妥协。妥协并不是退步，而是前进。这种妥协就是用素质教育的观点指导法学职业化教育，在现有的基本理论、基本知识、基本技能教育的基础上加大对基本技能的培养，即存量不变，调整增量，'摸着石头过河，先干起来再说'"。②

笔者相信这是许多学者和专家都曾想到过的一个方案，因为它很完美，既解决了学生素质教育、专业教育的问题，又兼顾了法律职业教育，不失为一个两全其美的主意。那么这种方案是否真如人们所设想的那么完美，在我国是否具有可行性？

暂且不论目前我国高等院校是否具备开展职业教育的条件，单从时间上来讲，大学本科短短四年的时间无法圆满完成对学生进行素质教育和职业教育的双重任务，纵观世界上各国的法学教育，从来没有哪个国家的教育机构能够在四年的时间内对学生完成素质教育和职业教育的两项任务。也许有人会说，中国有中国的国情，外国人办不到的事情，我们照样能办到，而且事实上我们确实也办到了许多外国人没有办到的事。但是，笔者想说的是，法

---

① 陈建萍：《法律教育模式构筑》，载《中国法学教育研究》总第63期，第136页。
② 参见张国林2007年10月在贵州贵阳《花溪之畔·法学教育改革论坛》上的发言。

学教育是一门科学，具有普遍的规律性，我们应该也有必要认真吸取人类在法学教育方面多年来取得的经验教训。况且，法学教育毕竟不同于其他制度的改革，我们在普通制度上大胆设想，开展实验，一旦失败损失的可能只是金钱，而法学教育改革一旦失败，牺牲的则是一代人甚至几代人的珍贵的、无法倒流的教育时间和职业前途。所以，对法学教育进行改革时必须慎之又慎，在没有进行充分的论证前，在没有十足把握的前提下，笔者不赞同挑战法学教育的规律对我国法学教育进行创造性的改革。

诚然，在一些国家确实也存在兼顾通才教育和职业教育的法学本科教育模式，但是，都有所侧重，以其中某一方面为重点，兼顾另一面。如日本在法学本科教育阶段注重通才教育，也注意培养学生运用法律基础理论和知识解决实际问题的能力，但是其职业教育的真正开展是在之后的司法研修所里。英国的法学本科教育阶段以职业教育为主，也贯穿一些素质教育和法学基础理论的教育，但后者明显很薄弱，也因此遇到了本书前述的一些难题和质疑。

所以，将通才教育和职业教育都放到法学本科教育阶段，同时实现这两项任务，笔者认为可能需要延长我国法学本科专业的学时，从目前的四年延长到五年或六年。当然，除了延长学时外，尚需进行其他制度方面的改革，如招生制度、教学方法与模式、课程设置、教学管理等，但最关键的恐怕还是要建立起完善的法律职业培训制度，使得法学教育与法律职业之间实现有机衔接，如果这项制度不能建立，其他一切改革都是徒劳，有可能导致的结果是，通才教育和职业教育的两个目标都达不到，都不沾边。

从对上述三种方案的分析中，笔者认为，在相关配套制度改革和建立的前提下，将法学本科教育定位成通才教育或者通才教育和职业教育并重这两种方案似乎更符合法学教育的规律和我国的现实国情。但是，笔者在此想提及一种在笔者看来更为彻底、更有利于我国法学教育发展的方案，那就是，取消法学本科教育。笔者的设想是，取消本科法学专业，将法学教育的层次提高到硕士研究生阶段。整合全国法学教育的资源，在经过有关机构考评合格的大学或科研院所设立法学院，进入法学院学习的学生必须已获得大学某一学位，法学院的学位分为两种，一种是法律硕士，一种是法学硕士，前者主要实行法律职业教育，着力培养学生的法律职业技能和素养；后者则以培养学术型、研究型人才为主要目标，与前者相比，后者规模要小得多。将全国高校中最为优秀的教师和法律实务界的人士会聚到法学院，针对不同学位的特点和培养目标对学生进行高质量的教学和训练。笔者在后文对这两个学位的设置将作详细讨论。这种设置体系不但会使我国法学教育的体系更清晰，而且也使法学教育的层次得到明显简化和提高，有利于彻底改变我国法学教育多年来形成的层次多而杂，多而乱，质量参差不齐，总体水平较低的状况。更为重要的一点是，由于法学院的学生都以大学非法学专业为起点和背景，从而有利于实现法律职业内部的高度统一，同时，由于办学层次提高，目标更明确，教学资源得到合理整合，势必有利于造就一支精英化的法律职业群体。

在法学教育的改革上，笔者一再强调要尊重法学教育的规律，认真吸取前人在法学教育方面所取得的经验教训，结合我国的实际进行有益的探索，这是一个前提。人类社会发展的轨迹已无数次告诉我们，任何违背规律、脱离实际的改革都注定会失败。同时，笔者也认为，在对问题的症结有了清晰的认识后，应该从中选出一套能够标本兼治的改革方案，然后就该方案的可行性和改革措施进行充分论证，待条件成熟时予以实施。笔者不赞同渐进式的改革风格，因为，对现有的制度进行小修小补固然不会对社会造成很大的冲击，但却也不会有实质性的进步，只是浪费宝贵的时间和精力，对于法学教育来说，也许还会影响到受教育者的职业前途，延缓国家法制化的进程。这也是笔者在对我国当前法学教育中存在的问题进行分析，并考察中国实际后提出取消本科法学专业这个比较彻底的改革方案的重要考虑。当然，取消本科法学专业会需要多个方面的配套改革措施，笔者建议有关部门组织学者和专家就此课题进行专门研究和论证，并制定出一套具体的改革方案，从根本上解决中国法学教育当前面临的问题。

2. *法学研究生教育的定位*

（1）法律硕士。有人曾经这样形容中国的律师：看起来很美，说起来很烦，听起来很阔，做起来很难。笔者忽然想到，这句话用来形容中国当前的法律硕士似乎也很贴切，只是含义略有所不同。

中国法律硕士专业设置的目标是培养高层次复合型的高级法律人才。这种人才具有复合型、高层次的特点，不仅可能成为法律专业人才，而且也是治理国家和管理社会的主干人才，所以说，法律硕士看起来很美，听起来也很阔。但是，法律硕士说起来又很烦：授课老师不知应如何授课，不知应当讲授哪些内容，甚至有的老师因为对法律硕士专业学位研究生没有接受过法学本科教育"耿耿于怀"而很不情愿给法律硕士上课，所以这些老师说起法律硕士会很烦；因为法律硕士专业看起来很美，而费了九牛二虎之力进入这个专业学习的学生说起自己的专业也很烦，他们进入学校后不知自己该学什么，许多授课老师对自己又存在有意或无意、明显或含蓄的歧视，从理论上说，自己一直是以复合型、应用型高级法律人才的标准被培养的，而在就业时忽然发现法律实务部门的大门对自己紧闭，于是，非常不情愿地承认，自己已成为法律圈里被严重歧视的对象。做法律硕士专业的学生很难：要承受高昂的培养费用和目前法律硕士教学和培养的不成熟带来的诸多不利后果，包括无法获得符合法律硕士培养目标的教育，所付出的教育成本与获得的收益不对等，在就业以及工作的岗位上时时面临着被别人歧视的尴尬局面，要付出比别人更多的努力才能获得别人的认可，一句"本科不是学法律的"的言语就足以让他们自惭形秽，这种局面也许会伴随着他们的整个职业生涯，所以，做法律硕士怎一个"难"字了得？

作为法学教育硕士教育阶段的主体，也曾经为很多法学专家和法律实务界人士看好并津津乐道的法律硕士专业在经历了12年的发展后，不但没有吸取经验教训一步步完善起来，反而每况愈下。当法律实务界和学术界对法律硕士专业和法律硕士学生有越来越多的微词并在多种场合对法律硕士学生或明或隐地表现出歧视时，我们自然会为那些投入了巨大成本攻读此学位却得不到社会认可的学生感到不平和同情，因为，包括那些歧视者在内的所有人都不能不承认，这些学生是整个法律硕士教育的最直接的牺牲者。这种让受教育者也让管理者和教育主体感到尴尬的局面不能不引起我们的反思。

不可否认，当前法律硕士专业面临的这些困境，固然有自身办学经验不足的原因，如招生和考试制度不科学；培养模式和教学方法无法达到专业设置的目标；教学评估和监督机制不健全；办学理念不正确，大多数法律硕士专业办学主体在利益的驱动下把法律硕士专业作为一项产业来做，所关注的不再是如何培养出符合教学和专业设置目标的人才，而是如何从这个专业中赚取更多的利润，等等。法律硕士专业走得如此艰难很大程度上也是因为办学机构不具备培养法律硕士的能力和条件。① 而整个法学教育体系内部的矛盾和问题也对法律硕士专业的发展造成了很大的障碍，最为明显的是，我国法学教育层次过低、过多、过杂，法学本科和法学硕士定位上的模糊和偏差，使得法律硕士在这个体系中显得不伦不类，找不到适合自己的位置。此

---

① 许多办学机构在法律硕士专业的开展过程中遇到困难时，总会抱怨学生法学基础理论薄弱，课不好上，却没有换个角度想想，如何加强他们的专业知识，自己是否有能力帮助学生掌握该专业要求学生掌握的技能和知识。许多时候，不是学生不好教，而是办学机构和教师没有教好学生的条件和能力。

外，最重要的一点，我国法律硕士专业培养的配套制度始终没有建立起来，法律硕士是以培养法律实践性人才为主要目标的，而我国直到现在还没有建立起针对法律硕士专业的基本的职业培训制度，各个办学机构更是得过且过，没有积极努力去探索职业教育的途径，只是机械地甚至有点不负责任地去招收一届又一届法律硕士。

面对法律硕士专业的困境，许多人认为，这个专业已经没有存在的必要了，干脆取消算了，从该专业中"深受其害"的法律硕士学生对此呼声更高。谈到这里，作为主管法律硕士培养的法学系老师，笔者心里不禁感到一丝悲凉，也有点忧心忡忡。但是，经过长时间思考和分析后，笔者的想法走向了反面，认为不但不能取消法律硕士专业，还要将其作为今后我国法学教育的主体。原因有二：

首先，当前将法律硕士专业定位成培养应用型、复合型法律人才是比较科学的，"在制度设计上，法律硕士专业学位教育最集中体现了法律职业与法学教育之间的内在联系，最大限度地反映了法律职业的基本要求"。[①] 这种学位教育将法学教育的层次提高到硕士教育阶段，在学生接受了大学基本素质教育并具备了某一专业的背景知识的基础上对其进行以职业教育和训练为主的法学教育，能够有效解决通才教育和职业教育难以两全的难题。

其次，从长远发展的观点，在未来可以取消本科法学专业的设想的基础上，将法律硕士专业教育作为法学教育的主体，不仅能够统一受教育者的起点和背景，提高法学教育的层次，而且有利于法律职业共同体内部的统一性，有利于实现法律职业群体的精英化。我国法学教育当前面临的诸多难题也就迎刃而解了。可以说，科学发展法律硕士专业是改革我国法学教育的重要突破口。

所以，笔者认为，应该坚持当前对法律硕士专业的定位，并以此为目标将法律硕士专业的改革作为一个重要课题加以研究。笔者坚信，该课题的研究会为中国法学教育的改革和发展带来新的思路和契机。中国社会科学院研究生院（法学研究所），在法律硕士教育中，明确定位，科学培养，就走出了一条具有"社科法硕"特色法律硕士专业教育的成功之路。[②]

（2）法学硕士。在我国，对法学硕士的定位是培养学术型、研究型人才，法学硕士在入学考试、课程设置以及论文写作等方面都是以此为指引

---

① 霍宪丹：《中国法学教育反思》，中国人民大学出版社2007年版。
② 参见本书第十三章有关内容。

的。但是，现在，出现的一个很怪的现象是，越来越多的法学硕士毕业后从事的不是研究型的工作，而是实务工作。当然，法学硕士以研究型人才为培养目标并不意味着所有法学硕士都必须从事研究性工作，但是，如果大部分人脱离了这个培养目标，就不能不引人深思了。国家投入大量的精力和资源培养的研究型人才最后却不从事研究工作，不能不说是对资源的一种严重的浪费。目前这种怪现象的出现有很多原因，最重要的一个原因是，法学硕士的规模太大了。随着研究生扩招政策的推行，各高校也盲目扩大法学硕士的招生规模，致使法学硕士毕业生逐年增加，大大超过了社会对法学研究人才的需求，于是剩余的一部分人便步入法律实务行业。由于学生就业方向从某种程度上说影响着学校的培养目标和教学，于是，法学硕士的教育中也出现了培养目标摇摆不定的局面，结果导致学生既没有掌握应掌握的理论知识，也没有接受到合格的法律职业教育。此外，法学硕士大规模涌入法律实务部门也造成了法学硕士排挤法律硕士的局面，于是就出现了以培养实践性人才为目标的法律硕士专业毕业生在实务部门中的优势却明显弱于以培养研究型人才为目标的法学硕士专业毕业生的奇怪现象。

其实，笔者在前面述及的种种怪圈出现的根本原因在于，整个法学教育体系内部没有得到有效整合，每个层次、每个模块各自为政，长期以来，我们没有站在法学教育这个体系的高度上，从整体上来认识和解决法学本科教育、法律硕士教育以及法学硕士教育的改革和发展问题，目光过于狭窄，于是才造成了法学教育各层次内部以及各层次之间的诸多矛盾，从而也使得法学教育的整体力量受到削弱。如果能够站在一个更高的角度上来看待这些看似很难的问题，就会豁然开朗。从目前看，笔者认为，应该继续将法学硕士定位在培养学术型、研究型人才上，大规模压缩法学硕士的规模，使法学硕士的供应量与社会对法学研究型人才的需求基本平衡。

（3）法学博士。法学博士教育的定位是研究型、学术型人才，自不待言。笔者认为，法学博士的主要来源应是法学硕士，这样有利于保证人才培养上的连续性，也能够保证人才培养的质量。但是，也不排除少数法律硕士毕业生因对法学研究感兴趣而考取法学博士的情形，事实上，这部分学生加入法学博士的行列会给法学博士的教育和法学研究增添新鲜血液，特别是那些已经具有一定法律实践经验的人士考取法学博士后往往能够凭借其丰富的法律实践经历优势而在法学研究领域取得不俗的成绩。

虽然在体例上，笔者对法学教育的各个层次的定位是分开来讨论的，但实际上，笔者在对每个层次、每种形式的法学教育的定位进行思考时，从来没有离开过法学教育这个整体。

笔者认为，要理顺法学教育体系内部各类教育形式之间的关系，可以考虑，将本科法学专业取消，建立起以法律硕士专业教育为主体的法学教育体系，严格限定法学硕士的规模。其中，法律硕士专业以法律职业教育为主导，以培养法律实践型人才为目标；法学硕士以法学理论教育和法学研究能力培养为主导，以培养学术型、研究型人才为目标；法学博士以吸取法学硕士为主，同时吸收对法学研究具有浓厚兴趣的少数法律硕士和具有法律实践经验的人才，以培养法学研究人才为主要目标。而如何实现上述各层次的培养目标，如何使他们有机衔接起来则是本书在后面的研究中所要讨论的内容。

第四章 法学教育的层次

"教育作为人类社会所特有的社会现象，其本质是培养人的社会实践活动，它贯穿于人类的整个历史过程和社会生活的各个领域，并使人类社会得以延续和发展。"① "除培养人外，教育还具有文化功能、社会功能、经济功能和道德功能。教育与整个社会及其各个领域相关联，教育保证社会的延续，保证人类在全部历史中所积累的知识、技能和规范以及经验的传授。教育造就使社会包括经济领域前进、进步、创新和变革的能力。"② 法学教育作为国家整个教育发展体系和创新体系的重要组成部分，它担负着为国家培养高素质创新型法律人才的重要使命。近几年来，随着我国的教育体制呈现多元化的趋势，法学教育的构成也越来越复杂。按照学生学习时间来划分，可以将我国的法学教育分为全日制法学教育和业余法学教育，前者包括普通高等学校和管理干部学院、中等法律专业学校等。学生入校后完全脱离工作，在学校内全日学习。后者则是由学生利用业余时间参加课程学习，这类学校有广播电视大学、职业大学、函授大学、夜大学、自修大学、研究生班等。一般而言，在普通高等学校中完全是全日制学习，而业余法学教育绝大多数属成人学校。还有学者依据法学教育的层次为标准，将中国的法学教育划分为：高等法学教育、成人高等教育及中等法律职业教育。并认为，普通高等法学教育一直是中国法学教育的主体和最高层次，成人高等教育包括法律类管理干部学院、法律培训中心及普通高校中的成人教育学院等；而中等法律职业教育是重要的补充。③ 我们认为，这种划分方式在逻辑上不周严，无法涵盖各种法学教育，实际上，高等法学教育和成人高等教育均属高等法学教育的范畴，除了他们和中等法律职业教育之外，对法官、检察官、律

---

① 陈至立：《学习党的十五大精神，深化对教育战略地位的认识》，载《中国教育报》1998年7月16日。

② 联合国教科文组织：《世界高等教育宣言——为了21世纪：视野与行动》，载《中国教育报》1999年2月1日。

③ 曾宪义：《我国法学高层次人才培养规划的必要调整》，载《学位与研究生教育》1997年第5期。

师、公证员的职业培训是法律职业教育的一部分，但是它们并不是学历教育。因为，为了行文的方便，我们将按照法学教育的目的对法学教育的构成进行分析，我们认为，可以将我国的法学教育划分为法学学历教育和法律职业教育两个大的层面。其中，法学学历教育依据高低不同，可以分为法律专科教育（含法律中专和法律大专）、法律本科教育（含普通高等教育的本科、成人高等教育的本科）和研究生教育（含法学硕士教育、法律硕士教育、法学博士教育）；法律职业教育依据对象的不同，可以分为法官职业教育、检察官职业教育、律师职业教育和公证员职业教育。

一 法学学历教育

（一）法律专科教育

一般而言，专科教育是为了培养具有某种专业知识和技能的中、高级人才，培养能适应在生产、管理、服务一线和广大农村工作的技术应用性人才；培养掌握一定理论知识，具有某一专门技能，能从事某一种职业或某一类工作的人才，其知识的讲授是以"能用为度"、"实用为本"。专科教育的培养目标似乎与法律职业的特点有着某种不谋而合之处，这也就成为我国在一段时期内通过专科教育培养大量法律人才填补法律人才空缺的重要原因。具体而言，我国的法律专科教育包括两个部分，即法律中专教育和法律大专教育。

1. 法律中专教育

法律中专是最低层次的法学学历教育。在我国法学教育尚不发达时期，法律中专学校为国家培养了一大批人才。在进入 21 世纪之后，国家虽然也提倡大力发展职业教育，培养更多的技工。[①] 但是，法律专业这种特殊职业

[①] 国务院 2005 年下发的《国务院关于大力发展职业教育的决定》提出的目标是：到 2010 年，中等职业教育招生规模达到 800 万人，与普通高中招生规模大体相当；高等职业教育招生规模占高等教育招生规模的一半以上。"十一五"期间，为社会输送 2500 多万名中等职业学校毕业生，1100 多万名高等职业院校毕业生。我国著名法学家梁慧星教授指出，不尊重教育规律，采用行政手段管教育，表现很多。首先是学校升格。中专升大专，专科升本科，学院升大学，成为普遍的潮流。学校升格的结果是，消灭中等专业教育、中等职业教育，整个社会都来培养大学生。造成高级技工、中级技工严重短缺。同时也导致大学教育质量低下。一方面是大学毕业生就业难，另一方面是中级、高级技术人才非常缺乏。《政府工作报告》说"发展职业教育是一项重要而紧迫的任务，今后五年中央财政投入 100 亿元支持职业教育发展"，就是因为学校普遍升格，消灭了中等专业教育、中等职业教育。见梁慧星《中国高等教育："死亡"或者"再生"?》，资料来源：学术批评网 2006 年 4 月 11 日。

是否需要更多的中等人才呢？中专学校培养出来的学生又是否能够满足司法实践的需要？

　　实际上，自20世纪90年代以来，法律中专学校培养的人才与社会需求之间的矛盾越来越突出。尤其是，随着我国经济、社会的不断发展，社会分工的日益细化，社会对法学人才的知识结构要求越来越高，法律实践工作已经不只是单纯的法律条文能够解决的问题。法律中专学生仅仅掌握了法律初步应用知识和单薄的相关学科知识，已经无法适应现代法律事业发展的需要，特别是律师法、法官法、检察官法等相应法律的实施，对从业人员学历要求均为大学本科以上，法律中专生存发展及其出路遭遇了更大的挑战。一些法律中专学校不得不根据社会需求对学科方向以及课程的设置进行调整。例如，上海市司法学校目前虽仍为中专职业学校，设"法律事务"一个专业，但是，该校为了适应市场需要，进行了课程改革，欲实现一个专业三个方向，即根据文员、房地产、律师公证三种行业的需要，通过课程改革调整知识结构、更新教学方法，使学生掌握应有的理论知识和实践技能，增强其适应社会的能力，缓解就业压力。"法律事务"专业主要是培养具有法律基础知识和较强助理能力的复合型初级应用人才。在课程设置上，该专业始终以"法律"为依托，以"事务"为着眼点，突出基础、重视实用、强化技能，努力做到在保持传统专业特色的前提下，根据社会需要和学生个人选择，保证学生就业和升学所需的能力培养。广州市司法学校同样如此，该校招收的专业包括法律事务、公安保卫、司法警察、法律文秘、行政法律事务专业，开设课程并不讲求法学知识结构的完整性，而强调所学知识的实用性。其开设课程包括宪法、刑法、刑事诉讼法、民法、民事诉讼法、行政法、行政诉讼法、经济法、国际法、婚姻继承法、司法会计、律师公证实务、狱政管理、模拟审判、法律文书、司法口才、逻辑学、计算机、速录训练、多媒体制作、心理健康、语文、数学、哲学、普通英语、留学英语、警体、擒拿格斗、汽车驾驶。从这些课程的设置来看，法律在所有的课程中只能占到半数。从某种意义上讲，与其说这些法律中专学校培养的是法律职业人才，还不如说培养的是法律职业相关人才，这样的人才不可能成为法律职业的中坚力量。而且，由于学生的起点较低，教师的授课内容往往以简单的、概念性的、常识层次的法律知识为主，与社会的需要严重脱节。

　　随着我国教育行业在某种程度上逐步市场化，法律中专学校以前的财政优势随之丧失，而学校办"机关"的管理体制必将成为教育改革转型中的"顽疾"。在办学体制、办举效益与其他学校的竞争中也就必然处于不利之地。而且，伴随着法律专业对学历层次要求的逐渐提高、纯粹的法律中专必然是精简的主要对象。再加之，法律中专自身的占地面积、实验设备普遍薄弱，办学条件差。① 我们认为，中专层面的法律职业教育已经完成了时代赋予其的使命，已经不能适应经济、社会发展的需要，在不久的将来应当朝着其他法律相关职业教育转型，这样更加有利于我国利用更高层次的教育资源来培养法律精英人才。

2. 法律大专教育

过去，我国的高等专科教育大多以培养理论型人才为教育目标，高等专科教育实际上成了普通高等本科教育的"压缩版"。1999年11月，教育部召开的全国第一次高职高专教学工作会议对高职高专教育的目标等重大问题作了明确的阐述：高职高专教育是培养拥护党的基本路线，适应生产、建设、管理、服务第一线需要的，德、智、体、美、劳全面发展的高等技术应用性专门人才。学生应在具有必备的基础理论知识和专门的知识的基础上，重点掌握从事本专业领域实际工作的基本能力和基本技能，具有良好的职业道德和敬业精神。我国目前一些专科院校将法律大专教育的培养目标确定为，培养系统掌握法学知识，熟悉我国法律和党的相关政策，能在国家机关、企事业单位和社会团体，特别是能在立法机关，行政机关、检察机关、审判机关、仲裁机构和法律服务机构从事法律工作的、基础扎实、能力强素质高、适应社会主义市场经济需要的，有创新精神的高级实用型人才。法律专科的就业方向是公安、法院、检察院和司法行政、企事业单位等。新中国成立50多年来，法律专科经历了一个从无到有的过程。1949—1952年，全国根本就没有专科生，1953年院系调整之后的10年，本科生占全体学生总数的90%以上，"文化大革命"后恢复法律教育以来，这个数字虽然有所下降，但还是保持在一个较高的水平（大于75%），进入80年代中期，这个数字开始稳定下来，直到1997年都保持在60%左右。如果跳出普通高校，放眼全国的法律教育格局就会发现，法律本科教育失去了它在普通高校中的霸主地位。以1996年为例，普通高校法律专业在校生只有10.5万人，而函授、夜大、成人脱产班、成人高等教育的在校生总计为18.1万人。其中各

---

① 从全国20多所司法学校看，绝大部分学校占地和建筑面积均不足教育部规定的国家重点中专学校文科学校占地面积不少于100亩；最低标准的与创办离双占绝不少于150亩的标准相差更远；现代化教学设备和手段也还较为落后。同时，各个学校批准规模也比较小，基本都是教委规定的最低规模640人。方道茂：《法律中专学校发展前景初探》，载《中国司法》2000年第11期。

类法律本科生有 8.1 万,专科生达到 20.5 万。其他年份的比例大体相当。可见法律教育的主渠道在大学之外,专科教育在整个教育中占绝对统治地位。① 随着《法官法》、《检察官法》和《律师法》的修改以及《公证员法》的出台,普通高校进一步扩招,从事法律职业的学历门槛提高到本科,法律大专教育逐步失去了往日的统治地位,法律专科乃至整个职业教育的法律专业面临着萎缩乃至毁灭的危险。据教育部统计,2006 年,普通本科、专科人数分别为:法学本科生毕业人数 91596 人,专科人数 94568 人。招生人数本科为 110019 人,专科为 86176 人;在校本科人数 441090 人,专科人数 269083 人。成人本科、专科人数分别为:法学本科毕业人数 2213 人,专科毕业生人数 14369 人,招生本科人数 3557 人,专科人数 9854 人;在校本科人数 9187 人,专科人数 28418 人。网络法学本科、专科人数分别为:本科毕业人数为 94137 人,专科人数为 80157 人;本科招生人数为 91203 人,专科人数为 78572 人;在校本科人数为 224880 人,专科人数为 200444 人。由上述统计数据,不难发现,不论是普通高等教育,还是网络法学教育,本科的在校、招生以及毕业人数都多于专科的人数。只有成人法学专业专科在校、招生以及毕业人数都多于本科人数。

这种现状出现的原因在于,随着国家统一司法考试对参考人员的学历要求本科化制度的出台,与普通高校相比,一些高职院校的法律专科的师资力量明显不足,生源质量整体落后,专业设置及培养方向不明,实践条件差距也很大,生源范围远不如普通高校,毕业生就业形势相形见绌。有学者指出,"在目前大多数院校法律专科人才培养方向与目标定位上不明,导致其课程设置成了本科教育的压缩,仅仅比本科少了一年学制和几门课程而已"。② 因此,有学者提出,"随着我国法学本科教育已经进入了大众化阶段,保留法学专科教育的必要性随着我国法学教育的大规模扩张而大打折扣。这是因为,在这种情况下,法学专科教育将很难再有立足之地,因而应当取消"。③ 我们认为,专科教育强调岗位业务知识和实践操作技能,理论以"够用、实用"为度,是相对完整的实践体系和相对不完整的理论体系的统一。对于法律职业而言,它与其他技术行业不同,仅有相对完整的业务

---

① 《中国教育事业统计年鉴》(1989—1997),人民教育出版社。
② 姚丽凤、王宏:《以就业为导向抓好法律专科层次教学工作》,载《唐山职业技术学院学报》2007 年第 1 期。
③ 朱立恒:《中国法学教育改革的基本思路》,载《法学杂志》2008 年第 1 期。

知识和实践操作技能，实际上无法满足司法实务的需要。但是，考虑到我国各个地区教育发展和人才培养的不平衡，我国应当在一定时间内（5—10年）一定的区域内（我国西部一些省份）保留高职院校对法律大专人才的培养，而在较为发达的地区，逐步取消大专层面的法律教育。

（二）法律本科教育——通识教育

法律本科教育和法律专科教育同样是培养精通法学基础知识的、掌握法律职业技能的、专门从事法律实践性工作的应用型人才，两者最大的区别在于，法律本科教育一般为四年，法律专科教育相比法律本科教育时间短，一般为三年；法律专科更为强调知识和技能的提高，法律本科更为强调课程的整合、学科的完整和综合，注重跨学科知识的迁移，更为强调学生知识结构和理论体系的完整。

随着法律专业教育实行大众化方针，法律本科教育的总体规模在整个法学教育中的比重逐步增大，在全日制高等院校中，法学本科生所占的比重已经超过法学专科生。按照有关统计，2001年全国设有法学本科专业的高等院校是292所，到2005年底，设有法学本科专业的高等院校发展到559所（还不包括独立院校以及各类法学专科院校），法学专业在校的本科生达到20多万人。

2006年，北京师范大学、厦门大学等学校的校长提出了"本科应取消法律、管理学等专业"的建议，引来了人们的广泛讨论。为什么要取消法律本科呢？厦门大学的朱崇实校长作了如下解释，这个解释也是学者们到目前为止主张废除法律本科的基本论据，概括起来主要有以下几点：第一，有法律硕士来培养法律实用人才了，法学专业不必在本科阶段设置；第二，法学本科毕业生就业率低，本科层次培养的法学专业毕业生，很难从事相应的实务工作；第三，学生可以在有了一定的知识背景后到硕士阶段再学习法律，专业的法律人才需要更高层次的知识结构；第四，比照美国的高等教育，在美国的高等教育中，很多专业是没有本科生的，我国也不应该在本科阶段设置法学本科专业。[①] 相对于支持者来说，反对取消法律本科专业的声音似乎更高。张文显教授认为："法学的本科教育是非常重要的，没有良好本科教育的大学是令人失望的大学；没有良好的本科教育，就没有一个高水平的研究生教育，这对于法学教育来讲尤其重要。"

---

① 代小琳：《我国高校部分本科专业酝酿取消》，载《北京晨报》2006年7月17日。

刘仁文教授认为，我国目前总的情况是法学教育供不应求，以律师队伍为例，我国跟法治发达国家相比，比率还很低，还需要大批这方面的专业人才，简单地取消法律本科不可取。① 张志铭教授认为，"法律本科专业"在中国是一个被制度固化的专业，是一个关乎众多制度、牵一发动全身的专业。② 反对取消法律本科专业的学者大致以为，在我国目前之所以不能像英美等国一样取消法律本科专业教育，其原因在于：第一，近年来，法学本科毕业生就业率低是个不争的事实。但是，不能单纯地以某个专业就业率低下来否定某个层次专业教育的合理性，事实上，法律本科专业的就业并不是我国目前高等教育中就业率最低的专业，况且，在我国的西部对于法律本科专业毕业生的需求还相当大，我国目前法律人才的真实状况是需大于供，而不是供大于求。出现法律本科生在近几年的就业率偏低、难以从事相应的工作这一现象的原因是多方面的，不能单单归咎于法律这个学科设置本身，还与法学本科毕业生错误的就业观、就业机制不合理、法律教育机构的教育质量有关。第二，英美等国将法律教育定位在研究生层面，实际上与其历史传统、法律文化、法律体系等因素有着密切的关系。简单地照搬此种做法会与我国的基本国情相背离。我国目前还需要法律本科教育在更广泛的层面上来培养国民的法律意识，提高国民的法律素养，而不是将法律知识局限在一个很小的范围内，那样不仅会增加司法的成本，而且不利于我国法治进程的推进。只有待我国绝大范围内国民的法律素养得以提高，法律的信仰逐步树立，才能考虑取消法律本科教育，逐步过渡到以研究生层面的法律教育为主培养法律职业人才。我们的基本观点是：目前在我国全面取消法学本科教育的时机尚未成熟，有待于大力发展法律硕士研究生专业学位教育之同时，逐步实现法学学科在大学素质教育后向法学硕士和法律硕士双轨培养的分流转型。

随着我国法学教育的不断向前发展，以及本科生的扩招和就业压力的增大，一些高等法学院校对法学本科教育目标定位产生的不同的主张。有人认为，法学教育应当培养专业的法律人才，以形成法律职业共同体，而且，法学教育传统上就是职业教育；有人主张，如今通识教育成为世界高等教育的潮流，所以法学本科教育也应当是通识教育而非职业教育，况且法学专业本

---

① 《闲话中国"法学院"这一年》，资料来源：中国普法网。
② 张志铭：《关于"取消法律本科专业"》，资料来源：http://www.iolaw.org.cn/showarticle.asp?id=1897。

科生也并非全部从事法律职业；还有人则把上述两种观点折中，认为法学本科教育应当是通识教育和职业教育的结合。从比较法的角度来看，"法律教育的目标不外乎两个，一是为法律行业培养新人，一是为更广泛的社会成员提供法律知识与意识上的训练。各国传统不同，对于这两个目标又各有偏重。英美法系偏重前者。在那里，接受法律教育在大多数情况下意味着对法律职业的选择；而大陆法系则偏重后者，即大学法律教育通常只是国民素质教育的一部分"。① 我们认为，法律专业人才和具有较强的一般法律素养的通用型人才都是社会所需要的，大学法学教育以哪种人才的培养作为目标从目的性来看应当无优劣之分。如果我们能够达成这种共识，那么我们为大学本科的法律教育进行定位时考虑的即应当是其更有可能实现的是哪个目标。毋庸置疑，就现实情况而言，显然是后者。我们的法学教育传统、课程设置、师资、生源等各方面的因素都说明我们的大学法学教育更接近大陆法系国家的大学法学教育。因此，首先，就现实而言，将大学本科法律教育的职能定位为法律职业教育，未必妥当。其次，就社会需求而言，法律通识人才也是社会发展所迫切需要的，大学法学教育不应当忽视这种社会需求。最后，法律职业教育所要求的极端专业化和超强的社会实践性与大学法学教育所固有的基础性教育和重视理论性教育的特性也不尽相容。② 因此，我们认为，法学本科教育应当是一种通识教育。"通识教育"相对于"专业教育"，具有非职业性、非专业性的特征。广博宽厚的知识教育是通识教育的基本特征，它强调文理兼容、文理渗透。作为一种大学理念，其精神内核即为陶冶高尚的心灵与培养完整的理性。③ 应当将法学专业本科培养的目标定位为，培养较扎实地掌握本门学科的基础理论，专门知识和基本技能，并具有从事科学研究工作或担负专门技术工作初步能力的高级人才。要求学生具备合理的知识结构，掌握科学工作的一般方法，能正确判断和解决实际问题，具备终身学习的能力和习惯，能适应和胜任多变的职业领域，本科教育知识的讲授不仅要向学科的纵深发展，还要注意学科间的横向关系，与此同时，本科教育注意培养学生的科学思维能力、创造能力、创新精神和创业精神。就法学本科教育在培养法律人才这个根本任务上所担负的社会责任而言，包括：

---

① 贺卫方：《本科宜废，法硕当立——谈法律教育向 JM 教育转向的必要与可能》，载霍宪丹主编《中国法律硕士专业学位教育的实践与探索》，法律出版社 2001 年版。
② 潘剑锋：《论司法考试与大学本科法学教育的关系》，载《法学评论》2003 年第 2 期。
③ 张丽：《通识教育与文化素质教育之比较》，载《泉州师范学院学报》（社会科学）2003 年第 1 期。

"一是解决做人问题，使学生树立社会主导的价值观和价值取向，具有现代理性精神，养成独立的法律人格；二是解决方法，尤其是思维方法的问题，以获得自我发展的能力；三是解决做事问题，使学生掌握从事法律职业必备的基本知识、职业素养和职业技能，满足从事法律职业的基本需要。"①

（三）研究生教育

1. 法学硕士教育——学术型教育

根据《中华人民共和国学位条例》的规定，我国高等法学教育的学位包括法学学士、法学硕士、法学博士三个层次。法学硕士、法学博士教育都属于研究生学历教育。目前，中国所设置法学本科专业的学校均有权授予法学学士学位，而硕士学位、博士学位的授予权，则由具备条件的学校提出资格申请，经中央各部委或地方各省级学位办公室核准后推荐，最后由国务院学位委员会审核，经2/3以上绝对多数票通过。国务院学位委员会法学学科评议组是中国评审法学硕士学位、法学博士学位授予权的最高权威性学术机构。据教育部统计，2006年，法学硕士生毕业人数17713人，法学硕士生招生人数24448人，法学硕士生在校人数63464人。②

法学硕士学位研究生主要招收法律专业本科生，按照法学二级学科分为法学理论、法律史、宪法学与行政法学、刑法学、民商法学、诉讼法学、经济法学、国际法学等专业。依据《中华人民共和国学位条例》的规定，要取得硕士学位必须在本门学科上掌握坚实的基础理论和系统的专门知识并具有从事科学研究工作或独立担负专门技术工作的能力。基于这个要求，法学硕士应该掌握坚实的法学基础理论并具有从事法学研究工作的能力。也就是说，法学硕士定位于为法律教育和科研机构培养研究型、学术型的人才，它所预期的毕业生是学术法律人，而非实务法律人。③ 从我国目前是按二级学科设置专业招收和培养研究生，也可以看出法学硕士明显的理论教育指向，其目标是通过对本专业知识专而精的学习和研究，使研究生掌握基本原理、原则、理论和思维，更加强调学术性。④

---

① 霍宪丹：《法学教育的历史使命与重新定位》，载《政法论坛》2004年第4期。
② 资料来源：中华人民共和国教育部网站。
③ 贺卫方、霍宪丹：《法律硕士（JM）专业学位教育的改革与发展报告——建构统一的中国法律教育模式》，载全国法律硕士专业学位教育指导委员会秘书处编《中国法律硕士专业学位教育的实践与探索》，法律出版社2001年版，第392—393页。
④ 戴莹：《法学硕士和法律硕士培养方式之比较》，载《华东政法学院学报》2005年第3期。

有人认为，这种法学硕士的培养定位是与当时特定的社会历史背景相适应的。在20世纪80年代，各种法律人才都比较缺乏，实用法律人才的培养主要由各种社会培训和成人教育承担，法学院系则主要承担起培养教学科研人才的任务。20多年过去了，国家对法律人才的需求却发生了巨大的变化。这就产生了一个法学硕士培养目标的重新定位问题。那么，法学硕士教育应如何重新定位？是继续走培养研究型人才的老路，还是应市场需求，转向应用型职业法律人才的培养？有人认为法学硕士的培养方向就是面向研究型的，没有必要迎合就业。但是，很多学校已经开始根据就业单位需求，鼓励并组织学生参与到社会实践和法律实务中去，从中感受、理解法律的规则和条文。这样的改革固然可以缓解外界对法学硕士培养模式僵化、脱离实践的批评，也可以适当满足在读法学硕士研究生对强化法律职业教育的叮求，但无法从根本上解决问题，甚至可能会加剧与法律硕士培养之间的冲突，成为另一种被诟病的对象。

有些学校为了将法学硕士教育导向技能型实用教育，他们在招考中不考查专业知识和素养，所有法学考生，不论所报方向，皆考同样试题；理论法学方向上线人数不够者，宁可从应用法学专业调剂，也不从对理论深具兴趣只相差一分者中挑选。从去年起，各大学法学院竞相仿效北大，取消专业考查，只顾知识的全面和浅层。此外，有些在职法学硕士研究生班就明确提出自己的培养目标及方向就是：培养具有扎实的法学理论基础、掌握马克思主义基本理论、熟悉思想政治工作规律的专业人才。帮助学生建立深厚的理论功底，特别着重培养市场经济条件下做好思想政治工作的实用技能。这就实际上使得我国的法学硕士教育与法律硕士教育更加混乱不清，给人叠床架屋之感。

此外，很多学校把法学硕士研究生的学制从三年改为了两年。此项改革的初衷是，压缩时间成本，增强社会竞争力。对此，有人认为，两年还是太紧张，更多的精力放在应付课程上，独立研究能力欠缺。也有人认为，三年的学制学生大量时间用于在外面打工、实习、找工作，并没有把三年的时间充分利用起来。有些用人单位认为，法学硕士的培养时间不会太影响用人单位对毕业生的评价，从目前掌握的情况看，两年也是够的，毕竟学习更多的是课堂以外的事。因此，有些法学院校法学硕士培养实行的是弹性学制，可以根据自己的情况选择三年还是两年。

我们认为，我国现行的法学硕士教育的职业化和市场化导向，实质上背离了研究生教育应有的指向。这不仅不利于我国培养更多的优秀法律人才，也不利于我国法学研究传统的形成，不利于结合我国国情借鉴西方法治国家的先进经验。需知，研究型人才必须具有较强的学术素养，这种素养需要严格的专业学术训练才能形成。完全职业化导向、与法律硕士混同的法学硕士教育，培育出来的只会是技巧娴熟的法律家，而不是满腹经纶的法学家。法学硕士教育应当是一种学术型教育，必须与法律硕士教育之间泾渭分明，法学硕士教育的目标是培养法学研究人才，不仅自己是高级法律人才，还要能够通过法学高等教育方式培养法律人才。

2. 法律硕士教育——复合型、应用型教育

1995 年，国务院学位委员会第 13 次会议通过了设置法律硕士专业学位的报告，"主要培养立法、司法、行政执法、法律服务与法律监督以及经济管理等方面需要的高层次法律专业人才和管理人才"。法律硕士专业学位教育从 1995 年经国务院学位委员会批准设置，1996 年正式实施、试办招生以来，在教育部、国务院学位委员会正确领导和政法部门的大力支持下，取得了突出的成就，2006 年实现"转正"，成为我国正式的专业学位教育制度，就是法律硕士专业学位教育发展成果的集中体现。从 1995—2007 年，先后分 7 批设立了共 80 个试点单位：1995 年首批试点单位 8 所院校；1997 年 12 月增设了第 2 批试点单位 5 所院校；1998 年 12 月增设了第 3 批试点单位 9 所院校；1999 年 11 月增设了第 4 批试点单位 6 所院校；2003 年增设了第 5 批试点单位 11 所院校；2004 年增设了第 6 批试点单位 11 所院校；2007 年增设了第 7 批 30 所培养单位。[①] 这 80 个试点单位涵盖了中央和地方所属的以及综合性、政法、财经、师范、民族、军事等不同类型、不同行业特色的高校，实际上已经完全囊括了中国高水平的、有培养法律专门人才优越条件和办学实力的高校。已经超过了改革开放初全国设置法学本科高校数量的总和。从 1996 年开始到现在，累计招收法律硕士研究生近 50000 人，获得学位的 18102 人。目前在校生近 30000 人。据近年来的统计显示，法律硕士专业一直居全国几百个研究生招生专业中最热门的十个专业之一（居第三位）。这些广泛分布在全国广大区域的法律硕士培养单位培养了大批高素质法律人才。特别是在职攻读毕业生，绝大多数是各地各级司法机关、党政和社会管理机关的领导或骨干，他们为促进当地经济、政治和社会的发展，为

[①] 曾宪义：《中国法律硕士专业学位教育的创办与发展》，载《法学家》2007 年第 3 期。

维护边疆的稳定,为构建和谐社会作出了不可或缺的贡献。[1]

我国目前的法律硕士教育采取二元结构,即目前实行的全日制(通称双证)与在职攻读(通称单证)双轨并行的法律硕士教育体制。两者的区别表现在如下几个方面:在入学条件上,前者招收凡国民教育序列的大学非法学专业本科毕业者(个别院校也允许满足一定附加条件的大专毕业生以同等学力的身份报考),参加并通过每年初举行的全国硕士研究生招生统一考试中的法律硕士联考;后者则招收法学或非法学本科毕业并有工作经历(原为五年,自2006年改为三年)的司法、管理等实务部门的在职人员,由其所在单位组织推荐并通过专门组织的全国性法律硕士联考。在培养方式上,虽然两者都是有计划、有组织地对学生进行系统、正规的培养,但前者通常是以三年时间完成学业,并对符合条件者颁发法律硕士学历证书和学位证书(即"双证");后者注重学校与实际部门之间的合作,在四年内以"在职兼读"的方式,即在不脱离工作岗位的条件下每年定期集中到校学习,通过学位课程考试,并按关于在职人员以同等学力申请硕士学位的规定申请并获得法律硕士学位,然后回原单位工作,其意义旨在促进培养与使用环节的紧密结合。两者可能会适用不尽相同的培养方案。按1999年颁发的《法律硕士专业学位研究生指导性培养方案》规定:在职攻读法律硕士专业学位教育参照本方案制定培养方案。这就是说,现行的法律硕士培养方案还并不直接适用于在职法律硕士;换句话说,这也意味着到底怎样培养在职攻读类型的法律硕士,目前还没有摸索出一套自己特有的比较成熟、稳定的培养方案。现行高校所实行的,也大都是以此为蓝本而制定出的差异不等的培养方案。以上最重要的差异在于:基于两类法律硕士受教育的背景不同而导致的法律学习的性质上的差异——对于非法学专业背景的全日制法律硕士生和少数在职攻读的法律硕士生来说,他们仅仅是初次接受法律教育,属于学历教育的范畴;而对于那些本科是法学专业背景的在职法律硕士来讲,他们为攻读法律硕士学位而参加的学习,显然属于继续(法律)教育的范畴。脱产、半脱产、在职兼读等极为灵活的培养方式,以及学制长短不一的弹性规定,更突出了这种成人继续教育的色彩。[2]

法律硕士学位与法学硕士学位处在同一层次上,均属于研究生教育,但

---

[1] 王健:《中国法律硕士教育的创办、发展与成就:1996—2006》,载《法制与社会发展》2007年第5期。

[2] 王健:《法律硕士教育的性质》,载《华东政法学院学报》2005年第3期。

是，法律硕士的培养目标与法学硕士各有侧重，前者是为了培养应用型、复合型高级法律人才，后者是以学术型、专业型高级法律人才为培养目标。[1] 霍宪丹先生对所谓的"培养应用类法律人才"曾经做过这样的解释："一是在制度设计层面上，JM教育是根据法律职业的基本要求，面向法律实务部门或职业岗位培养法律职业从业人员的。二是从教育类型上看，JM教育属于专业学位教育，相对于法律本科的通识教育和法学硕士教育的认知型教育，则更多地体现了法律教育的职业属性。三是从教育任务上看，如果说作为通识教育的法律本科教育主要是以培养法律通用人才为主，法学硕士、博士主要以培养教学、科研人才为主，那么JM教育就是以培养'法律人'或'准法律人'为己任。四是在法律职业的分类中，JM教育的培养目标有两个确定指向，其一是指法官、检察官和律师，即法律职业共同体（或法律人），即实践型法律人才（法律实务人才）；其二是指法律职业部门或社会其他行业中法律实务岗位所需的复合型法律人才。"[2] 对此观点，我们深表赞同。

由于我国的法律硕士教育尚处于起步、探索阶段，因而，法律硕士教育中还存在着一些普遍的问题，对此已经有学者敏锐地予以指出，具体而言，包括以下几点：

（1）在教育资源的配置上未将法律硕士研究生与法学研究生同等地位、同等对待。部分院校法律硕士研究生、在职攻读法律硕士研究生反映入学后学校提供的学习条件包括住宿、图书馆及生活补贴、医疗甚至有些教师的教学态度，与同层次的法学研究生相差甚远，虽然学位办为在职攻读生正名，确定了正式称呼，但实际上，包括相当学校的老师甚至领导仍称呼在职攻读生为"学员"，视之为"不正规"的一类研究生，如此等等。他们觉得是受歧视的"二等公民"，严重不满，情绪动荡，从而影响了学生学习积极性和法律硕士的教学质量和声誉。其原因，除了高校扩招后校舍资源紧张外，主要由于学校有关部门和人员对法律硕士的重要性和特殊性认识不足。[3]

（2）各个法律硕士培养单位在法律硕士教育过程中各行其是，法律硕

---

[1] 何勤华、张传：《从发达国家的法学教育看中国法律硕士的培养》，载《学位与研究生教育》2002年第12期。

[2] 霍宪丹：《法律硕士教育定位的背景和基础》，载《华东政法学院学报》2005年第3期。

[3] 王健：《中国法律硕士教育的创办、发展与成就：1996—2006》，载《法制与社会发展》2007年第5期。

士教育的质量不统一。因为在法律硕士的培养方面,每个招生学校都根据自己学校的情况开设课程和制订教学计划,而且授课的方式、方法也各不相同。

(3) 一些法律硕士培养单位对法律硕士培养的目标混同于法学本科生教育、法学硕士教育。当前,在部分管理人员和部分教师中,对法律硕士专业学位的性质、特点、基本规格和基本要求等方面的认识并不到位。在一些单位,法律硕士与法学硕士、第二学士学位、法学本科的根本区别和类型要求在培养过程中不突出。可以说,目前,大部分法律硕士学生还像法学硕士学生一样只钻研法学理论,这在定位上无疑是不正确的,至少是不合理的法律硕士的培养目标是法律家,而一味地钻研理论,就违背了国家设置这个专业学位的初衷。①

(4) 从招生学校层面来讲,有此学校对法律硕士的培养还没有真正地重视,有的招生单位把开办法律硕士教育看成了学校增加经济收入的手段,招生的规模超过了学校自身的培养能力,这样培养出来的法律硕士质量是不能得到保证的。② 正是在这样的背景下,有的教师或多或少地轻视法律硕士的教学,认为法律硕士生的水平不如一些法学本科生,因此不认真备课,采取不负责任的态度。③

(5) 从法律硕士学生的自身来说,他们绝大部分以前没有学习过法律,对于自己的学习和发展的方向不明确。三年的研究生时间,实际上几乎只有两年,因为最后一年要实习和撰写毕业论文,在两年时间中,他们的法律素养能达到什么层次,一方面是要靠招生单位的重视、培养,更重要的是要靠他们自己的定位以及学习。④

尽管我国官方以及绝大多数法学教育工作者已经充分认识到,要把法律硕士培养成复合型、应用型的高层次实务法律人才。就必须有相应的教学方法、师资、教材、课程设置等软硬件措施保障这一目标得以实现。针对法律

---

① 何勤华、张传:《从发达国家的法学教育看中国法律硕士的培养》,载《学位与研究生教育》2002 年第 12 期。

② 对于多数法学院来说,法律硕士已经成为"创收"项目了。常听法学院系的主任院长们感慨:"法硕"项目争取(不)下来,日子就(不)好过了。"创收"并没错,但错在整体性体制设置错乱,质量不保,难恪初衷,已然影响到这一体制的社会声誉了。许章润:《法学教育、大学精神与学术的人道意义》,资料来源:学术批评网。

③ 何勤华、张传:《从发达国家的法学教育看中国法律硕士的培养》,载《学位与研究生教育》2002 年第 12 期。

④ 同上。

硕士教育存在的上述问题，我们认为，应当从以下几个方面改革我国的法律硕士教育：

第一，法律硕士教育应当把学术培养和实践能力的提升结合起来。在学习法律核心课程的基础上，法律硕士培养单位应当开设一些证据的收集与使用、辩护的方法与技巧、法律文书写作、谈判技巧等实践性较强的课程，以对学生进行法律技能的训练。同时，开展"诊所教学"，设置一些诊所课程。重视法律硕士的实习阶段，适当的可以延长实习的期限。应由法院、检察院、律师事务所、公证机构等部门指派经验丰富的法律工作者进行指导，以避免实习阶段流于形式。但是，对于在职的法律硕士研究生和全日制的法律硕士研究生的培养方案应当区别制定，由于前者一般已经具有相当的法律实务经验，所以应当更加强调法学理论素养的提高，对于后者则应恰恰相反，注重其法律实务经验的培养。

第二，在法律硕士教育的师资配备上，法律硕士的培养单位应当在司法实务部门招聘一些受过良好法律教育又具有丰富实践经验的法官、检察官、律师、公证员等作为法律硕士的兼职导师，由专门的导师进行辅导，从而使法律硕士们尽早接触实务，以期毕业之后就可以熟练掌握法律实务。中国社会科学院法学研究所（法学系）在法律硕士培养中，充分发挥自身的师资优势，专门成立了由集研究室主任、研究员、教授、博士生导师于一身的学者担任导师组组长的14个法律硕士导师组，聘请了全国人大法工委、最高人民法院、最高人民检察院、公安部、司法部、中华全国律师协会等部门既有丰富实践经验又有较深学术造诣的专家担任硕士研究生导师，对法律硕士研究生因材施教，取得了良好的培养效果。

第三，在教材建设方面，由于法律硕士教育毕竟不同于法律本科教育和法学硕士教育，如果纯粹要求法律硕士沿用本科生的教材或者一些理论性较强的学术著作，都不利于法律硕士研究生培养目标的实现，所以，应当有一套适应法律硕士教育的特点和需要的专用教材，特别应当编写一些具有特色的应用型教材。为适应法律硕士专业学位研究生的教学需要，推进中国法律硕士专业学位教育的进一步发展，中国社会科学院法学研究所（法学系）根据法律硕士培养的特点，组织各学科著名学者专门编写了全国第一套法律硕士培养通用教材。①

---

① 本教材由两大部分组成，一部分用于讲授法学学科知识，进行基础学术训练。此部分既包括了教育部确定的16门法学核心课程，又包括具有中国社会科学院法学研究所特色的法学学科，如

第四，在教学方法上，应当改变目前的课堂讲授为主的教学方法，逐步开展案例教学法或者实践教学法，不仅让学生增长法学知识，而且锻炼职业思维和提高职业技能。中国社会科学院法学研究所（法学系）在法律硕士培养中，率先推行"诊所法律教育"，也在全国法律院校中创设了以法律硕士研究生为诊所法律教育学员的先例，积累了分层次（根据学员不同情况和在不同学期开设法律诊所初级班、中级班和高级班）开展诊所法律教育的经验。数个院校前来参观学习，新华社《高管信息》等刊物专门报道了该单位诊所教育活动开展情况。截至目前，已有100多名法律硕士研究生参加了法律诊所教育活动，收到了良好的教学效果。

第五，由于我国目前大多数法律硕士培养单位只是在论文写作阶段为法律硕士配备导师指导，缺乏对法律硕士培养的整体与系统规划，培养质量无法保障。因此，我们认为，应为法律硕士整个学习过程配备导师，使整个培养过程的每一个环节都有导师的参与和指导。中国社会科学院法学研究所（法学系）在法律硕士培养中，即制定了第一学年完成法学核心课程等必修课培养计划，第二学年开始按照"双向选择原则"实行导师指导制的培养

《物权法》、《知识产权法》等；第二部分用于法律职业技能培养与职业训练，如《谈判与调解》、《证据的收集与使用》、《法律文书写作》、《法庭辩论》、《职业伦理与修养》等。目前，该教材已经由社科文献出版社出版《宪法学》、《法理学》、《民法总论》、《刑法总论》、《物权法》、《刑法各论》、《犯罪学》、《经济法学》、《刑事诉讼法》、《新编中国法制史》、《国际法》、《国际私法》、《国际经济法》、《知识产权法》、《证券法》、《竞争法》、《比较法学》17本，《行政法与行政诉讼法》、《民事诉讼法》、《证据法学》、《司法制度》、《亲属法与继承法》、《世贸组织法》、《债法》、《西方法哲学》8门教材将于近期出版，其余教材也将陆续出版。

这套教材的特点是：第一，针对性与通用性的结合。与法学硕士研究生教材相比，本套教材的侧重点不同，但两者在知识的层次和水平上没有高下之分。教材编写既适应法律硕士研究生的培养目标，具有较强的针对性，同时又具备很强的通用性，即教材也能够满足法学类研究生的教学和阅读需求；第二，应用性与理论性的结合。该套教材在内容安排或者取材上强调突出应用性或者实用性，尽可能地减少了"纯学术"的内容，力求寓学术性和研究性于知识性和应用性之中；第三，知识性与创新性的结合。鉴于法律硕士研究生入学前多未受过系统的法学教育与训练，该教材强调系统介绍相关学科的基本概念、原则和其他知识。在叙述时力求把"实然"的知识和"应然"的知识区别开来，把"通说"和作者个人的见解区分开来。在比例搭配上，教材的重点放在对"实然"知识的介绍、分析和实际运用上，"应然"的部分少而精。该套教材对法学概念的阐述准确、精练。对有分歧的概念，明确表明了作者的态度。让读者清楚地知道有没有通说、通说是什么、通说对不对，如果通说不对，那么问题在什么地方。该套教材的另一个特色是以对案例和实际问题的分析引领和贯穿全书，对于国内发生的有重大影响的法律事件和案件，均予以引用和分析，不使遗漏。为增强教学效果和适应不同层次学生的学习和发展需要，本套教材在结构上除正文外还设立了"要点提示"、《问题与思考》、《复习题及其答案》、《阅读书目》等辅助内容。参见王敏远主编《法律硕士专业学位研究生通用教材——刑事诉讼法》，社科文献出版社2005年版，第1—3页。

方案。他们充分发挥教师资源优势，所有的博士生导师均积极参与法律硕士研究生指导，法律硕士研究生培养已经成为中国社会科学院法学研究所（法学系）法学教育的一大特色，在全国创立出了"社科法硕"的品牌。中国社会科学院法学研究所（法学系）、北京大学、清华大学吸收法律实务部门专家参与法律硕士培养，实行学校教师与法律实践部门专家的"双导师制"的做法，也值得推广与借鉴。

3. 法学博士教育

博士研究生教育是高等教育的最高阶段，博士学位是整个教育体系中的最高学位。随着研究生招生规模的不断扩大，我国法学博士教育亦得到空前发展，有权授予法学博士学位的高等院校 2005 年为 48 所。据教育部统计，2006 年，我国法学博士毕业生人数 1700 人，法学博士招生人数 2420 人，法学博士在校学生人数 8260 人。[①] 博士生招生规模扩大导致博士生质量下降。有调查显示，我国目前每名博士生导师平均要带 5.77 名博士研究生，远远高于国外每名导师带 2—3 名学生的比例，法学学科的比例比这个数字还要高。这样的情况已经背离了法学博士精英化教育的轨道，有朝向大众化教育发展的倾向。由于近年来法学博士招生规模急剧扩大，博士毕业生已经从原来的"香饽饽"呈现出"就业难"的苗头。许多法学博士毕业后难以在高校和科研机构谋得职位，不得不去从事法律实务工作甚至到公司、企业任职，法学博士就职于基层法院、检察院、律师事务所，甚至从业于基层公安机关的，大有人在。

我国已经有学者敏锐地指出，博士教育不应当是大众教育，而是精英教育。[②] 与国外法学教育相比，我国法学博士教育起步较晚，尚处于探索阶段。有学者认为，随着法学博士就业市场的供求变化，以及我国当前面临的时代要求，我国法学博士的培养目标亦应当发生转变。法学既是一门理论性很强的学科，又是一门应用型学科。法学博士教育的学术性和实践性要求法学博士教育应当塑造复合型的专业法律人才。而且，加入 WTO 是中国融入世界经济主流的重要步骤，也是中国法学教育实现全球化的一大飞跃。它迫切要求法学博士教育能够培养既具有国际意识与国际视野、谙熟国情，又具

---

① 资料来源：中华人民共和国教育部网站。
② 沈四宝、袁杜娟：《确立正确的法学博士教育培养目标》，载《中国教育报》2007 年 5 月 22 日；李昌麒：《法学博士教育绝对应是精英培养》，来源：http://www.sass.org.cn/shkxb/article-show.jsp?dinji = 231&artid = 14037&sortid = 492。

有高度的法律素质，能自觉运用法律思维的兼具研究型和应用型特点的复合型法律人才。同时，大多数发达国家的法学博士教育建立了多元化的培养目标。法国1984年通过的《高等教育法》确立的博士生培养目标，即为研究型、复合型和应用型三个类别；而英国20世纪80年代以来的研究生培养，也呈现出了研究型、复合型和应用型的多元化目标和类型结构；与此同时，德国也摒弃纯研究的培养目标，通过效仿美国大学建立跨学科的研究生院，既注重个人研究能力的培养，也注重团队精神和能力的提升。[1] 我们认为，这种观点有待商榷。博士研究生层面的法学教育必须定位于学术研究型教育，而不能像本科层次和法律硕士层次法学教育一样以培养应用型人才为目标。因为博士研究生层次的法学人才就业的主要方向是法学教育、研究机构，博士研究生教育的质量直接影响到未来法学专业人才的素质，以及法学研究的水平。我国必须解决目前因为法学博士研究生招生规模扩大导致的培养目标的偏离现象。在确定法学博士研究生培养目标时，还应当注意，虽然法学博士的培养和其他人文社会科学的博士教育没有本质上的不同。但是，由于法律是一门实践的学问，所以，法学博士更应注重博士生的独立思考能力和社会批判精神的训练和养成，因为法学研究的目的在于寻求解决社会"病症"的良方，这两种能力和精神对于法学研究人员来说是不可或缺的基本素质。没有这两种能力和精神，就无法从事真正意义上的法学学术研究。[2] 此外，还应当从博士研究生的课程设置和教学方法上对博士生教育进行改革。首先，法学学科不是一个自给自足的学科。法学研究想得到长足的发展，形成不同的法学流派，必须吸收其他社会科学的知识以及研究方法，形成一系列的法学交叉学科，如法律经济学、法律社会学，等等。基于此，法学博士生的课程中必须增加法律学科以外课程的设置，以拓宽法学博士的知识领域和学术视野。其次，应当强化对博士研究生个性化学术指导，培养博士研究生的创新能力。这种个性化的学术指导应该是通过问题讨论与课题研讨的方式来实现的。作为导师应该不断为学生提出讨论主题，提供研究课题，带领和指导学生进行研究。在研究中，导师应该指导学生深化学术认识，把握学术方法，推出学术成果。[3]

---

[1] 沈四宝、袁杜娟：《确立正确的法学博士教育培养目标》，载《中国教育报》2007年5月22日。
[2] 卓泽渊：《博士教育不能大众化》，资料来源：http://edu.qq.com/a/20051019/000108.htm。
[3] 同上。

二 法律职业教育

法律职业教育是我国法学教育的另外一个重要组成部分。在我国法学学历教育的各个阶段，一般只重视知识的讲授，不大重视法律职业的训练。在学历教育中即使有诊所式法律教学、案例教学法以及社会实践、实习等多种途径来锻炼法律职业思维和职业技能，但这种职业教育十分有限。事实上，一般的法律院系都舍职业素质养成而取学术养成，极大地限制了法律教育对本应承担的职业训练职责的完成，法律本科、硕士毕业生很难说具有职业素质尤其是法律职业技能技巧，很难胜任法律职业者的专门工作。法律职前教育的缺失，无疑会引起法律职业界对大学法律教育的怀疑，很难欢迎大学法律毕业生进入职业界，转而接纳其他途径的人进入法律职业界。实际上，法学学历教育与法律职业教育两者之间既应有结合，也应相互独立。不论大陆法系，还是英美法系的法律教育中，在学历教育之后都会有系统、专门的法律职业教育机构（英国的四大律师学院、日本、韩国的司法研修所等）对未来的法律职业者进行职业训练。然而，我国的法学学历教育机构无法胜任法律教育的任务，同时，专门设置的法律职业教育机构往往兼顾学历教育，也无法胜任自身本该担当的职业教育者角色。

（一）法官、检察官的职业教育

法官、检察官培训是指国家为了提高司法官的素质和执法水平，按照有关法律的规定，通过各种途径和形式，有计划、有组织地对司法官进行理论和业务方面的培养和训练。法官、检察官培训是任何一个国家司法制度中的重要组成部分。"当社会生活变得愈来愈复杂，法律规范愈来愈具有抽象性和普遍性的情况下，解决纠纷或对其可能的解决方式提出建议的工作变得更为困难时，更需要专门的训练。"[①] 科学的法官、检察官培训制度，是提高法官、检察官各项素质，进而提高办案质量和审判、检察工作效率的重要保障。我国目前法官、检察官素质偏低，日益不能满足审判、检察实践的需要，尤其是随着社会、经济的发展，新情况、新问题、新的法律政策的不断出台，对审判、检察人员的专业素质提出了更高的要求。没有相应的法官、检察官培训制度，对于司法公正和效率的实现无疑是不利的。我国现行

---

① ［美］埃尔曼：《比较法律文化》，三联书店1990年版，第104页。

《法官法》、《检察官法》对法官、检察官的培训分别作了专章规定,《法官法》第26条、《检察官法》第29条均规定,对法官、检察官应当有计划地进行理论培训和业务培训。法官、检察官的培训,贯彻理论联系实际、按需施教、讲求实效的原则。《法官法》第27条、《检察官法》第30条分别对法官、检察官培训的主体进行界定,即国家法官(检察官)院校和其他法官(检察官)培训机构按照有关规定承担培训法官(检察官)的任务。《法官法》第28条、《检察官法》第31条还将法官、检察官培训与法官、检察官的遴选制度联系在一起,指出,法官、检察官在培训期间的学习成绩和鉴定,作为其任职、晋升的依据之一。上述几个条文非常笼统,至今仍没有具体的细化规定。在法官、检察官职业教育主体的观念中并没有认识到:法律职业教育是衔接学历教育和法律职业之间的重要教育阶段,目的在于提升在职法律人员的理论素养,以掌握新技术、解决新问题,强化职业技能。它不仅在培训的目的上,而且在教育内容、培训方式上应当区别于任何职前的学历教育。在20多年的法院和检察系统的职业教育培训历程中,法官、检察官的职业教育培训发生很大的错位。

首先,在培训机构方面,为了弥补法官、检察官在办案经验上的不足,准确理解、运用新的法律及司法解释,1985年、1986年最高人民法院、最高人民检察院相继成立了全国法院干部业余法律大学、中央检察管理干部学院,采取多渠道、多层次、多种形式培训干部。1995年"国家法官学院"和"国家检察官学院"的成立,此外,各省、市、自治区、各地市州相继成立有相应的法官和检察官培训中心。使法官、检察官的培训工作得到了进一步的规范和加强。但是,许多地市州培训中心根本不具有培训资格和条件。这些培训中心集会议、接待、餐饮、住宿和娱乐多"功能"为一体,培训中心实际上成了法院、检察院创收、改进福利待遇的"幌子"。总之,法官、检察官培训的主体的培训能力参差不齐,在某种程度上制约了职业教育任务的完成。

其次,在职业教育的形式方面,国家法官学院和国家检察官学院将一定的精力放在学历教育上,即通过职业培训或委托有关院校代培或采取联办或利用自身师资力量采用长期与短期相结合,脱产培训与在职业余自学相结合的方法,使全国许多法官和检察官获得了相应的毕业文凭或专业证书(享受专科待遇)。此外,真正的法律职业培训也不全面。这种培训的对象是拟调入或新调进的人员,这主要是针对各正、副法院院长和检察长进行的。1995年的《法官法》、《检察官法》没有对正、副院长和检察长作出"法律业务"背景的要求，因此，在任命为院长、检察长之前或之后，送到培训中心，培训一至三个月，取得合格证，就可以当法官、检察官。①

最后，在教学方法和师资配备方面，我国法官、检察官培训的方法落后，目前仍然采用填鸭式的教学方式，注重理论，但与司法实践脱节，这种法官、检察官培训难以对法官、检察官办案起到实质上的促进作用。在师资方面，除了国家法官学院和国家检察官学院之外，某些地方法官、检察官培训机构的专职教师太少，有的甚至根本没有得到任何司法实务经验，有的培训机构几乎完全由所在法院、检察院的法官、检察官兼任教员，可想而知，这些法官、检察官本身的办案任务就很重，实际上无法将更多的精力放在教学之上。

上述种种现象表明，我国正在转轨之中的法官、检察官培训制度亟待完善。我们认为，首先，应当让法官、检察官培训本身有章可循，除了《法官法》、《检察官法》的几条规定之外，最高人民法院、最高人民检察院需要制定相关的具体规则。其次，整合法官、检察官、律师、公证员培训的教学资源，应当形成多层次、体系化的法官培训主体。撤销法院、检察院、司法行政部门、律师协会、公证各部门设立的培训机构，统一设立司法研修机构，分为中央和大区两级。两级司法研修机构和当地著名法律院校联合办学，建立培训基地，可以节约人力、财力、物力，并且增加不同职业者间的认同感和相互理解。② 再次，重新对法官、检察官的职业教育机构进行定位。国家设立国家法官学院、国家检察官学院应当完全不同于普通高等院校。它不应当从事一般的法学学历教育，一般的法学学历教育是普通高等院校的任务，他是为有志于日后从事社会工作和法律职业的青年人提供的一种法律基础教育。复次，更新法官、检察官培训的方法和内容。法官、检察官的职业培训机构顾名思义是培养法官、检察官的，培养法官、检察官应当是一项非常职业化的教育。无论教育思想、教育对象，还是教学内容、教育方法、教学手段与法学学历教育相比都有其各自不同的内在规律。法官、检察官的职业教育除了培训一般业务知识外，应更注重人文素养和法律观念与职业道德素养的熏陶。既要注重理论知识的灌输，还应当密切结合司法实践中

---

① 王华：《中国法律教育体制的问题及重构》，上海师范大学法政学院 2005 年馆藏硕士学位论文。
② 郭成伟、宋英辉：《当代司法体制研究》，中国政法大学出版社 2003 年版，第 155 页。

的新问题，做到理论联系实际。在法官、检察官培训的方法上，应当引进案例教学法，充分尊重法官的主体意识，多采用师生互动讨论和苏格拉底式的提问式教学方法。最后，法官、检察官培训应当是法官、检察官的一项义务，同时要成为法官、检察官的一项权利，尤其是法官、检察官培训应当由国家统一"埋单"，也就是说，法官、检察官培训所需费用应由国家统一支付。

（二）律师的职业教育

依据《律师法》以及相关法律的规定，在我国，对律师的职业教育大体包括两部分，一部分是对实习律师的培训，另外一部分是对执业律师的培训。前者可以看作是律师正式仼职之前的职业培训；后者则可以看作是律师的终身职业培训。

1996年司法部颁布的《律师执业证管理办法》规定，申请领取律师执业证的人员，应在一个律师事务所连续实习一年。律师事务所接受实习的，应向住所地司法行政机关备案。律师事务所应指派具有三年以上执业经历、政治思想好、业务素质较高的律师指导实习人员。实习人员辅助律师办理业务，不得单独执业。实习人员应当接受职业道德和执业纪律的培训；接受刑事辩护，民事、行政案件代理，非诉讼代理，法律咨询以及代书等业务方面的指导训练，并完成司法行政机关规定的业务量。司法行政机关应当对实习人员的实习活动进行检查。实习期满，律师事务所应对实习人员的思想道德、业务能力和工作态度作出鉴定。《律师事务所内部管理规则（试行）》第19条规定，律师事务所应当依法接受和管理实习人员学习。律师事务所不得指派实习人员单独办理律师业务。然而，在实践中，实习律师的实习培训制度并没有真正建立起来，实习律师培训的形式包括短期的讲授和通过实际案件的学习。前者一般由地方的政法职业学院组织，师资主要是来源于地方律师协会各个专业委员会的负责人，讲授的内容包括律师的执业守则、律师业的现状、各种律师业务的操作，等等，培训的时间一般为一个周，这种培训大多流于形式。此外，实习律师通过实际案件的学习往往也真正难以落到实处，有的实习律师在实习期间根本没有接触过任何案件。这种现象的出现有着深刻的背景。在近年来法律服务市场竞争激烈的大环境下，律师事务所的业务量确实有限，律师事务所聘用律师时，不得不考虑律师的业务背景，而新律师的培养，既投入精力和财力，又不能很快获得效益。在目前的情况下，只能靠律师事务所自身的投入，而这种投入回报是没有任何保障的，往往是实习律师实习期满或者期满后执业不了多长时间就走人，律师事务所投入的风险很大。所以现在许多律师事务所对于付工资给实习律师的培养方式都慎之又慎。目前很多律师事务所根本就没有一套成熟完善的管理、发展体制，缺乏整体、长远的规划，更谈不上对实习律师的培训。各种外在及内在的因素造成了不少律师事务所注重自身的发展而忽视为整个行业培养新生力量的责任。[①]

  1997 年司法部颁布的《关于进一步规范律师培训工作的通知》对执业律师的培训作出了具体规定，这些规定涉及律师年度继续教育培训课时和内容、培训机构等方面。具体而言，该《通知》要求，各地应明确提出律师每年度应当接受不少于 40 课时的培训，包括一定课时的职业道德、执业纪律培训。培训的内容主要是：（1）新颁布的法律、法规（含有关司法解释）；（2）与律师从事业务有关的经济、科技等领域专业知识和外语知识；（3）司法部和全国律协颁布的有关律师工作的规章和规范性文件以及律师职业道德、执业纪律方面的规章，等等。培训方式，各地可通过举办短期培训班、专题讲座等方式进行。律师参加境外培训和学历教育，亦可视为完成了本年度业务培训的课时。律师继续教育培训由省级以上司法行政机关和律师协会负责组织。省、自治区、直辖市司法厅（局）或律师协会可以自行举办培训，也可以委托地市司法局举办。培训的具体工作，亦可由省、自治区、直辖市司法厅（局）通过书面确认的方式委托或指定政法院校或其他培训机构举办。所委托或指定的培训机构应根据当地司法厅（局）的要求进行培训，并将培训的课程、师资、时间等报司法厅（局）备案。从 1997 年度年检注册后开始，是否按照要求参加了规定课时的培训，应作为律师注册的前提条件之一。律师申请年度注册时，必须提交参加培训的证明。各省、区、市司法厅（局）律师管理部门要对律师年度接受继续教育培训的课时、培训机构和培训方式等是否符合本通知的要求，进行审查，对不符合要求的，一律予以缓期注册或不予注册。上述规定所确立的律师培训制度无疑有助于向执业律师及时传播新知识、新信息和新理念，对于提高执业律师的业务水平来讲有着一定的促进作用。但是，这部处于律师法和刑事诉讼法实施后而匆忙出台的律师业务培训制度存在的问题也相当多，导致实践中的执业律师培训流于形式，无法实现对律师进行教育的目的。具体而言，第一，该《通知》所规定

---

  ① 陈宜：《略论实习律师培训制度的完善》，载《中国司法》2007 年第 2 期。

的律师培训组织机构是司法行政机关,而《律师法》(不论是1997年实施的《律师法》,还是2007年修改后的《律师法》)都明确将"组织律师业务培训"作为律师协会的法定职责,在实践中,律师培训的组织机构是律师协会(地市级律协甚至县级律协也在组织律师业务培训)。而且,不论是《律师法》,还是上述《通知》都只是规定了律师培训的组织机构,没有规定律师培训的机构,导致我国目前的律师培训机构要么是临时搭建的草台班子,要么是由其他的培训机构客串培训,律师培训缺乏专业性,影响培训的质量。第二,我国目前的律师队伍水平参差不齐,法律大专与法学博士共存,法律专业和非法律专业同在,地区差别更是明显。按照教育规律,"因材施教"乃是教育效率和合理性的基本要求。不分对象、不顾现实、一律同样的学时、同样的内容、同样的培训方式结果必然造成培训对象上"培训过度"和"培训不足"缺陷并存,不符合教育学基本规律。

与法官、检察官乃至警察职业比较,法官、检察官、警察的职业教育均有相应的法官学院、检察官学院、警察学院专门组织实施,律师的职业教育则无相应的律师学院担当。虽然《律师法》规定由律师协会负责对律师的职业教育,但是,实事求是地说,我国现状下的律师协会尚不能承担起此重任:首先,由于没有固定的、专门的培训机构和场所,也没有相应的培训组织,中华全国律师协会专职人员的严重不足等现实,使其显然无法对全国的律师进行规范化的教育培训。其次,目前的中华全国律师协会,多数职能活动是由各专业委员会承担的,而各专业委员会的主任、副主任、秘书长、委员们均为律师兼职,他们在繁忙的自身律师实务和社会活动中,难以专门研究和认真遵循职业教育规律对本专业的律师教育给予系统的、长远的、规范的计划安排。事实上,近年来,多数专业委员会组织的所谓培训,无非是临时性的邀请几个学者或者律师做几个讲座而已,无论从形式上,还是内容上,既不合乎律师职业教育的基本规律,与职业教育的本质要求也相去甚远。再次,各级地方律师协会及其专业委员会的人员组成及工作状况与全国律师协会及其专业委员会的状况大同小异,其担当的职务只能成为其开拓或者承揽律师业务、参与社会活动时一个名片上的"光环"而已,对当地律师职业教育几乎发挥不出实质性作用。最后,全国各律师事务所情况不同。不乏一些规范化、专业化的律师事务所重视自身的律师职业教育,一方面,由律师事务所自我培训,另一方面,安排律师到法学院校或者职业培训机构培训。然而,以我们了解的情况而言，此类律师事务所仅为少数，甚至是极少数。多数律师长期缺乏规范而系统的职业教育。此已经成为制约中国律师制度发展的"瓶颈"之一。

针对上述问题，我们认为，未来的法律法规应当对律师培训制度进行重新规定，规定的内容应当涉及培训的目标、机构、内容、对象，等等。而且，应当由专门的律师职业教育机构来具体实施培训。培训的对象应当有所选择，主要针对一定律师级别的律师进行培训。培训的方法不仅包括一般的课堂讲授，而且应当更多地运用鲜活的实例进行演示让培训对象有切身的感受。同时，培训应当有专门的教材，此类教材也不能仅仅限于理论的讲授，应当侧重于办案的操作技巧和实务经验。总之，只有不断改善律师培训的主体、内容、方法，才能让律师执业教育真正落到实处，提升律师的执业水平，更好地为社会提供法律服务。

（三）公证员的职业教育

公证员的职业教育是法律职业教育的重要组成部分之一。中国公证员协会颁布的《2002—2006年全国公证员教育培训规划》要求，公证员教育主要包括以下几个组成部分：第一，基本素质教育培训。建立公证员基本素质教育培训考试考核制度。从2002年起，每5年进行一次执业公证员基本素质教育培训考试考核，首次考试考核工作2005年底前完成。考试考核合格者由中国公证员协会颁发合格证书；未通过基本素质考试考核者，半年后参加补考，补考仍不合格者，不予注册，直至考试考核合格时为止。第二，执业前培训。符合担任公证员条件的，实习期届满合格者，在执业前，必须参加由中国公证员协会组织的3个月执业前培训。培训内容包括公证员职业道德、执业纪律、专业法律知识、执业技能、服务礼仪、计算机操作和网络技术等内容。不参加或未通过考核者，司法部不予颁发《公证员执业证》。第三，在职培训。公证员均有权利和义务接受司法行政部门或行业协会组织的教育培训。每位公证员每年度必须接受不少于40小时的教育培训。不参加培训或未完成规定科目、课时学习的，司法行政机关将不予年度注册。第四，学历教育。实行公证员底线学历制度。到2006年12月31日，未满45岁的、取得《公证员执业证》的公证员，必须取得国家承认的法律本科以上学历证明；在职公证员中非法律本科以上学历的和到2006年12月31日年满45岁以上的公证员，必须取得中国公证员协会认可的续职资格培训合格证书。未按期达到底线学历者，将不予注册，直至达到底线学历。公证员在职学习本科、硕士研究生、第二学士学位、博士学位课程者，在读期间可暂不参加其他业务培训班的学习，但职业道德、执业纪律和管理规范培训除外。第五，专业知识培训。根据公证工作的实际情况、特殊公证业务和新兴公证业务的要求，制定专业知识培训规划，确定培训课程，开展以提高专项公证业务水平、有针对性的专业知识培训或特殊公证业务的专业证书培训。使广大公证员掌握和精通与工作相关的专业知识和专业技能，有效履行职责，确保公证质量。对公证的前沿性学科和公证工作的发展趋势，要认真学习研究，正确把握。采取组织报告会、举办培训班、开展专题讲座等形式，使公证员及时了解、掌握和运用新知识、新技术，不断拓宽知识层面，拓展业务领域。正确把握公证工作的发展方向，以适应公证工作发展的需要。第六，高层次人才培训。积极做好高层次公证人才的培养工作。鼓励和支持公证员向更高层次学历和专业人才方向发展。创造各种条件，如选派公证员到国外培训、创建国际交流和合作项目、组织高级讲习班等，尽快培养出一批既懂法律义懂其他专业知识的复合型公证员，培养出在国际和国内有一定声誉的业内专家学者。

从上述规定可以看出，我国公证员的教育是多元化的，包括职业教育和学历教育，当然以职业教育为主。《2002—2006 年全国公证员教育培训规划》还规定，司法部律师公证司和中国公证员协会是全国公证员教育培训工作的领导机构，负责全国公证员培训规划、实施细则和年度培训计划的制定；负责对承担高层次公证员培训任务的高等院校或其他培训机构的资格审查和认定；统一培训教材、确定专项培训院校和重要培训科目；指导和监督各地公证员协会的培训工作。各省、自治区、直辖市司法厅（局）和公证员协会是本省、自治区、直辖市公证员教育培训工作的领导机构，负责本地区公证员的培训计划、实施细则和年度培训计划的制定；负责对承担本地区公证员培训任务的高等院校或其他培训机构的资格审查和认定；组织实施、监督检查本地区公证员培训工作。我们认为，由于学历教育与职业教育有着许多不同之处，学历教育的机构应与职业教育的机构分开，学历教育应由高等院校来承担，那么，公证员的职业教育也应由专门的司法研修机构承担。在培训的师资方面，公证员的培训一般应由司法行政学院或者中国公证员协会、地方公证员协会聘请的理论界的专家和实务界的精英进行。[①] 在公证员

---

① 例如，上海市长宁区公证处公证员培训的主题与公证工作实际紧密相结合，在 2006 年上半年先后按计划对全体办证人员开展教育培训：(1) 请检察官为全处公证人员进行预防职务犯罪和反

培训的教材使用上,应改变目前混乱的现状[1],应当有专门的教材,此类教材也不能仅仅限于理论的讲授,应当侧重于公证的实务操作。在培训的方法上,不仅包括一般的课堂讲授,而且应当更多地运用公证实例进行演示,切实提高培训对象的实践技能。

行规范办证程序的教育,以提高全体公证人员的办证质量意识;(3)由公证处主任根据公证员职业道德基本准则进行道德规范教育,以树立从"做好第一件事"的敬业意识、质量意识和正确的价值观。司法部组织的多期全国高级律师、高级公证员培训班都聘请司法部有关司局领导、全国人大法工委立法专家、全国律协实务专家、高等院校及司法行政学院知名教授授课。

[1] 我国目前有的自己编写教材或者辅导资料,有的直接使用市面上相关的教材或者著作,少有系列的公证员培训专用教材。

第五章 法学院系的构成

有学者云:"每一个较大规模的现代社会,无论他的政治、经济或者宗教制度是什么类型的,都需要建立一个机构来传递深奥的知识,分析、批判现存的知识,并探索新的学问领域。换言之,凡是需要人们进行理智分析、鉴别、阐述或者关注的地方,那里就会有大学。……"[1] 正是在该种意义上,我们认为,法学院系的设置是影响法学教育成败的重要因素。从数量上来讲,一方面,法学院系设置过少,难以满足司法实践的需要;另一方面,法学院系设置过多,则会导致法科学生过剩。我国目前具有法律教育职能的机构多种多样,有教育部管辖下的法律教育机构,有隶属于地方行政部门的法律教育机构;有教育机构兴办的法律教育,也有非教育机构兴办的法律教育;有公办的法律教育机构,也有民办的法律教育机构。在办学层次上,高可至博士后,低可到职业中专。2006年,教育部统计各类政法院校为67所,其中大学、专门学院为20所,专科学校47所,职业技术学院31所。实际上,截至目前的统计数字,全国现在有615所学校开设法学系、法学专业。本部分将对这些法学院系进行宏观、微观层面的具体分析,找出其中存在的诸多问题,提出优化我国法学院系设置的若干建议。

一 我国法学院系的分布

(一) 政法类高等教育机构

1. 普通高等政法院校

据统计,我国的普通高等政法院校总共有八所,其中包括原隶属于司法部的五所政法大学,即中国政法大学、华东政法大学、中南财经政法大学、西南政法大学、西北政法大学,这五所政法大学分别地处我国华北、华东、

---

[1] [美] 约翰·S. 布鲁贝克:《高等教育论》,王承绪等译,浙江教育出版社2001年版,第13页。

中南、西南、西北五个地区，在我国法学教育领域占据了重要的地位。除了五所政法大学之外，甘肃政法学院、上海政法学院、山东政法学院是位于我国西部和东部的几所省属普通政法院校。这八所政法院校在院系设置上绝大多数以法学院系为主。

中国政法大学下设法学院、民商经济法学院、国际法学院、刑事司法学院、政治与公共管理学院、商学院、人文学院、外国语学院、继续教育学院、国际教育学院、马克思主义学院、社会学院、法律硕士学院、中美法学院、中德法学院、体育部、现代教育技术中心、科学技术教学部18个校属院部。其中法学类学院共8个，非法学类的院系共6个。法学类学院的划分兼顾了法学二级学科，同时对二级学科有所调整，并且创办了一些有助于对外交流的学院。

西北政法大学设有哲学与社会发展学院、经济管理学院、刑事法学院、民商法学院、经济法学院、行政法学院、国际法学院、外国语学院、新闻传播学院、公安学院、政治与公共管理学院、继续教育学院（高职学院）等12个院2个部。其中法学类学院共6个，基本上按照法学二级学科进行划分。

西南政法大学设有民商法学院、经济贸易法学院、法学院、行政法学院、刑事侦查学院、政治与公共事务学院、管理学院、经济学院、新闻传播学院、外语学院、应用法学院等11个学院，1个继续教育学院。其中法学类学院共7个，多数是按照法学二级学科来划分，在此基础上体现了自己的一些特色。

华东政法大学设有法律学院、经济法学院、国际法学院、刑事司法学院、商学院、外语学院、政治学与公共管理学院、人文学院、知识产权学院、信息科学技术学院、社会学系、研究生教育院、继续教育学院13个院。其中法学类学院共6个，各个学院都包括两个法学二级学科，是按照多重标准设立院系。

中南财经政法大学由于是在原隶属财政部的中南财经大学和原隶属司法部的中南政法学院基础上合并而组建，以经济学、法学、管理学为主干，兼有文学、史学、哲学、理学、工学八大学科门类的普通高等学校，设有人文学院、经济学院、财政税务学院、新华金融保险学院、法学院、公安学院、外国语学院、新闻与文化传播学院、工商管理学院、会计学院、公共管理学院、信息学院、安全科学与管理学院、知识产权学院14个学院。其中法学类的学院只有法学院和公安学院、知识产权学院三个。法学院包含理论法学系、宪法与行政法学系、刑法学系、诉讼法学系、民商法学系、经济法学系、国际法学系、国际经济法学系等几乎所有的法学二级学科。从某种意义上，法学类学院在中南财经政法大学已经不再占有主要的份额。

甘肃政法学院现设有法学院、公安分院、管理学院、人文学院、计算机科学学院、行政学院、艺术学院、继续教育学院、人民武装分院、东方现代管理学院10个二级学院和外语教学部、体育教学部、甘肃省政法干部培训中心等教学单位。其中法学类学院主要有法学院、公安分院两个。

上海政法学院现设法律系、经济法系、国际法商系、刑事司法系、经济管理系、社会科学系、社会学与社会工作系、政治学与行政管理系、外语系、研究生部、继续教育部、培训部12个教学系部。其中法学类院系有法律系、经济法系、国际法商系、刑事司法系四个。

山东政法学院设置有法学院、刑事司法学院、民商法学院、经济贸易法学院、警官学院、信息科学技术系、外语系、哲学与人文科学系、经济管理系、马列主义教学部、体育教学部、继续教育学院12个教学院系。其中法学类院系共有法学院、刑事司法学院、民商法学院、经济贸易法学院、警官学院五个。

综上所述，八所政法院校虽然学科多样，规模大小不一（有的达到两万名学生，有的只有几千名学生），但是绝大多数以法学学科为主。当然，这一点既是他们的优势，也是他们的劣势——这些政法院校难以朝着综合性大学迈进，也给各个学校的教学管理带来了困难。各个政法院校的院系设置往往是其历史背景所决定的，这些历史背景包括各个院校的师资及其市场需求、学科优势，等等。但是，这些院校的院系设置具有一个共同特点，那就是，不可能按照法学二级学科一个标准来设置院系，因为，单凭某些学科的实力不可能组成一个院系，如法学理论、行政法、诉讼法，等等。而且，单凭法学二级学科为标准来设置院系容易让法学本科生的视野过于狭窄，局限于该学科之内，不符合宽口径培养法学人才的趋势。

2. 公安、警官类高等法学教育机构

我国目前的公安、警官类高等教育机构也是法学教育机构的重要组成部分。我国目前共有56所公安、警官类高等法学教育机构。这些教育机构除了中国人民公安大学、中央司法警官学院和中国刑事警察学院属于公安部或者司法部部属院校之外，其他的公安、警官类高等教育机构均隶属于地方公安厅、司法厅、政法委，分布于全国31个省、市、自治区，或者称为警察学院，或者称警官职业学院，或者称警官高等专科学校，或者称公安专科学校。这些学校承担着培养公安政法机关以及监狱劳教系统专门人才的任务，同时，承担着培训在职公安以及政法系统业务骨干的任务。

公安、警官类高等教育机构设置的专业包括公安类、警察类和非公安类专业。公安、警察类专业比较常见的是侦查学、法律实务、治安管理、刑事侦查、交通管理、法律文秘等。举例而言：中国人民公安大学设有法律系、治安系、侦查系、公安情报学系、犯罪学系、公安管理系、涉外警务系、刑事科学技术系、安全防范系、交通管理工程系、信息安全工程系、军队保卫系12个系和理科基础课教研部、马列理论课教研部、警体战训教研部3个教学部。中国刑事警察学院设有刑事犯罪侦查系、经济犯罪侦查系、计算机犯罪侦查系、刑事科学技术系、法医系、警犬技术系、公安基础教研部、法律教研部、社会科学教研部、基础教研部、警体教研部。有侦查学、经济犯罪侦查、禁毒学、信息安全、刑事科学技术、公安视听技术、法医学、警犬技术8个本科专业。北京人民警察学院设侦查、治安管理、法律三个系和理论、公安业务、文化、警体、公安科技五个教研部。现开设刑侦、刑技、治安管理、文秘、法律、道路交通管理、警务指挥等专业。山东警察学院设有监狱学系、劳教管理系、信息管理系、警察管理系、法律系、马列主义教研部、警察体育教研部、基础课教研部、培训部、继续教育部、电教微机中心11个教学机构。共有侦查学、治安学、刑事科学技术三个本科专业，以及多个专科专业。四川警察学院目前设置8个本科专业，即法学、治安学、侦查学、社会学、公安管理、计算机科学与技术、刑事科学技术、交通管理工程。湖北警官学院开设有侦查学、治安学、刑事科学技术、计算机科学与技术、信息安全、法学、公共事业管理、消防工程8个普通本科专业和刑事侦查、经济犯罪侦查、侦查技术、预审、安全保卫、治安管理、警察管理、交通管理、出入境管理、法律、计算机与信息管理、警察技能与战术12个普通专科专业。

综上所述，此类法学教育机构中只有法律专业是单纯的法学教育，刑事侦查、治安管理等专业虽与法律相关，但是不以法律为主，不是典型的法律专业。这类法学院校中除了中国人民公安大学、中国刑警学院有研究生学位的授予权之外，多数只能培养本科生和专科生。从教学的方式上，这类法学教育机构相比高等政法院校而言，尤具特色，具体表现在，它强调法学教育和职业教育并重，理论教学和实践教学的并重，培养应用型的人才，以突出职业院校的特征。

3. 普通高等法律职业院校

普通高等法律职业院校多数是在政法管理干部学校或者司法学校、法律业余大学基础上建立起来的，为了满足职业教育的需要而设立。同时开展面向政法系统的高层次人才培训，形成以学历教育与职业培训相结合的多功能政法高等职业教育的专业定位与办学模式的法律高等职业学院。这些院校数量较少，目前只有北京政法职业学院、河北政法职业学院、海南政法职业学院三个。

北京政法职业学院共设有应用法律一系、人文社会科学系、经贸法律系、计算机应用技术系、应用法律二系，以及法律文秘、法律事务、行政执行、安全保卫、刑事执行、劳动与社会保障、社区管理与服务、计算机应用、计算机网络技术、信息网络监察、信息管理、电子商务、商务英语、涉外秘书、电脑艺术设计及办公自动化16个专业。

河北政法职业学院已发展成为以法学为主，兼容农学、管理学、经济学、文学等专业，集普通高职教育、成人教育和继续教育于一身的高等院校。学院现有8系3部，即基础部、法一系、法二系、法三系、计算机系、继续教育部、外语系、管理系、园林系、财经系、会计系。开设法律事务、司法助理、法律事务（国际经济法方向）、国际经济与贸易、国际商务、国际金融、法律文秘、社区管理与服务、人力资源管理、物业管理、应用英语、应用英语（法律英语方向）、商务英语、旅游英语、计算机信息管理、经济信息管理、电子商务、安全保卫、交通管理、园林技术、园艺技术、森林生态旅游、工程测量与监理、环境艺术设计、旅游管理、酒店管理、市场营销、物流管理、投资与理财、会计电算化30个高职专业。

海南政法职业学院设有应用法律系、政法管理系、公共安全系、信息技术系、公共教育部和继续教育部4系2部，开设司法警务、司法助理、法律文秘、交通管理、治安管理、经济犯罪侦查、司法会计、书记官、法律事务（律师方向）、司法信息技术等18个专业。

4. 成人高等法学院校

（1）检察官、法官、律师、公证员类高等法学教育机构

国家检察官学院是最高人民检察院直属的成人高等院校，是我国培养高层次、高素质检察人才的最高学府。学院的主要任务是对省、市、县各级检察长进行领导素能培训，对初任检察官和拟晋升高级检察官进行任职资格培训，对高级检察官进行岗位技能培训和专项业务培训等。经教育部批准，面向社会，开展成人大专和专升本学历教育；经国务院学位办批准，与中国政

法大学联合培养法律硕士。学院设有检察理论教研部、职务犯罪侦查教研部、刑事检察教研部、民事行政检察教研部和综合教研部等。专门从事检察理论和检察业务的教育培训教学工作。

国家法官学院隶属于最高人民法院,是中国法官教育培训和司法审判研究的基地。其主要任务和职责是对中国高、中级法院的院长、副院长、各级法院的高级法官及其后备人才进行任职、续职、晋级资格培训和审判业务专项培训,对预备法官进行岗前培训,同时举办法学专升本和法律(书记官)专业、法律(司法警官)专业的高等学历教育。学院根据培训教学和科研工作发展需要设置有刑事审判、民商事审判、行政审判和公共基础理论教研室。经最高人民法院批准,先后在北京、上海、天津、内蒙古、四川、山东、黑龙江、河南、甘肃、广东、广西、江苏等17个高级人民法院设立了国家法官学院分院。

司法部司法行政学院隶属于中华人民共和国司法部,是司法部直属教育机构,是司法行政系统唯一培训领导干部和高层次法律服务人才的培训基地,其前身是建立在原中央政法管理干部学院和原中国政法大学高级律师、高级公证员培训中心基础上的高等教育机构,有着丰富的培养各类人才的经验和雄厚的师资来源,用现代化的教育手段和方法培养国家急需的、高层次的实用人才。司法行政学院的主要任务是,根据中央指示精神及司法部的具体安排,培训司法行政系统处级以上领导干部和县(市)司法局长;高级律师、高级公证员的晋职培训和继续教育;国际经贸法律和外语强化培训;本系统和其他行业有关人员法律专业证书教育;基层法律服务人员、人民调解员骨干和师资的专项培训;司法行政系统人员国际交流与合作办学;接受委托面向社会各行业、部门的法律培训。

以上三所学院与其他政法学院所不同的地方在于,目前这些学院既承担法学学历教育的职能,也肩负着针对不同对象进行职业教育的任务。他们在师资配备上,既有专职的教员,同时也有极富实践经验的法官、检察官、律师、公证员等作为兼职教员。

(2)各省政法管理干部学院

目前,我国各省的政法管理干部学院也承担着一定的法学教育职能。这些学院包括河南省政法管理干部学院、黑龙江省政法管理干部学院、天津市政法管理干部学院、福建省政法管理干部学院、山西省政法管理干部学院、广西壮族自治区政法管理干部学院。

河南省政法管理干部学院是1984年经教育部批准成立的一所具有普通

高等教育与成人高等教育招生资格的高等政法院校，是河南省法学教育的重要基地。河南省政法管理干部学院设有成人教育部、刑事法学系、民商法学系、经济法学系、行政法学系、司法管理系、公共法律系、计算机科学系、人文社会科学系、外语系、体育部。

黑龙江省政法管理干部学院始建于1981年，是隶属于黑龙江省委政法委的正厅级事业单位，是东北地区唯一的一所集普通教育、成人教育和岗位培训于一体的法学教育高等院校。学校现设有法律、经济犯罪侦查、经济法、律师事务、公安管理、司法文秘、监所管理、计算机犯罪侦查、司法会计九个专业。

福建省政法管理干部学院设有教学、教辅机构10个，即：法律系、民商法系、法政系、管理系、法学基础部、公共基础部、马列部（德育室）、心理室、图书馆、《学报》编辑部。学院设有法律专业、律师事务专业、涉外经济与法律专业、经济法律事务专业、行政法律事务专业、行政管理专业六个专业。

这些政法管理干部院校的规模相对较小，院系设置没有普通高等政法院校丰富。但是，这些院校的专业以法律为主，既具有普通高等教育的任务，同时具备成人高等教育的职能。

（二）公办综合性高等教育机构的法学院系

我国一般将大学分为综合大学、理工科大学、语言大学、政法大学、财经大学、农业大学、林业大学、师范大学、民族大学、体育大学、医药大学、艺术大学、非重点短期职业大学13类。这种分类带有深深的苏联模式的烙印。随着我国高等教育的发展，从1992年以来，我国对现有高校的结构、布局进行调整，并以此为基础，组建适合我国国情的综合性、多学科和单科型大学，使三者布局趋于合理。到1998年底，我国共有200多所高校进行调整、合并。① 公办综合性高等教育机构中的法学院系是我国法学教育的重要生力军，它们的队伍不断壮大和教育水平不断提升，展现了我国高等法学教育体系的逐渐成熟和日臻完善。

截至2007年底，我国的综合性高等教育机构有95%以上都开设了法学专业。其中绝大多数都设有法学院，未设立法学院的综合性大学，一些设立

---

① 张振刚、杨建梅、司聚民：《中美高等教育机构分类、布局和规模的比较研究》，载《清华大学教育研究》2002年第1期。

了政法学院或者法政学院，还有一些大学在人文学院、社会科学学院或者文法学院中设立法律系或者法学系。在这些综合性高等教育机构中，多数法学院系下面只开设法学专业，例如北京大学法学院、清华大学法学院、中国人民大学法学院、武汉大学法学院、吉林大学法学院、南开大学法学院、复旦大学法学院、厦门大学法学院、四川大学法学院、中山大学法学院、南京大学法学院、广州大学法学院、汕头大学法学院、海南大学法学院、郑州大学法学院、河南大学法学院、内蒙古大学法学院、苏州大学法学院、扬州大学法学院、安徽大学法学院、山东大学法学院、烟台大学法学院、湖南大学法学院、湘潭大学法学院、西北大学法学院、兰州大学法学院、辽宁大学法学院、上海大学法学院、重庆大学法学院、福州大学法学院、华侨大学法学院等等。也有一些法学院系开设了大的法学专业，具体包含法学、国际政治、政治学与行政学、思想政治教育、社会工作等专业，例如西南大学法政学院下设法学、思想政治教育专业，浙江大学法学院下设法学、政治学与行政学专业，宁波大学法学院下设法学、政治学与行政学、思想政治教育专业，深圳大学法学院下设法学、社会工作专业，河北大学政法学院下设法学、社会工作、思想政治教育、政治学、行政学专业，青岛大学法学院下设法学、政治学与行政学、国际政治、社会工作、边防管理专业，新疆大学法学院下设法学、思想政治教育、政治学与行政学、国际政治学、社会工作、劳动与社会保障专业，贵州大学法学院下设法学、社会工作与管理、政治学与行政学专业。由此可见，一些综合性高等教育机构在名义上设置有法学院系，实际上培养的人才不仅仅只是法学人才，还有其他专业的人才，这在某种程度上分散了法学专门人才的培养精力。当然，这种局面也为法学复合型人才的培养提供了契机，例如南开大学以培养掌握经济、管理和法律专业知识的复合型人才为目标设立了"经管法"试验班。

以上这些公办综合性高等教育机构的法学院系的人才培养包括本科、硕士、博士三个层次。据统计，综合性大学法学本科生在校人数为4万余人，在校研究生人数为2万余人。从总体情况看，传统法科强校人才培养规模都比较大，在校法学类研究生数量在千人以上。中国人民大学、吉林大学、山东大学等学校在校法学类研究生人数都在2000人左右。北京大学、中国人民大学、复旦大学、吉林大学、山东大学、武汉大学、四川大学等学校法学在校研究生人数均超过本科生。[1]

---

[1] 徐显明主编：《中国法学教育状况》，中国政法大学出版社2006年版，第207页。

（三）公办非综合性高等教育机构中的法学院系

公办非综合性高等教育机构由于历史的原因在专业上有着自己特殊的优势，而且在多年的基础上总结出自己发展的重点建设学科和骨干专业。此类高等教育机构共有1000多所，其中有1/3以上设有法学专业。开设有独立的法学系的有17.9%，还有36.8%的高等教育机构将法学专业与其他专业统归一处院系。这些学校既有一般意义上的法学及相关专业的专科、本科、研究生的正规学历教育，又有新设立的国家认可的交叉学科招生，比如法律文秘、财经法律高职教育类。这类学校的法学院系的实力参差不齐，有的已经拥有完善的学科体系，但是，绝大多数法学院系师资有限，招生相对较少。[1]

一些公办非综合性高等教育机构中设置了独立的法学院（或称法学系、法律系）从事法学专业教育，比如北京师范大学法学院、中央财经大学法学院、对外经贸大学法学院、北京外国语大学法学院、华中科技大学法学院、华南理工大学法学院、中央民族大学法学院、中国青年政治学院法律系、北京航空航天大学法学院，等等。这些独立的法学院往往依托于该非综合性高等教育机构的整体实力，伴随着非综合性高等教育机构朝着综合性大学的迈进步伐，专门从事着法学教育各个层次的人才培养。

更多的非综合性高等教育机构将法学专业与其他的专业合并在一起设置院系，有的将法学专业与经济类和管理类学科合并在一起，例如辽宁师范大学经济法政学院、北京工业大学经济管理学院、上海师范大学法商学院、西北师范大学经济法律学院，等等。还有一些将法学专业与文史哲、政治等人文社会科学类学科合在一起建立文法系、政法系，例如北京科技大学文法学院、华中师范大学政法学院，等等。还有一些非综合性高等教育机构干脆将法学专业纳入人文社科院系下面，在院系的名字上不体现法律的字眼，例如中国农业大学人文社科学院、北京理工大学人文社科学院，等等。

从法学专业的设置上，我们就可以看出各非综合性高等教育机构对法学专业的重视程度，以及对法学专业人才的培养目标。那些将法学专业与实用型的经济类、管理类专业并列的教育机构，往往更加注重法学专业人才的实用技能培养；而那些将法学专业与理论型的文史哲、政治类专业并列的教育机构，却更加重视法学专业人才的人文素质的锻炼。此类非综合性高等教育

---

[1] 徐显明主编：《中国法学教育状况》，中国政法大学出版社2006年版，第237—243页。

机构中的法学院系一般都会突出自己的行业优势来培养法学复合型人才，例如理工科大学中的法学院系注重培养科技类法律人才、语言类大学中的法学院系注重培养涉外法律人才、财经类大学中的法学院系注重培养财经法律人才、医药类大学中的法学院系注重培养医事法人才、海事类大学中的法学院系注重培养海事海商法律人才。这些非综合性高等教育机构中法学院系的日渐发展，将有助于法学专业与其他专业的融合，全方位地培养某些专业领域急需的专门人才。

（四）具有法学教育职能的科研机构

1. 中国社会科学院法学研究所

中国社会科学院法学研究所是我国唯一的国家级法学研究机构，坐落于北京故宫东北角，景山东麓，是1919年五四新文化运动旧址的一部分。首任所长为张友渔。法学研究所的主要使命：一是从事职业法律学术研究；二是参与党和国家的有关决策研究；三是开展高级法学教育，培养法学硕士博士研究生和博士后研究人员，接纳海内外进修学者和专家，以及为国家公务员、法官、检察官、律师、法学教研工作者提供高级培训；四是促进国际学术交流与合作。

法学研究所于1956年筹建，1958年10月设立，时属中国科学院哲学社会科学部，1978年改属中国社会科学院。2002年10月，在原国际法研究室的基础上，正式建立了中国社会科学院国际研究中心，系中国社会科学院专事国际法研究的正厅级科研机构。两所现有15个研究室和12个研究中心（其中院级研究中心5个、所级研究中心7个）。

从事法学教育的专门机构为中国社会科学院研究生院法学系，其学科建设和日常管理依托于法学研究所和国际法研究中心。作为国务院学位委员会审核批准的全国首批法学一级学科博士学位授权点之一，法学系授予博士学位的学科有9个：法学理论、法律史、宪法学与行政法学、刑法学、诉讼法学、民商法学、经济法学、环境与资源保护法学和国际法学。除博士点外，法学系还有全部法学二级学科的10个硕士学位授权点，并在2005年和2007年自主设立传媒法和知识产权法两个二级学科硕士学位授权点。

法学系自1978年开始，招收法学硕士和法学博士研究生。从1992年开始，设立法学博士后流动站。从1998年开始，招收外籍法学研究生。从2000年开始，招收港澳台地区研究生。从2003年开始，招收法律硕士专业学位研究生。

2. 一些省市社会科学院法学研究所

我国一些地方省市社会科学院的法学类研究机构在以科研为主的同时，也开展法律专业硕士和博士研究生的教育。以上海社会科学院法学研究所为例，该研究所共有5个硕士授予点，前4个为1981年11月全国首批获准设立，它们是：法学理论、宪法学与行政法学、民商法学、国际法学。刑法学为1984年1月全国第二批获准设立。上海社会科学院法学所自1979年开始招收硕士生，至今已招硕士生26届计350余名，取得硕士学位的230名。自2002年起，上海社会科学院法学所与院外单位共建共享两个博士点，一是与山东大学法学院合作设立法学理论专业博士点；一是与华东政法大学合作设立刑法学专业博士点。

（五）中央及地方党校

党校系统的法学教育分为三大部分[①]：一是党校党政干部培训班上开设的法学课程进行法学教育；二是党校法学硕士研究生、博士研究生教育，如中共中央党校拥有法学理论专业的博士授予权，法学理论、经济法、宪法行政法三个硕士学位授予权；三是以中央党校函授学院为龙头的法学学历教育，中共中央党校函授学院不仅仅自身设立法学专业培养法学人才，还建立了庞大的分院系统。中共中央党校的学历教育包括大学本科、高中起点专科、专科起点本科、在职研究生教育四种形式；省级党校函授、业大学历教育分为专科和本科两个层次。

（六）具备法学教育职能的民办高等教育机构

截至2005年，我国大陆地区的民办教育机构共有249所。这249所民办高等教育机构中，设有法学类专业的民办普通高校共有50所[②]，有些设有专门的法学院（如北京吉利大学法学院），有些设有独立的法学系或者法律系（仰恩大学法学系），还有的把法学与其他学科混合设为一个学院或者系。

这些具备法学教育职能的民办高等教育机构绝大多数为专科办学层次，其中具有本科办学层次的民办普通高等学校共有9所。目前还没有任何一所

[①] 徐显明主编：《中国法学教育状况》，中国政法大学出版社2006年版，第468、473、475页。

[②] 同上书，第269页。

民办大学具有硕士、博士层次的法学教育办学资格。总体而言，民办高等教育机构与公办学校的法学教育层次存在很大的差距。而且，在地域上，这些机构也不均衡。

这些学校法律院系的定位多为培养应用型、复合型人才。例如，福建仰恩大学法学系法学本科专业旨在培养具备法律、经济、计算机等方面基本理论、基本知识和基本技能，了解国际法律的现状，熟悉我国现行法律制度内容，能在党政机关、企事业单位、社会团体等部门从事司法、律师、检察、审判、法律顾问等法律实务工作，能用英语直接进行交际的高级专业人才。北京吉利大学法学院设有计划外法律自考专业、计划内高职法律事务专业，高职专业设立法律文秘、法院执行实务、知识产权管理与保护、法律英语四个方向。学院同样坚持培养应用型、复合型法律人才的办学目标。

（七）中等法学教育机构

20世纪80年代，为了适应法制建设和发展的需要，全国各省市纷纷设置了中等法律职业学校。当时，全国共设置了126所，其中河北、辽宁、浙江、山东、湖北等省设置较多，尤以湖北最多（共13所），在特殊的历史时期，他们曾担负着为国家输送大量法律人才的重任。但自进入21世纪以来，特别是律师法、法官法、检察官法等相应法律的实施，对从业人员学历要求均为大学本科以上，法律中专生存发展及其出路遭遇了更大的挑战。他们各自发生了不同变化，或合并或升格或停办，数目已大大减少。具体而言，70%以上的省属中等法律职业学校于2000—2003年期间在本系统内进行了不同程度的整合。部分中等法学教育机构纳入高等法学教育体系，主要有江西、河北、广东、湖北、天津、北京、安徽、青海等地，宁夏司法学校已单独升格为宁夏司法警官职业学院；部分中等法学教育机构并入其他普通高等院校，主要有杭州市司法学校、湖南省司法学校、福建省司法学校、山西省司法学校、内蒙古司法学校、上海市司法学校、河南省司法学校等；维持现状的中等法学教育机构，仅有广州市司法学校、武汉市司法学校等。[①]

[①] 罗平：《全国中等法律职业学校发展现状报告》，资料来源：http://www.whsfxz.gov.cn/portal/wportalAction.do? action = show&news_ id = 200604121500223。

二 我国法学院系设置存在的问题及优化措施

(一) 我国法学院系设置存在的问题

在我国改革开放初期，为解决法律人才青黄不接的问题，国家提倡多渠道、多层次、多形式兴办法律教育。这种政策导向带来了法律教育的复苏与繁荣。尤其是到了20世纪90年代，特别是1993年《中国高等教育改革和发展纲要》颁布后，我国高等教育的发展驶入了快车道。1997年，全国高等院校本专科招生人数占应入学人口的7.6%，接近纲要规划的2000年达到8%的水平。1999年召开的第三次全国教育工作会议上，江泽民总书记提出，"扩大现有普通高校和成人高校招生规模，尽可能满足人民群众接受高等教育的要求"，把我国高等教育大众化有力地向前推动了一步。在这期间，不论一些大学是否具备一定的办学能力，不论他们是否能够招收到合格的大学生，都争先恐后地开设法学院系。许多工科大学或学校、民办大学等机构在其师资力量、图书资料等都极其匮乏的情况下，仍然开设法律教育。有的甚至不顾办学条件和规模而盲目扩招，少数学校把法学专业这一热门专业当作"摇钱树"，在不具备开设法学专业办学条件的情况下，只有一两名法学教师也招法学本科学生。① 就目前而言，我国的法学教育中，普通高等法学教育占据主流，囊括了各个层次的学历法学教育，成人教育除脱产本科、专科外，函授远程教育、广播电视大学、夜大学、自修大学层次单一，多为大专，但是规模相当大。总体而言，我国法学教育机构种类繁杂、形式多样、途径不统一，一方面适应了我国国情，另一方面也造成了教育规模失控，法律人才类型和结构的混乱。不同的教育机构之间教育水平明显地参差不齐，培养出来的人才水平也高低不一。具体来讲，我国法学院系设置存在如下几个方面的突出问题：

1. 法学院系设置行政化

对于我国法学院系设置的行政化现象，方流芳教授曾经有过精辟的论述，他认为，我国的教育机构（尤其是高等院校）分别由不同"主管部门"管辖。每一个高等教育机构都是对应"主管部门"的"下属单位"，法律系（院）是高等院校内部的一个"分单位"。按照"主管部门"在国家权力架

---

① 符启林：《中国法学教育的过去、现状与未来》，载《太平洋学报》2007年第6期。

构中的位置，设有法学院（系）的大学分为3个系统：（1）"国家教委直属院校"，有归属教育部的，也有归属各个地方教育主管机关的。用来描述公立机构（企业、学校、政府机关等）与政府主管部门关系的、最为简洁和最为准确的常用语是"条块分隔"。"条块分隔"描述了一种在中央政府和地方政府之间、中央政府各部门之间、地方政府各部门分配国家职能和公共权力的制度。每一根"条条"象征着中央政府干预社会生活的一种职能，一个把主管部门（中央部、委）和从属机构融为一体的垂直系统，一套自上而下的管理方式，一种从权力运作过程中产生的、由权力机构独占的利益。[①] 在"条块分割"的局面之下，大学的主管机关往往会不自觉地根据自己的利益来批准院系的设置，并分配教育资源。国家教育主管部门在其中就有压倒优势，隶属于国家教育主管部门的法学院系将会获得优先分享教育资源的特权在这种情况下，"博士点"、"重点学科"与其说是代表学术权威，不如说是一种凭借行政权力来维持的垄断地位。[②] 相对而言，隶属于地方的法学教育机构无法获得此类资源，他们的发展远远不及隶属于国家教育主管部门的法学院系。同时，一些民办教育机构的法学院系相比公办的法学院系而言，差距也相当大。

2. 法学院系设置过多过细

不论是哪一类的法学教育机构中，都存在法学院系设置过多过细的弊病。这一点主要表现在三个方面：第一，法学院系设置的数量偏多，学科分割严重。大多数综合性大学中均以法学一级学科设置院系。一些政法类高等教育机构为了在横向上追求大而全，满足排名、评估等方面的数量需求，大多按照法学二级学科来设置法学院系，将原有的教研室升格为系，原有的系升格为学院。虽然后者为促进高等政法院校由单一的政法院校向综合性大学发展提供了一定的多学科空间，但是由于专业设置过于狭窄，导致学科分割严重。第二，法学院系设置随意性较大。在学院设置上，没有区分基础学科和应用学科的区别。往往没有确定不同学院的不同目标，而对所有学院采用同一要求，结果是应用学科受到偏爱，基础学科受到忽略，具有较强创收能力的职业学院普遍膨胀。有的在学院设置上随意性大，或是考虑解决部分人员的安置，或是出于稳定人才而设立，没有经过充分的论证。因此，即使内

---

① 方流芳：《中国法学教育观察》，载《比较法研究》1996年第2期。
② 同上。

涵基本相同的学院，各学校的名称也不尽相同，很不规范。① 第三，一些法学院系以专业培养模式为主进行设置，不利于培养市场需求的复合型人才，不利于学术研究的拓展和深入。从一般意义上讲，学院设置的学科基础偏窄、学科容量小，对复合型人才的培养、不同学科之间的沟通与交叉均会产生不利影响。② 我国一些高等政法院校中大部分学院是由原来的系演变过来的，大多按照法学二级学科划分（如刑事法学院、民商法学院、经济法学院、行政法学院、国际法学院等），由于院系本身划分过细、各自为政，无法形成较宽口径的人才培养平台和科研平台。对此，武树臣教授明确指出其可能产生的几个严重后果：首先，硬性摊派专业的做法伤害学生学习的积极性，也造成就业难的现象；其次，有的专业由于明显失去人才市场需求而形同虚设；再次，过早地强调"专"的一面，不利于学生完整地掌握法律知识；最后，专业设置被教研室的行政设置所阻碍，不利于教师跨室、跨专业开课的积极性，造成人力资源的严重浪费，等等。③

3. 法学院系准入条件过低

我国的法学院系存在良莠不齐的弊病，尽管一些法学院系资金实力雄厚，但是，仍然有绝大多数的法学院系面临着招生不足、缺乏人财物资源的难题。尤其是一些成人法学教育机构（含继续教育学院和远程或网络教育学院、党校）。近几年来，我国多数成人学校的法学专业出现招生不足的现象，有的只招收了几名学生，有的则一名学生也招不上，使得其法学专业无法按计划开班授课。引起这种现象出现的主客观原因多种多样，包括成人法学教育机构的教学质量低下，所颁发的文凭含金量不高，成人法学教育机构的主办单位支持不够，等等。

此外，不论是综合性高等教育机构，还是非综合性教育机构，都有一些法学院系根本不具备法学教育的条件，或者是师资不齐备（有些学校政教专业的教师摇身一变成为法学教师），或者是法学图书资料匮乏，软件和硬件条件的欠缺导致这些法学院系的法学教育水准参差不齐。

（二）优化我国法学院系的设置结构

一个国家应当有多少所法学院系？符合什么条件的大学才能设置法学院

---

① 李福华：《研究型大学院系设置的比较分析与理论思考》，载《清华大学教育研究》2005 年第 6 期。
② 同上。
③ 武树臣：《淡化专业与课程体系的调整》，载《中外法学》1996 年第 2 期。

系？这些问题绝不能仅仅靠决策者的凭空想象，而应当有一定的理论根据。我们认为，未来我国法学院系设置结构的优化必须从以下四个方面着手：

1. 法学院系的设置应当便于管理

有教育学学者提出，高校要提高管理的效益和效率，使自身在激烈的竞争中立于不败之地，认真设计本学校的学院数量是各高校最高管理层需要认真考虑的问题。如果高校在跨越式发展的过程中，一味地增加学院的数量，或者将规模较大的学院拆分成专业划分更细的规模较小的学院，势必造成学校的管理跨度过大，使原本工作就很繁忙的校长更加应接不暇，高校的管理就会受到很大的负面影响。[①] 按照这一观点，我国一些高等政法院校中的院系设置应当进一步精简，取消某些刻意为了赶时髦而设置的院系，让法学院系的设置更加合理。

2. 设置合理的准入与竞争机制

随着法学教育机构的逐步膨胀，法学教育的质量令人担忧。我们认为，必须引进竞争机制，制定严格的法律教育准入制度，建立独立的法律教育质量评估机构，从教育质量源头上保证法学教育的"同质性"。没有雄厚的师资力量、没有齐备的设施、没有健全而规范的管理是不可能有优良的办学效果的。因此，必须严格禁止不具备法学教育设立条件的机构以各种名义开展各类法学教育。此外，我们不仅要制定严格的法律教育准入制度，而且要对这些法律教育机构进行定期的教育质量评估，通过科学的评估机制随时淘汰那些不合格的法律教育机构。

3. 调整法学教育机构与教育行政主管部门之间的关系

在学校与行政主管部门的关系上，我国的高等学校基本上依附于行政主管部门，学校只根据主管部门所拨经费、下达的办学计划进行办学，学校缺乏独立自主权。与我国情况相比，国外一些法学教育发达的国家的学校在办学上都有明显的自主性。我们认为，教育行政主管机关对法学教育机构一方面要进行监管，另一方面，也应当遵循教育与管理的客观规律，给予学校相应的自主权，发挥学校的主动性和能动性，充分挖掘自身潜能，促进自身的发展。

4. 遵循法学学科发展规律设置法学院系

知识管理理论重视和强调知识的交流和共享，认为知识与有形资产不

---

① 李福华：《研究型大学院系设置的比较分析与理论思考》，载《清华大学教育研究》2005年第6期。

同，它具有收益递增性质，即知识的使用不但不会减少价值，反而会使价值有所增加。如果措施得当，管理有方，知识得到共享，其价值会呈指数增长。如果两个人互相交流知识，双方都可以取得知识的线性增长。但如果随后他们都与其他人共享新知识，其他人会提出疑问、作出解释或提出修正意见，这样收益便会呈指数增长。因此，善于进行知识交流和共享所获得的收益是巨大的。相反，如果知识得不到交流和利用，不仅得不到增值，反而会变得陈旧和失去价值。就研究高深学问的研究型大学而言，在不同学科知识的交流和共享中不仅会发现和产生新的学科增长点，而且有利于师生在相互知识交流中丰富和完善自己的知识体系，使自己的知识结构更加科学合理。研究型大学知识创新群的典型形式是学科群。学科群是为了实现特定的目标由若干个学科组成的有机整体。学科群中各学科之间的互动，即知识对流、模式组合、方法互用等，形成了学科群协同效应，学科群协同效应能有效促进学科的发展。由此可见，大学内学院的数量不宜太多，学院内的学科应当保持聚集和适当的宽度。[①] 实际上，这一原理早已为我国《高等教育法》所强调，该法指出，高等教育应培养具有素质全面、文理结合、综合创新的复合型人才。素质教育要求淡化现有的专业界限，拓宽专业口径。过细过窄的专业设置往往容易造成学生知识结构的不完整，不适应市场经济条件下人才培养的需要。因此，我们认为，应拓宽法学专业口径，淡化专业色彩。

[①] 李福华：《研究型大学院系设置的比较分析与理论思考》，载《清华大学教育研究》2005年第6期。

第六章 法学课程的设置

不论是全日制的法学教育,还是业余法学教育,法学课程设置是否科学必然影响法学教育的效果、法学人才的素质。课程是指所有学科(教学科目)的总和,或学生在教师的指导下各种活动的总和。课程既具有教学科目(学科)的含义,也有对教学目标的引向与控制以及体现学生主动学习的含义。课程体系是若干相互关联的课程组织或结构。高等学校的课程体系集中反映了人才培养目标的具体要求,也构成学生达到培养目标所应学习的基本内容,决定了学生的智能结构。课程体系历来被视为人才培养的核心内容,它本质上是一系列课程科目的排列组合,这个组合首先必须根据专业知识结构,起到传授专业知识的作用,又必须符合知识系统的科学性,还必须符合学生学习知识的教育心理。[①] 因此,对于法学课程进行研究,审视我国法学本科生、研究生课程设置是否科学十分重要。

一 法学本科生课程设置

(一) 外国法学本科生课程设置之比较

法学本科教育是法学教育的重要组成部分。由于英美法系没有法律本科专业设置,所以,我们只能对大陆法系主要国家的法学本科生课程设置进行比较,分析其中之优劣以资借鉴。

德国现行法学教育体系的法律基础,根据联邦基本法所确立的联邦制和法治国家两项基本原则,体现在联邦法,如高等学校框架法和德意志法官法,和各州的法学教育法及其实施条例中。另外,各设有法律专业的大学根据州法制定有相应的法律专业学习规则。[②]《德国法官法》第 5 条规定,出

  [①] 蒋慧:《一般院校法学专业本科课程体系设置初探》,载《广西教育学院学报》2005 年第 3 期。
  [②] 郑永流:《学术自由 教授治校 职业忠诚——德国法学教育述要》,载《比较法研究》1997 年第 4 期。

任法官的资格是，在大学学习法律专业，通过第一次国家考试，修完职业预备期，最后通过第二次国家考试。充任检察官、律师以及高级公务员也需要具有相同的受教育条件。与英美法系国家不同，德国的法律专业学生不要求事先取得另一个专业的学士学位，而是直接来源于高中毕业生，并且不需要通过考试，而是通过申请入学。按照《德国法官法》的规定，法律专业学生在大学基础阶段的学习时间应为4年。这一阶段教育的目的在于引导学生进入法学领域，使其具备从事法学研究和法律实践的基本知识。《德国法官法》第5条a第2款把大学学习的内容区分为必修课程和选修课程，并对二者的范围作出了原则性的规定。依照该条款的规定，必修课程不仅包括民法、刑法、公法和诉讼法的核心内容，还包括欧洲法、法学方法论、哲学、历史和社会基础的知识；而选修课程则是那些有助于学习和补充必修课程并能加深必修课程理解的课程。①

在《德国法官法》规定的框架下，各州法律和各大学规章则对学习的内容作出了更加具体的规定。按照慕尼黑大学《法学学习规则》第5条第2款的规定，必修课程包括：（1）基础学科：法制史、法哲学、法社会学。（2）民法、民法总则、债法、物权法、亲属法、继承法。（3）商法和公司法：商法、合伙企业法、有限责任公司法。（4）劳动法。（5）刑法：刑法总则、刑法分则。（6）公法：国家法、宪法、国际法和国家学原理；行政法总则、行政诉讼法和抗诉程序；地方法、安全法总则、警察法、建筑秩序法和建筑计划法。（7）欧洲法。（8）诉讼法：诉讼法总则、刑事侦查程序、民事和行政诉讼中的临时法律保护。此外，如何对必修课程的学习进行阶段划分以及如何安排各个阶段的学习内容，同样由各大学自己决定。以慕尼黑大学为例，其《法学学习规则》第6条第1款将全部必修课程的学习划分为三个阶段，即初级阶段、中级阶段、复习和加深阶段，并规定了各阶段应达到的要求。（1）初级阶段：其计4个学期（第 至第四学期），学习要达到的目的是把学生引入到一个紧张独立的法律学习中，并使学生学会批判式的思考。该阶段的学习内容主要有民法（包括民法总则、债法、动产物权法）、刑法（包括刑法总则和分则）和公法（包括国家法、行政法导论），各学习一年。此外，学生还必须学习法制史、法哲学和法社会学等专业基础课程。该阶段学习完成的标志是学生必须通过民法、刑法和公法三个基础课程的考核和一个中间考试。中间考试的通过，也是参加下一阶段高级练习课

---

① 韩赤风：《当代德国法学教育及其启示》，载《比较法研究》2004年第1期。

的必要条件。中间考试是德国法学教育对学生的第一次筛选，不能通过中间考试，就意味着大学法学学习的终止。（2）中级阶段：共计5个学期（第三至七学期），中级阶段与初级阶段并不是按时间先后划分的，而是在时间上相互交叉的。它是一个承上启下的重要阶段，一方面要对初级阶段学到的知识进行深化和扩展，另一方面还要为准备国家考试奠定基础。（3）复习和加深阶段：共计3个学期，是必修课程学习中的最后一个阶段。该阶段的中心任务是，通过参加各类准备国家考试的复习课程的学习，使学生对第一次国家考试的知识掌握得更加完善。此外，该阶段还将继续促进学生在选修课程方面的专业知识发展，巩固已有的知识。掌握国家考试技巧和做好国家考试前的准备，是该阶段所要达到的目的。[1]

慕尼黑大学《法学学习规则》第5条第3款还对选修课程规定了13个方向：（1）法制史和宪法史；（2）法哲学、国家哲学和法社会学；（3）国际私法、国际民事诉讼法和比较法；（4）自愿管辖（非诉讼管辖）；（5）犯罪学、少年刑法、刑罚的执行；（6）土地规划法、公路与道路法、建筑法和公务员法；（7）经济管理法和环境法；（8）欧洲法和国际法；（9）商法、公司法和证券法；（10）竞争法、卡特尔法、工业产权保护和作者权法；（11）集体劳动法和劳动诉讼法；（12）社会法、社会保险法、社会援助法、促进就业法、社会诉讼法和社会法院审判程序；（13）税法、所得税法和营业税法。每个选修方向的选修课程分为指定、补充和任意选修课程，前两项课程为选修者必选课程。选修课程从必修课程学习的中级阶段开始，直到第一次国家考试前结束。选修课程设置的意义在于：第一，使学生的知识向专业化方向发展，这也是适应社会对专业化法律从业人员需求日益增长的要求；第二，选修课程的学习也是为了与国家考试内容相适应。除了对法学必修课程和选修课程作出规定外，该规则第8条第2款还规定，学生必须在其学习期间至少用12个学时参加经济学、专业外语或其他非法律专业课程的学习。[2] 2002年德国联邦议会通过的《法学教育改革法》对《德国法官法》和《联邦律师条例》进行了修订，在教学内容方面，大幅度提高选修课的比重，强化法律专业素质和其他相关技能的训练。此外，修订后的《德国法官法》第5条a第3款第1句规定："学习的内容考虑到司法、行政以及法律咨询实践，包括为这些实践所必需的关键性技能，特别是谈判管

---

[1] 韩赤风：《当代德国法学教育及其启示》，载《比较法研究》2004年第1期。

[2] 同上。

理、进行会谈、辩论、调解纠纷、和解、听证理论和交往能力。"①

从上述慕尼黑大学《法学学习规则》中,可以发现德国的法学本科课程设置有着以下几个特点:第一,课程设置与国家司法考试紧密结合在一起,但是不局限于考试所涉及的科目,防止了单纯应试教育的出现。第二,不论必修课,还是选修课,都按部就班、由浅入深、循序渐进地进行。第三,选修课能够适应时代的不断发展。第四,理论课程与实践课程密切结合。

意大利作为大陆法系的主要发源地,其大学法学教育的课程设置也具有自己的特点。罗马大学法学院1998年法学院的课程设置如下:②

一年级:基础课为政治经济学、法哲学、私法、罗马法、罗马法史;补充课为公共法。

二年级:基础课为商法、宪法、教会法、金融法;补充课为人口学、农业法、教会法典、海商法、工业法、税法、经济政治货币学、意大利法资料注释、罗马法资料注释、政治经济学、统计学、国际条约与政治史、教会法典史、政治学史。

三年级:基础课为民法(二年制)、刑法(二年制)、民事诉讼法、罗马法(二年制)、意大利法史(二年制);补充课为犯罪学、银行法、共同法、比较宪法、破产法、比较私法、地区法、注释法。

四年级:基础课为行政学(二年制)、劳动法、国际法、刑事诉讼法;补充课为欧盟法、国际私法及程序法、宪法法院、医药与保险法。

上述课程是在罗马大学法学院内开设的,学生还可到别的法学院选修下列补充课程:普通法及现代共同法、比较行政法、拜占庭法、欧洲商法、东欧国家法、非自治地区法、地中海东古代法、国内与国际仲裁法、希腊法、矿产法、伊斯兰法、刑事商法、程序法、比较公共法、经济公共法、劳动经济法、经济联盟经济与金融法、行政法、法院制度、国际组织法、古代法律文献、法理学等。

与我国法学院的课程设置相比,上述课程设置有下列特点:(1)基础课(相当于我国的必修课)远少于补充课(相当于我国的选修课)。上述70门课程中,基础课只有18门,其他均为补充课。这为学生根据社会需求

---

① 邵建东:《德国法学教育最新改革的核心——素质和技能》,载《比较法研究》2004年第1期。

② 姜作利:《意大利法律教育制度及其对我们的启示》,载《法学论坛》2002年第1期。

和自己的兴趣选修相应的课程提供了条件。(2)实务课远多于法理课。上述课程中，纯法理课不到10门，这明显是继承了罗马法重实际而不专理论的传统。法律是对经济关系的反映，法律必须注重实际才有生命力，这就是罗马法长久不衰的主要原因之一。

(二) 我国法学本科生课程设置之现状

我国法学本科生专业课程体系包括主干学科、主要课程、专业实验、社会实践教学等内容。主干学科是指按照国家教育主管部门颁布的《专业介绍》明确规定的专业主干学科。主要课程是指根据专业需要，学习某个专业必须学习的主要科目，这些科目是对该专业学生学习的最基本要求。专业实验是指各专业根据自身特点所规定的本专业学生必须参加完成的实验课，这也是对本专业学生的最基本要求。社会实践教学是指《专业介绍》所规定的各个专业的主要实践性教学环节，包括见习、实习、社会实践、社会调查、义务咨询和毕业论文或设计等。①《全国高等学校法学专业核心课程教学基本要求》建议，法理学、中国法制史、宪法、行政法与行政诉讼法、刑法、刑事诉讼法、民法、民事诉讼法、经济法、商法、知识产权法、国际法、国际私法、国际经济法14门课程为法学专业核心课程，这就意味着在课程设置的过程中，14门核心课的开设问题是不得不加以考虑的因素。《高等学校法学专业本科教学工作评估方案（试行）》对于法学专业本科教学工作的评估指标体系评测标准作了详细的列举，在"人才培养"这一指标中，对于培养方案、专业核心课程开设情况、非专业核心课程开设情况、实践教学、实习等都有相应的要求和规定，因此也就成了各院校在课程设置中所必须加以考虑的因素。此外，从宏观上说，刚性因素还包括由国家教育主管部门统一规定的"政治理论"、"外语"、"计算机原理与运用"等课程的教学要求，以及教学总课时数限制、理论课与实践课的比例等。②

下面我们以中国政法大学和北京大学法学院法律专业本科生的教学计划为例，来对其课程设置作一比较分析。

中国政法大学法律专业本科生的教学计划要求学生在4年中必须修满

---

① 蒋慧：《一般院校法学专业本科课程体系设置初探》，载《广西教育学院学报》2005年第3期。
② 李裕琢：《法学本科专业课程设置探析》，载《黑龙江省政法管理干部学院学报》2005年第4期。

196 学分方可毕业。其中，课堂教学 179 分，其他部分（包括社会实践、毕业学习、毕业论文）17 分。必修课与选修课的比例是 7∶3。全部课程由政治理论课（20 分）、文化基础课（31 分）、法律基础课和法律主干课（两类共 83 分）三部分构成。

法学专业四年的必修课程安排如下：

第一年：中国革命史、政治经济学、形式逻辑、汉语、外语（一年）、体育（一年）、法理学、中国宪法、马克思主义法学论著导读、中国法制史、外国法制史

第二年：哲学、国际政治、外语（一年）、体育（一年）、计算机基础、民法（一年）、经济法概论、中国刑法、刑事诉讼法、民事诉讼法

第三年：商法、国际私法、行政法、行政诉讼法、国际公法、证据、刑事侦查、物证技术、经济管理

第四年：律师制度、劳改法、犯罪学、法医学

选修课比较集中地在第二年、第三年中开设。非专业的选修课有，心理学、伦理学、社会学、政治学、行政管理、国际关系史、政治学经典著作选读、当代西方哲学思潮、现代科学技术概论、应用数学等。法律专业选修课有，中国法律思想史、西方法律思想史、现代西方法理学、比较法、立法学、外国宪法、外国刑法、外国刑诉法、外国民诉法、港台法律制度、罗马法、合同法、财税法、金融法、海商法、环境保护法、会计、审计、自然资源法、产品责任法、房地产、国际投资法、外贸管制法、国家赔偿法、知识产权法、犯罪心理学、仲裁、公证和调解、法律文书、司法统计、法律文献检索等。

法学类其他专业开设的政治理论课和文化基础课与法学专业相同；而且主要的法律课程，如法理学、宪法、刑法、民法、诉讼法、国际法等也基本一致，仅个别课目的学时较法学专业略有缩减。它们之间的主要区别是将侧重于各自专业的一类课程设为必修。如经济法专业就将公司法、合同法、投资法、劳动法、财税法、知识产权法等列为必修，而这些课目作为单独的课程在法学专业中仅作选修。其他的法学专业（如国际法、国际经济法等）课程的情况亦同此类。

北京大学法学院法律本科生的专业培养要求和培养目标是，法学专业的学生应具有坚实的法学理论基础，系统地掌握宪法、民法、刑法、行政法、经济法、诉讼法、国际法等领域的法学知识和法律规定，了解国内外法学理论发展及国内立法信息，并能用一门外语阅读专业书刊。在能力方面，学生

应能较熟练地应用有关法律知识和法律规定办理各类法律事务，解决各类法律纠纷，并具有从事法学教育和研究工作的能力和素质，从而使其具有较广泛的适应能力。北京大学法学院法律本科生的学制为4年，总学分为140学分，其中"毕业论文与实习"5学分，课堂教学135学分，必修课共91学分，选修课44学分。具体设置如下：

1. 必修课包括全校公共必修课33学分和本院专业必修课58学分，本院专业必修课包括：宪法学、法学原理、中国法制史、刑法总论、民法总论、刑事诉讼法、刑法分论、民事诉讼法学、经济法学、债权法、法理学、商法总论、国际公法、行政法与行政诉讼法、国际私法、知识产权法、国际经济法。

2. 选修课包括全校通选课16学分，专业选修课23学分和任选课5学分。专业选修课包括：外国法制史、西方法律思想史、中国法律思想史、犯罪学、专业英语、亲属法与继承法、立法学、财政税收法、刑事政策学、企业法/公司法、环境法、海商法、劳动与社会保障法、国际技术转让法、金融法/银行法、保险法、国际投资法、国际海洋法、刑事侦查学、国际税法、外国行政法、国际金融法、会计法与审计法、司法精神病学、法律实务、刑事执行法、外国诉讼法。全校通选课和任选课包括：法学流派与思潮、外国宪法、英美侵权法、西方国家司法制度、青少年法学、经济法概论、国际环境法、实用刑法学、知识产权法、法学概论、法律导论、心理卫生学概论、法律社会学、竞争法、外国刑法、国际人权法、国际组织法、国际公法、世界贸易组织法概论。

比较上述两所院校的法律本科生的课程设置，可以发现两校基本上都按照教育部的要求设置了法学专业核心课程、政治课、外语课以及计算机应用等课程。尽管就总学分而言，中国政法大学的法律本科生总学分比北京大学法学院要多，但是，两所院校在选修课和必修课的学分设置上大体相当。两所院校在设置课程上的最大区别体现在选修课程上。由于北京大学系综合性大学，而中国政法大学系老牌的政法类大学（尽管该校也在朝着综合性大学方向发展），所以两所院校的选修课设置不大相同，从涉及的学科范围来讲，北大法学院法律本科生选修课程覆盖面广，能充分满足学生架构合理的专业知识结构的需要。一些法律基础理论课程、国际方面的法律课程（如国际人权法）、实践性法律课程的门数较多而且学分也较高。一些交叉学科课程如法律社会学、法医学、司法精神病学等课程对调整学生的知识结构很有益处。

总体而言，两所院校所开设的法律本科生课程存在以下几个问题：

首先，不论是必修课还是选修课，多数法律课程的开设主要以法学中各部门法学科的划分或国家颁布的主要法律（基本法）为依据，也就是说，以法律部门或颁布的法律为标准来设置课程现象仍非常突出。

其次，课程结构中注重法学专业课，交叉学科课程较少。大多数法学科学生仍主要依靠单科培养。在知识经济时代，科学研究的信息化和社会关系日益复杂化推动着社会科学在高度分化的基础上走向高度综合。这种高度综合性也迫切需要课程的综合，以培养学生综合的知识结构。[1] 由于知识分割过细，造成学生知识和能力不必要的重复和产生某些漏洞，造成学生单向、刻板、片面的知识结构，不利于学生多维、灵活、创造性的思维能力的培养。

再次，法学教育重视本国法律条文的阐释，忽视国外类似法条的理论比较。比较分析的方法本来就是法学教学常用的有效方法，何况法律不仅有民族性的一面，还有共同性的一面，特别是随着改革开放的发展和世界经济一体化趋势的加强，法律融合大势所趋。只知道本国法条是什么，而不懂国外法律的法学教育，难以适应社会经济发展的需要。

复次，重复性内容偏多。法理学教师已经反复讲授的一些基本概念如法律主体、法律客体、法律关系等也会在其他部门法课程中出现，但应体现其特色，尽量避免简单重复。一些不必要的重复内容不应多次重复，如民法学与经济法学都把合同法学作为重要的内容，合同法学本身却又作为一门专业选修课程而独立存在，三大诉讼法学课程也存在着同样的问题。不必要的内容重复，不仅影响了本学科新内容的增加，降低了学生探索新知识的热情，而且也浪费了教育资源。[2]

最后，实践性法律课程受到忽视。目前，主要的实践性法律课程有法律诊所、模拟法庭和司法实习等。实践教学课程在具体操作中出现了诸多问题：第一，大部分实践活动没有学分，学生可自主选择是否参加，学生的参与程度较低；第二，学校往往基于学生就业的考虑，允许学生自己联系实习单位，实习地点和机构相当分散，学校难以给众多的学生提供个别指导；第三，就实习阶段来说，学生接触的主要是与法律实务有关的事务性工作，一

---

[1] 李龙、李炳安：《我国综合性大学法学本科专业课程体系的调查与思考》，载《政法论坛》2003年第5期。

[2] 同上。

般不真正承担办案工作，实际操作技能难以得到培养；第四，活动的阶段性和独立性较强，在活动结束后，师生之间没有正式、系统的交流与经验总结。①

本科法学教育本来是为了让学生获得将来从事多种法律职业都应当具备的知识和能力，因此，引导学生形成宽泛的法学知识结构，训练学生把法律问题放到开阔的社会环境和多元知识背景中去思考，才是法学教育的正途。有些学校将法学划分为民商法、国际法、刑事法等专业进行法学教育。过早地将学生推入一个狭窄的知识领域，既封闭了学生的视野，又妨碍学生对"专业"本身进行融会贯通的理解。另外，学生的就业选择范围必定随着专业的细分而不断缩小，他们终身从事的工作可能和在校学习的专业毫不相干，这对法学教育事业和学生个人都是一种无法弥补的损失。② 此外，在司法考试这一指挥棒的指引下，多数法律院校将命题范围内的课程尽量安排在大一、大二修完，并且要求教师在教学过程中结合司法考试进行大量的题库训练，法学教师在上司法考试范围内的14门专业课时，如果未能结合司法考试进行教学和训练，就很难得到学生的欢迎；大三、大四两年开设的多是些无关紧要的选修课，多数学生对这些选修课基本上是采取应付态度，上课时间往往是在公务员和司法考试备考中度过，准备考研的学生则全身心放在英语学习上，根本无暇顾及法律理论及法律素质的提升——这是国民正规教育下蜕变出的应试教育。

（三）我国法学本科生课程设置之改革

针对我国法学本科生课程设置中存在的诸多问题，我们认为，我国法学本科生课程设置改革应当遵循以下原则：

第一，课程设置的多样化

课程设置的多样化是指教育机构根据地方区域经济发展、办学特色、培养个性化人才的需要，而自主决定的课程的设置。多样化必须建立在统一化的基础之上，也就是说，多样化必须建立在中央或地方政府以指令性文件规定的统一性课程和课程标准之上。我国教育部对法学核心课程有明确的规定，这是统一化的体现。在14门核心课程之外，其他的必修课和选修课都有各高等院校自己决定，这就为课程设置的多样化留出了足够的空间，当

---

① 刘立霞、路海霞：《法学本科教育的困境与出路》，载《教学研究》2007年第6期。
② 方流芳：《中国法学教育观察》，载《比较法研究》1996年第2期。

然，课程设置的多样化主要体现在选修课程上。纵观世界各国大学的各院系的课程设置，可以发现，他们都在积极压缩必修课程的比重，普遍开设了灵活、广泛的选修课程。

第二，课程设置的有序化

课程设置只是法学专业的一个链条，同其他环节一起构成了法学专业的整个培养体系。因此，在具体课程设置的过程中，不能够单纯地"就事论事"，而应该用系统思维的方式，对进入培养体系的链条通盘考虑，使课程设置与培养目标、专业特点、社会需要等相协调，从而构成一个有机联系的整体。课程的进度和顺序，是与知识延伸的进程相一致的，每一阶段都有其特定的任务和内容，把握好课程之间的前后关系对于整个的专业学习至关重要。在法学类课程的设置顺序上，可以概括为以下几条，即：先理论法学、后应用法学；先公法、后私法；先国内法、后国际法（广义）；先普通法、后特别法；先实体法、后程序法。①

第三，课程设置的综合化

高等学校课程结构的综合化主要包括两方面的内容：一方面是基础科学与技术、工程科学相结合；另一方面，人文科学、社会科学与自然科学相互渗透。这是因为社会各方面对高等教育培养多种人才的要求日益加强，高等教育内部各方面相互联系日益密切，而现代社会要解决的一系列问题，诸如环境、人口、能源等都不是单一学科所能解决的，它需要其他学科的专业知识作为补充。美国、英国、法国和苏联等国家的现代高等学校在这方面取得了显著的进展，文理结合、理工结合、多科综合的现象很多，交叉学科、综合性学科层出不穷。② 法学课程涉及的相关领域多种多样，所以，应当注重开设相应的交叉学科，如法律经济学、法律社会学、法律文学，等等，尤其是必须增强法学课程内容的综合性程度，将哲学、经济学、政治学、社会学等专业领域的知识融入法学课程之中。

第四，课程设置的实践性

20世纪80年代以来，各国的高等教育都普遍注重对学生能力的培养，许多大学均制定了各自的能力培养目标。在课程安排、教学方法上都对学生

---

① 李裕琛：《法学本科专业课程设置探析》，载《黑龙江省政法管理干部学院学报》2005年第4期。

② 孟雅杰：《中外高校本科课程设置的比较研究》，载《西北工业大学学报》（社会科学版）2006年第1期。

创造性的培养进行了充分考虑，注重学生参加实践活动。因此，一方面根据社会的发展需要设置相关的课程，另一方面增加实践性强的课程以提高教学过程的实践性，培养出具有较强动手能力的人才，就显得越来越重要了。①法学作为一门实践性的学问，更应当注重课程设置的实践性。

第五，课程设置的前瞻性

法律尽管要保持一定的稳定性，但是，随着世界政治、经济、社会的全球化，法律也应随之变化，以适应政治、社会、经济发展的需要。由此带来的法学教育的相对滞后性在所难免。因此，预测性、前瞻性的课程设置成为法学教育教学质量的重要影响因素。为了提高法学教育的质量以及法学人才的素养，必须注重法学课程在一定程度上的超前性。

在我国法学本科生课程设置的具体改革方面，应当从以下几个角度着手：

第一，压缩专业必修课程的数量，增加选修课程的数量

为了适应政治、经济、社会的不断发展，必须尽快改变多数学校法学专业必修课过多，选修课偏少的局面，积极地扩大选修课的开课规模，增加选修课程的总量和自由度。同时在选修课程的设置上，要注意学科结构的合理化问题。尤其是，就法学相关的人文学科知识以及其他学科知识开设相应的选修课，拓展法学本科生的知识面，为提高法学本科生的法律素养奠定坚实的基础。

第二，优化法学理论课程和法学实践课程的比例

多年的高等教育改革实践表明，理论课程和实践课程在整个课程体系中均占有极其重要的地位，偏废任何一方都会带来许多不良的影响。我国高校在今后的课程体系中应改善旧有的课程结构，在调整与优化理论课程的同时逐步增加实践性课程，切实加强教学实践活动。既培养学生动脑，更要培养学生动手的能力，特别是要加强学生科研能力的培养。只有这样培养出来的人才才能适应知识经济时代的需求。② 法学教育的实践环节应当包括以下四种基本形式：(1) 实践性法律课程体系，包括法律诊所、模拟法庭、疑案抗辩等。(2) 实习课程体系，主要是指司法实习课程。(3) 社会实践课程体

---

① 孟雅杰：《中外高校本科课程设置的比较研究》，载《西北工业大学学报》（社会科学版）2006年第1期。

② 同上。

系，主要包括社会调查、法律咨询服务等。(4) 劳动课程体系。①

第三，增加比较法和外国法知识的课程。

法学课程设置中既要反映国内立法、司法实践，又要包括该学科在世界范围内的最新发展动态或本课程所需的前沿理论。因此，我国的法学课程改革要紧密联系各个科目的新发展、新理论、新信息，而且，应当开设一些比较法和外国法知识的课程，让法学本科生不仅熟悉本国法律的历史与现实，而且要对各国的法律条文、法律传统、法律文化的差异有所了解。

二 法学研究生课程设置

(一) 法学硕士研究生课程设置

各个学校一般将法学硕士研究生的课程分为学位课程、非学位课程、必修环节、补修课程几个部分。其中学位课程又大致分为公共学位课、专业基础课、专业方向课。公共学位课主要包括政治理论课和外语课，专业基础课主要包括一些法学基础理论课程，专业方向课则是根据专业及研究方向的不同而相应设置的一些课程。非学位课程包括专业选修课和公共选修课两个部分，各个学校根据自身专业情况设置。必修环节主要包括教学实践、学术活动、社会实践等内容。补修课则是各个学校根据不同专业情况要求本科非法律专业学生进行补修的课程，这部分课程不单独设置，基本上都是根据专业方向从法学本科14门主干核心课程中选择，并且需要补修的学生必须和本科生一同听课。在学分安排上，大多数学校要求的学分都在30—40学分之间，并且对学位课、非学位课、必修环节都做了明确的规定。对于补修课，各个学校一般没有规定学分。

以下是中国政法大学和深圳大学法学院刑法学硕士研究生的课程设置及学分配置。

中国政法大学刑法学硕士研究生培养方案要求：硕士研究生课程学分不少于34学分，总学分不少于36学分；跨学科和以同等学力考取的硕士研究生课程学分不少于38学分，总学分不少于40学分。

---

① 李龙、李炳安：《我国综合性大学法学本科专业课程体系的调查与思考》，载《政法论坛》2003年第5期。

中国政法大学刑法学硕士研究生课程设置及学分配置表

课程	总学分	具体内容
学位公共课	10 学分	马列经典著作选读，108 课时，4 学分 第一外国语，144 课时，4 学分 专业外语，36 课时，2 学分
学位专业课	12 学分	刑法学总论，54 课时，3 学分 刑法学分论，54 课时，3 学分 外国刑法学，54 课时，3 学分 犯罪学，54 课时，3 学分
选修课	10 学分，其中本专业选修课至少 6 学分	中国刑法史，36 课时，2 学分 国际刑法，36 课时，2 学分 监狱学，36 课时，2 学分 犯罪心理学，36 课时，2 学分 国外犯罪学，36 课时，2 学分 国外监狱制度，36 课时，2 学分 港澳台刑法，36 课时，2 学分 罪犯教育学，36 课时，2 学分 刑事政策学，36 课时，2 学分 犯罪调查统计学，36 课时，2 学分 中国监狱史，36 课时，2 学分 被害人学，36 课时，2 学分 俄罗斯刑法，36 课时，2 学分 比较刑法学，36 课时，2 学分 刑事诉讼法学专论，36 课时，2 学分 第二外国语，36 课时，2 学分
读书报告	2 学分	在学习期间应在本专业或本学科范围内至少做读书报告 2 次
补修课	4 学分	宪法学，36 课时，2 学分 行政法学，36 课时，2 学分
其他教学环节	2 学分	科研论文（2 学分） 应在第一学年和第二学年分别提交一篇 3000 字以上的学年论文或高水平的调研报告，经导师评阅后计 2 学分 社会实践 属于应届生的必修环节，由导师和学院组织落实，共 36 课时，不计学分

按照深圳大学刑法学专业硕士研究生培养方案的要求，硕士研究生的课程分为学位课程和非学位课程。其中，学位课程分为公共学位课程和专业学位课程两类，均为必修课；非学位课程包括必修课、选修课和补修课三类。硕士研究生应修总学分不得少于 35 学分，其中学位课程不少于 21 学分。具体课程和学分设置如下：

深圳大学法学院刑法学硕士研究生课程设置及学分配置表

课程	学分	具体内容
学位公共课	9学分	马列经典著作选读，70课时，2学分 科学社会主义，36课时，1学分 基础英语，160课时，5学分 专业英语，40课时，1学分
学位专业课	14学分	法理学研究，54课时，3学分 民法学，54课时，3学分 刑法总论，72课时，4学分 刑法分论，72课时，4学分
非学位课程	12学分，其中本专业选修课至少6学分	必修课： 经济刑法，54课时，3学分 比较刑法，54课时，3学分 刑事政策研究，54课时，3学分 案例评析研究，54课时，3学分 选修课： 刑法前沿问题研究，36课时，2学分 金融证券犯罪研究，36课时，2学分 国际刑法，36课时，2学分 外国刑法，36课时，2学分 俄罗斯刑法学，36课时，2学分 港澳台刑事法律研究，36课时，2学分 刑事诉讼法专题，36课时，2学分 刑事辩护专题，36课时，2学分 犯罪学，36课时，2学分 第二外国语，36课时，2学分 补修课程①（计4学分） 行政法学，54课时，2学分 经济法学，54课时，2学分 国际法学，54课时，2学分 中国法制史，54课时，2学分
文献阅读	1学分	在学习期间应在本专业或本学科范围内至少做文献阅读报告2次
其他教学环节	2学分	科研论义（2学分） 应在第一学年和第二学年分别提交一篇3000字以上的学年论义或高水平的调研报告，经导师评阅后计2学分 社会实践 包括教学实践、社会实践与科学考察两部分。可与研究生兼任助教、助研和助管的工作结合起来。实践活动结束后，由学位点及指导教师共同进行考核，写出评语并确定是否通过。实践环节不计学分，但为硕士研究生培养必须环节，考核不通过者不能申请论文答辩

① 补修课程一般为2—3门，由指导教师根据培养目标、研究方向和专业基础等因素在个人培养计划中确定。由各院协调随本科专业同堂上课、同堂考试，也可采取学生自学，本科任课教师或导师考核等方式补修。如学生已经具备相关知识或修过相同或相近课程，可申请免修，但必须提出书面申请经过导师同意，报研究生部备案。

比较中国政法大学和深圳大学法学院刑法学硕士研究生的课程设置及学分配置，可以发现，我国法学硕士研究生的课程存在如下问题：

1. 课程设置的随意性。我国法学硕士研究生的课程并不是根据专业本身的特点进行设置的，而是根据该专业所在院校的师资而确定的，也就是说，因人设课，有什么样的师资，才有什么样的课程。造成的结果是，同一个专业在不同的学校设置的课程大相径庭。

2. 专业必修课的数量过少。上述两校中的必修课课程均只有四门，中国政法大学刑法学专业的必修课是刑法学总论、刑法学分论、犯罪学、外国刑法学；深圳大学法学院刑法学专业的必须课除了刑法学总论、刑法学分论之外，还设置了法理学研究和民法学。由此可见，深圳大学法学院真正设置的与刑法学相关的必修课只有两门。

3. 专业选修课设置不合理。上述两校的专业选修课设置基本上没有任何逻辑性，存在与必修课重复的现象。两校均在设置外国刑法学（或称比较刑法学）的同时，设置了俄罗斯刑法，显然两者存在包含关系。俄罗斯刑法课程的设置纯属多余。此外，在专业选修课设置上，两校存在不同的价值取向，中国政法大学侧重于从夯实基础的角度设置课程，而深圳大学法学院则侧重于从理论与实务相结合的角度开设课程，如该校设置了金融证券犯罪研究、刑事辩护专题等。

4. 在课程的内容上，为了追求课程内容的完整，与本科课程严重重复。我国的法学研究生的公共基础课程、部分专业基础课程，甚至专业课程，都一定程度地存在着与本科生课程在内容上的重复，导致研究生教育的部分课程的高深层级性只是体现在对本科生课程内容在横向层面上作平面式的扩展上，而没有凸显研究生教育在课程内容上的要求和特色。我国研究生教育课程体系中，部分课程内容较为陈旧，研究性、前沿性不够。[①]

5. 选修课程、学术讲座和学术讨论性质的课程设置存在弊端。一般而言，开设选修课的目的是帮助研究生进一步拓宽专业基础理论、扩大知识面及培养相应的能力，但是，现实中选修课基本上只是为了获得相应的学分。学术讲座和学术讨论性质的课程，大多数组织管理不规范、质量差、数量少，致使研究生思维视野不够宽广，直接影响了研究生研究方向的确立及论

---

① 洪浩：《法治理想与精英教育——中外法学教育制度比较研究》，北京大学出版社 2005 年版，第 91 页。

文的选题。一直以来,科研方法的传授不受到重视,缺少培养研究生治学能力和获取知识能力的课程和环节。①

针对上述问题,我们认为,应当从以下几个方面对我国法学研究生课程进行改革:

第一,由相关教育主管部门对各个专业制定统一的课程设置标准,并且在一定程度上对部门必修课制定指导性的方案,防止课程设置上的随意性。

第二,深化高校内部管理体制改革,建立真正的教师聘任机制。变"因人设课"为"以课聘人",② 以保证各个学科研究生培养目标的实现。

第三,在确定硕士研究生课程时,应当处理好法学本科生与法学硕士研究生课程内容的衔接问题。必须明确,硕士研究生教育不是单纯的本科后继续教育。硕士研究生阶段的学习是在不断拓宽基础课理论和专业知识的同时,掌握相关学科的专业基础理论和专业理论知识,培养科研工作、综合能力。研究生课程的内容不能面面俱到,更不能是对本科阶段知识的重复,而应具有一定的前沿性、理论性。

第四,加强科研方法的传授。开设"法学论文写作"等类似课程,培养法学研究生的科研能力。积极吸收研究生参加科研课题的材料收集、整理以及调研等活动,让其在参与科研的过程中学习法学研究方法,为其今后独立从事研究活动奠定基础。

(二) 法律硕士研究生课程设置

1. 美国各法学院 JD 的课程设置③

法学教育从一开始即被界定在培养专才方面。美国的法学教育,(相对于其他国家来说)是以硕士学位为起点的。在硕士教育的层面上,美国的法学教育中的法学博士(JD)就类似于我国的法律硕士。这种法学博士(JD)的学制为三年,学生入学前必须已经接受了大学本科教育,该专业的目的是要培养专门的法律应用人才。

---

① 李红英:《我国硕士研究生课程设置的现状、问题及改进》,载《煤炭高等教育》2006年第2期。
② 李海生:《当前研究生课程设置问题简析》,载《中国研究生》2005年第2期。
③ 李红云:《谈谈美国的法律教育》,载北京大学法学院编《价值共识与法律合意》,法律出版社2002年版。

美国法学院的教育核心计划包括三年的法律课程，如果是部分时间学习的学生，则要学习四年。虽然各个学校的课程不尽相同，但基本上大同小异。以新英格兰地区的 13 所法学院 1985—1986 年的课表为例，统一都开的基础课程有 11 门，即：民事诉讼法、宪法、合同法、刑法、刑事诉讼法、证据学、法律研究、法律写作、职业责任、财产法、侵权法。另外，还有 16 门实体法是普遍开设的。这些课加起来总共 27 门，占课程总数的 30%。

以下是这些法学院普遍开设的 27 门课程：行政法、反垄断法、破产法、商法、民事诉讼法、宪法、合同法、刑法、刑事诉讼法、环境法地产计划、证据学、家庭法、联邦法院、知识产权、国际法、劳动法与雇佣关系、法律、社会科学与人性法律研究、法律写作、职业责任、财产法、安全规则、税法、侵权法、审判辩护与实践、委托、财产与遗嘱。

该地区的法学院还提供了广泛的选修课程，包括了 56 个不同的领域，占课程总数的 11%。开选修课最多的领域是：宪法、国际法和税法。

这些学校开设的选修课是：法律历史、立法程序、卫生/医院法与精神健康法、贸易公司、冲突法、土地使用与房屋、儿童与法律、欧共体、争端解决选择、法律与公共政策、规则、技术与法律、贸易组织、会计、海事法、经济与法律、移民、保险、银行、消费、犯人的权利、赔偿、财富与财产、法律职业、体育、通讯、比较法、教育法、能源、美洲印第安人、娱乐、农业、航空、军事法、运输。

开选修课的多少和学生人数各校都不太一样。一般来讲，大的学校开得多些，小的学校开得少些。小的学校一般提出一个基础性更强的课表，但更适合他们的学生。教师当然是开设选修课的主要因素。另外，各个学校也有自己的侧重，避免重复。例如，一个学校开军事法，另一个开运输法，第三个开航空法。

从上述课表中可以看到，法学院已放弃了作为本科教育培训机构的道德培养，而侧重于在美国的历史、经济、社会问题等方面问题的分析和研究，以及口头和笔头的表达能力的培训。此外，法学课程已有了很大变化，新的领域不断开拓，如教育法、卫生和医院法、环境法等。据统计，1974—1986 年间，全美国法学院增加了 20% 可供选择的课程。

耶鲁大学法学院、哈佛大学法学院课程设置表

学校	必修课	选修课	学分
耶鲁大学	宪法、合同法、诉讼法、刑法、侵权法、法律写作、律师职业道德	行政法、银行法、破产法、反垄断法、税法、商业组织、通信法、刑事诉讼法、环境法、证据法、比较法、残疾人保障法、劳动法等上百门课程，学生还可参加社区法律服务、法律讲座、法律讨论研究课、伦理学、心理学等课程	必修课24学分 选修课66学分
哈佛大学	民事诉讼法、合同法、刑法、财产法、侵权法、律师写作、律师职业道德	宪法、公司法、税法、联邦诉讼、国际法、律师、谈判、法律辩论的哲学分析、会计、公司、税收、行政法、美国法律传统、反垄断法、银行法、环保、知识产权、担保、劳工、移民、比较法等数门课程。另外，除上述课程外，法学院还为高年级学生开设讨论研究课，如法律史、各国法律制度比较研究、金融、伦理、心理、证据处理等	必修课24学分 选修课52学分

2. 我国各法学院对JM的课程设置

课程结构是职业资质养成的前提条件，是职业素养中知识结构的原初形态。JM的课程结构为塑造职业素养提供了基本框架，有什么样的课程结构就会有什么样的职业资质与职业素养。过去的法学教育很少注意到课程结构对职业资质与素养的决定性作用，即法学课程结构与法律职业资质之间的统一。从我国法律职业人员职业化运动开始到现在，短短的十余年间，人们在这个问题上的共识已经达成，多数人认为虽然法学教育不应当绝对地以司法现状与职业实践为坐标，但是法学教育不得不以培养合格的职业法律人的资质和素养为目标。因此，JM教育应当参照职业实践的要求，科学地设置课程结构。

我国各法学院按法学一级学科对JM进行课程设置，一般不划分专业方向、内容与法学本科相同，以课堂讲授为主。[①] 法律硕士的培养采用学分制，总学分不低于75学分。课程结构包括必修课、选修课（推荐选修课和自选课），体现高层次、宽基础、实务性的特点和培养目标的要求。2006年《法律硕士专业学位研究生指导性培养方案》对法律硕士的必修课、选修课设置及其学分安排做了如下规定：

法律硕士专业学位研究生毕业并获得学位。

---

① 据说，法律硕士教育体系意在仿效美国法学教育，因而其英文名称也相应地叫做 J. M.，以为 J. D. 之中国版也。但是，问题在于，其课程设置与一般的法学本科教育并无不同，甚至有所弱化，则如何保证质量，实现此种体系的初衷，其实是一个并未解决的问题。许章润：《法学教育、大学精神与学术的人道意义》，来源：学术批评网。

(1) 课程设置

课程按法学一级学科为主设置，课程结构分为必修课和选修课（推荐选修课和自选课）。

课程按法学一级学科为主设置。课程结构分为必修课、选修课（推荐选修课和院校自主设置的自选课）。课程设置与课程内容均有别于法学硕士的课程，课程安排应有所侧重，体现高层次、实务型的特点和培养目标的要求。

必修课，共32学分。包括：邓小平理论（2学分）、外语（4学分）、法理学（3学分）、中国法制史（2学分）、宪法（2学分）、民法学（4学分）、刑法学（4学分）、刑事诉讼法（2学分）、民事诉讼法（2学分）、行政法与行政诉讼法（2学分）、经济法（3学分）、国际法（2学分）。

推荐选修课，可以从以下课程中选满13学分：外国法律史（2学分）、商法（3学分）、国际经济法（2学分）、国际私法（2学分）、知识产权法（2学分）、环境与资源保护法（2学分）、法律职业伦理（2学分）、法律方法（2学分）。

自选课，共8学分。各试点院校可以充分根据自身的学科优势、JM研究生的兴趣与要求，开设相应的选修课（其内容，既可以是与法律实务有关的，又可以是其他学科的如法律辩论、立法学、证据学、法律社会学、法律经济学等）。有条件的院校可以通过聘任实务部门专家、境外师资等，就某些实务问题开设选修课，以供学生作广泛的选择。

(2) 实践必修环节（12学分）

考虑到法律硕士专业学位研究生没有法律专业教育背景，也没有法律职业实务背景，所以需要进行相应的实务课程性质的必修环节。

第一，法律文书课（含起草合同、公司章程、起诉书、答辩书、仲裁申请书、公诉书、判决书、裁定书等的训练，由律师、检察官和法官讲授）（3学分）；

第二，模拟法庭训练（分刑事、民事、行政三种任选，法官、检察官、律师三类型任选，由教师组织，法官、检察官、律师辅助指导）（4学分）；

第三，法律谈判课（2学分）；

第四，法律实践课（在法院或检察院或律师事务所实习两至三周）（3学分）。

(3) 职业伦理与职业能力

采用多种途径和方式加强学生法律职业伦理和职业能力的培养。职业伦理包括法律职业道德与执业规则；职业能力包括法律职业思维、职业语言、法律知识、法律方法、职业技术等几个方面。职业能力的培养内容主要表现为：

面对社会现象（包括各种事案），能够运用职业思维和法律原理来观察、分析、判断和解决；较熟练地运用法律术语；较全面地掌握基本的法律知识与法学知识；较熟练地掌握和运用基本的法律解释方法，能够在个案中进行法律推理；较熟练地把握各类诉讼程序，能够主持诉讼程序，进行调查与取证；熟练地从事代理与辩护业务，从事非诉讼法律事务（如法律咨询、谈判、起草合同）以及法律事务的组织与管理；有起草规范性法律文件的一般经验。

以上内容应当融入各门课程之中，可通过课程教学、实践、专题讲座与研究等形式来培养，并注重这些技能的综合应用。

（4）学位论文（10学分）

学位论文选题应贯彻理论联系实际的原则，论文内容应着眼实际问题、面向法律事务、深入法学理论。重在反映学生运用所学理论与知识综合解决法律实务中的理论和实践问题的能力。导师组应根据学生的选题方向，确定具体的导师负责其论文的指导工作。

法律硕士学位论文应以法律实务研究为主要内容，但不限于学术论文的成果形式，还可采用案例分析（针对同一主题的三个以上相关案件进行研究分析）、研究报告、专项调查等。

《法律硕士专业学位研究生指导性培养方案》修订说明中特别指出，JM课程中，无论是应用类法学课程，还是理论类法学课程，均应以法律职业的实务应用为基本指导思想。因此，即使是JM与法学硕士共同的课程，在其具体教学内容与教学方法及要求上，也应当有着明显的区别。例如，法理学课程，教学内容与方法的重点应在于培养JM学生的法律方法论与法律价值观，等等，使学生能够将实务中的社会问题转化为法律问题。在市场经济条件下法律职业人必须掌握的法律知识，教学内容上应定期调整充实，及时反映法律实务的重大变革和发展（如国际人权问题之于法理学、宪法、刑法，WTO之于国际经济法，等等），同时各门课程还需按照教学规律予以排序和确定。

我国各个具有法律硕士培养资格的院校又根据自身的特点对其课程进行灵活的调整，笔者选取了山西大学的法律硕士课程表进行分析。

山西大学法律硕士专业学位研究生培养方案中，要求全日制法律硕士专业学位研究生毕业并获得学位，总学分不低于75学分，其中必修课32学分，推荐选修课13学分，自选课8学分，实践课12学分，毕业论文10学分；课程设置按《法律硕士专业学位研究生指导性培养方案》作出修订，学分分配暂时按照原培养方案执行，非全日制法律硕士获得学位，总学分不

得低于54学分,其中必修课为27学分,选修课17学分,毕业论文10学分。该校的具体课程设置如下:

类　别		课程与培养环节名称	学　分	周学时/总学时
必修课	公共基础课	外　语	4	4/80
		邓小平理论	2	2/40
	专业课	法理学	3	3/60
		中国法制史	2	2/40
		宪法学	2	2/40
		民法学	4	4/80
		刑法学	4	4/80
		刑事诉讼法学	2	2/40
		民事诉讼法学	2	2/40
		行政法与行政诉讼法学	2	2/40
		经济法学	3	3/60
		国际法学	2	2/40
选修课	推荐选修课（从中选满13学分）	外国法制史	2	2/40
		商法学	3	3/60
		知识产权法学	2	2/40
		国际经济法学	2	2/40
		国际私法学	2	2/40
		环境资源法学	2	2/40
		法律职业伦理	2	2/40
		法律方法	2	2/40
	自选课（从中选满8学分）	法学经典著作选读	2	2/40
		法律英语	2	2/40
		婚姻家庭法学	2	2/40
		仲裁法律制度	2	2/40
		法律社会学	2	2/40
		WTO法律制度	2	2/40
		证据学	2	2/40
		法律经济学	2	2/40
		立法学	2	2/40

第六章 法学课程的设置

续表

类　别	课程与培养 环节名称	学　分	周学时/总学时
实践课	法律文书（由律师、检察官和法官讲授）	3	3/60
	法律谈判	2	2/40
	模拟法庭训练（由法官、检察官、律师辅助指导）	4	
	法律实践（在法院或检察院或律师事务所实习两周至三周）	3	
学位论文	开题报告	10	
	答辩		

　　根据法律硕士专业学位的培养目标，法律硕士专业学位教育的课程设置与普通的法学硕士课程设置相比更有特色，其课程按法学一级学科为主设置，课程设置有所侧重，体现了高层次、宽基础、实务性的特点和培养目标的要求。法律硕士的课程设置大致都分为三个部分：即必修课、选修课和社会实践。其中必修课包括硕士公共课程（即政治理论课程和外语课）和法学基础课程（法理学、民法、刑法等课程）。选修课包括限制性选修课程和自选课程，提供了以法学一级学科为主设置的一些课程。在学分的安排上，必修课的学分所占的比重很大，绝大多数的学校将必修课安排在 30 学分左右。

　　我国的法律硕士研究生课程设置存在以下几个问题：

　　（1）学分过少。相比较其他发达国家的类似法律教育的课程设置，我国的法律硕士存在课程设置太少，学分要求低。美国法学院的学生必须修满 90 个学分左右才可毕业，其他国家和地区甚至更多，比如我国台湾地区一些法学教育机构要求修满近 100 个学分，日本的法科大学则要求在 200 个学分以上，而我国《法律硕士专业学位研究生指导性培养方案》对学分的要求只是 75 个学分而已。

　　（2）实践性课程过少。美国的 J. D. 教育注重实践性，因此其课程设置注重理论与实践的有机联系，而我国的课程设置中，这方面非常欠缺。而在美国，律师基本技能的训练课程是贯穿于 J. D. 教育整个全过程的。而我国各个法律硕士培养单位所设置的课程大多理论性较强，操作性较差，这与我国法律硕士的培养目标相背离。

　　（3）职业道德和能力素质的培养课程薄弱。在美国，各个法学院要求学生在三年的学习期间每年都要学习法律写作和职业道德课，而且也是唯一贯穿于三年教学全过程的课程。可见他们对学生的职业素质教育重视的程度。在哈佛、耶鲁法学院的学位要求里明确规定：每个学生在三年的学习中，必须完成律师职业道德方面的所有课程，主要有以下课程：法律实践、道德规范、律师形成说、律师职业道德、法律职业与职业责任、法律规则、美国法律职业、公共利益、职业道德与媒体等。这些课程从各个方面培养学生作为律师的职责要求和职业道德，为学生以后成为法律职业人员打下坚实的基础。而我国法律硕士的教育对学生职业道德素质方面的要求虽然存在一些差异，但是，总体而言，在我国各院校的培养计划中法律职业道德方面的课程较少。

（4）选修课与必修课的比重失调。美国法学院在总学分中，必修课的比重仅占不到1/4，更多的是种类繁多的选修课，每个学院的选修课都多达上百门，学生除了第一年的必修课之外，可以根据自己的爱好和特点以及将来的职业选择的需要选择20—30门的选修课。而在我国法律硕士教育中一共只需要达到45学分即可，其中侧重于法律基础理论知识的必修课就占2/3，剩余的选修课再分为推荐选修课和自选课，由于数量过少，实际上对于法律硕士研究生而言是没有选择余地。我国有学者针对一些法律硕士研究生所作的调查显示，68%的被调查者反映"设置课程太少，选择余地不大"。被调查者认为，应当增设一些实务性、专业性较强的课程，如信托法、劳动法、非诉讼纠纷解决机制、证据法、律师实务、法官实务、检察官实务、法律文书写作、辩护技巧、司法会计、票据法等。[①]

（5）无法与法学专业本科生的课程设置区别开，体现法律硕士教育的特色。目前我院法律硕士专业课程设置只是简单复制法律本科或法学硕士课程设置，不能体现法律硕士的培养特色。

我们认为，针对上述问题，我国各法律硕士教育机构应当进行如下改革：首先，各法律硕士教育机构应当增加学分要求，至少不低于90学分。其次，增加一些实践性的课程。再次，开设法律职业道德和能力素质的培养课程。复次，扩大选修课程的比例，尤其是一些交叉学科的课程。最后，对法律硕士研究生进行专业方向的划分，课程设置应更具有针对性，适应司法

---

① 刘永光：《我国法学研究生教育现状之检讨——以中日课程设置及教学方式为中心》，载《厦门大学法律评论》（第十一辑），厦门大学出版社2006年版。

实践对法律人才的需求。

中国社会科学院研究生院（法学研究所）法律硕士专业学位研究生的教学计划，即按照上述要求予以安排。具体如下：

中国社会科学院研究生院（法学研究所）全日制法律硕士专业学位研究生教学计划

根据《中国社会科学院研究生院（法学研究所）法学系法律硕士专业学位研究生培养方案》的规定，按照国务院学位委员会2006年8月3日下发的《法律硕士专业学位研究生指导性培养方案》的要求，制定全日制法律硕士专业学位研究生教学计划。要求学位学分不得低于90分，其中必修课不得低于32学分，法律实践等必修环节课12学分，选修课不得低于36学分，学位论文10学分。第三学期安排学生选择研究专业方向和指导老师。除日常课程外开始由指导老师对研究生进行专业培养指导，第五、六学期撰写论文，安排毕业答辩。

课类	序号	课程名称	学分	周学时	总学时	计划开课学期
必修课	1	邓小平理论	2	2	36	第一学期
	2	外语Ⅰ	2	2	36	第一学期
	3	外语Ⅱ	2	2	36	第二学期
	4	民法总论	4	4	72	第一学期
	5	刑法总论	4	4	72	第一学期
	6	法理学	3	3	54	第一学期
	7	民事诉讼法	2	2	36	第二学期
	8	刑事诉讼法	2	2	36	第二学期
	9	行政法与行政诉讼法	2	2	36	第三学期
	10	经济法	3	3	54	第三学期
	11	国际法	2	2	36	第二学期
	12	宪法学	2	2	36	第二学期
	13	中国法制史	2	2	36	第二学期

续表

课类	序号	课程名称	学分	周学时	总学时	计划开课学期
选修课	14	环境资源法	2	2	36	第一学期
	15	知识产权法	2	2	36	第一学期
	16	国际私法	2	2	36	第一学期
	17	国际经济法	2	2	36	第一学期
	18	物权法	2	2	36	第二学期
	19	刑法各论	2	2	36	第二学期
	20	商法概论	2	2	36	第二学期
	21	世贸组织法	2	2	36	第二学期
	22	债法	2	2	36	第三学期
	23	犯罪学	2	2	36	第三学期
	24	证券法	2	2	36	第三学期
	25	票据法	2	2	36	第三学期
	26	公司法	2	2	36	第三学期
	27	西方法哲学	2	2	36	第三学期
	28	立法学	2	2	36	第三学期
	29	传媒法	2	2	36	第三学期
	30	劳动与社会保障法	2	2	36	第三学期
	31	竞争法	2	2	36	第四学期
	32	税法	2	2	36	第四学期
	33	保险法	2	2	36	第四学期
	34	亲属法与继承法	2	2	36	第四学期
	35	比较法	2	2	36	第四学期
	36	证据法	2	2	36	第四学期
	37	法律职业伦理	2	2	36	第四学期
	38	法律实务	2	2	36	第四学期
	39	法律诊所教育	2	2	36	第四学期
	40	法律文书	3	3	54	第四学期
必修环节	41	模拟法庭	4	4	72	第四学期
	42	法律谈判	2	2	36	第四学期
	43	法律实践	3	3	54	第四学期

第六章 法学课程的设置　　　　　　　　　　　　149

续表

课类	序号	课程名称	学分	周学时	总学时	计划开课学期
学位论文		第五学期论文写作	第六学期论文答辩			
备注		1. 共可开设课程43门，其中必修课13门，选修课30门					
		2. 可开设课程总学分96学分（必修课32学分，必修环节12学分，选修课52学分）					
		3. 学位学分要求不低于90学分，其中必修课32学分，必修环节12学分，学位论文10学分，选修课不低于36学分					

中国社会科学院研究生院（法学研究所）在职法律硕士专业学位研究生教学计划

根据《中国社会科学院研究生院（法学研究所）法学系法律硕士专业学位研究生培养方案》的规定，按照国务院学位委员会2006年8月3日下发的《法律硕士专业学位研究生指导性培养方案》的要求，制定政法系统在职攻读法律硕士专业学位研究生教学计划。要求学位学分不得低于80分，其中必修课不得低于34学分，选修课不得低于36学分，学位论文10学分。第三学期安排学生选择研究专业方向和指导老师。除日常课程外开始由指导老师对研究生进行专业培养指导，第五、六学期撰写论文，安排毕业答辩。

课类	序号	课程名称	学分	周学时	总学时	计划学期
必修课	1	邓小平理论	2	2	36	1
	2	外语	4	4	72	1
	3	法理学	3	3	54	2
	4	知识产权法概论	2	2	36	2
	5	民法总论	4	4	54	2
	6	刑法总论	4	4	54	2
	7	民事诉讼法	2	2	36	3
	8	刑事诉讼法	2	2	36	3
	9	行政法与行政诉讼法	2	2	36	3
	10	经济法	3	3	54	3
	11	国际法	2	2	36	2
	12	宪法学	2	2	36	3
	13	中国法制史	2	2	36	2

续表

课类	序号	课程名称	学分	周学时	总学时	计划学期
选修课	14	国际私法	2	2	36	1
	15	专利法 *①	2	2	36	3
	16	商标法与不正当竞争法 *	2	2	36	3
	17	著作权法 *	2	2	36	3
	18	国际经济法	2	2	36	2
	19	物权法	2	2	36	1
	20	刑法各论	2	2	36	3
	21	商法概论	2	2	36	1
	22	世贸组织法	2	2	36	4
	23	债法	2	2	36	3
	24	传媒法	2	2	36	1
	25	犯罪学	2	2	36	1
	26	票据法	2	2	36	1
	27	公司法	2	2	36	1
	28	税法	2	2	36	2
	29	保险法	2	2	36	2
	30	比较法	2	2	36	2
	31	证据法	2	2	36	2
	32	证券法	2	2	36	1
	33	法律职业伦理	2	2	36	4
	34	司法制度	2	2	36	1
	35	法律实务	2	2	36	1
学位论文	第五学期论文写作			第六学期论文答辩		
备注	1. 共可开设课程35门，其中必修课13门，选修课22门					
	2. 可开设课程总学分78学分（必修课34学分，选修课44学分）					
	3. 学位学分要求不低于80学分，其中必修课34学分，学位论文10学分，选修课不低于36学分					

---

① 标注 * 者系攻读知识产权方向法硕研究生必修课程。

（三）法学博士研究生课程设置

法学博士研究生课程设置包括三个方面：公共必修课、专业必修课、选修课。公共必修课主要包括政治课和外语课。绝大多数学校要求，博士生应较好地掌握马克思主义的基本理论。对于外语课程，有些学校只要求掌握一门外国语，有些学校则要求掌握两门外国语。第一外国语要求熟练地阅读本专业的外文资料，并具有一定的写作能力，第二外国语要求有阅读本专业外文资料的初步能力。专业必修课主要结合博士生所在专业的特点而开设。通过专业必修课的学习，促使博士生掌握坚实宽广的基础理论和系统深入的专门知识。为深入研究打好基础。专业必修课的开设方式多种多样，可以是专题性的授课，也可以是不定期的讲座，甚至可以是提交读书报告的形式。选修课与必修课一样，也必须是与博士生所在专业密切相关的。但是各个学校开设选修课的目的不大一样，有些学校纯粹是为了让博士生凑足毕业学分，有些学校则是为了弥补一些博士生知识结构的不足，还有些学校开设选修课是为了扩展博士生的知识面。

以下结合中国政法大学刑法学博士研究生的课程设置和武汉大学法学院刑法学专业博士研究生的课程设置的差异，分析我国法学博士研究生课程设置存在的问题。

中国政法大学刑法学博士点共有四个研究方向：刑法学、犯罪学、刑事政策学、法律心理学。该专业培养方案要求，课程学分不少于14学分，总学分不少于16学分；跨学科和以同等学力考取的博士研究生课程学分不少于18学分，总学分不少于20学分。中国政法大学刑法学博士研究生的课程设置具体如下：

课程	总学分	具体内容
学位公共课	5学分	①马克思主义与当代社会思潮，54课时，2学分 ②第一外语课（含专业外语），144课时，3学分
学位专业课	5学分	①集体指导课：（由博士点共同开设），72课时，3学分 ②导师指导课：（由导师开设），54课时，2学分 鼓励博士生参加专题讲座及硕士生的相关课程
前沿讲座	2学分	为拓宽研究生的视野，促进研究生了解和掌握学科前沿的进展，博士研究生在学习期间应听学术前沿讲座至少6次，计2学分，由导师负责考查
读书报告	2学分	导师在指导博士生学习过程中，应对博士生提出读书要求，并组织博士生在本学科或学科方向做读书报告4次，计2学分

续表

课程	总学分	具体内容
补修课	4学分	跨学科和以同等学力考取的博士研究生，应补修2门硕士研究生阶段的基础课程。补修课学分不得代替其他课程学习学分 ①法理学，36课时，2学分 ②宪法学，36课时，2学分
其他教学环节		①科研论文（2学分） 　　在学习期间第一至第三学期，博士研究生应每个学期分别提交至少1篇本专业的科研论文（每篇应在5千字以上），并于第一学年末提交学年论文1篇（字数应在1万字以上）。上述论文经导师评阅合格后，计2学分。在中期考核之前，本专业博士研究生以第一作者身份或独著正式发表2篇（每篇应在5千字以上）或1篇1万字以上的学术论文 ②社会实践（36学时） 　　属于应届生的必修环节，共36学时，由导师根据博士生培养计划组织实施

武汉大学刑法学博士点共有三个研究方向：（1）中国刑法学，着重研究中国刑法和刑法理论；（2）比较刑法学，着重研究外国刑法和刑法理论并进行比较评论；（3）犯罪学，着重研究犯罪的原因、规律、类型以及犯罪的对策。该专业必修课授课方式灵活多样，根据需要可定期进行讨论或举行专题讲座，考试方式采取笔试、面试或学期论文等方式；选修课不作硬性要求和规定，博士生可根据自己的兴趣和需要，从拓宽知识面及增进业务能力出发，有针对性、有重点地选择。研究生还可以根据自身情况选修若干门，不参加考试。武汉大学法学院刑法学专业博士学位研究生课程设置具体如下：

类别		课程名称	学分	学时	开课学期	教学方式	考核方式	备注
学位课程	公共必修课	马克思主义与当代社会思潮	2	72	1	讲授	考试	
		第一外国语	3	90	1	讲授	考试	
		第二外国语	3	144	1,2	讲授	考试	
	专业必修课	中国刑法学	6	108	2—3	讲授讨论	论文	各方向必修
		比较刑法学	6	108	3—4	讲授讨论	论文	方向1、2必修
		犯罪学	3	54	3—4	讲授讨论	论文	方向3必修

第六章 法学课程的设置

续表

类　别	课程名称	学分	学时	开课学期	教学方式	考核方式	备　注
选修课	中国刑法史	3	54	2	讲授讨论	论文	
	近代西方刑法学说史	3	54	3	讲授讨论	论文	
	刑事政策学	3	54	4	讲授讨论	论文	
其他学习项目安排	1. 博士研究生在博士生导师安排及指导下进行教学实习，担任同研究方向相关的部分硕士研究生、本科生课程讲授，时间不超过一个学期 2. 博士研究生在博士生导师安排及指导下，参加博士点承担的国家科研项目或博士点基金科研项目的部分研究工作，在读期间，在核心刊物上至少发表2篇论文 3. 博士研究生在博士生导师安排及指导下，参加一定的社会实践工作，如挂职实习、社会调查、参加司法部门的疑难案件讨论等，为期不超过一个月							

　　比较上述两所法学博士教育机构的课程设置，可以发现一些共同点。与硕士研究生（不论是法学硕士还是法律硕士）的课程设置相比，法学博士的课程数量少，所要求修满的学分少，而且，上述两所法学博士教育机构对课程的设置相当灵活。尤其以中国政法大学刑法学博士点的课程更加灵活。可以说，除了公共必修课（即政治与外语）之外，其余的专业必修课和选修课完全由所在院校或者博士点自由安排。中国政法大学刑法学博士点的专业课程内容完全交给了授课教师，实际上，该校的课程设置中对专业课程只是规定了课程的形式，并没有硬性要求教师讲授什么内容。相比而言，武汉大学法学院刑法学博士点的课程则明确了课程的讲授内容和讲授形式。我们认为，第一种灵活的课程设置虽然给予教师以很大的空间，但是有可能漫无边际，脱离培养的目标；第二种方式则相对地有利于限定讲授的主题，深入传授某学科的知识，达到法学博士培养的目标。

　　仔细观察，两所法学博士教育机构在课程设置方面具有相同的缺陷，那就是都缺少法学研究方法的专门教育。由于博士学位论文的撰写对于每一位法学博士研究生而言都是必需的，因而，法学研究方法课程的开设对于以学术为目标的法学博士生而言尤其重要。此外，两所法学博士教育机构均兼顾对社会实践的要求，我们认为，这种社会实践课程设置的初衷并不是为了理论研究的提升，而是为了就业的需要或者是其他目的。实际上，对于许多在职的法学博士而言，这种社会实践根本上是多余的。在未来的法学课程改革中，可以将法学博士研究生的社会实践课程改为选修课或者是补修课（主要针对未从事过社会实践的博士生开设)。

  论文的写作尽管不是一门课程的设置,对于两所法学博士教育机构而言都是必需的,有所差别的是,武汉大学法学院刑法学博士点提倡博士研究生在博士生导师的安排及指导下,参加博士点承担的国家科研项目或博士点基金科研项目的部分研究工作,形成相关的学术论文。由于大多数法学博士研究生将进入高等院校或者科研机构工作,主持和参与科研项目将成为他们工作的重要组成部分。因此,我们认为,这种培养方式应当成为法学博士培养的必经环节,唯有如此,才能提高法学博士研究生全方位的素养。

第七章 教学方法

自法学教育恢复以来相当长的一段时间里，法学界一直忙于知识体系的构建和教科书的编写等工作，法学课程的教学方法问题一开始并未受到广泛关注。各法学院系采行的基本上还是传统的讲授方法，由教师主讲，学生记笔记，其间间或会有教师的一些提问以启迪学生思考。但是，随着法学知识积累的逐渐丰富，法学界已经越来越不满足于这种陈旧、单一的教学方式，转而进一步思考如何将已经生产出来的知识更好地传授给学生，于是，教学方法成为目前一个越来越引起关注的问题。

从近些年来国内法学教育工作者在教学方法上所做的探索和实践发展情况来看，主要表现出两种比较有代表性的倾向。一个是针对由教师主讲的传统方式之不足，强调增强学生的参与性。这是从单纯的技术性角度所做的变革，其目的是寻求一种更能激发学生的学习兴趣和主观能动性的方式，将理论知识传授给学生，以达到更好的教学效果。而另一个倾向则不仅仅是一个单纯的技术性问题，而是触及法学教育的根本，它所要改变的已经不只是教学的具体"方法"，而是在教学内容上的重大变革，即针对以往的法学教育片面重视理论知识的倾向，转而强调通过各种有效方法培养学生的实践能力。值得注意的是，对法学教学方法的关注是与有关法学教育的本质、法律教育的培养目标等基本问题的思考伴随在一起展开的。

一 传统教学法及批判

当法学教育在我国重新跻身大学教育行列之后，各法律院系所采行的教学方法与其他社会科学之间并无太大差别，即采取一种传统的讲座式教学模式。这种模式的特征主要表现为以下三个方面。

第一，教学过程主要表现为教师主讲，学生被动接受，不太注重师生之间的互动。在这种情况下，教学效果可以说主要是由教师的个人能力所决定的，可以称之为一种"教师魅力型"的教学模式。如果教师的专业功底过硬，擅长深入浅出地讲授专业知识，并且富于幽默感的话，教学尚能取得不错的效果；否则法学课堂便很容易变得异常沉闷，学生对于专业学习的兴趣日渐减弱。

第二，教学内容主要侧重于书本知识的讲授，基本是从抽象的概念、原则入手，最终落实到法条含义的阐释，而不太注重对实际案例的分析、研讨和解决。即使在授课过程中会有若干案例穿插其间，但是总体而言，案例在其中所起到的基本上是一种可有可无的辅助性作用，即仅仅满足于通过案例来对那些抽象的概念、原则和法条进行说明，因此，授课过程中所选择的案例往往是一些根据授课需要进行裁剪之后的案例，甚至很多是完全凭空虚构出来的案例。

第三，讲座式的教学方法很容易演化成为传输某种确定性知识的过程，即在任何知识点的讲授上，这种教学方法最终都会指向一个唯一正确的结论，即使对于一些学术和实践上都存在激烈争论的问题，学生也往往要求教师明确以哪一种学说"为准"。"法学教育被当作真理的传授，而不是激发怀疑和批判精神的一种方法。"[①] 这一点与法律的本质是格格不入的，因为法律注重的是在不同利益之间的权衡，所谓法学上的"结论"其实都是在不同利益主体的论证过程中形成的一个暂时的方案。因此，单一的讲座式教学方法很难让学生深刻领会法律的庐山真面目。

有鉴于此，传统的讲座式教学方法已经受到越来越多的批评，很多人将其称之为"灌输式"或"填鸭式"的教学方法。[②] 有学者指出，此种教育方法培养出来的学生普遍具有以下三个特点。其一，法律意识不强，不知用法律思维去思考问题，不会用法律思维去认识问题和解决问题，不会用法律思维去辨别是非；其二，学会了某些法言法语，却不知其内在的含义和价值取向，了解了法律法规的条文规定，却不知作这样规定的社会意义和价值何在；其三，也是上述原因引起的结果，就是培养出的学生缺乏分析、判断和解决复杂法律问题的综合素质。[③] 可以说，我国法学教学方法的改革，其改革对象就是这种讲座式的传统教学方法，近年来受到追捧的各种新型教学方法，几乎处处可以看出与传统方法反其道行之的意味。

[①] 焦盛荣：《法学专业教学方法改革初探》，载《黑龙江省政法管理干部学院学报》1999 年第 4 期。

[②] 参见张丽娟、张俊义《法学教学方法改革浅谈》，载《山西高等学校社会科学学报》2005 年第 7 期。

[③] 宣增益：《法学教育培养模式中的教学方法改革路径之探讨》，载《时代法学》2007 年第 2 期。

但是，讲座式的传统教学方法究竟是否真的已经完全过时？它对于培养现代化的法律人才而言是否一无是处呢？恐怕亦未见得。法学教育究竟采取怎样的方法，是由多方面因素决定的，它并非一个可以任意选择的问题。我国之所以长期以来奉行此种教学方法，也是有其合理性和必要性的。首先，讲座式是一种成本最小的教学方法，它可以较为迅速地使学生掌握本学科的知识体系；在教育资源总体匮乏的条件下，讲座式教学方法自然是一种首选的方式。其次，我国是成文法国家，讲求概念逻辑之运用，所谓概念逻辑，究其实质，是一种方法。[①] 法学的学习当然应从概念入手，因为这一系列概念即是法律人思维的工具。这种带有鲜明学术性的方法，是比较适合以课堂讲授式的方式加以传承的。

因此，课堂讲座式的教学方法在我国法学教育中仍为主流，所需改革的只是此种教学方式的一些固有的弊端，及教学实践中对此种方式的一些片面僵化的运用。近年来，在继续以讲座式教学为主的大前提之下，广大法学教育工作者通过实际教学工作中的不断摸索，针对讲座式教学的弊端，提出了一系列新的思路。这些新思路并未触及传统学院教育所具有的理论性特征，教学的基本内容没有发生根本改变，但是在教学活动的实际操作方式上则发生了较为明显的变化。其共同特征是，强调学生主观能动性的发挥，将教师对课堂的主导权不同程度地交给学生，以激发学生学习的兴趣，教师则更多地扮演一种"精神助产士"的角色；另外，在此过程中有意识地培养学生独立思考的能力，从对知识的被动记忆转变为批判性继承。以下是比较有代表性的几种方法。

（一）讨论式教学法

增大课堂讨论在法学教学过程中的比重是目前被广泛采用的一种方法。这种方法对客观条件不存在太高的要求，可以广泛适用于法学各门课程的教学过程中；并且在具体运用过程中可以较为灵活：在形式上可以由老师讲，也可以由学生讲；在组织上，可以分组讨论，选派代表发言，也可以分组相互辩论，或由老师和学生相互讨论；在发起上，可以课前布置好讨论议题，列好提纲，课上讨论，也可以课上根据讲课内容随机选择议题临时讨论，或者课上布置议题课后组织讨论；在时间安排上，可以全堂讨论，也可以半堂

[①] 参见王伯琦《近代法律思潮与中国固有文化》，清华大学出版社2005年版，第148页。

或选择若干分钟讨论。①

讨论式教学方法最关键的特征是通过教师与学生以及学生与学生之间交流的方式展开教学，因此，也有人称之为"交流式教学法"。这种方法将学生置于教学的主体地位，使学生对法学知识的掌握从书本到实践、从死板的记忆到学会思考、从被动的接受到主动的参与，最终达到教学相长的教学模式。②

实际上，在西方大学教育中，讨论早已成为一种重要的教学方法，即所谓"习明纳"（Seminar）的方法。其含义是指："大学或者研究生院中在教授的指导下从事原创性或者集中性研究的一小组高年级学生，教授具体通过定期会见这些学生并同学生讨论他们的报告或者研究成果来指导他们。"此种教学方法也曾影响过中国的法学教育，如民国时期著名的东吴法学院和朝阳法学院都设有此类课程。③

讨论式教学方法的优越性主要体现在，一方面，增强了教学的针对性。在传统讲授式教学模式之下，讲授的内容由教师自行拟订教学计划与大纲，教学过程由教师以一人之力推进，授课效果如何亦无从检验；而讨论模式则开启了全体学生之思维，教师可以根据学生讨论的具体情况，有针对性地进行讲解。另一方面，学生通过讨论式教学方法，可以逐渐培养起一种独立思考、发现问题并解决问题的能力和习惯，这一点对于专业法律人来讲至关重要。

但需要指出的是，讨论式教学方法是在传统讲座式教学基础上发展而来的，教师在讨论式教学过程中仍然起着举足轻重的作用。甚至此种教学方法对教师提出了更高的要求，教师不仅要在专业功底、知识面等方面更好地提升自己，而且要密切注意学生对知识的掌握情况，从而有针对性地对学生加以引导。教师在讨论式教学过程中仍然要掌握授课的总体进程，以达到讨论的目的。

（二）辩论式教学法

比讨论式更进一步的是，有学者提出在法学教育中应倡导一种"辩论

---

① 李卫芳：《法学本科教学方法创新之我见》，载《新疆石油教育学院学报》2004年第1期。
② 参见高迎晖、张天虹《交流式法学教学方法及其价值》，载《教育理论与实践》2006年第3期。
③ 雷安军：《Seminar源流及对当前法学教育的意义》，载《福建论坛》2007年第2期。

式教学法"。所谓辩论式教学法是教师、学生就某一教学内容以问题为纽带而展开分析、讨论、辩驳及总结,从而获得真知的教学方法。其具体方案为,首先教师提出辩论问题,指导学生作好充分准备;然后,由正反两方学生在课堂上针对辩题展开正式辩论;最后,进行辩论总结并写出总结报告。[1]应当承认,将辩论的形式引入法学教育之中,是一个比较有创意的做法。据此种教学方法的倡导者所称,辩论式教学方法是贯彻素质教育、培养法律人才的需要,它具有提高学生的知识积累、理性水平、思维能力、语言表达能力、组织能力以及团队合作精神等重大作用。[2]

笔者并不否认语言表达能力和辩论的技巧对于法律职业者来说,具有非常重要的意义,在教学过程中,也必须注重对学生在这方面能力的培养。但是,这是否意味着有必要在教学过程中将辩论作为一种授课方法呢?恐怕不无值得商榷之处。教学的内容与教学方法是两个不同的概念,前者是指要教给学生哪些知识或培养其怎样的能力;而后者则是在传授这些内容的时候采取怎样的方法。笔者认为,辩论式教学方法是在没有清楚区分这两个概念的前提之下,仓促采用的一种教学方法。其必要性以及适用范围还需要进一步的论证。

为了提高学生的语言表达能力和辩论技巧,法律院系可以在课程设置上做必要调整,开设诸如《演讲学》、《辩论学》等方面的课程。据笔者了解到的情况,目前某些高校已经开设了此类课程,如中国青年政治学院的《演讲学》课程已开设多年,并取得了非常好的授课效果。但是,在法学各门课程的教学过程中,辩论作为一种授课方法所能发挥的作用恐怕是非常有限的。因为教学是要向学生传授知识,而辩论在绝大多数情况下,都并非获得知识的最佳途径。辩论是在各执一词的两派之间展开对抗,彼此以维护本方立场、驳斥对方观点为目的。其目的是为了争胜,而非为了求真。辩论式的教学方式看似培养了学生的能力,但其代价很可能是在知识获取方面的重大损失。

当然,在教学过程中,根据具体情况的需要,采用辩论的方式进行授课,也可能会取得很好的效果,但它不能作为一种常规或普遍的形式加以推广。比如,有学者提出在某些重大性的学术问题上,可以视情况选择此种教

---

[1] 参见田春苗《论法学教育中的辩论式教学方法》,载《甘肃政法成人教育学院学报》2006年第4期。

[2] 同上。

学方法，即所谓"对抗式学术辩论法"，以此激发学生的学习兴趣，培养其学术思维能力以及表达能力和应变能力。①

（三）批判式教学法

批判式教学法是一些法学教育工作者在对以往灌输式教学方法极度不满的基础上，倡导的一种教学方式。所谓批判式教学方法就是"在教师引导下，让学生以质疑的态度来审视所学的法律"，其目的在于"提出问题、分析问题、辨别是非"，其核心在于"不轻易认同现有的法律规定，不轻易接受已有的制度或原则，对于所有的东西都要通过自己所掌握的法理、道理等重新检验"。②

批判式教学法重在培养学生的怀疑精神。法学并非真理之学，而仅仅是一种纠纷解决的方案；但以往的教学模式却有意无意地将法学知识当成了一种真理来传授，此种教学方法对学生法律思维模式的培养殊为不利。批判式教学法在使学生对法律做到不仅知其然，而且知其所以然的基础上，对法律中的一系列原理、原则、规则和概念进行批判式思考，具有非常重要的价值。

批判式教学法在运用过程中，一个值得注意的问题是，批判不等于批评。前者强调运用一系列原理和原则对研究和学习的对象进行检验，并最终得出自己的结论；其本质是引导学生运用自己的头脑去思考问题，是一个独立思考，深入探索的过程。而批评则往往是以某一已有的观点为标准去对研究对象作出否定性的评价。我国目前法治建设水平多有不尽如人意之处，若批判式教学运用不当，很容易演变成单纯的批评式教学，即主要以西方某些据说是"先进"的制度和理念为标准，对我国现行制度加以批驳，但对于如何在现有条件下完善我国相关制度，则又拿不出切实有效的方案出来。这种单纯为了批评而批评的教学方法对学生法治观念的养成殊为不利。须知"法律不是嘲笑的对象，而是法学研究的对象；法律不应受裁判，而应是裁判的准则"。③ 经历单纯的批评式教学方式的学生从一开始就很难建立起一种对法律权威的信仰，认为法律是一个可以任意褒贬的对象，这与法学教育

---

① 参见袁红冰《论素质教育在法学教学方法改革中的实施》，载《贵州师范大学学报（社会科学版）》2004年第2期。

② 参见王妍《"批判式"教学方法在法学教育中应用探讨》，载《吉林省教育学院学报》2006年第10期。

③ 张明楷：《刑法格言的展开》，法律出版社2003年版，第3页。

的目的可谓南辕北辙。

笔者多年来从事刑事诉讼法学的研究和教学工作，痛感各种对我国刑事诉讼制度的武断批评充斥于研究和教学的各个环节，以至于刑事诉讼法学庶几成为"刑事诉讼法修改学"抑或"刑事诉讼法批判学"。这实在并非批判式教学和研究方法的本意。批判式教学的重点应当是引导学生运用法学的原理与思维方式对法律问题进行独立的思考，其目的是法律人思维方式的建立，至于观点则居于次要地位。这一点是在运用此种教学方式的过程中必须时刻注意的问题。

二 案例教学法

案例教学法的重要性在近些年来对法学教学方法的探索过程中基本上已经达成了共识。人们已经急切地意识到，仅仅在课堂上讲授抽象的法律概念、原则和条文无助于学生领会法学知识的精髓，法学教育离不开对具体案例的分析与研讨，于是案例教学法在我国已经和正在得到大力的提倡。与此相适应的一个现象是，各个法律出版社也竞相编辑出版了种类繁多的"案例教材"。

在我国，案例教学往往被当作增强法学教育之实践性的重大举措。如有学者认为，案例教学方法"能够为学生提供逼真的法律环境，提供独立思考、理论联系实际的机会，这既可以加深对理论的理解，又能够培养实战的感觉和能力"。[①] 但是，对于究竟何为"案例教学法"，则仍然存在太多不同的理解。尽管似乎每一位法学教师都意识到案例的重要性，并且努力在教学过程中推行着各种案例教学的实践，然而仔细分析便不难发现，大家所理解的案例教学法并不完全相同，甚至可以说是大相径庭。

（一）美国的案例教学

众所周知，原本意义上的案例教学法是19世纪中后期，在美国哈佛大学法学院院长兰代尔的大力推广之下确立起来的，并从此成为美国法学院最主要的教学方法。这种方法中所谓的"案例"实际上指的就是上诉法院的司法意见。案例教学的实践者们将这些司法意见运用归纳的方式总结出一系列的所谓规则和原则，并将其作为教学的对象。

[①] 参见王荣、张捍东《初析法学案例教学方法的几个问题》，载《党史博采》2006年第7期。

兰代尔的案例教学法实质上不仅仅是确立了一种单纯的教学"方法"，而更重要的是确定了美国法学院教学的内容。这种教学模式理论前提是，真正的法律就存在于上诉法院的司法意见之中，法学教育和法学研究的主要内容便是对这些司法意见的学习、领会和研讨。不难看出，此种教学模式与英美法系的判例法传统密切相关。因为判例就是法律，法律教学当然要教授判例，而判例的精髓则包含于上诉法院的司法意见当中。这与方法原本就不相干，而是一个内容的问题。

美国的法学教育原本秉承英国传统，以学徒式培训为主要模式。那些将来可能从事律师工作的学生在律师事务所里"阅读法律"，在法院里观察法庭的日常工作。[①] 但是像其他学科一样，受18世纪"理性主义"思潮的强烈感召，法学也迫切希望以"科学"的形式武装自己，于是，法学教育逐渐跻身于大学教育的行列。[②] 然而，伴随着这一转变，法学必须在其作为大学教育之合理性问题上能够自圆其说，兰代尔的案例教学模式之所以长期以来享有盛誉，以及后来又饱受批判也都根源于此。当时杰出的法律教育家们认为："如果法律不是一门科学，那么在大学中拒绝教法律就是考虑到它的尊严。如果法律不是一门科学而仅仅是一种手艺，就应该通过学徒制来学习它。"兰代尔得出结论说："作为一门科学的法律包含了某些原则或学说。能够熟练掌握这些知识并把它运用到复杂的人际事务中的人，就是真正的律师。有效掌握这些法律学说的最好的和最简洁的方法就是研究包含这些原则或学说的案例……而且，法律条文的数量比人们想象的要少得多。"[③] 兰代尔的做法在当时得到了广泛的认同。于是，美国法律教育界开始编写以法院的司法意见为主要内容的法学教科书，并以此作为日常教学的主体。

案例教学法被迅速推广之后表现出较为持久的生命力，成为美国法学院长期以来的主要教学模式。这种模式使得法学不再仅仅是一系列的经验，而是被披上了一层科学的外衣，使得其有资格在象牙塔中被传授。曾经担任哈佛大学校长的艾略特因为该校法学院中的任何一名教授都不具备司法实践经验而引以为自豪。[④] 从中不难看出法学急于和形而下的经验划清界限的迫切愿望。

---

① 杨欣欣主编·《法学教育与诊所式教学方法》，法律出版社2002年版，第103—104页。
② ［美］罗伯特·斯蒂文斯：《法学院：19世纪50年代到20世纪80年代的美国法学教育》，阎亚林等译，中国政法大学出版社2003年版，第24页。
③ 同上书，第67—68页。
④ 参见杨欣欣主编《法学教育与诊所式教学方法》，法律出版社2002年版，第103页。

但是，美国法学界经过长达一个世纪以来的反思，案例教学的种种弊端逐渐被清晰地揭示出来。对其最严厉的批评可以归结为一点，那就是案例教学法把法律运作过程中的绝大部分内容舍弃掉了，它仅仅将上诉法院的司法意见当作法律的全部，并未窥见法律的真谛。其中以卢埃林和弗兰克等人为代表的现实主义法学派的反应最为强烈，由此而引发了20世纪60年代"诊所法律教育"热潮的兴起。

总之，美国法学教育的发展变革一直是围绕着"法律究竟是科学还是技术"这个核心问题展开的。案例教学之所以取代学徒式教育，其原因是人们对法律之"科学性"的认识得到了强调。但与此同时，案例教学在追求科学性的同时也付出了巨大代价，即把法律家培养过程中必不可少的一系列经验积累排除于法学教育之外，将法学教育与司法实践隔绝开来，这决定了其法学教育实际上是非常不完整的。

（二）我国案例教学实践

我国法学教育界近年来对案例教学方法的推崇，很大程度上是从美国获得的灵感。但是这并不意味着我国也可以和应当建立美国式的案例教学模式。从实践来看，我国各法律院系所采取的案例教学法与美国也是大相径庭。对此贺卫方先生指出，我们对美国的案例教学法存在认识上的误区，一味强调引入这种方法实际上是行不通的。①

因为西方法学教育是在对"法学究竟是科学还是技能"这一问题的争论之中逐步发展的。无论在这个问题上采取怎样的立场，法律自身的专业性则不仅从未受到过质疑，而且一直被当作法学教育的一个当然的前提。而在我国，这个基本前提仍然没有真正确立起来。由于我国刚刚经历了一个从法律被彻底"砸烂"，到将法治确定为治国基本方略的大起大落，法学教育的命运则一直是围绕着法律的"重要性"这一命题而起承转合，其专业性问题尚未引起足够的重视。在大力发展法学教育的过程中，也未曾充分考虑如何根据法律自身的专业性特征，采取相应的教学方法，而是忙于"多快好省"地将那些"明确"的法律条文灌输给学生。在笔者看来，案例教学之所以引起我国法律界极大的兴趣，与其说是基于我们对法律的科学性和技术性的深入思辨，毋宁说真正原因是它在形式上契合了我们"理论联系实际"的理论。

---

① 参见贺卫方《运送正义的方式》，上海三联书店2003年版，第225—226页。

我们认为，至少在现代社会，法学已经是一门高度专业化的学问，法律行业需要由一批受过严格训练的专业人士来从事。其专业化首先体现在方法论上的专业化，即法律人解决问题的方法是一套专属于法学特有的方法。而法学教育的目标便是传授这样一套专业性的方法。这种方法并非真理，而是一套"人为理性"，换言之，法律之学并非真理之学。以此为前提方可进一步讨论法学教育的具体方法问题。

如前所述，美国所谓案例教学法究其实质，并非一种方法，而是将案例当作法律来讲授，这是由其判例法的传统所决定的。而我国乃成文法国家，判例不具有正式法律渊源的地位，因此，法学院系授课的内容必然以阐释成文法含义为主要组成部分。案例在其中所扮演的角色是被用来解释成文法的适用方法，在这个意义上可以说，案例对于我国法学教育所起到的是一种方法的作用。比如，有人认为，法学课程教学中的"案例教学方法"，"是指在法学课程教学过程中，通过教师引导，学生自主分析和研究现有案例，解释成文法内容，从而培养学生自主地掌握实际知识并转化为应用能力的一种教学方法"。[①] 也有人认为，"案例教学法是根据教学目的的要求，针对教学内容，选择恰当案例，组织学员采取一种全面参与，平等对话的课堂谈论方式，达到理论联系实际，学以致用的教学方法"。[②] 还有学者指出，案例教学"是一种理论联系实际，启发式的教学相长过程，它要求根据教学大纲规定的教学目的要求，以案例为基本教材，在教师的指导下，运用多种形式启发学生独立思考，对案例所提供的材料和问题进行分析研究，提出见解、作出判断和决策，借以提高学生分析问题和解决问题能力的一种教学方法。案例教学法注意启发学生研究实际问题，注重学生智力开发及能力培养，优点在于活跃课堂气氛、培养学生独立思考、分析问题的能力及增强学生解决实际问题的能力等，这些优点正是传统讲授教学方法所欠缺的"。[③] 从这些对案例教学法的阐释来看。都不难发现此种教学方法的真正价值所在。

尽管我国不可能也不需要引入美国式的案例教学模式，但可以肯定的是，案例在法学教育中发挥着不可替代的作用。欧陆成文法国家的法学教育历来也非常重视案例的作用。因为离开了具体的案例，真正意义上的法律解

---

① 黄贵良：《法学课程教学中"案例教学方法的运用"》，载《新疆广播电视大学学报》2004年第3期。
② 陈晓筠：《法学实践教学方法探究》，载《青海师专学报》（教育科学）2006年第4期。
③ 杨思斌：《实践性法学教学方法与模式探讨》，载《皖西学院学报》2004年第2期。

释是无法进行的。法律解释的一个基本特征即它与具体个案之间的关联性，这已是法学上的一个常识。法律的解释或了解必须针对具体的案件（不管是事实上存在的或虚拟的）为之，它不能被无的放矢地进行。申言之，法律解释之主要任务在确定，该法律规定对某特定之法律事实是否有意义，从而一个法律规定应相对于一个待裁判或处理的事实加以阐释，并具体化。由于这一缘故，真正的法律解释的问题与其说是法律条文本身，毋宁说是从应去或拟去处理的案件所引起。①

王泽鉴先生指出，实例最能训练、测试法律人的思考方法及能力。"学习法律的最佳方法是，先读一本简明的教科书，期能通盘初步了解该法律（如《民法总则》）的体系结构及基本概念。然后再以实例作为出发点，研读各家教科书、专题研究、论文及判例评释等，作成解题的报告。在图书馆，经常可以看到同学们抱着一本厚重的教科书，反复阅读，口中念念有词，或画红线，或画蓝线，书面上琳琅满目。此种学习法律的效果，甚属有限，因为缺少一个具体的问题，引导着你去分析法律的规定、去整理判例学说，去触发思考，去创造灵感。"②

总之，法学是一套由抽象的原则、规则和概念构成的体系，但是这一体系的解释适用又离不开具体的实际案例，通过案例，法律解释才能够有的放矢地运作。我国近年来对案例教学的重视，实际上也是随着对法律解释的上述特征之认识逐步加深而出现的。法律已经不再被简单地认为是一系列有着确定含义的条文，离开具体案件，抽象地谈论其含义不具有任何意义。将抽象的法律条文通过解释适用于具体案件的方法和能力才是法律人的看家本领，也才是法学教育的主要内容。本着这一信念，案例教学的思路的确为我国法学教育开创了一片更为广阔的前景。

（三）相关问题探讨

1. 案例教学之定位

案例教学在法学教育之中究竟应当发挥怎样的作用？对于这个问题，国内法学教育界的认识并不十分清晰。有人认为，案例教学的必要性在于使学生更有效地理解法律的原则性规定。如有学者指出："中国属于大陆法系传统国家，'大陆法强调系统性、抽象性、理论性概念化、科学性、形式结构

---

① 参见黄茂荣《法学方法与现代民法》，中国政法大学出版社2001年版，第250—252页。
② 王泽鉴：《法律思维与民法实例》，中国政法大学出版社2001年版，第17—18页。

性和纯粹性',这些国家的法律一般都实行法典化,法律规范相当地概括和抽象,逻辑体系性非常严密,非经过专门的训练,一般人士是难以明白和理解法律规则的。同时应当看到,我国的法学本科生直接从高中生中录取,他们没有任何法律实践经验,与法律有关的具体的知识匮乏得很,要他们有效地理解法律的基本原理或法律规则背后的理论原则几乎是不可能的。但是通过案例教学,能把法律规定的抽象概括性富于社会生活的具体生动性当中,学生就能较快较准确地把握法律的原则性规定。"①

另外,也有很多人将案例教学笼统地归入实践性教学的行列,认为案例教学法是"让学生接触司法实践的最经济、最便捷的途径。它是一种理论联系实际,启发式的教学相长的教学过程"。② 应当通过案例教学培养学生"办案技巧、实际操作能力、从具体到一般的综合能力、思维的机敏以及雄辩的口才等等"。③

但笔者在上文的论述已经表明,案例教学的重点并非在于此,其基本功能并不是培养学生的实际操作能力,而是一种法律思维方法的养成。在这个意义上,将案例教学归入实践性教学的范畴并不完全适当。

法律方法的任务之一就是指导法院和其他法律适用者从有效的法中去获得法。即发现体现在一般抽象性的"法律规范"中并由法律渊源学说来定义的有效的法,并将其符合事实地适用于当时的纠纷。④ 简言之,即法律解释与法律适用。根据一种已经过时的理论,法律解释被认为是发生在法律适用之前的一个阶段,但这种认识已经被法学方法论的研究所否定。目前理论上的一致意见是"适用法律即是解释法律"。⑤ 因为法律适用是从大量的法律规范中挑选出"适合于"当时的问题或纠纷的法律规范并予以使用,也就是"解释"。法律适用开始于将与法律相关的事实行为同全部规范联系在一起。法律适用者必须检验他面临的"问题"是否并且怎样在法律秩序的某一个领域中得到规定。他的目光将在事实与法律秩序的相关部分之间来回穿梭。⑥ 所谓法律方法便是法律家的目光进行此种"来回穿梭"的过程中,归纳、总结、领悟而成的一系列方法。

---

① 王荣、张捍东:《初析法学案例教学方法的几个问题》,载《党史博采》2006 年第 7 期。
② 杨思斌:《实践性法学教学方法与模式探讨》,载《皖西学院学报》2004 年 2 月。
③ 参见申君贵:《诉讼法学教学方法研究》,载《广西政法管理干部学院学报》1999 年第 2 期。
④ [德]伯恩·魏德士:《法理学》,丁小春、吴越译,法律出版社 2003 年版,第 295 页。
⑤ 黄茂荣:《法学方法与现代民法》,中国政法大学出版社 2001 年版,第 251 页。
⑥ [德]伯恩·魏德士:《法理学》,丁小春、吴越译,法律出版社 2003 年版,第 296 页。

法学教育即是要向学生传授这一方法，而案例教学法之作用，则应当是通过案例之运用，传授法律解释与法律适用的具体方法。在传统的讲授式教学方法之中，案例所发挥的作用被局限于针对抽象法律条文所进行的"举例说明"。在这种模式之下，案例是可有可无的，因为它将抽象的法律原则、规则和概念当作教学的主体内容，案例为其服务。但是，当我们认识到法律方法的本来面目之后，则不难发现，这种模式恰恰是一种本末倒置的模式。因为，一切法律方法的运用最终所指向的目的无非都是具体案件的解决，法学教育自然应当以具体案例为指向。与此相比，所谓原则、规则与概念，则无非是在处理待决案件时，进行法律思维的工具。在这个意义上可以说，传统教学方法的误区在于将工具主体化，目的工具化。这就仿佛在传授武术技能时，不注重演练如何运用合理有效的方法去击败对方，而仅仅关注于各种兵刃之概念、特点的讲授。有学者担心"案例教学最大的不足之处在于其不能使得学生对整个法律体系和法律的内在逻辑性有深刻的理解，这可能导致学生发展后劲不足"。[①] 但笔者以为，之所以有这样的担心，实际上是将案例教学简单地理解为了"举例说明"；真正的案例教学则正好相反，其目的恰恰在于提高学生对法律体系和法律内在逻辑性的深刻认识。

总之，案例教学法之真正价值应当是培养学生掌握法律方法，即通过案例教学，使学生真正学会运用法律思维解决具体案件的能力。这种方法不应当仅仅被作为一种吸引学生学习兴趣，活跃课堂气氛，提高授课效果的举措，而应被当作树立学生法律思维，促使其领悟法律方法之本质的一条必由之路。通过案例教学应使学生认识到，书面上的一系列体系庞杂的规则、原则与概念并非金科玉律，而仅仅是人类社会面临需要解决的各种纠纷时，逐渐积累而成的一套"人为理性"，相对于纠纷解决这一目的而言，这套人为理性所发挥的是一种工具的作用；而且这一工具并非尽善尽美，在纠纷解决的实践当中，它还将被不断完善。

2. 教学案例之选取

教学案例的选取是开展案例教学的关键一环。如何选取教学案例，是法学教育过程中一个需要深入研究的问题。

对案例教学之真正价值的不同理解，决定了教学案例选取的不同方法。如前所述，在传统的讲授式教学模式之下，案例的作用被局限于对抽象规则的"举例说明"，于是在教学案例的选取上便体现出非常明显的削足适履的

[①] 王荣、张捍东：《初析法学案例教学方法的几个问题》，载《党史博采》2006年第7期。

倾向。即完全从现有知识体系出发，根据其中一个个所谓"知识点"的安排，来选择教学案例。目前国内出版的法学各学科的"案例教材"即采取了此一模式。

这种模式存在的问题主要存在于三个方面：首先，是不容易遇到足够"正中下怀"的案例。因为现有的法学知识体系是经过理论整合而形成的，整合过程考虑的主要因素是逻辑体系的连贯性以及知识传承的方便程度。但是，实际生活中发生的现实争议却丝毫不会顾及这一知识体系的存在。一起具体案件可能会涉及一个学科中的多个知识点，甚至还会牵扯到其他学科的问题。这就需要首先对案件中包含的各种信息加以整理。但是这种整理工作恰恰是法学方法之运用过程中的重要内容。它在法学方法论上被称为"涵摄"，即确定生活事实与法律规范之间的关系的思维过程，将事实涵摄于法律规范，就是检验事实是否满足法律规范的事实构成并因此产生规范所规定的法律后果。① 运用"涵摄"的技术是法律人一项重要的基本功，而目前这种"知识点"先行的所谓案例教学方法恰恰把这一重要过程遗漏掉了。学生由此学到的仍然是一个个抽象的知识，而非法律适用的真正方法。

其次，如果一味迁就现有知识体系，在很多情况下，还不得不对真实的案件进行某种程度的加工与虚构。在法学教育中，虚构的案例并非绝对不可采用，但是如果采用过多，则有脱离现实的危险。法律并非艺术创作，艺术创作来源于生活并高于生活，但法律却永远要面对原汁原味的现实性纠纷。因此，在教学过程中应当尽可能使用真实的案例。

有学者将上述两个方面的弊端概括为案例案件事实的"简约化"和"人工化"。简约化是指教师在选取案例时用归纳案件事实特征和法律关系的方法简要描述案件事实。由于案件事实过于浅露和直白，学生无须通过自主思维就能直观地了解案件的性质、所涉及的法律关系及案件纠纷的关键所在。人工化是指通过假设和拟定的虚假人物和事件来构造案例事实，诸如甲和乙签订一份买卖合同、A公司与B公司进行交易，等等。明显虚假的案例会使得学生的思考兴趣大为降低。② 另外，笔者还从一本总体水平尚属不错的刑事诉讼法学案例教材中读到这样一则令人啼笑皆非的案例。③

---

① [德]伯恩·魏德士：《法理学》，丁小春、吴越译，法律出版社2003年版，第303页。
② 张丽娟、张俊义：《法学教学方法改革浅谈》，载《山西高等学校社会科学学报》2005年第7期。
③ 参见刘根菊主编《刑事诉讼法教学案例》，中国政法大学出版社1999年版，第59页。

某中级人民法院在公开审理赵志中伤害（致死）案件时，通知了本案被害人张小平之父张宏老汉出庭参与诉讼。开庭伊始，审判长宣布了合议庭的组成人员、书记员、公诉人、辩护人、鉴定人和翻译人员的名单，并告知当事人、法定代理人在法庭审理过程中依法享有的诉讼权利。首先告知可以申请合议庭组成人员、书记员、公诉人、鉴定人和翻译人员回避。然后问张宏老汉："你是否申请回避？"张宏老汉不满地问："怎么刚让我来就让我回去？"审判长听后，耐心地说："不是让你回去，是问你是否申请回避。就是说，上述人员与本案有注定的利害关系或者其他可能影响本案公正处理的关系，你可以要求他们不参加这起案件的审判工作或从事书记员、鉴定人、翻译人员的工作。"然后再问张宏老汉："你是否申请回避？"张宏老汉满意地回答："我懂了。我不申请回避。"

上述案例意图阐述的知识点为回避的含义。但显而易见的是，像如此简陋的案例对教学实在是起不到任何作用。它仅仅是一种最简单的"举例说明"而已，只能使学生的思维简单化、直接化，对于法律方法的培养毫无益处。

最后，这种从现有知识体系出发选择教学案例的做法还存在一个更深层次的危险，那就是容易导致法学知识积累的停滞，无法适应不断发展的现实生活。从某种程度上可以说，现有的知识既是宝贵的智力成果，同时又是一种"成见"。这种成见如果不经受现实生活的不断检验，则很容易故步自封地走向僵化。

综上所述，在教学案例的选取问题上，首先尽量选取真实发生的案件，另外还不能过分依赖于现有知识体系的结构，使案例过分迁就于它；而应当从案例出发，将如何运用抽象的规则、原则和概念解决具体案件作为教学的主体内容。这就要求，我们选用案例"要避免规范化和简单化，要选择具有理论探讨价值、涉及多方面法律关系的案例。引导学生从多种视角去思考、分析，重点不是得出什么结论，而应注重思考和分析的过程，以及运用法学原理所进行的逻辑推理"。[①]

然而，现阶段在我国采行案例教学法不仅需要考虑上述应然层面的问题，在实然层面也存在许多需要克服的现实障碍。其中最大的问题莫过于教学案例的来源。美国法学院直接将上诉法院的司法意见作为案例教学的内

---

① 顾海波、李吉宁：《应用法学教学方法改革探讨》，载《辽宁公安司法管理干部学院学报》2003年第1期。

容，这与其判例法传统密切相关。在这一传统之下，案例是无须，甚至无法选择的。即使在欧洲大陆法系，判例不具有正式法律渊源的地位，但是，完整的判例制度却是一直存在的。这些判例可以成为法学教育首选且主要的内容。这一点只需翻阅大陆法系国家的法学教材即不难发现，最高法院的判例占去了大量篇幅。

反观我国，由于不存在正式的司法判例制度，使得法学教育在选择案例问题上存在很大的困难，案例来源很难保障。在司法判例机制健全的情况之下，对判例的研究可以说是一种典型意义上的法解释学研究；但在我国，则往往不得不以实证研究的形式进行。笔者在主讲刑事诉讼法学和证据法学等课程的过程中，常常感觉很难寻找到适合的教学案例。许多学者在指出案例教学法不完全适合我国法学教育时所列举出的重要理由往往是，我国案例数量有限，不可能覆盖课程中的所有问题。① 对此，笔者的总体态度是，判例公开的制度尚未建立，这的确是为法学研究和法学教育制造了很大的麻烦，但是法学教育不能等到相应的制度都建立健全之后再开展案例教学。在当前这种特殊情况下，尤其需要法律教育工作者付出更大的努力，通过各种可能的途径去收集素材，充实我们的教学工作。

3. 案例教学课程设置

开展案例教学必然会对教学进程提出与以往讲座式教学方法有所不同的要求。这是此种方法本身固有的一些特点决定的。首先，讲座式教学往往是依照本学科各个知识点之间的逻辑关系拟订教学计划和教学大纲，强调知识体系的连贯性和逻辑性。但是案例教学则往往需要在相当程度上打破这种知识体系的结构，在一个案例当中，往往会出现多个知识点相互并存与交织的状况。因此，案例教学的开展首先要考虑的问题是如何与传统教学方法相协调的问题。其次，案例教学的目的是培养学生的法律思维和分析具体案件的能力，与讲授式教学模式相比，学生的主动性是必不可少的。案例教学的开展必须在学生已经对案件事实和相关的法问题有了预先的深入了解和思考的基础上才能够真正有效地进行。因此，案例教学需要学生在课堂之外做的工作大大增加，并非以往单纯的预习与复习这么简单。基于上述理由，笔者以为，在案例教学进程之具体安排问题上，首先要考虑案例教学与理论教学之间的关系问题。

笔者在上文已经指出，由于我国的法律传统和法律体系的关系，美国式

---

① 参见王清平《法学课程教学方法的探讨》，载《中国大学教学》2004年第12期。

的案例教学不可能完全适合我国。因此，案例教学在我国也不可能成为唯一或最主要的教学方法。在采用案例教学方式的同时，必须妥善处理好它与理论教学的关系。在这个问题上，案例教学似乎可以采取以下三种方式。

第一，在传统理论教学过程中增加案例教学的比重。成文法国家，法学教育往往是从抽象的法律概念、原则、原理入手的。对于一个初登法学殿堂的学生来说，从概念和原理入手可以使其较为迅速地掌握法学知识的基本框架，这个基本框架是历代法律人智慧的结晶，比较符合一般人认识事物的逻辑规律。但是，这个由无数知识点构成的体系毕竟是抽象的，其真正含义的阐释离不开具体的案件事实。因此，当教师向学生讲授这些概念、原则的时候，应当尽可能通过具体的案例去解释其含义，让学生逐渐养成通过案例去理解和掌握法律知识的习惯。

第二，在学生已经掌握某一学科的基础理论知识的前提下，开设单独的案例教学课程。在现有条件下，受制于学时、学分、学生的修业年限等多方面因素，我们还不得不将上述第一种方式作为案例教学的最起码也是最普遍的要求。但是，至少在诸如刑法、民法、刑事诉讼法、民事诉讼法以及行政法等基础性学科中，可以在理论课程之后，考虑设置专门的案例教学课程。此种课程的意义在于摆脱现存理论体系的限制，通过分析具体案例，使学生对本学科的知识达到融会贯通，并进一步提高分析法律问题的能力。这一思路如能实现，在教学效果上必将有巨大收获。

第三，在师资条件允许的情况下，还可以考虑开设不受目前法学各学科格局限制的案例教学课程。现实生活中，一起案件往往会涉及刑事、民事、实体、程序等多方面问题，过于严格的学科界限尽管在相当程度上有利于知识积累与传承的效率，但是又很容易僵化学生的法律思维。因此笔者以为，在学生已经修完各主要学科的基础理论课的前提下，可以开设一些综合性质的案例教学课程。当然，此种案例教学课程对师资力量的要求是比较高的，目前的现实情况是，能够精通法学各主要学科的教师并不多见，因此，加强师资力量的建设，也是教学方法改进过程中的重要一环。但是，这也并不意味着在目前条件下，绝对不可能开展这一方面的尝试。比如，至少可以在联系较为紧密的几个学科之间开设这种综合性质的案例课程。如可以开设综合刑法与刑事诉讼法的刑事法案例分析课程，民法与民事诉讼法的民事法案例课程，等等。

案例教学方法无论采取何种具体方式，在教学进程之安排上都应当作出与以往不同的调整。有学者指出：案例教学法是通过实际案例的分析讨论，来引导学生去理解法律理论和原理。教师可以把一些有一定综合性、典型性和有相当难度的案例提前发给学生，要求学生在课前必须认真阅读，独立分析，形成自己的判断。在课堂中，教师担任引导者和组织者的身份，根据案件内容巧妙设计不同的但相互关联的若干问题，以激发学生的兴趣，启发学生的思维。另外，教师在教学中应注重培养学生把握案件的关键点区分事实问题和法律问题以及综合运用各项规则的能力。充分发挥学生的主观能动性，引导鼓励学生通过自己的思考和分析得出最佳的答案。[①]

三 诊所式教学

（一）美国源起

如前所述，案例教学法重在培养学生掌握法律方法，提升法律思维的能力。这一点相对于传统讲座式教学方法来讲，无疑更具有针对性，也更符合法律这门学科的本质。但是，法学教育若仅限于此，也无法满足培养合格法律人才的需求。因为完整地看待法律之学，它既有其科学性的特征，也具有经验层面的广泛内涵。但无论是传统的讲座式教学方式还是案例教学方法都主要是将法律当作一种科学来传授，二者的区别仅仅在于，前者将法律简单化为一种唯一准确的真理，侧重其内容的传递；而后者则更侧重于传授获得法律结论的科学方法。若惟仅仅专注于此，则欠缺了一名合格法律家在经验方面的积累与养成。法律院系的毕业生在历经此种教育之后，面对纷繁复杂的社会，依然要从零开始去摸索具体实践之经验。其间自然要经历无数次的挫折与试错的过程。因此，作为法学教育改革的一个普遍趋势，世界各国都将注意力投向了这一被传统法学教育忽略的领域，开始重视对法科学生实践操作能力和经验的培养，所谓"实践性教学"一词由此成为法学教育中一个新的理念。

在法学教育理念上的这一转变实际并没有提出什么全新的问题，究其实质，无非是对当年美国法学教育从学徒式转向学院式模式的进一步反思。如前所述，当年的这一转向是打着科学的大旗实现的，即法学凭借着案例教学模式的归纳与演绎，以科学的名义与旧的学徒式教育决裂。但是现在看来，

[①] 赵锐、张风荣、马玉飞：《法学本科教学方法的选择与设计》，载《山西高等学校社会科学学报》2005 年 7 月。

这种决裂实在是有些一相情愿的色彩，因为法律的经验性特征并不会因为跻身大学的讲堂而就此消失，它只不过是被视而不见罢了。现代大学教育是一种在有限的时间里，集中传授知识的模式，而一个人经验的积累则需要毕其一生的时间才能完成，它显然是大学教育所难以负担的。因此，无论在大学教学内容、教学方法上做何等的变革，大多都只能在科学的范围之内打转转；而经验则往往不得不借助于社会这所大学来获得。

然而，这并不意味着大学的法学教育在经验层面不能发挥任何作用；尽管我们不能奢望仅凭大学法学院的教育就能造就经验丰富的法律职业者，但是通过教学模式的适当改革，至少可以使学生在毕业之前对法律的实际运行，获得一个大致的认识，甚至具备初步的法律执业经验，为今后执业打下一定的基础。时下流行的各种"实践性教学"的尝试，都是在这一方面所做的探索。其中尤其以"诊所式"法学教育最具代表性。诊所式法学教育兴起于20世纪60年代的美国，它主要是针对当时美国法学教育制度中存在的种种缺陷的反应。一个世纪以来，美国法学院普遍实行兰代尔创立的案例教学法。许多人指责此种教学模式将学生与现实完全隔离起来，仅仅从书本和讲座中学习法律知识，而难以从理论与实践的对比中发现理论的漏洞与缺陷。[①] "法学院教学中存在的大量问题源于其仅仅把注意力限制在对上级法院意见的研究上，这过于简单化了。"[②] 诊所式教学的出现便是以弥补法学教育的这一缺陷为目的的。

诊所式法律教育是在借鉴医学院教育模式基础上提出的一种法学教育模式。众所周知，医学院学生在学校修完基础课程之后，都要花相当长的时间到医院从事临床实习，临床实习是医学教育的一个重要组成部分，我国目前的医学教育亦是如此。诊所式法律教育的目的便是为学生提供类似于医院临床实习一样的空间，以培养其法律的操作能力。学生在法律诊所中，在教师的指导下为处于困境中的委托人提供咨询，"诊断"他们的法律问题，开出"处方"，为他们提供解决问题的途径，并为他们提供法律服务，从实践中学习法律职业技能。[③]

1933年，美国杜克大学法律援助诊所负责人约翰·布拉德威提出了五项诊所教学方法的目标：第一，弥补法学院理论教育与实践间的差距；第

---

① 杨欣欣主编：《法学教育与诊所式教学方法》，法律出版社2002年版，第104页。
② 同上书，第135页。
③ 甄贞主编：《诊所法律教育在中国》，法律出版社2002年版，第4页。

二，对学生所学的各种实体法和程序法进行融会贯通；第三，在法律学习与实践中引入人的因素；第四，对法律执业中未形成书面教材的辩护实践进行介绍；第五，教会学生对法律问题要从头进行思考，而不是从上诉意见形式出现的结局来进行分析。① 印度学者弗兰克·S. 布洛克对诊所法律教育的评价是：诊所教学方法被简称为"通过实践学习"，即在教师的指导和监督下，通过学生积极地参与法律程序的多个方面来进行教学；它的价值为：由于直接参与组成诊所课程中心的案件，使得学生比在传统的教室授课中对律师的作用和工作有更深层次的理解。②

诊所式教学模式在法理学上的依据是美国 20 世纪 20—30 年代发生的"现实主义"法学运动。从关注"书本上的法"转向"现实中的法"，从关注法律规则的作用转向法官的司法活动。其研究的方法和成果满足了时代发展的需要，成为罗斯福新政时期的"官方法学"，对美国后来法学思想的形成和发展产生了巨大影响。③ 严格地说，现实主义法学并不是一个学派，而是当时由一批具有某种共同思想倾向但又持有不同观点的人所形成的一种学术思潮。他们的共同观点是贬低以至于否认法律规则，主张法律就是法官或其他官员处理案件的行为或对这种行为的预测。④

比如，现实主义法学大师卢埃林指责当时的法学教育是"抽去了事实的空洞条文"，敦促法学院应该研究解决"把法律和人文知识适用于行动的问题"；另一位现实主义法学家弗兰克则是从法律事实的不确定性理论出发，在耶鲁法学院创造性地开设了一门"事实发现"的课程，打破了传统的只注重案例和法律条文的陈腐做法，让学生从更广阔的视野中去把握"法律事实"。第二次世界大战之后，美国各法学院从教材的选择、编排、修改都体现了"现实性"的要求，对于法学的自身看法也发生着改变。最终形成了诊所式法学教育改革的运动。⑤

总之，诊所式法律教育紧扣"实践"二字，是一种典型的实践性教学方法。由于它直接击中了传统法律教育模式的命门，因此短短的几十年时间

---

① 杨欣欣主编：《法学教育与诊所式教学方法》，法律出版社 2002 年版，第 135 页。
② 甄贞主编：《诊所法律教育在中国》，法律出版社 2002 年版，第 6 页。
③ 吕世伦、付池斌：《现实主义法学对美国法学教育的影响》，载《东岳论丛》2006 年第 2 期。
④ 沈宗灵：《现代西方法理学》，北京大学出版社 1992 年版，第 309 页。
⑤ 吕世伦、付池斌：《现实主义法学对美国法学教育的影响》，载《东岳论丛》2006 年第 2 期。

里，在世界范围内产生了非常大的影响。除美国之外，拉丁美洲、非洲、西欧、东欧、澳大利亚、新西兰等许多国家和地区的法律院校也已成功地应用了这种教育模式和方法。特别是到20世纪90年代，诊所法律教育已成为东欧、南非等国家法治建设过程中不可缺少的组成部分。① 比如，在澳大利亚，由于技术训练被认为是有如学艺一般的较低层次的教育，澳大利亚的大学原本都对与"知识培训"相对的"技术训练"常存戒心。但如今，却越来越强调律师职业的技术。其中最普遍的是口头论说（如出庭或在其他环境下辩护）的能力，其他技术，像如何说服人、如何在谈判和协商中实现自己的目的、询问的技术（如何从客户取得信息）、调解与协商的技巧（如何充当激烈冲突的双方的中间人），所有这些都与实际工作中的基本实务相连。这些技术（如辩护技巧）的传授必须以小组为单位，达到师生之间的即时的和大量的相互交流。②

在笔者看来，诊所式教学的提出实质上已经不仅仅是一个教学方法的改革那么简单，更值得深思的是它在法学教学内容上的重大转变。因为诊所式教学所教授的内容正是被传统法学教育忽略的部分。原本那些因不能形成系统的理论体系而无缘在法学院讲堂上被讲授的知识，通过目前这样一种诊所式的模式被纳入了法学教育的系统之内。正如1971年英国公布的"奥姆罗德报告书"指出的，在英国法学教育中，必须放弃"学问"与"职业"、"理论"与"实务"严格二分的思维方法，加强法律实务界与大学法学院之间的联系和协作，共同提高法学教育的水准，该报告建议对于职业性的法律从业者的培训，应当分为三个阶段进行：（1）在大学中进行学术性培训；（2）在律师学院或相关培训中心（包括大学的培训中心）进行包括学理性和职业性内容在内的实践性培训；（3）进入法律业以后的继续法学教育，这一改革思路，改变了英国早期的法律教育模式，使大学法律教育的地位得到了肯定。③

（二）中国实践

2000年9月，在美国福特基金会的支持之下，北京大学、清华大学、

---

① 甄贞主编：《诊所法律教育在中国》，法律出版社2002年版，第21页。
② 参见许洪臣、张琨《澳大利亚法学教育发展概况》，载《黑龙江政法干部管理学院学报》2003年第1期。
③ 周世中：《英国法律教育制度及其对我们的启示》，载《法学论坛》2002年第1期。

中国人民大学、复旦大学、华东政法学院、武汉大学以及中南财经政法大学七所高校率先开设了诊所式法律课程，诊所式法学教育正式进入中国。2001年9月，又有中山大学、西北政法学院和四川大学三所学校加入进来。一时间，诊所式教学仿佛成为中国法学教育中的新大陆，各法律院系无论是否已经开设此类课程都对其表示出极大的关注。

诊所式法学教育作为一种实践性教学模式，主要表现为围绕具体案件展开的一系列演练和实习。这些案件要么是虚拟的，要么是真实的，前者可以称之为"演习"，后者可以称之为"实习"。这两种方式在我国传统法学教育中实际也早有其雏形存在，即各法律院系普遍设置的模拟法庭性质的活动，和大学生毕业之前的实习安排。但是，由于以往上述两种教学方式的价值未曾被提升到"诊所式法学教育"的高度予以把握，导致其与法学教育的目的渐行渐远，已经沦入可有可无的边缘性境地。目前各法律院系的诊所式教学实际上都是在这两种方式的基础上展开的。

1. 模拟式教学

模拟式教学法是一种启发式教学方法，强调学生通过情景学习，进行主动探索、主动发现，从而获得体验，将知识有效地内化的过程。[①] 可以说，模拟式教学是我国法学教育中最早采取的一种带有实践性质的教学方法。在各个法律院系的基础设施中，模拟法庭几乎是必备的条件之一。学生在教师指导下，以真实或虚拟的案例为蓝本模拟法庭审判过程，在目前的法学教育中已经得到了较为普遍的推行。但是，这种模拟方式亦有其较为明显的局限性。首先，大多数模拟法庭活动是在预先撰写好脚本的前提下进行的，这使得它更像是一场表演，学生发现问题、解决问题的能力以及应变能力，都无法得到真正有效的锻炼。其次，目前的模拟法庭主要是被当作一种向学生展示法庭审判程序的场所，大多是在程序法学的教学过程中使用，而其他部门法学课程则未能加以有效利用。

笔者在多次指导学生模拟法庭活动的经验中，常常深切感到上述弊端的存在。实际上，模拟式的教学活动完全可以在更为广阔的空间中进行。几乎任何法律问题都可以和需要考虑通过案件模拟的方式加以研讨。

有鉴于此，许多法学教育工作者已经开始探索更为丰富的模拟教学的形式。有学者提出，除了模拟法庭审判活动之外，还可以从以下几个方面设计

[①] 李学兰：《法学模拟教学方法之理论与实践》，载《中国成人教育》2004年第4期。

模拟项目。①（1）刑、民事诉讼活动的模拟，让学生从公安、检察、法院、律师、当事人等不同的角度出发，选择典型的环节进行模拟，如刑事侦查规程、预审活动、公诉活动、立案规程、律师受案与会见被告人，等等，让学生充分了解刑民诉讼活动的各方面，通过对不同角色的体验让学生了解各部门的分工和工作规程以及各类文书制作。（2）商、民事仲裁活动模拟。（3）行政执法活动、行政听证、行政复议程序的模拟。（4）企业法律事务方面的模拟。（5）国际贸易活动模拟。

模拟训练教学方法在我国目前各法律院系的诊所式课堂上，是运用最多的教学方法之一。它是"把学生带入一个虚拟的假定情景中，人为制造种种复杂疑难的情节，让学生去面对困难、矛盾和冲突，独自处理、解决矛盾，从中观察学生应付突发事件的态度和解决疑难复杂问题的能力。从我们目前的教学过程来看，主要采用现场演示评议法，跟踪拍摄回放法，分组对垒法，角色换位法等方式进行模拟训练"。②

2. 承办真实案件

承办真实案件是诊所式法学教育最为重要的内容。相对于模拟式教学而言，通过真实案件的实战演习，更能符合诊所式教学的目的。但另一方面，诊所法律教育的灵魂仍然是法学教育而不是办理案件，学生办理真实的案件只是将案件作为教学内容的载体而不是目标。所以，法律诊所课程接受的案件一般由教师决定，教师选择真实而又适合的案件让学生办理，即达到诊所法律教育的教学目的，又达到诊所法律教育的社会救助目的。学生们始终是在教师的指导下进行学习，而不是自发进行学习的。③

从目前国内有关诊所式法学教育的实践来看，主流倾向是将"技巧训练"作为指导学生承办真实案件过程中的一个主要内容。在国内出版的第一部有关诊所式法学教育的专著《诊所法律教育在中国》中，作者将承办真实案件的教学内容概括为以下五个方面：会见当事人的技巧训练，获取证据的技巧训练，谈判与调解的技巧训练，法庭辩论的技巧训练，诉讼文书的写作训练。其间详细列举了在承办案件的各个环节中一系列令人眼花缭乱的技巧。比如在"与客户建立关系的第一阶段——接听电话"中，作者指出：

---

① 李学兰：《法学模拟教学方法之理论与实践》，载《中国成人教育》2004年第4期。
② 甄贞主编：《诊所法律教育在中国》，法律出版社2002年版，第163页。
③ 陈建民：《从法学教育的目标审视诊所法律教育的地位和作用》，载《环球法律评论》2005年第3期。

对于不能马上回答的问题,学会使用"缓兵之计"。诊所学生大多没有经验,对于不懂的问题,通常会直接答复"我不知道"或"我不懂"。如果来话者经常得到这样的回答,诊所就不会有客户了。教师需要向学生指出的是,在一般的情况下,除非来话者问到的问题不属于诊所主题的范围,否则诊所学生轻易不能回答"我不知道",而是要学会争取一定的时间,给来话者满意的答复。对于诊所学生不懂的法律问题,也许这样的回答是策略而又技巧的:"从您的描述来看,我认为您遇到的问题比较复杂,为了给您一个更准确的答复,我想我们需要进行一下讨论,或者要去咨询一下我们的教授,以便向你提供一个比较准确的回答。"①

阅读至此,笔者不禁对诊所式法学教育在中国的命运感到一丝的担忧。难道这种教育模式就是要学生掌握一系列诸如此类的所谓"技巧"吗?恐怕并非如此。美国学者威廉·奎格利(William P. Quigley)指出:"诊所式教育从本质上说是一种学习如何从经验中进行学习的过程。如果学生在诊所学习的结果仅仅是在代理他人从事法律事务的过程中把教师的某些技巧转移给学生的话,那并不是真正的诊所教育。"② 换句话说,诊所式法学教育所教授的依然是一种方法,它与美国法学院传统的案例教学模式的区别在于,前者强调在经验积累过程中掌握法律执业的方法;而后者则是将法律等同于一种纯粹科学的方法。"诊所教育仅仅是学习如何从经验中学习的一个步骤。一个知道如何从经验中学习的人会通过每一次经历来建立、形成、改变和修正他们的辩护风格。学会如何从经验中学习的人与那些不会这样学习的人之间的区别,就像是一个人在做了5年律师后,已经进步成长为另外一种不同类型的律师,而另一个人基本上只是将他的第一年执业经历重复了5次而已。"③

我国诊所式法学教育实践出现上述偏差的根源在于,它依然延续了传统讲座式教学模式的思维定式。两者都把法律误解为某种固定不变的东西来讲授,只不过传统教学模式是把法律当作固定不变的真理;而目前中国式的诊所教育则将法律视为固定不变的经验抑或"技巧"。案例教学的提倡破除了

---

① 甄贞主编:《诊所法律教育在中国》,法律出版社2002年版,第230页。
② 杨欣欣主编:《法学教育与诊所式教学方法》,法律出版社2002年版,第141—142页。
③ 同上书,第142页。

第一种思维定式，使人们认识到，法律是要在具体案件中进行论证的对象，而非唯一正确的真理；但是当经验借着诊所式教学模式进入我国法学教育范畴之后，这种旧的思维定式又开始发挥其持久的影响力。其实，诊所式教育之所以必要，是因为法律作为一门论证之学，不仅仅是一种科学意义上的论证，同时还包含有经验层面的广泛内涵，需要凭借着实践经验的累积才能完成。但这里所讲的"经验"绝不是一种可以打包传递的对象，而是需要法律职业者在其整个执业生涯中去实践的。诊所式法学教育则是试图在法科学生开启执业生涯之前，发挥一种类似于"第一推动力"的功能。因此，诊所式法学教育所要训练的仍然是一种方法，只不过它是一种有关如何在实践过程中总结、积累和运用经验的方法。

3. 司法调查员

汕头大学法学院在汕头市龙湖区人民法院的支持配合下，采取让法学院学生担任未成年人犯罪调查员的方式，对法律实践教学活动进行了另一种有益的尝试。据汕头大学法学院院长杜钢建介绍，其法学院与汕头市龙湖区人民法院合作的未成年人犯罪背景调查员工作于2006年正式启动。他们专门合作成立了"未成年犯罪背景调查办公室"，在龙湖区人民法院审理的未成年人犯罪案件中，由法院委托未成年犯罪背景调查办公室负责调查未成年被告人的犯罪背景。办公室接受委托后，指派由法学院学生担任的调查员，在法官和教师的指导下开展调查工作，调查员进行调查工作的依据是人民法院颁发的"调查员证书"。调查员在法院规定的时间内，按照规定的内容和形式完成调查报告。案件开庭审理过程中，在法庭调查结束后，由调查员宣读调查报告，公诉人和辩护人分别发表对调查报告的意见后，法庭根据庭审查明的事实、证据以及调查报告的情况作出裁判。判决书中说明对调查报告的采信情况。据悉，由法学院学生担任未成年人犯罪案件调查员的实践，受到了法院法官和法学院教师、学生的一致肯定。他们认为，让法学院学生担任未成年人犯罪案件调查员，不仅使学生将所学知识直接在实践中予以应用，提高了学生的法律实务技能，而且避免了由控方或者辩方任何一方作未成年被告人犯罪背景调查所可能引起的"立场不够中立"的质疑，同时，有效地节约了法院或者社会的人力资源。[①]

---

① 参见杜钢建《国际化背景下法学人才培养模式的改革与实践》，载《教育部高等学校法学学科教学指导委员会、中国法学会法学教育研究会2007年年会暨中国法学教育论坛论文集》2007年12月。

（三）小结

国内法学教育界之所以对诊所式教学表现出如此的热情，其主要原因乃在于目前的法学教育已经明显不能满足司法实际工作的需要。如有学者指出：

> 我国法律教育向来把法律作为知识来研究和传授，不注重法律执业技能的训练，轻视法律执业教育，造成法科学生应用能力差，毕业后往往要两三年才能适应司法实际工作，法学教育已受到了实践界的批评，也引起法律教育学者关于我国法律教育方法改革的思考。学习现代法治国家的法学教育经验，探索我国法学教育新方法，重视法律职业技能的训练成为法学教育改革的必需。来自美国的"诊所式法律教育"开拓了我们的视野。[①]

上述观点反映的是我国长期以来法学教育与法律实践之间存在的严重分离。这一点几乎可以说是我国法学教育改革的原动力。从目前情况看，"诊所式教育"正在被越来越多的人当成解决这一问题的良方。但笔者以为，一个现实问题的产生是由多方面因素决定的，对于诊所式法律教育这一新生事物，也应抱以合理的期待。它在培养合格法律人才方面，固然有其无可替代的作用，但是其作用也不能被无限夸大。从我国目前各方面的现实条件来看，诊所式教育尚不可能成为法学教育的主要模式。

一方面，诊所式法学教育所教授的是法律职业中居于经验层面的内容。关于法律究竟是科学还是经验的问题，在法理学上已经争论了多年，但之所以至今仍然莫衷一是，恰恰是因为法律原本就具有科学与经验两个方面的因素。当我们强调两者当中的任何一点时，都不意味着另一方面不存在了。因此，法学教育也应当对上述两个方面都予以充分考虑，从而决定教学方法的具体安排。如前所述，大学教育是一种在一定时间内，集中且专门传授体系化科学知识的制度安排，如果强求法学院的教育能够完成法律执业经验之培养这一任务的话，不能不说是有些强人所难了。因此，笔者以为，如果法学院系开设诊所式法学课程的话，其作用基本上也只是让学生对法律职业的实际状况，获得一个初步的认识，并培养其在实践中继续学习的意识和方法。

---

① 王菊英：《"诊所式法律教育"本土化的思考》，载《河北法学》2005 年第 3 期。

大学法学教育的重心仍然应当是理论知识的传授以及科学的法律思维方法之养成。实际上，我国目前的法学教育在这一点上仍然存在相当大的欠缺。

从另一方面来看，我国法学教育与法律实践之间的脱节，问题并非完全出在法学教育身上；法律实际运行过程中的种种弊端亦是一个非常重要的原因。一系列与法治基本原理相悖，甚至明显违反现行法律规定的操作方法，都使得接受了法学院正规法律训练的学生感到无所适从。这恐怕并非法学教育改革所能解决的问题。

四　反思

"法学教学方法的运用，受不同国家的法律传统的制约，从某种意义上讲，法学教学方法也是一国法律传统的一个重要内容。"① 这里所讲的法律传统是一个外延极广的概念，因此，法学教学方法的选择也必须要考虑到方方面面的因素，而不是一个可以任意选择的对象。从国内学者有关法学教学方法问题的研究来看，普遍存在的一种倾向是，没有明确区分应然和实然，基本上是以某些抽象的思辨前提，然后在此基础之上，提出自己对改进教学方法的建议。这些思考当然是必要的，但仅此并不足以解决问题，因为应当怎样是一回事，而实际情况如何则是另一回事。

比如，多年来法学界有关法学教育的争论集中在职业教育与素质教育两者之间的选择问题，并根据在这一问题上采取的立场，倡导不同的教学方法。但这只是一种典型的应然层面的研究。实际上能够采取怎样的教学方法，更多的是由一系列现实条件所决定的，比如教师的状况和水平、中国社会的实际需要，等等。因此，相对于后者来说，那种抽象的思辨并不如同一般人认为的那么重要。②

在本章的最后，笔者将从以下几个方面探讨法学教学方法的选择过程中，应当考虑的应然与实然方面的几个主要因素。

第一，对于法律本质的理解。

法学教育所教授的是法律之学，对于法律的不同理解在很大程度上决定了法学教育所采取的方式。中国古代自秦以降，基本上奉行李斯主张的

---

①　蓝寿荣：《教之有法与教无定法——法学教学方法的回顾与思考》，载《贵州师范大学学报》（社会科学版）2006年第1期。

②　参见苏力《当代中国法学教育的挑战与机遇》，载《法学》2006年第2期。

"以吏为师"的法律教育模式。而这种教育模式的一个最重要的前提是在人们心中笃信"法无二解"的信念。这是随着秦始皇统一全国法令之后,自然萌生的一种信念。"法无二解"意味着在法律问题上存在着一个唯一正确的答案,法律教育的目的就是要把这个唯一正确的答案告诉受教育者,受教育者所需要的仅仅是对知识的被动接受和记忆。"以吏为师"则意味着法律知识掌握在国家的手中,官吏作为国家的代表,承担着传递这一知识的责任。在这样一套模式之下,法律不被认为是一门学问,士人读书亦不读律。

自清末以来,随着社会的发展,社会生活越来越复杂化,调整社会生活的法律较之过去也相应地大量增加,需要由专门的人员来负责对法律知识的管理和传递,于是法律教育从国家官吏的手中分离出来,出现了一大批专门从事法律教育的人群,"以吏为师"的模式不能满足现实需要了。但是尽管如此,在我们的法律实践、法律教育甚至法学研究领域中,"法无二解"的思想仍然根深蒂固。这也就决定了,这些专门的法律教育者们所使用的教学方法仍然带有以往"以吏为师"模式的鲜明色彩。那就是教学过程表现为教师讲,学生记,最后的考核也往往是着重考查学生对知识记忆的准确度。所谓的法学教育仍然是对于那些固定的法律知识的传递,只不过传递者由当初的官吏,换成了现在的法学教师。这种教学模式固然与英美法系传统中那种私相传授的学徒式教育大相径庭;即使与西方早已跻身大学教育行列的学院式法学教育相比亦是貌合神离,因为两者对于法律的理解存在明显的差异。

现代社会的法律,首先有其鲜明的专业性特征,它是由一批专业人士从事的事业。西方法学教育的发展过程中,无论采取何种教育模式,法学的专业性特征始终是一个基本前提。在承认其专业性的前提之下,衍生出的问题是,这门专业究竟是科学抑或经验。民国时期著名法学家王伯琦先生曾撰文探讨法学的科学性与艺术性的问题,饶有趣味。他指出,法律之学,既是科学、亦是艺术。就其原则之建立,以及适用的方式而言,这是科学,就其如何使正义能得最大限度之实现而言,则就进入艺术的境界了。[①] 这里所讲的"艺术"实际上指的便是法律在经验层面的内涵。因此专业的法学教育应当根据法学的科学性和经验性这双重特征安排具体的教学方法。

我国学界长期以来对法律的科学性、经验性以及专业性等概念存在误解,一种比较有代表性的看法认为,在西方两大法系的法学教育传统中,人

---

① 王伯琦:《近代法律思潮与中国固有文化》,清华大学出版社2005年版,第142页。

陆法系自从波伦亚开始讲授罗马法以来，便将法学当作一门科学；而英美法系则将法律视为一种经验，偏重法律实务操作技能的训练。① 但实际上，当法学教育在英美法系跻身大学教育行列之后，两大法系在承认法学之科学性这一点上就已经是一致的了。

在本章当中，笔者梳理了我国有关法学教学方法之改革的基本脉络。总体而言，从传统的讲座式教学方法到提倡案例教学的转变，反映的是我们关于法律并非真理，而是一种科学方法的认识；而随之出现的诊所式法学教育，则是因为我们进一步认识到，法律不仅仅是科学，同时还有经验层面的内涵。

第二，特定条件下的师资状况。

法学教学方法的采用实际上并非仅仅是一个单纯的"方法"问题，而是受制于方方面面的现实条件。当前，实践性教学方法在国内法律教育界引起了广泛兴趣，但在其推行过程中依然令人时感困难重重。究其原因，笔者认为最大的障碍并非人们对此类教学方法之必要性上的认识不统一，而在于实践性教学方法对师资方面的要求一时难以满足。比如，所谓诊所式教学方法重在通过实际案件的处理，培养学生的实践技能。但是，就目前各法律院系的师资条件而论，又有多少能够真正满足这种教学方法的需要呢？可以说，在以往以教师讲授理论知识为主的传统教学方法之下，法律院系的教育成本是比较低的，只要具备一定数量的持有相关学历学位的教师，即可开班授课。也正因如此，在我国恢复法学教育之后短短的20余年光景里，法学教育规模迅猛扩大的势头已经到了一种令人惊讶的程度。但是，实践性教学方法的采用，则对法学院系的师资力量提出了新的要求。

目前活跃在教学第一线的骨干教师大多是在我国专业划分极为精细的法学教育体制之下培养而成的。复杂严格的专业划分是我国法学教育的一个鲜明特征，即原本应当作为一个整体的法学大陆，被人为分解成一个又一个的小专业。作为一名法学研究者或教育者而言，一旦选定了某一专业，便大多固定于该专业领域，对于其他专业的知识不再涉及。每一个教师都有属于自己的一个专业背景，各专业之间也呈现出一种"隔行如隔山"的局面。甚至教授刑法的教师不了解刑事诉讼法，教授民法的教师对民事诉讼法甚感陌生，反之亦然。应当说，在我国法学研究和法治建设尚处于全面起步阶段的情况下，就知识的积累和传递而言，这种细致的专业划分在某种程度上是一

---

① 参见房文翠《法学教育的理论性与经验性辨析》，载《政法学刊》2002年第4期。

种比较有效的资源分配方式，它所体现的是在学术资源上的计划经济模式。但是这种过于严格的划分也带来了非常严重的后果。各个具体专业的研究和教学都由此陷入一种"头痛医头，脚痛医脚"的狭隘格局。①

然而，任何一个实际案件的发生都丝毫不会去迁就这种人为制造出来的知识划分体系。尽管教师在讲授过程中，可以去选择甚至虚构出很多正中本专业下怀的案例，但实践中的案件是不可以选择和虚构的。处理真实案件时首要的一点便是要求将各专业知识融会贯通的能力，不仅要考虑实体而且要考虑程序规定，不仅要考虑法律要点，而且要考虑事实问题。犹如学习武术，套路娴熟、一气呵成并不能成为武林高手，武林高手还必须能够更进一步地把招式拆开应对，得心应手、游刃有余。②

因此，在实践性教学模式的建立过程中，首先面临的恐怕不是如何培养学生，而是如何培养教师的问题。目前绝大多数法学教师的知识结构都已经被旧有的法学教育体制局限在了一个非常狭小的范围之内，只有教师率先打破这一框架之后，才能真正胜任各种实践性的教学方法。

第三，法学研究的整体水平。

对法律本质之认识的逐步深化，本身便是在法学理论研究领域取得的成果，这个成果反过来又对法学研究和法学教育发挥着指导作用。从上文对法学教学方法发展过程的阐述中不难看出，每一次教学方法上的重大转变，其实都是以法学研究领域取得的重大成果为基础的——案例教学模式的推广，离不开法律解释学的发达，而美国诊所式法律教育的出现，又是以法律现实主义理论为指导的。因此，法学教育的进步归根结底还是要从法学研究汲取力量。新中国的法学研究和法学教育几乎是同时产生、同步发展的一对孪生子。这一现实决定了我国法学教育在知识底蕴上的先天不足。对于法学界同人来说，正视这一现实，扎实做好科研工作，便是对中国法学教育作出了自己的贡献。

---

① 参见宋功德《法学的坦白》，法律出版社 2001 年版，第 141 页。
② 参见王晨光《法学教育的宗旨——兼论案例教学模式和实践性法律教学模式在法学教育中的地位、作用和关系》，载《法制与社会发展》2002 年第 6 期。

第八章　法学教材

　　教材是教学过程中一个必不可少的环节，法学教育亦不例外。所谓教材，即教学的基本材料，它是教学的依据，同时也是一个国家法学研究水平的集中体现。特别是在我国这样的法学研究和法治建设起步不久的国家，一本教材的诞生，曾经几乎被视为一门学科建立的标志。众所周知，当代中国法学院系中法学各学科的学术权威，基本上是以参与20世纪80年代初中期司法部法学教材编辑部主持的法学教材编写工作而奠定其权威地位的。① 总而言之，自从1978年我国恢复法学教育以来，法学教材的编写就一直被当做一项重点工作进行，并取得了比较突出的成果。

　　但是，回顾我国法学教材的发展历程，也不难发现其中存在一系列亟待引起注意的问题，这些问题严重制约着我国法学教材编写质量的提高。对此，学界已有诸多同人作了非常深刻的思考，其中既有从整体上对法学教材编写的目的、方法等问题进行的宏观性思考，② 也有针对某一法学学科在教材编写上存在的问题所做的具体研究。③ 笔者认为，在我国法学教材编写工作中存在的所有问题的背后，有一个是最为深层次的，那就是行政力量在教材编写工作中发挥了主导性作用。行政力量的干预在我国法学教育恢复之初，曾经起过非常积极的作用，但这毕竟是特定历史条件下的产物，时至今日，它已经对法学教材本应具有的学术性特质构成了严重的抑制，教材的学术水准多年来一直停滞不前。因此，目前解决法学教材编写工作中诸多问题的关键在于，淡化行政主导的色彩，使教材编写重新回归学术领域，因为学术研究才是教材发展进步的最为重要的源泉。在本章当中，笔者将对这一问

---

① 郑永流：《人有病，天知否？——当代中国高等法学教育问答》，载《政法评论》2001年卷。

② 如陈金钊：《问题与对策：对法学教材编写热潮的感言》，载《杭州师范学院学报》（社会科学版）2007年第2期。胡玉鸿：《试论法学教材的编写目的》，载《法学论坛》2004年第3期。

③ 如王本存：《法理学与两本〈法理学〉教材》，载《政法论坛》2006年第1期。梁志建：《中德行政诉讼法学教材的结构比较研究初探》，载《河海大学学报》（哲学社会科学版）2002年第4期。

题进行较为深入的阐述。

一 行政化的编纂模式

(一) 矛盾的开端

1980年春,在司法部和教育部的直接领导下,组织力量对7个省11个法律院系的法学教育状况进行了调查。调查结果表明:要提高法学教育质量,关键是师资和教材。而合适的教材和参考资料,又是提高师资力量的必要条件之一。当时的一些法律院系甚至因为缺乏教材而无法上课。教材建设已经成为法学教育中最急需解决的基本问题之一。1982年12月3日,司法部在人民大会堂召开有100多位在京法学专家、学者参加的法学教材座谈会。新中国成立以来,就法学教育和教材编写工作举行这样规模的会议,还是第一次。① 可见,教材编写工作在我国法学教育恢复之时起,就成为党和国家重点关注的一项基础设施建设。

有学者指出,在近30年时间里,我国法学教材的编写工作先后出现了三次热潮。第一次是在20世纪80年代。在法学教育恢复初始阶段,由于教学过程的需要,新老学者写了许多内容重复的法学教材,比如,仅法理学教材就有几十种。这一阶段的编写者主要是中国20世纪50年代培养的法学人才,还有少部分是新中国成立前中国培养的或留学国外的学者。这些学者的贡献是不可磨灭的,他们搭建了法学教育与研究的基本平台,为当时的学生(当今的学者)的学习提供了基本的知识与原理。第二次是到了20世纪90年代,特别是20世纪90年代末,出于跨世纪的需要,在法学界推动下,一些重要的出版社组织编写了多套冠之以"21世纪"标题的法学教材。第三次则是近年来,出于对跨世纪教材的某种不满,许多学者提出了重塑教材体系的想法。同时,由于教育部搞起了精品课程建设,于是许多冠以精品的法学教材纷纷出笼。适逢2006年教育部实施"十一五"规划教材建设,新一轮的教材热又开始了。②

从上述历程可以看出,我国法学教材编写工作的一个突出特点是,始终是在外界,特别是行政力量的主持之下进行的。我国1978年恢复法学教育,

---

① 参见常青《为改变法学教材的落后面貌而努力》,载《法学杂志》1983年第1期。
② 参见陈金钊《问题与对策:对法学教材编写热潮的感言》,载《杭州师范学院学报》(社会科学版) 2007年第2期。

谈及当时国内法学界面临的状况，很多人不约而同地使用"书荒"这个词来形容，可供阅读的法学类教材和专著实在是少之又少。为了解决这一问题，1980年，司法部成立了法学教材编辑部，准备集中力量编写一套供各法律院系教学使用的教科书，即所谓"法学统编教材"。从这个名称上便不难发现其浓厚的计划经济色彩。而且这一色彩一直延续至今，其后各种"八五"、"九五"、"十五"规划教材、"21世纪法学规划教材"，等等，均延续了当初统编教材的模式。即由某一机构牵头，组织一些各学科的专家统一编写一整套涵盖法学各门学科的教材。

从目前的情况来看，教育部、司法部和各法律院系已经成为法学教材编写的三大主要力量，它们垄断了绝大多数法学教材的编纂工作，学者个人若无上述三家之一的行政命令，很难染指教材。① 甚至许多地方行政机构也已经积极地参与进来，如广东省教委在"九五"期间曾经提出，要规划抓100本教材的建设项目。广东省教委要求并组织能胜任编写任务的教师参与承担编写任务，为保证教材编写质量，由承担编写任务的学校与教师本人签订合同书，以互相制约权利、义务的关系，用法律手段追究违约责任，保证将教材建设任务落实到人落实到学校。②

在这种计划经济模式之下，教材的编写与其说是一种学术活动，不如说变成了一项行政任务。此种模式显然有利于"集中力量办大事"，在短期内成效是比较显著的。比如，1981年，由司法部法学教材编辑部组织编写的法学统编教材开始陆续刊行。据统计，前后三年中，在全国42个教学、科研单位的310名专家学者的共同努力下，共完成了1700万字的两套法学教材共计54种。③ 但是，教材的编写毕竟在实质上应当是一项学术活动，编纂一部高质量的教材比起就某一具体问题撰写一部专著所要付出的艰辛往往还要大得多。因此，这种以行政命令的形式组织编纂的法学教材，在质量上是不可能令人满意的。日本刑事法学者田口守一，前后花费9年的时间撰写其二十余万字的《刑事诉讼法》教科书，这在我国现行教材编写体制之下，几乎是不可想象的。

因此，笔者以为，在法学教育恢复之初的特定情况下，行政化的教材编

---

① 参见郑永流《人有病，天知否？——当代中国高等法学教育问答》，载《政法评论》2001年卷。

② 参见王光仪《改革开放以来高校法学教材建设的回顾与展望》，载《汕头大学学报》（人文社会科学版）1996年第4期。

③ 参见王黎《具有中国特色的法学教材正在陆续出版》，载《现代法学》1983年第4期。

写模式发挥了重要作用，但是在法学教育取得初步发展，在教材建设已经基本满足日常教学需要的今天，应当让法学教材的编写重新回归学术领域，由学者们将其作为一种学术活动来进行。目前这种行政化的弊端已经越来越明显地表露出来。比如，由于职称评定等原因，有些单位甚至把参加教材编写当成一种福利待遇，这样的写作班子是无法编写出优质教材的。①

（二）"合作"模式

迄今为止，国内出版的法学教材大多以多人合作的形式编写而成，往往为一人担任主编，另有多名参编者，分别承担各部分章节的写作。参与一部教材编写工作的少则数人，多则十余人。此种模式亦是从当年司法部统编教材的编写过程承继而来。据了解，当时法学教材编辑部的编写工作共经历五个环节，即：确定统一的编写提纲；初稿集体讨论后修改统稿；正副主编认真审查定稿；责任编辑进行技术性加工；总编室反复审改（或特邀专家代审）。② 这种多人参与的模式在法学研究水平尚处于薄弱阶段时，是一种不得已的做法，它可以在现有条件下尽可能保障教材的质量。但是，在法学研究和法学教育历经多年的发展，已取得较为丰硕的成果之后，此种模式的弊端便逐渐暴露出来。

笔者认为，这种多人合作编写教科书的模式目前已经越来越成为制约教科书质量提高的一个重要因素。它使得教科书的编写变成了一条流水作业式的生产线，而不再是严格意义上的学术工作。学术在很大程度上是一项个人化的事业，并无"民主"可言。由于参与同一本教科书的作者，在学术立场、学术水平以及写作风格等方面未尽一致，导致最终编纂出来的教科书常常难以从较为深入的层面，对各专业问题进行系统论述，而只能流于浅层次的介绍；而且即便如此，目前坊间流行的各种法学教科书中，其错误、矛盾之处也是屡见不鲜。张明楷教授在其专著《刑法的基本立场》中指出，目前我国学者普遍缺乏一种"学派意识"，研究者常常不能清楚地意识到自己理论的核心，因此很可能忽视自己的具体观点与基本立场的关系，进而导致具体观点与基本立场相冲突，③ 即所谓自己与自己发生了矛盾。学术活动在很大程度上是一种内省或反思式的行为，强调理论的自洽性。如果说受限于

---

① 汤强：《对高等法学教材出版的认识与思考》，载《大学出版》2005 年第 2 期。
② 参见王黎《具有中国特色的法学教材正在陆续出版》，载《现代法学》1983 年第 4 期。
③ 参见张明楷《刑法的基本立场》，中国法制出版社 2002 年版，第 3 页。

当前国内法学研究的整体水平，我国学者在自身的学术立场上尚且无法融会贯通的话，那么，由人数众多的作者分工撰写同一部教科书的做法，自然也不可能达到较高的学术水平。

有鉴于此，近年来国内陆续出现了一些个人独著的教科书。影响较大者如梁慧星著《民法总论》（法律出版社），张明楷著《刑法学》（法律出版社），张千帆著《宪法学导论》（法律出版社），王小能著《票据法教程》（北京大学出版社），李永军著《合同法》（法律出版社），郑成思著《知识产权法》（法律出版社），等等。总体上看来，理论体系较为完备、逻辑性较强的学科，以个人独著形式撰写的教科书相对较多，其中主要是民商法、刑法等实体法学科；而理论相对薄弱，体系尚处于完善之中的学科，则往往还在延续一人主编、多人参与的形式编写教科书，这主要是程序法学、理论法学、法律史学等学科。

笔者认为，多人共同编纂教科书是在特定历史条件下产生的现象，当法学研究水平达到一定程度之后，个人独著形式的教科书必然会成为一种普遍现象。当年西法东渐之时，我国即已出版过为数不少的经典法学教科书，几乎无一不是采取个人独著的形式。如史尚宽、王伯琦、王世杰、蔡枢衡、夏勤、陈瑾昆等诸位法学大师的著作，现在读来，仍然令当今的法律学子们叹为观止。

当然，个人独立撰写一部教科书，必定与多人合作编写所需耗费的时间不可同日而语。因此，当前者成为一种普遍趋势之后，现行的以行政力量主持规划教科书编撰的模式也必将难以维持，教材编写的个性化色彩将日益凸显，学术质量也必然提高。

（三）低水平重复

国内法学教科书的更新换代较为频繁，这已是一个众所周知的现象。它在很大程度上反映出我国法学教育恢复以来的近30年时间里，法学研究所取得了突飞猛进的成就。法学教科书无论是在信息量还是理论深度方面都在持续地迅速增长，一些最新的研究成果也被源源不断地补充到新近编写的教材之中。另外，法学教科书频繁推陈出新的现象还与我国法治建设的现状有非常密切的联系。我国正处于法治建设高速发展的新时期，依法治国的理念已经成为社会各界的共识，各种法律法规的立、改、废均非常频繁。因此，法学教科书也伴随着法治建设最新成果的出台而不断地发生变化。总之，法学研究和法治建设的快速发展是我国法学教科书频繁更替的一个最重要的根源，这在我国现阶段是不可能完全避免的。

但是，教科书的更替过于频繁对于法学教育毕竟会产生诸多非常不利的因素。在这种情况下，不仅学生，甚至教师都会在各种令人眼花缭乱的教科书面前感到无所适从。教科书是人类智慧的结晶，它在知识的传递与传承过程中应当能够保持相当程度的稳定性。张明楷教授在其独著的代表性教科书《刑法学》第二版的前言中指出，名家撰述的教科书中，有两类令人叹为观止。其一为，出版二三十年后未曾也无须修订，仍然反复印刷，学者频繁摘引，学子百读不厌。其二为，出版之后每年一次新版，依然洛阳纸贵，学界竞相传诵，学子爱不释手。目前在我国法学界，符合上述两项标准之一，堪称经典的教科书可谓是凤毛麟角。

笔者认为，除前述两个方面的原因以外，造成目前法学教科书频繁更替的还存在其他一些非正常因素的作用，而这些因素则是应当尽量去避免的。

教科书编写活动中的行政化色彩是造成教科书频繁更替的一个重要原因。一部好的教科书不可能是某个人的主观意愿或某个机关加以"规划"的产物，而是建立在理论界与实务界长期积累的基础之上的。在理论积淀还比较薄弱的现实条件下，行政化的教材编写模式只能起到拔苗助长的作用。长期以来，无论是司法部、教育部的各种规划教材、统编教材，还是各出版社或各教学、科研机构组织编写的法学教材，出于扩大影响的考虑，大都倾向于采取丛书的形式出版，即尽量追求学科种类的齐全，而没有考虑到不同学科各自发展的具体情况。因此无论条件是否成熟，最终均要勉为其难地出台教科书。这不仅浪费了大量的人力、物力资源，而且还使得教科书市场鱼龙混杂、良莠不齐。另外，近些年，教育部提出进行精品课程的建设，于是又引发了新一轮编写所谓"精品教材"的热潮。但恕笔者直言，想通过这样一个行政指令就造就一批真正意义上的"精品教材"，简直是在开玩笑！它只能使得目前已经非常混乱的法学教材市场更加混乱。

造成这一现象的另外一个原因在于，多人合作编写的模式使得我国法学教材编写的门槛极低，无论在相关领域是否具备一定的造诣，均可参与到教材写作中来。而且目前各法学教学、科研机构的学术评价机制尚不健全，从而使参与教材编写成为业内人士心照不宣的一条出成果的捷径。可以说，在作者与读者之间，对出版教材的更迫切需求更大程度上是来源于作者而非读者，这不能不说是一个荒唐的现象。这使得各种名目繁多的教材已经成为我国当前法学界中最大的学术泡沫。

除此之外，在我国，编辑出版教材能够产生重大的经济利益，这已是一个人所共知的事实。在正常情况下，质量低劣的教材应当是没有生存空间的，因为它一定会被读者淘汰。但是在我国现阶段，决定一部教材是否有市场，并非完全由读者决定，而是受部门利益所左右的。当行政力量主导了教材编写工作之后，由读者形成的这个天然的市场就失灵了。于是各法学教学和科研单位以及各种统一的考试均有其"指定教材"，在选择"指定"的时候，当然要有限考虑本部门编写的教材。"统编教材"、"规划教材"和"指定教材"是一脉相承且颇为耐人寻味的名词，其间鲜明地体现出行政因素对法学教育和法学研究的强大影响力。

二 质量上的问题

梁治平先生曾言："教科书最一般的特点，是它的缺乏个性。一望而知的套路，一成不变的方法，现成的结论，固定的表述，所有这些，借助于一套有效的复制技术和机制而造就一个庞大的家族。"[1] 梁先生的这番言论是就国内法制史的教材而发的，但是它带有相当程度的普遍性，几乎可以适用于目前国内出版的各类法学教科书。稍微接触国内法学教育行业即可感觉到，教科书在目前法学教育过程中正处于一个较为尴尬的境地，其质量的低下几乎已经到了一个难以容忍的程度。

（一）勉为其难的体系化

教材要对本学科知识进行完整且系统的介绍，体系化是其重要特征之一。正如有学者指出："法学教材的任务，首先就在于能够形成一个相对完整、完备的知识体系，以容纳、涵盖本学科的主要内容，让学生了解、接触本门学科的基本知识、基本原理、基本理论。"[2] 但是，教材的系统性是必须以知识的系统性为前提的。"一个科学理论体系的构建必须建立在对该学科的基本理论问题的研究达到相当深度、对该学科的基本理论范畴的抽象达到相当广度等方面的基础上。"[3] 在某一学科的理论研究刚刚起步之时，理论体系尚不完整，教材自然也难以实现真正的系统化。但是另一方面，出于

---

[1] 梁治平：《法律史的视界：方法、旨趣与范式》，载西陆社区，http://bbs4.xilu.com/cgi—bin/bbs/view? forum = wave99&message = 17518。
[2] 胡玉鸿：《试论法学教材的编写目的》，载《法学论坛》2004年第3期。
[3] 李贵连主编：《二十世纪的中国法学》，北京大学出版社1998年版，第120页。

教学的需要，教材又必须尽量追求一种形式上的"系统化"，否则其作为一门独立学科地位的合法性便会受到质疑。因此，我国目前的法学教材的编写在不同程度上，都表现出一种较为尴尬的局面，即勉强追求体系的完整性、系统性，要在法治建设和法学研究都十分落后的前提下，强行搭建起一个学科理论体系出来，以满足教学的需要。这种仓促形成的学科体系犹如奠基于沙滩之上的大厦，经不起略微深入的推敲和追问。

在这一点上，法学各学科之间的情况也不尽相同。相比较而言，刑法、民法等实体法学的发展先行一步，概念和理论体系较为完备，并形成了一套公认的研究方法和法律解释方法，从科研成果向教材内容转化的道路较为顺畅。因此，这些学科的教材在理论体系上也相对比较完善，并能够在教学过程中发挥重要作用。但是在诸如刑事诉讼法、民事诉讼法等程序法学以及理论法学方面则相形见绌。这些学科的理论研究与教学之间似乎存在一条无形的鸿沟。一方面，近年来程序法学以及理论法学的研究在学术界引起空前的重视，尤其是程序法学，在学界对"重实体，轻程序"传统的强烈批判声中，几乎已经发展成为法学领域里新的"显学"；另一方面，教材的编写却处于一种严重滞后的状况，尽管从数量上看并不输于实体法学科，但观其内容，则往往停留在一种低水平的重复，其陈旧的内容早已和学术前沿渐行渐远。

以刑事诉讼法学为例，目前流传在坊间的各种刑事诉讼法教材，整体而言，都尚未超出1979年《刑事诉讼法》颁布之后编写的各种教材所确定的框架。这一点与近年来刑事诉讼法学研究以及刑事诉讼法修改所受到的关注程度是极不相称的。

从体系上看，这些教材基本上依照《刑事诉讼法》所确立的体系安排其篇章结构，缺乏进一步的理论整合。我国《刑事诉讼法》由《总则》、《立案、侦查和提起公诉》、《审判》以及《执行》共四编组成。教材的内容亦完全以此为序，甚至各章的名称也完全照搬了法律文本。仅有的区别是，（1）在教材中增加了一部分导论性质的内容，分别阐述几个刑事诉讼法学的基本概念，以及刑事诉讼法的历史沿革等内容；（2）将《刑事诉讼法》第一编第一章《任务和基本原则》的内容拆分为《刑事诉讼的立法根据、目的和任务》、《刑事诉讼中的专门机关和诉讼参与人》，以及《刑事诉讼基本原则》三章进行阐释。

其实，这种完全照搬制定法来建立本学科理论体系的做法，在我国当前法学各学科中带有相当程度的普遍性。如果说这一现象在法制建设的起步阶段尚可以理解的话，那么，如今当法学研究和法律实践均已取得一定积累的时候，则必须寻求尽可能的改变。

在笔者看来，之所以出现此种局面，实际上是因为其在具体的概念层面并未能脱离对制定法的依赖。张文显教授指出，概念是"网上的纽结"，人们在认识客观现象之网的过程中，通过一个个的概念把认识的成果凝结起来，如同打上了一个个的结子，这样就能把纷繁复杂的现象理出个头绪来，即把事物现象的联系和本质反映出来。所以，我们在法学研究中，要善于在法律现象之网上打上一个个"纽结"，以帮助人们深入地把握法律现象。[1] 令人遗憾的是，在我国大多数刑事诉讼法教科书中，这个打"纽结"的过程几乎被完全省略掉了。教材的编纂者往往直接将立法中采用的一系列概念作为理论概念在教材中使用，而未运用法学研究方法对其进行甄别和提炼。比如，《刑事诉讼法》第一编第一章的名称为《任务和基本原则》，于是，在绝大多数教材的基本原则一章中，便将法条第三条到第十七条规定的内容统统作为刑事诉讼的基本原则进行阐述。实际上，在理论界早已达成共识的是，上述条文规定的内容并非都属于刑事诉讼基本原则的范畴，而且刑事诉讼的基本原则也并不限于上述法条规定的内容。法律的此种表述方式也许仅仅是出于法条用语的简约等形式方面的考虑，在教材编写的过程中，应当从学术的角度加以考察，首先对基本原则这一概念的内涵做一学理上的明确界定，然后再据此确定其具体内容。基本原则乃一部法律之精髓所在，各项具体制度均由这些原则产生。正是由于在界定基本原则这一起始环节上的失误，使得教材在阐述接下来的内容时，失去了一个明确的指针，已经无法形成一个实质上逻辑严谨的理论体系。

与程序法学相比，情况更为糟糕的是所谓的"证据法学"。证据法学是近年来获得蓬勃发展的一门新兴学科，笔者亦多年从事证据问题的研究。但是在笔者看来，证据法学至少在我国现阶段尚不足以成为一门独立的法学学科。它在理论层面，基本的理论体系尚不具备，在实践层面，既无充分的实定法的支撑，相应的司法实践状况也没有得到充分的研究和总结。但尽管如此，随着国内法学教材编写热潮的此起彼伏，各种证据法学的教材也层出不穷。然而稍做考察即不难发现，这些证据法学的教材要么是直接将英美法系证据规则的内容照抄过来，要么则是将我国原有程序法学教科书中的证据部分注水之后而写成的，或者便是上述两种情况兼而有之，拼凑而成。这些教

---

[1] 张文显：《法学基本范畴研究》，中国政法大学出版社1993年版，第2页。

材除了对学生会产生误导之外，无助于其任何能力的培养。笔者近年来一直负责本科生和研究生证据法课程的讲授，常常痛苦找不到一本适合教学使用的证据法教材。

（二）专业性不足

从内容上看，教材的内容往往停留在满足于对法律条文进行一般性注解的层面，而未能体现法学教材本应具有的专业性。如果联系上文内容来看的话，这一方面的缺陷可以说是一个必然出现的结果。狭义的法学就是法解释学，因此对现行法律规定进行解释自然应当是法学教材的主要内容。但是，当前除了个别较为成熟的学科之外，大多数法学教科书中的内容并不能称之为真正意义上的法律解释，而仅仅是"对法律条文进行的一般性注解"。对此，笔者同样以刑事诉讼法学为例加以阐述。

法律解释是人类诸多解释活动的一种，它既要遵循解释活动的一般规律，同时又存在一系列专属于法学自身的解释方法，这些方法是法学特有之思维方式的产物，依据这些方法进行的解释才是名副其实的法律解释。目前的法学教材对刑事诉讼法进行的解释在方法论上仍然是非常匮乏的，这种没有专业方法做指导的法律解释是一种自发的解释，其出发点往往是基于解释者未经深入推敲的直觉。正是在这个意义上，笔者将其称为一种"一般性注解"。比如，《刑事诉讼法》第37条规定了辩护律师的调查取证权："辩护律师经证人或者其他有关单位和个人同意，可以向他们收集与本案有关的材料，也可以申请人民检察院、人民法院收集、调取证据，或者申请人民法院通知证人出庭作证。"对于这一规定，学界一致将其解释为，这是辩护律师特有的一项权利，不具有律师身份的辩护人不能享有。[①] 然而这一解释在法律上能否成立，则不无疑问。

从表面上看，这一解释符合法律解释学上反对解释的特征。反对解释是指"依照法律规定之文字，推论其反对之结果，借以阐明法律之真意者而言，亦即自相异之构成要件，以推论其相异之法律效果而言"[②]。由于法律在此处特别指明"辩护律师"，因此，得出非律师辩护人不享有该条规定权利之结论似乎是顺理成章的事情。但是，这种解释方法是站不住脚的。假设

---

① 如樊崇义主编《刑事诉讼法学》，中国政法大学出版社2002年版，第101页。王国枢主编：《刑事诉讼法学》，北京大学出版社2005年版，第111页。

② 杨仁寿：《法学方法论》，中国政法大学出版社1999年版，第151页。

某公民甲为被告人之辩护人，但不具有律师身份。其在诉讼过程中了解到某公民乙掌握对被告人有利的证据，但对于这一情况检法两院均尚未了解。于是甲找到乙请求其出庭提供证言，并征得乙的同意。这时两个问题便产生了：第一，甲的行为是否合法？第二，开庭当日法院是否准许乙出庭作证？若依上述反对解释的方法，甲的行为自然是违法的。但是该违法行为获得的证据能否作为证据使用呢？由于法院负全面调查取证的义务，乙的证言如果具有证明作用，法院是不能拒绝其作证的。可见，反对解释的方法运用到具体案件中使上述两个问题的答案出现了矛盾，这显然意味着在这一点上解释方法被误用了。总之，当前的刑事诉讼法教材普遍体现出一种方法论上的严重匮乏，这使得它在培养法律专业人才方面难以发挥应有的作用。

法学是一门专业性的技术，有其特有的一套方法论，它以概念性的思维方式来解决现实生活中发生的一系列争议。法学教育的目的就是要培养学生建立法律人的专业思维方式。我国法律在专业化上历来受到轻视，人们常常将法律视为一项工作，而不是一门学问。特别是新中国成立以后，我们又经历了一段法律被彻底砸烂的历史。法学教育恢复以来，我们正在努力重建法学的独立性地位，摆脱法律依附于政治的尴尬境地，但必须强调的是，法学的独立性必须以其专业性为前提。法学的专业性最为直接的表现便是在法律解释方法上的专业性。但是从目前市面上流行的教科书来看，距离专业性的要求依然相差甚远。

（三）理论与实践脱节

目前国内法学教科书常常为人诟病的一个问题是所谓理论与实践之间的脱节。如有学者指出，我国法学教材倾向于突出学科知识性介绍，缺乏与司法实践相近的法律方法论的内容。"知识只有变为某个人的能力的时候，才能改变命运，才有力量。所以教材作为学生接触最多、反复阅读的材料，必须关注知识向能力的转化，把提升学生的理解能力和操作能力作为重要内容。"[①] 笔者对这一点亦深有同感。但是，究竟法学教材应当如何做到理论与实践相结合，或者说教材应当如何实现"知识向能力的转化"则认识并不一致。

---

① 陈金钊：《问题与对策：对法学教材编写热潮的感言》，载《杭州师范学院学报》（社会科学版）2007年第2期。

1. 实例演练

笔者认为，法学本身就是一门实践性的学科，换言之，法学并非真理之学，而是有关如何解决纠纷的应用性学科，它在本质上是一套方法。因此，法学中的所谓"实践"，主要是指运用法学知识解决纠纷的实践，或者说是有关"法律适用"的实践。

法学方法论的研究早已指出："适用法律即是解释法律；而解释法律则是合于法律意旨地阐释它。"① 但真正意义上的法律解释是一个针对具体案件展开的活动，正如黄茂荣先生所言："法律解释之主要任务在确定，该法律规定对特定之法律事实是否有意义，从而一个法律规定应相对于一个待裁判或处理的事实加以阐释，并具体化。由于这一个缘故，真正的法律解释的问题与其说是从法律条文自身，毋宁说是从应去或拟去处理的案件所引起。"② 一言以蔽之，法律解释是与个案中法律适用相伴随的一种活动，它必须借助于具体的事例——无论是真实的抑或虚拟的——才能进行。这被认为是法律解释由于本身所承担的任务而具有的特征，已成现代法律解释学上的共识。可以说，离开了具体的案件，真正意义上的法律解释难以展开。

但是，我国大多数法学教材中却通篇难以见到一个案例，而仅仅是在抽象层面对法律"条文"进行阐述。此种脱离具体案件的阐述，往往难以使读者真正理解相关知识的确切所指，因为法律解释若不针对具体案件事实，是没有意义的。

比如，根据我国刑法规定，故意犯罪包括预备、未遂、中止和既遂四种形态。其中，已经着手实施犯罪，由于犯罪分子意志以外的原因而未得逞的，是犯罪未遂。由于犯罪未遂是发生在犯罪分子已经"着手"实施犯罪之后，那么究竟"着手"两字应当如何理解呢？刑法理论上存在主观说、形式的客观说、实质的客观说以及折中说等不同观点。主观说认为，犯罪是行为人危险性格的发现，故行为人意思的危险性或者说犯罪意思被发现时就是着手；也有人认为，当行为表示出行为者的犯罪意思是没有二义的、不可能取消的确实性时，就是着手。形式的客观说认为，实行的着手以实施一部分符合犯罪构成要件的行为（显示构成要件特征的行为）为必要，而且以此为足。实质的客观说分为实质的行为说与结果说。实质的行为说认为，开始实施具有实现犯罪的现实危险性的行为时就是实行的着手。实质的结果说

---

① 黄茂荣：《法学方法与现代民法》，中国政法大学出版社 2001 年版，第 251 页。
② 同上书，第 252 页。

则认为，当行为发生了作为未遂犯的结果的危险性时，即侵害法益的危险性达到了具体程度时，才是实行的着手。折中说中亦存在主观折中说与客观折中说的区分。①

单纯从上述名目繁多的各种学说的抽象解释中，我们依然很难理解究竟何谓"着手"，一名法学生即使将各种学说背得滚瓜烂熟，恐怕面对具体案件时，判断犯罪人是否已经处于"着手"阶段依然莫衷一是。只有通过大量具体实例的分析演练，方可充分掌握各种法学理论的精要，各个部门法学几乎无不如此。台湾学者王泽鉴曾专门就这一问题发表专著指出，实例最能训练、测试法律人的思考方法及能力。"具体的案例事实，殊少雷同之处，差之毫厘，谬以千里，务必审思明辨。法律上实例，犹如数学演算题，不可徒事记忆，非彻底了解其基本法则及推理过程，实不足应付层出不穷的案例。实例研习的目的乃在于培养思考方法，去面对处理'未曾遇见'的法律问题。"② 很难想象，在一本数学教科书中，只有各项数学定理的列举，而没有相应例题的演算，若仅限于此则无法培养学生解题的能力。法学教科书亦是如此。

总之，法学这门学科自身的性质，就决定了其理论必须与实践相结合，法学教科书必须告诉读者如何将相关理论适用于纠纷解决的实践之中。缺乏具体案例的教科书是死的教科书，所谓教材编写中的"理论与实践相结合"，第一要务便是引入案例这股源头活水。

2. 应然与实然

自分析实证主义法学兴盛以来，法律的实然与应然之区分已经得到人们的普遍认同，即在法的问题上，把"法是什么"和"法应当是什么"严格区分开来，并将法学的研究对象严格限定为前者。尽管分析实证主义法学在方法论上存在若干缺陷，但不可否认的是，正是自奥斯丁提出这一基本思想之后，法学才开始成长为一门真正独立的学科。"实证分析方法虽然解决不了经验背后的本体根据和主客观之间的价值问题，但它却是法律规范和法律实践的最好陈述者。"③

我国法治建设时间尚短，在各个部门法学当中，实然与应然两个层面的紧张关系表现得更为明显。这便为法学教科书的编写制造了更大的困难。一

---

① 参见张明楷《刑法学》，法律出版社 2003 年版，第 290—291 页。
② 王泽鉴：《法律思维与民法实例》，中国政法大学出版社 2001 年版，第 18 页。
③ 李其瑞：《法学研究与方法论》，山东人民出版社 2005 年版，第 178 页。

部好的法学教科书首先应当能够在具体问题上有意识地区分应然和实然两个层面的法律，即清楚地告诉读者，我国现行法律的实际运作状况是什么，以及理想状态下应当如何，两者不可混淆。其次，应当将法律的实然状况作为研究和评论的对象，以科学严谨的态度加以分析。惟其如此，方可使读者既能掌握本学科的理论精髓，又对法律的现实运行状况有一个全面、清晰的把握；既对法律建立高度的信仰，又获得实践操作层面的知识和技能。

但考查我国法学教科书，能够妥善处理这一关系的，为数尚不多。总体上相比较而言，刑法、民法等实体法学科的教科书在这一点上要比其他部门法学相对成熟，能够比较全面地涵盖实然与应然两个方面的因素。比如，当今大多数刑法学的教材在阐述相关问题时，通行的方法是区分"立法论"与"解释论"的不同视角加以研讨。但是，在更多其他学科的教材当中，至今仍未能有意识地将这种区分作为一个分析问题的基本方法。

比如，在刑事诉讼法、民事诉讼法等程序法学科中，我们似乎心照不宣地在法学研究与法学教材之间做了一个分工，即前者探讨应然层面的问题，而后者则专门讲解实然层面的状况。于是造成的一个局面是，在理论上，当程序正义理念、无罪推定原则、直接审理言辞审理法则等已经得到普遍认同的情况下，程序法教材仍然停留在对现行立法以及司法解释进行罗列和一般性注解的层次上。这实在是一个令人遗憾的现象。

更为严重的是，即使教材被定位于对实在法的阐述，但就目前大多数教材而言，其内容也是极其不完整的。方流芳教授早在十多年以前就发现了这一问题，但直到现在仍然没有大的改观。方教授指出："人们常常把教科书的方法列入'注释法学'。但这种'注释法学'远未能勾描出中国法律的全貌。全国人民代表大会制定的某一种法律必定是贯穿某一本'法律教科书'的主线，但是，全国人民代表大会制定的法律往往是一个关于权利或政策的宣言性陈述、一个立法纲要，国务院制定的相关'细则'、'条例'和行政部门制定的相关的'规章'是比法律本身更有可行性的规范。除此之外，最高人民法院可以脱离具体案件事实、通过制定一般规则的方法来解释、补充甚至修改法律；地方立法当局制定本地适用的法规与全国性法律常常存在冲突。法律一元化只是一种表面现象。中国实际上存在着多元化的、效力和适用范围各不相同的法律渊源。局限于解释纲要性的法律文件的法学教育，实际上是向学生掩盖了实际发挥效用的具体法律规范和法律冲突。"[①]

---

① 方流芳：《中国法学教育观察》，载《比较法研究》1996 年第 2 期。

所幸的是，在法学教科书编写上的这一问题，也已经得到了一些有识之士的认同，目前已经出现了一批优秀的教科书，既对应然层面的理论问题有清晰的论证，又全面且较为充分地涵盖了实际操作的具体状况。比如商务印书馆2004年出版的高家伟教授所著的《国家赔偿法》便是这样的一部教材。

三　回归学术

在正常情况下，法学教材本应是法学研究的缩影，即法学教材所体现的应当是法学研究长期发展过程中形成的内容相对确定且较为成熟的理论通说。但是，在一个法治建设和法学研究的后进国家，情况可能会有所不同。有学者指出，在当前中国法学界，法学教材与法学研究已经形成了两套各自独立的知识结构和话语方式，而且最为致命的是，这两种知识类型范式是互不通约的。因此，作为一名中国法律院系的教师，同时也是法学研究任务的主要承担者，必须同时具备上述两种知识结构和话语能力。[1] 否则很容易出现所谓"鸡同鸭讲"的尴尬局面。这不能不说是一种极其反常的现象。

受这一反常现象的困扰，在当前的法学教学实践中，有相当一部分教师的授课几乎是完全抛开教材进行的，他们以讲授自己对本门课程的研究成果和心得为主，而教材则在大家的心照不宣之中沦为一种摆设。由此造成的后果不仅仅是资源的浪费，更令人忧虑的还在于教学效果方面。教材之所以是教学工作的必须，是因为教材承载了人类群体智慧的结晶。一本教材绝不仅仅是编纂者一个人的劳动成果，而是人类在某一领域中所获得的经验和智慧的总结。按照杜威的说法，教材"体现了人类行为的经验，是记载着前人征服自然界与调试社会历史的理论结晶，它以体系化的概括，浓缩了人类奋斗的历史"[2]。如果我们承认，教师所扮演的角色主要应当是知识的传递者，而非知识的生产者的话，那么教材对于教学工作而言就是必不可少的。失去了教材的支撑，教学也很难起到应有的作用。

前文的论述已经表明，之所以出现这样的情况，关键原因在于教材编写

---

[1] 参见葛洪义《探索与对话：法理学导论》，山东人民出版社2000年版，第337页。转引自徐爽《开放的互动：法学教材与学术成果之间》，载《云南大学学报（法学版）》2002年第2期。

[2] 杜威：《民主主义与教育》，王承绪译，人民教育出版社1990年版。转引自胡玉鸿《试论法学教材的编写目的》，载《法学论坛》2004年第3期。

过程中行政因素的介入，以及由此所带来的一系列连锁反应。因此要提高教材的质量，必须打通法学研究与法学教材编写之间的渠道，使教材的编写重新回归学术。因此，如何实现科研成果向教材的转化是一个非常值得思考的问题。

总体而言，既然法学教材属于学术著作的范畴，那么，当然要根据学术著作的一般规律来进行教材的编写；另外，与其他学术著作相比，教材还有其鲜明的特殊性，因此在遵循一般学术研究规律的同时，还应当充分照顾到教材这种特殊著作自身的特点。

笔者在前文提出，为提升法学教材的质量，由多人参与编纂的模式向个人独立撰写教材模式的转变是值得倡导的。但是这并不意味着，教材应当完全成为个人研究成果的载体。有学者不满足于时下法学教材内容千篇一律的面貌，在其个人撰写的教材中尽可能地将自身的一些带有探索性的科研成果纳入其中，而置学界的主流观点于不顾。与以往相比，此举又显得过于标新立异了，乃属滑向另一个极端。如前所述，教材应当是人类在某一特定领域中，集体智慧的结晶，因此，其内容固然不一定仅限于通说或定论，但是最起码还是要能够比较客观完整地反映人们在这一领域中主要的智力成果，否则便失去了教材本应具有的功能。科研成果向教材的转化并不等于允许在教材中"贩卖私货"；在我国现行教材编写体制下，这种做法无异于赋予掌握教材出版资源的人以学术上的话语霸权。近年来，随着教材数量的迅速增长而出现的一个现象是，学生在报考研究生的时候，必定要精读所报考学校，甚至是命题教师编写的相关教科书，否则便难以确保所学知识的"正确性"，这恐怕也很难说是一个正常的现象。因此，教材应当能够尽量全面地反映在相关问题上的主要学说，使学生能够通过阅读教材，掌握本学科知识的概况，以及各种主要观点的来龙去脉。教材不能完全代行学术著作的功能。这也决定了将学术成果向法学教材的转化并非哪一个个人可以完成的任务，而是要通过一套完善的体制去解决的问题。

但是，强调教科书的上述特点并不等于否认其学术性，教科书亦应属于学术著作的一种，甚至许多经典教科书同时也是上乘的学术著作。如国内新近翻译出版的德国学者克劳思·罗科信的教科书《德国刑法学总论》（王世洲译，法律出版社），便被认为代表了当代世界刑法学的最高成就；而日本学者高桥宏志所著《重点讲义民事诉讼法》（张卫平、许可译，法律出版社），既是一本经典的教科书，同时又是作者民事诉讼理论研究的顶峰之作；邓正来和姬敬武先生在20世纪翻译出版博登海默的《法理学、法哲学与法律方法》一书，对我国整个法学界都产生了深远的影响，而该书便是一本经典的教科书。

由于前文已经提到的多方面原因，在我国法学界长期存在着一种轻视、甚至鄙视教材编写工作的倾向，认为教材编写是一项毫无学术含量的工作。更有甚者，有不少人据此认为，教材和学术著作根本就是两回事，后者要求原创性，而前者则应当遵循一种固定的套路和模式，因此，教材不涉及著作权的问题，于是，看上去名目繁多的教材中，低水平重复者占去了相当大的一部分。

上述种种均造成了目前法学教材与学术著作两套话语体系之间相互分离、自我循环的反常局面。这种局面阻塞了法学研究和法学教育之间的良性互动，它对二者造成的影响主要都是负面的。一方面，教科书的内容得不到最新研究成果的更新，无论多少次低水平重复之后，内容依然陈旧。另一方面，法学研究在完全抛开教科书的指引之后，则很容易沦为一种"头痛医头、脚痛医脚"的对策式研究。因为，教科书的第一要务为理论体系的完整和自洽，它应当是当前科研整体水平的反映，而每一项科研活动则又应当是在现有知识体系的基础上的更进一步。惟其如此，法学教育和法学研究才能具有连续性和传承性，知识才能不断地得到积累和传递。

反观我国现状，在教科书内容日益陈旧的同时，法学研究领域倒是一片欣欣向荣的景象，屡屡出现一些惊世骇俗的高论，但这些研究成果对我国法治建设进程的推动作用却甚为有限。究其原因，主要在于法学研究与法学教育之间的联系尚未畅通。研究成果只有经过多方论证，被纳入现有知识体系之中，才能产生持久且有效的影响力。但在我国法学界，由于上述障碍的存在，学者们追求的已不再是将自己的研究成果写入教科书，而是竞相要求写入决策者的议事表中，试图以此对我国法治建设作出更为直接的贡献。但实践证明，这种做法不仅是错误的，而且是危险的。将一项科研成果写入教科书，意味着该成果要接受同行专家的检验与认可；而将其纳入决策者的议事日程，则是要获得相关官员的认可。其中，前者才是知识形成的正常过程，而后者则难免使知识依附于政治的需要。

综上所述，笔者认为，法学教科书的编写应当从以下几个方面加以改革。

第一，严格依照通行的学术规范撰写教科书。教科书作为学术著作的一种，自然应当遵循通行的学术规范，甚至与其他学术著作相比，教科书在学术规范的要求上应当更加严格。翻阅国外法学教科书可以发现，通常每一章中至少应当包含注释与参考文献。其中，注释是指在文中援引他人学说时，应注明出处；而参考文献则是进一步列明与文中相关问题有关的重要文献，以便读者根据需要进行深入阅读。

第二，教材的内容应当尽可能实现全面性，即在各个具体问题上，对各主要学说都应当予以较为充分的介绍和评论。而且特别重要的是应对不同学说之间的争鸣加以检讨，以使读者明了各种理论、观点之由来，并理解其各自的优点与不足。我国法学教材的编写长期以来普遍遵循着一种"综述"的形式，即对于存在争论的问题，往往将几种主要的观点予以列明，这当然是必要的。但是这种综述的方式在运用过程中存在着过于简单化的倾向。具体而言，一是仅仅满足于不同观点的罗列，而未能指明不同观点持有者各自的理由，于是导致读者在读完整本教材之后，充其量只能记住一个又一个的观点，而未能培养起理论思维的能力。二是未能将不同观点之间的流变加以清晰的梳理，无法使读者从整体上把握本学科理论发展的进程及方向。三是在列明各家观点之后，作为固定的格式，著者往往要最终提出一个自家观点，以作为本书的标准答案，但是对于这一标准答案相对于其他观点的优越性，以及其是否存在不足，也往往语焉不详。这种方式往往使读者将法学简单地看做一个由一系列唯一标准答案构成的集合，这显然是错误的。正如有学者所指出："一个观点的提出、一个结论的获致，必须要有相关的证明过程。任何观点都不可能空穴来风，它总是受益于前人观点的启发、也总会和其他的看法相激相荡，它的渊源如何、师承如何、问题的由来和研究路径又是如何、它在该思想体系中占有什么地位和价值、它怎样演进、未来的走势如何，如果不对以上的种种交代清楚，而是贸然得出一个所谓'权威'的结论，不要说读者不能信服，只怕编者心里也未必完全同意。"[①] 总之，学术著作的精髓不在于其结论和观点，而主要在于论证过程的严谨，而教科书则是要更为全面和客观的论证。

第三，从上述两点不难看出，教科书不仅应当是学术著作，而且应当是更为严格的学术著作。撰写教材对作者的知识面和科研能力都比其他一般性的学术研究提出了更高的要求，他不仅要具备相当程度的研究能力，还必须同时具备高度的学术鉴别能力和责任心。因此，最后应当考虑的一个问题是究竟什么样的人才有资格撰写教科书？

[①] 徐爽：《开放的互动：法学教材与学术成果之间》，载《云南大学学报（法学版）》2002年第2期。

北京师范大学教授黄安年先生指出:"几个学校的教师联合起来编教材涉及现在的学术量化考评机制,牵涉到现在高等学校里边的职称评定。职称评定与教师的切身利益相关,评职称要拿成果,成果通过什么最容易体现呢?教材编写;怎么编写呢?合作编写,人人有份。回过头来,又在这些学校里边共同推广教材,学生买单。"① 这在当今学界已经是一个众所周知的秘密。尤其是,在国内,高校的合并和扩招,为各校自编教材提供了基本用户,不论什么资格的教师都可以编写教材。但笔者始终认为,教科书的编写应当是一种高度精英化的活动,只有那些在本学科领域已经达到较高造诣的专家方可涉足。在当前教材编写门槛如此低的情况下,只能是劣币驱逐良币,造成教材整体质量的每况愈下。

第四,明确教材的编写目的和评价机制。近年来,一些学者开始深入思考法学教材的编写目的问题。学者胡玉鸿撰文指出,在如何选择法学教材的编写目的上,学术上的争论主要有三个方面,对这些问题的解答,是确定法学教材编写目的的基础。这三个方面问题为,第一,编者的目的还是学生的目的;第二,知识与技能是否共融以及如何共融;第三,道德教育是否为法学教材的基本内容。② 笔者认为,后两个问题已经更多地涉及法学教育的基本内容,已不仅仅是法学教材编写的目的,而是事关法学教育的目的,因而在此先不予讨论,而对于上述第一个方面的问题,则有必要做一探讨。

胡玉鸿先生认为,法学教育根本性的目的是为社会输送合格的法律从业人员,因此就法学教材编写而言,首先,编写者应当以社会对法律职业人员的需求来安排教学的内容,而不是将个人的研究成果加入到教材的体系当中。其次,编写者在教材编写中,必须将读者置于首位,为学生的"利益"定位教材的内容。这就要求坚持教材的深入浅出、通俗易懂;要提供方法、能力的教育;要注重社会教育,关注制约法律制定与运行的社会因素。③

因此,教材的目的是辅助读者学习,教材的质量自然也应当由读者去评判。笔者在前面章节已经指出,行政部门在教材编写之前的一系列"统编"、"规划",以及教材使用过程中,各部门的"指定"等行为共同造成了读者这一天然市场的失灵。只有扭转这一体制性的弊端,作者完全站在读者

---

① 陈香:《低水平重复的教材缘何没完没了》,http://www.spph.com.cn/jiaoyu/bkview.asp?bkid=145468&cid=442979。
② 胡玉鸿:《试论法学教材的编写目的》,载《华东政法学院学报》2004年第3期。
③ 参见胡玉鸿《试论法学教材的编写目的》,载《华东政法学院学报》2004年第3期。

的立场上去编写教材，教材的优劣由读者去评判和选择，法学教材的质量才有可能获得整体的提高。

第五，明确教材在法学教育中的地位和功能。在我国法学教育恢复之初就已经迅速达成的一个共识是：法制建设急需大批不同层次的法律人才。如有学者指出：从我国政法工作和各方面的实际出发，对法律人才的需求并非层次越高越好。因为不同的工作岗位对人员的要求不同，应当是岗位需要什么人，就配备相应层次的人才，过高过低都不适应需要，而且，片面追求高规格不符合我国的实际情况。① 在这一理念指导下，我国建立起了一套多层次的法学教育体制。其中既包括大学的专科教育、本科教育以及研究生教育，还包括各种职业教育、函授教育，等等，种类极其繁多。

与这种多层次的人才培养体制相适应，在我国法学教材的编写方面，也遵循了相当程度的层次性特征，对于本科生、专科生、自考生以及各种函授教学的学生，均编写了特定的教科书。近年来，随着研究生教育规模的迅速扩大，甚至出现了为数不少的所谓"研究生系列教材"。但是笔者对于此种举措存在一些不同看法。

由此引发的一个问题是，教科书在法学教育过程中，究竟应当发挥一种怎样的作用？法学教材编纂的多层次性特征实际上是在很大程度上将教材当做了法学教育中最主要的内容，从这样一个前提出发，那么法学教育本身的层次性似乎当然要通过在教材之层次性上体现出来。但此种看法终归是片面的，它将教材置于一种过高的地位。须知，法学乃是一门博大精深的学问，区区一本教材实在难以发挥如此重要的作用。"教材不是圣典，它仅是辅助学生学习的工具，实际上凡是可以帮助学生学习、达到提升理解力的材料、文献都可视之为教材，这与我国古代以能者为师的教育思想是一致的。"② 因此，对于教材在法学教育过程中所能起到的作用，应当有一个恰当的期待，而不能企图将法学教育事业所有的目标统统塞进一部教材当中。即使根据我国现阶段具体国情的需要，设置多层次的法学教育模式有其一定的合理性，但这种多层次性却不应当，也不可能在教材的编写上加以体现。

对于整个法律科学而言，教科书仅仅是一个最为凝练的缩影，它是一名未来法律职业者在接触法学时首先要接触的内容，但这仅仅是法学教育的第

---

① 参见霍宪丹《不解之缘：二十年法学教育之见证》，法律出版社2003年版，第3—4页。
② 陈金钊：《问题与对策：对法学教材编写热潮的感言》，载《杭州师范学院学报》（社会科学版）2007年第2期。

一个层次。台湾学者王泽鉴先生指出:"民法学的进步体现在教科书、法学论文和专题研究。教科书为法学入门之阶,不可或缺。但民法学之进步厥赖于法学论文和专题研究。"[①] 因此,教科书作为法学教育的入门之阶梯,很难将其在层次上加以区分。法学教育绝对不应仅仅限于讲授教科书上的内容。实际上,在现代社会,大学若仅仅满足于对教科书内容的讲授,教师的角色便早已是可有可无的了。因此,教科书在内容上不宜再作人为的层次性区分,法学教育应当采取以教材为基础,并辅之以其他深入阅读资料以及实践性教学的立体模式而展开。惟其如此,方可实现素质教育的目标。

---

① 参见梁慧星《中国民法学的历史回顾与展望》,载中国法学网,http://www.iolaw.org.cn/showarticle.asp? id=2131#_ftnref66。

第九章　法学考试

考试历来是教育体制中的重要一环，发挥着关键性作用。目前，国内法学专业的考试主要可以分为以下两种类型。第一是教学测量型考试，即各法律院系中用于教学测量的各种考试，它是日常教学活动中的一个重要环节，既是对学生学习情况的考查，也是对教师教学效果的检验。第二是各种选拔型考试，它包括各个法律研究机构举行的硕士和博士研究生的入学考试，以及司法资格考试等。上述两种类型的考试尽管功能不同，其考查的方法以及内容的侧重点等方面亦必然存在差别，但有一点是相同的，那就是它们所考查的均为法学知识。故而有必要将其放在一起加以探讨。而且，从目前实际情况来看，一些重要的选拔性考试，特别是统一司法资格考试，对原有的法学教育制度提出了新的挑战和冲击，这些也是有必要进行深入思考和研究的问题。

一　专业考试的功能

在我国法学教育改革过程中，考试方法的改革近年来逐渐也引起了人们的重视。已经有越来越多的学者撰文讨论目前各法律院系在专业考试方法上存在的问题，并提出改革方案，以求更好地实现法学教育的目的。在各法律院系，依照惯例，教学测量型考试是以每一门具体的专业课程为单位而设置的，它与日常的教学活动一起，共同为该课程教学目的之实现发挥各自的作用。

需要说明的是，法律院系专业课程的教学目的与法学教育的目的并非同一个概念。因为法学教育是一项系统工程，"从一个社会人转变为法律人的基本资质并非是由一次性的学校教育就可完成。恰恰相反，它是由不同阶段的教育培训制度共同完成的，是贯穿于法律人职业生涯始终的一个过程。基于系统的观念和逻辑的推论，培养一名合格的法律人，绝不是某一个点、某一个环节、某一项制度、某一个阶段就可以完成的"。① 如果从这样一种系统性的角度去理解法学教育的话，那么，大学教育只是其中的一个阶段；而大学法律院系中每一门课程的教学则仅仅是这一阶段当中的一个具体的环节。与整个法学教育的总体性目的，以及大学阶段法学教育的目的相比，每一门课程的教学都有其自身特有的目的。

比如，有学者提出："根据知识时代的人才需要，我们大体上可以把各法律院系本科阶段的人才培养目标归纳为一种职业品格和四种能力：第一，养成公正的法律职业人格；第二，具备良好的信息获得与处理能力，在此基础上形成自主学习能力；第三，具备良好的沟通表达能力，包括口头表达和写作能力；第四，具备良好的法学理论素养和法律思维能力；第五，具备良好的法律实践能力，把职业品格和其他能力转化为法律工作能力。在这四种能力中，自主学习能力和沟通表达能力属于基本能力，是各个专业学生都需要具备的通才；公正的品格和法律思维能力、法律实践能力属于专业素质要求。"②

但是，上述种种目的是从大学法学教育整体上而言的。当一名法科学生从大学毕业的时候，我们可以依据上述标准来衡量大学教育的目的是否得到了实现；但是我们无法要求每一门课程的教学都必须面面俱到地照顾到上述五个方面。目前我国学界更多的是热衷于从宏观层面探讨法学教育的整体性目的，但是就具体操作层面上而言，法学课程的教学目的究竟应当是什么，却很少引起关注。尽管各法律院系普遍要求各门功课的任课教师在拟订教学大纲和教学计划时，明确该课程的教学目的，但从教学实践情况来看，这已经完全沦为一项形式主义的要求，教师往往对此语焉不详，而且也无人深究。有学者指出："教学目标是学生预期的学习活动所要达到的标准，一切教学活动都必须以教学目标为定向。现行法科考试制度在这一环节上可谓是任重道远，一是绝大部分教学目标因缺乏科学的分类和明确的表述而变成了'摆设'；二是鲜有教师对教学任务进行分析。"③

笔者以为，对法学教育整体性目的的探讨固然必要，但它一定是要通过一个个具体的环节去实现的，而每一门专业课程的教学就是一个具体的环

---

① 霍宪丹：《中国法学教育反思》，中国人民大学出版社 2007 年版，第 1 页。
② 张生：《法学基础理论课教学方式与考试方式一体化研究》，载《中国法学教育研究》2006 年第 4 期。
③ 赵家琪等：《试论法学专业考试制度的改革与创新》，载《牡丹江师范学院学报》（哲社版）2006 年第 5 期。

节，对于在这些具体环节上的目的也非常有研究的必要，否则法学教育的整体目的便无从实现。就应用法学来说，概而言之，一门课程的教学目的至少应当由以下几个方面的内容构成。第一，使学生掌握我国现行相关法律的具体规定，即"知其然"；第二，使学生理解相关法律制度的基本原理，并能够以此对实定法作出评价，即"知其所以然"；第三，培养学生运用所学的上述两方面内容，解决具体纠纷的能力。其中，最后一点最为关键，因为法学原本就是一门以解决纠纷为直接目的的实践性学科。

在理想状态下，教学测量型的专业考试对于教学目的之实现，至少具有两个方面的功能。

第一是测量功能，如前所述，教学测量型考试的目的在于对教学效果加以检验，其中既包括学生学习的效果，又包括教师教学的效果。这是教学测量型考试最为基本的功能。

第二，通过考试得出的测量结果，还可以作为改进教学的重要依据，从而更好地实现教学目的。具体而言，一方面，考试具有强化教学的作用，学生复习备考的过程实际上就是他们将所学的知识进行系统复习、加深理解、融会贯通、灵活运用和巩固提高的过程，同时也是学生探索并掌握学习方法、锻炼和提高学习能力、培养和发展智能的过程。这个过程与教学过程在本质上是一致的，并且还是后者的延伸和深化。另一方面，考试还具有调节、优化和控制教学的作用。考试之后，通过成绩评定以及对试卷的分析与总结，可以为教师和学生提供有关教与学的效果的信息，教师和学生各自从考试反馈回来的信息中，可以发现教与学的优劣长短和经验教训，从而可以促使教师加强薄弱环节的教学，改进教学内容、教学方法和手段，提高自己的教学水平和效果；同样，也可以促使学生加强对薄弱环节的学习，改进学习方法，提高学习效果。[①]

二　存在的问题

与扩大招生规模、申请设立硕士、博士点等当前法学教育领域当中的重大举措相比，专业考试方面的改革不可能产生任何短期内可见的效益。因此，在各法律院系的教学工作中，考试的重要性一直没有得到足够的重视。

[①] 林锦平：《法学专业课考试方法改革浅论》，载《福州大学学报》（哲学社会科学版）2001年增刊。

鲜有专家、学者在理论层面上根据法学课程自身的特点，对考试方法问题进行比较深入的研究；教师也普遍不重视如何发挥专业考试的作用来提高教学效果。这导致在实际的教学过程中，考试已经发生了严重的异化现象。

（一）功能异化

教育部部长周济在第二次全国普通高等学校本科教学工作会议上的讲话中指出，当前加强本科教学工作的主要任务和基本举措是着眼于国家发展和人的全面发展的需要，加大科学投入，强化教学管理，深化教学改革。坚持传授知识，培养能力，提高素质协调发展，注重能力培养，着力提高大学生的学习能力、实践能力和创新能力，全面推进素质教育。

上述讲话精神中着力强调的素质教育是与应试教育截然对立的理念。与素质教育相对立，应试教育最大的缺陷是把考试作为最终的目的，并且在考试中忽视考核学生的理解能力和综合运用能力，鼓励学生死记硬背书本知识，机械记忆有关理论，从而造成高分低能，不利于培养勤于思考，勇于探索和深化知识的真正人才。① 因此，从应试教育向素质教育的转变已经成为我国教育界的一大共识。

但颇具讽刺意味的是，素质教育目前却成为许多高校教师贬低考试功能的一个理由。目前许多教师反对应试教育的做法不是努力改进教学方法，而是通过各种手段将专业考试形式化。比如，在考试之前，教师"划重点"的现象在各法律院系当中非常普遍，学生即使平时不认真学习，只要在考前的几天时间里突击背诵一下重点，也往往能够取得一个不错的分数；在试题的安排上，尽量降低难度；在阅卷过程中，不严格依照既定的评分标准评阅，等等。此类做法带来的后果是考试越来越成为大学教育过程中的一种例行公事性质的活动，成了一种仅仅具有象征意义的形式或仪式，除此之外不再具有任何实质性作用。

我们反对应试教育并非是反对考试本身，而是反对仅仅以考试为指向的教学思路；即使在素质教育之下，考试仍然是教学活动中的重要一环。实际上，对应试教育的批判在我国原本主要是针对中小学教育展开的，长期以来，我们一直习惯于把升学考试的成绩作为衡量中小学教学质量的主要指标。但是高等教育一直奉行"宽进严出"的政策，而且依据惯例，大学中

---

① 参见李新权、宋家宁《公安院校法学课程考试改革研究》，载《辽宁公安司法管理干部学院学报》2005 年第 3 期。

各门课程的考试普遍由任课教师负责命题和试卷的评阅，原本也不存在应试教育的压力。因此，所谓应试教育并非我国教育改革的主要对象。相反，国家统一司法考试启动之后，反倒是为法律院系如何根据司法考试的要求改进教学手段提出了新的问题。关于这一点，笔者将在下文加以探讨。

更为严重的是，部分高校教师不仅不重视考试在教学测量方面的功能，反而将考试作为调节与学生关系的一种工具。我国目前各个高校普遍流行"以学评教"的做法，即由学生为教师的教学工作打分，并以此作为对教师教学进行评估的重要依据。于是，有些教学效果不佳的教师，便有意识地通过放宽在考试环节上的要求来吸引学生、讨好学生以获得较高的评分。甚至还有些教师把考试成绩作为控制、管理学生的一种奖惩工具。诸如此类的做法都使得考试完全失去了其本应具有的功能。

总之，在我国当前的法学教育中，专业考试的作用亟待引起重视，必须尽快改变考试被形式化，以及功能异化的现象。

（二）模式单一

长期以来，法学院系的专业课程考试主要是考查学生对于教科书或教师上课所讲授内容的掌握程度，换句话说就是一种寻找"正确答案"的考试。不少学者指出，这种考试既无法考出学生的真实水平，又压抑了考生的原创精神，不利于法律职业共同体的形成。[①]

具体说来，首先，从考试题目类型上看，考题往往集中考查学生对理论性知识点的记忆，而忽略了对学生分析法律问题能力的考查。有相当一部分法学专业课的试卷中，要么完全没有案例分析类的题目，要么仅仅是将案例分析作为一种单独的题型，出一至两道大题了事，其分值在所有题目中所占比重很小。与此形成鲜明对照的则是"名词解释"、"简答"、"论述"等占去了考试题目的绝大部分篇幅。

应当说，这在法学专业的考试当中是一个极其不正常的现象。法学是一种应用型学科，而并非真理之学。法学中一系列的概念、规则、原则等，如果学生单单记住其内容，而不能运用其分析和解决具体案件的话，是没有任何意义的。即使记住了所有法律名词的理论定义，背过了所有的法律条文，也并不意味着掌握了法学的精髓。就如同数学考试不可能仅仅考查学生对各个数学定理的背诵，而必须通过具体的运算题目考察对这些定理的运用能力

[①] 参见贺卫方主编《中国法学教育之路》，中国政法大学出版社1977年版，第122—125页。

一样，笔者认为，至少在应用法学各个学科的考试当中，案例分析类型的题目应当是最主要的内容。

其次，从考察的内容上看，作为一个基本的原则，一门课程考察的知识点应当尽量均衡，并能够覆盖本学科的大部分内容。但对于法学考试来说，仅仅做到这一点还是不够的。法学是由一系列的概念构成的一套逻辑体系，各个所谓的"知识点"并不是孤立存在的，不同知识点之间有着千丝万缕的联系。但是，从笔者了解到的情况来看，各个专业的考试试题，往往倾向于孤立地考查学生对知识点的掌握情况，即一般情况下，每一道题目仅仅考查与书本上相对应的某一个知识点。即使在"简答"、"论述"等所谓"大题"中，考查的知识点可能较多，但在不同知识点上也往往是一种并列关系，在教师评阅试卷的时候，所依据的也是"按点给分"的标准。甚至在笔者接触较多的刑事诉讼法学的考试当中，即使是案例分析题目也遵循了这样的模式。在我国各种刑事诉讼法学的考试当中，案例分析几乎雷打不动地遵循了同样的"改错"模式，题面一般是描述一起案件的程序进行过程，其中存在若干错误之处，让学生依据我国法律的相关规定，指出错误并陈述理由。此种考题，名为"案例分析"，实则是只有案例，没有分析，依笔者看来，不考也罢。

正是由于在考题内容上存在的这一不足，很多人错误地以为法学考试题目不存在难易之分。正所谓"会者不难，难者不会"，考生是否能够答对某一道题目，关键在于他是否记住了该题所对应的那个知识点。由于题目本身不会"拐弯"，教师若想在学生之间拉开差距的话，也只能从"偏"字上做文章，即通过考一些比较生僻的知识点来增加题目的"难度"。考试变成了老师和学生之间捉迷藏的游戏。

最后，由于前述两个方面的缺陷，使得考试在实质上成为对学生短期记忆能力的测试。从学生角度来看，其备考和应考的过程可以简单概括为："平时不学，考前再背，背完就考，考完就忘"。法律院系的学生在考试之前是最辛苦的，有"经验"的学生还能够有意识地根据考试日程来安排不同科目的复习时间，一般是在头一天晚上通宵复习第二天要考的科目，考完之后，再将记住的内容从头脑中全部清空，以便全力以赴地应付接下来的科目。此种模式注定是一种没有任何效果的无用功，在考试的压力之下形成的短期记忆，除了让学生顺利通过考试之外，不会产生一丝一毫的帮助。在我国，曾经有很多法律职业者不约而同地用这样的话来总结自己在大学里所受的法律教育:"我学的那点东西早已经还给老师了。"① 如果考查一下当前各法律院系专业考试的情况就不难发现,学生在每学完一门课程之后,实际上就已经通过考试,将知识归还给了老师。

(三) 考试与教学脱节

考试与日常的教学活动之间原本应当具有密切的联系,两者同为教育体制中发挥作用的不同环节,两者应当统一于本课程的教学目的,但是在目前情况下,考试与教学之间已经日益发生分离。

首先,考试无法为教学的实际效果提供有价值的检验结果。如前所述,教学测量型考试的功能原本就是对教师的教学效果和学生的学习效果进行检验。但是目前这种模式单一且日益形式化的考试显然起不到这一作用。教师在教学环节中存在的问题无法得到暴露,无助于教师教学水平的提高。

其次,学生的学习动力大大下降。由于学生仅仅凭借考前突击即可通过考试,平时学习的努力程度与考试成绩之间没有正相关的关系,学习热情因此受到挫折。

最后,教学管理部门也未能完善各项考试制度,以促进教学与考试之间的良性互动关系。目前各法律院系每一门课程往往只是在课程结束的时候进行一次总结性的期末考试,通过此次考试的学生自此可以不再接触该课程的内容,而未通过者则往往以补考或重修之后重考的方式再次闯关。但是,那些通过考试的学生,在知识掌握上是否还存在不足?未获通过的学生又是哪里出了问题?学生对这些均不得而知,多数院校通行的做法甚至是在教师批阅完试卷之后直接送交归档,学生拿到的仅仅是一个成绩,而无缘见到试卷,自己对、对在哪里,错、又错在何处,都搞不清楚,更遑论进一步的提高了。

三 考试方法之改进

(一) 考试类型

考试存在不同的类型,教师应当根据教学过程的不同阶段,灵活选用不同的测验。但前文已经提到,当前法学专业考试中通常的做法是一锤定音,

---

① 强世功:《法律人的城邦》,上海三联书店 2003 年版,第 69 页。

即一门课程只举行一次总结性的考试并以此作为对学生学业的评价。此种方式不足以充分实现教学测量的功能。

在一门课程的教学过程中，可以视教学内容的需要，安排阶段性测验，以检验学生对相关知识的掌握情况，并根据学生考试的结果，对接下来的教学方法和教学内容作出相应的调整。据笔者了解到的情况，目前各法律院系普遍要求任课教师将学生的成绩区分为"平时成绩"和"期末成绩"两部分，但是许多教师把"平时成绩"当成了一种例行公事的要求，而没有充分发挥其应有的作用。实际上，由于目前我国大学法学教育中，基本上是以学期为单位安排专业课程的讲授，这种教学过程中的阶段性考试相对于期末总结性考试而言，更有价值。

（二）考题类型

根据回答方式的不同，可以将试题分为主观题和客观题。一般认为，主观题主要用来考查学生对所学知识的理解和巩固程度以及对材料的灵活组织和分析综合能力，但因取样代表性和评分客观性较差，在标准化考试中很少使用。在法学专业考试中，常见的主观题有论述题、简答题和案例分析题等。客观题是让应试者从试题编制者事先拟定的答案中辨认出正确答案，如选择题、判断题等。客观题主要用来测量知识的广度，有利于全面考查学生对所学材料的掌握情况，而且评分客观、省时。但是，它难以测量学生的分析综合、组织连贯等高级心理能力。[1]

但是在笔者看来，至少在法学专业考试中，客观题与主观题的区分应当是相对的。因为法学本身并非一门纯粹客观性的学问，在法律问题——特别是具有边界性质的法律问题——上，很难说存在唯一正确的答案。当然，指出这一点并非意味着法学考试中不能使用客观类的题型，而是试图说明，法学考试更应当有意识地为考生留出发挥其分析能力的空间，而不能将法学考试变成一种寻找"正确答案"的过程。

时下法学考试中流行的一种倾向是，片面强调考试的规范化和标准化，如增加客观题的比重，拟订统一标准答案作为评分的严格标准；还有不少院校在此基础上更进一步，通过建立标准化题库，实现教考分离，为考试建立统一的评价标准和参考依据。但是这种做法是否完全符合法学专业考试的特

---

[1] 参见赵家琪等《试论法学专业考试制度的改革与创新》，载《牡丹江师范学院学报》（哲社版）2006年第5期。

点则不无商榷的余地。因为当所有的题目都存在一个所谓"标准答案"的时候,无论形式上采取何种题型,它在实质上其实都已经变成了一种"客观题"。在一些标准化考试中,此种做法有其一定的合理性,但是大学法学教育似乎没有完全采取此种考试模式的必要。因为法律作为一门实践性学科,重在掌握运用知识的方法。在司法实践中,面对同一个案件不同的法官也可能做出不同的解释,这种标准化考试模式不符合法律科学的运用规律,压抑了学生独立思维能力的发挥。

在素质教育理念指导下,结合法学自身的学科特点,必须改革目前的考试方式,改"重结论"为"重分析过程",即主要根据学生分析的逻辑性、合法性、合理性、周密程度等方面计分,引导学生在日常的学习中重视问题的思考及其逻辑推理过程。[①] 法学考试应当主要以考查学生对法律思维方法的掌握以及解决实际案件的能力为主,这一目的通过完全标准化的考试模式几乎是不可能实现的。就具体的题目类型而言,笔者认为,在法学专业考试中,应当尽量加大分析类题目的比例,而且在评分时,不应以一个唯一固定的标准为依据,而应当重点考查学生分析推理的过程。最常见的分析类题目是案例分析,即给出一个真实或虚构的案件,要求学生对其中的法律问题加以分析并得出自己的处理意见。除此之外,还有一种分析类题目为法条分析,此种考试方法目前尚不多见,笔者在教学过程中曾经进行过这一方面的尝试。其具体方法为,给出若干彼此存在联系或冲突的法律条文,让学生从这些条文中发现问题、分析问题并解决问题。这些分析类的题目,既可以考查学生对基本知识的掌握程度,同时又能够检验考生分析问题和解决问题的能力,从而对教学效果作出比较全面的反映。

与此相反,诸如名词解释一类的题目,至少在应用性法学学科中,似乎没有采用的必要,此种方式不仅无法对学生的实际能力进行有效检验,而且还会对学生的学习造成不良的反作用,使学生把法学看做一系列含义明确的概念的集合,将法学专业的学习简单地等同于对这些概念的记忆。法学尽管是由一系列专业概念组成的逻辑体系,但这些概念是在面对案件时被用来解释、分析和运用的对象,若将主要精力用来对这些概念的内涵进行抽象记忆,无异于舍本逐末。

---

① 参见张卫英、张晓昀《法学教育对学生法律思维能力的培养》,载《济宁师范专科学校学报》2006 年第 1 期。

(三) 考核形式

在传统讲座式教学模式之下，考试的具体形式相对比较单一，大多采取闭卷考试的方式进行。但近些年来，随着法学教育改革的逐步推进，各法律院系在课程设置以及教学方法等方面都做了很多带有创新性质的尝试，这些改革措施对于考试方法必然会提出与传统模式不同的要求。因此，在选择考试的具体形式时，也必须要考虑课程的自身特点而定。

对于一些知识体系比较完备，相关立法也比较健全的应用性学科，可以沿用传统的考试方式，但是在具体内容上应当主要采取考查学生法律分析能力的考试思路。上文有关试题类型方面的讨论也主要是针对此类学科而言的。因为从法学研究和法治建设的整体发展情况来看，此类学科在理论与实践相结合的方面相对比较成熟，此种考试方式在可操作性上不存在太大的障碍。

但是，对于一些理论性较强的学科，若一味要求采取上述考试方法似乎不太现实，有必要探索其他行之有效的考试形式。所谓理论性较强的课程，在我国当前情况下，无非是指以下两类。其一是指那些在性质上与应用法学相对应的理论法学课程，如法理学、法史学、比较法学、法社会学，等等。其二则是指一些有关新兴法学领域的课程，此类课程在性质上原本也属于应用法学的范畴，但由于我国相关的法律实践还比较薄弱，目前尚处于理论探索阶段，比如青少年法学、证据法学、网络法学，等等。这些课程的教学重点有的在于理论思辨，有的在于研究方法的训练，有的则侧重于国外相关制度的介绍。其考试方法与应用法学当然应存在区别。

但是，承认其区别的存在并不意味着这些课程只能延续考核学生对相关知识记忆程度的老路上去，教师也应当根据课程的不同特点选择最为有效的考试形式。理论法学课程的教学目的并非仅仅是让学生记住多少名家的理论、观点，而是要培养学生的理论思维能力和研究方法，后者才是考试的重点。比如许多法律院系都开有比较法学课程。比较法学在本质上是一种研究方法，或者说它是指一方面以法律为其对象、另一方面以比较为其内容的一种思维活动。[①] 功能性原则是比较法学方法论的基本原则，该原则的一个基本命题是："每个社会的法律在实质上都面临同样的问题，

[①] [德] K. 茨威格特、H. 克茨：《比较法总论》，潘汉典等译，法律出版社2003年版，第3页。

但是各种不同的法律制度以极不相同的方法解决这些问题,虽然最终的结果是相同的。因此,任何比较法研究作为出发点的问题必须从纯粹功能的角度提出,应探讨的问题在表述时必须不受本国法律制度体系上的各种概念所拘束。"① 通过比较法学的课程,需要让学生掌握的是比较法学的基本方法,即根据功能性原则,选取具有可比较性的相关制度加以比较,发现其异同点,并根据制度安排的原理探索符合我国法治建设需要的制度设计方案。因此,本课程的考试内容也应当是考查学生是否把握了这一方法,而不是以闭卷考试的方式,考查学生是否能够清楚地记忆大陆法系或英美法系一系列具体的法律规定。从这一目的出发,本课程的考试完全可以也应当采取一种更为灵活的方式,比如以要求学生就相关问题进行研究,撰写论文或研究报告的方式进行。

(四) 配套环节

目前各法律院系专业考试制度基本上遵循的是命题、考试、试卷评阅这样一个三阶段的模式。但是此种考试制度相对于教学测量型考试功能的实现而言显然是过于简单化了。为了充分发挥专业考试的作用,应当进一步对考试制度的具体环节加以完善。

除了上文提到的在考试的种类选择、内容和具体形式的确定方面存在不足之外,在考试制度中一个急需引起重视的环节即对考试结果的分析和运用。当前的对于法学专业的考试,教师一般认为批阅完试卷之后,考试就结束了,对于通过考试所反馈出来的问题没有加以认真分析。实际上,考试结果可以反馈出大量的信息,可以反映出整个教学过程的得失。笔者认为,作为一项基本的制度环节,应要求教师对考试情况作出分析。在对考试分析的过程中,应当注意运用考试和教学的相关理论对考试结果进行研究,从而对教学过程的进行反思,并找出下一步工作的方向和改进的措施。② 据笔者了解到的情况,一些高校一直以来也有这方面的要求,但由于相关制约措施不健全和部分教师的责任心不强,导致这一制度有流于形式的危险。

在法学专业考试中,一份完整的试卷分析至少应当包括以下几个方面的内容:对题目本身的分析;对学生考试结果的分析;考试结果所反映出来的

---

① [德] K. 茨威格特、H. 克茨:《比较法总论》,潘汉典等译,法律出版社 2003 年版,第 46—47 页。
② 参见郭震伦《怎样进行试卷分析》,http://www.fxhj.net/kaoshiyanjiu/sjfx/200702/1735.html。

问题；问题出现的原因；下一步教学过程中的改进措施。另外，考试之后，也应当为学生提供总结分析的机会。比如，应将教师批改过后的试卷发给学生，并视情况增加教师对试卷加以讲解和点评的环节，以利于学生学习效果的提高。

四 司法考试与法学教育之关系

2001年6月30日，九届全国人大常委会第二十二次会议审议通过了《中华人民共和国法官法》、《中华人民共和国检察官法》，规定国家对初任法官、初任检察官和取得律师资格实行统一的司法考试制度。之后，司法部会同最高人民法院和最高人民检察院联合发布公告，决定不再单独组织初任法官、初任检察官和律师资格考试，从2002年起开始实行统一的国家司法考试。不久，"两院一部"又联合发布了《国家司法考试实施办法》，从而使国家司法考试制度法制化，并取得国家考试的地位。国家统一司法考试的举行是我国司法改革过程中的一项重大举措。

在短短的几年当中，司法考试迅速受到社会各界的广泛关注，并且以其极低的通过率被称为"中国第一考"。法律人对这一举措普遍抱有一种乐观的期待，认为通过司法考试可以统一法律职业的准入条件和提高进入法律职业的门槛，有助于提高和保障法律队伍的职业素质。同时司法考试制度的建立，还是司法制度改革的一个良好的开端，它在目前司法改革因缺乏顶层设计和高层协调而难于在制度层面上突破的情形下，可以成为司法制度改革的突破口和着力点。①

笔者在此不准备展开探讨统一司法考试对于推进我国司法改革方面的利弊得失，本章关心的问题是，司法考试对于我国法学教育提出了怎样的冲击和挑战，以及法律教育机构应当采取怎样的应对措施。

（一）司法考试的冲击

从逻辑上讲，把通过司法资格考试确定为法律职业的准入条件之一，原本应当是法学教育的一个福音，因为我国在相当长的一段时期内，法学教育和法律职业是完全脱节的，原有的法律职业人才输入并不具备专业化、职业化特点，部队转业、企业干部、其他机关分流等途径都是法律职业人才输入

---

① 参见霍宪丹《中国法学教育反思》，中国人民大学出版社2007年版，第126页。

的很普遍的方式。① 但现实情况却恰恰相反，面对统一司法资格考试制度，原有的法学教育却明显感受到强有力的冲击，这本身就是一个非常耐人寻味的现象。

司法考试对法学教育的冲击是多方面的。这些冲击，鲜明反映出我国当前法学教育体制中存在的诸多问题。其实这些问题早已经存在，只不过，统一司法资格考试实施之后，立即成为一面镜子，将这些问题一下子揭示出来。而且笔者认为，统一司法考试对法学教育的影响绝不仅仅限于上述教学内容和方法等微观层面，更为重要的是，它已经触及我国整个法学教育体制的深层。

我国的法学教育的培养模式在建国后至改革开放初期一直都是照搬苏联模式，是一套由高等法学教育、成人法学教育、法律职业教育等组成的多层次结构。此种结构在法制建设的起步阶段，有利于尽快培养法律人才，满足法制工作的需要。但是时至今日，这一多层次结构已经成为法律人才专业化的一个非常不利的因素。因为统一司法资格考试的初衷之一便是实现法律家的"同质化"，即通过统一考试让法律职业者具备共同的职业素质和专业思维方式，从而使他们对法律问题能够作出大体一致的评价。但是，此种多层次的旧法学教育体制，本身就构成法律家同质化的一个障碍。

多层次的法学教育看似繁荣，实际上不利于法律人才素质的提高以及法律家共同体的建立。因为坦率地说，到目前为止，我国法学研究和法制建设的总体积累仍然处在一个非常薄弱的阶段。人为所设置出来的种种层次，无非是将本来已经非常有限的法律知识积累加以"稀释"之后所形成的局面，其"泡沫"的成分要多过实质。面对统一司法考试的冲击，目前这张已经放得过开的法学教育之网应当收紧，而不是进一步扩张。

近些年来，我国法学教育过热，不同的法学教育机构在师资力量、教学条件、学习年限、培养方式、课程设置、生源情况等方面存在非常大的差别，不同机构培养出来的学生素质自然良莠不齐。而且更为严重者在于，此种层次不一的法学教育体制难免滋生"劣币驱逐良币"之功效，特别是在当前高等教育中过分向科研倾斜的评价机制，使得各法律教育机构在教学工作方面，常常不自觉地向最低层次看齐。由此造成的必然是法学教育质量的每况愈下。因此，笔者认为，统一司法资格考试对于传统法学教育所带来的

---

① 龚兵：《法学教育与法律职业的矛盾与互动》，载《黑龙江省政法干部管理学院学报》2005年第5期。

各种冲击,无不直接或间接地指向旧有的法学教育体制。统一的法律职业知识背景呼唤统一的高等法学教育。①

另外,抛开教育体制的宏观层面,就具体问题而言,统一司法资格考试对传统法学教育造成的冲击更是不胜枚举。中南民族大学法学院教师邓红蕾将法学院系的传统教学模式概括为五点,即一浅、二死、三无、四旧、五差。"一浅"是指教学内容的肤浅,教授了法律规则,却忽略了法律规则背后所潜藏的人文、社会、理念、精神,尤其是法律的公平正义等价值的追求。使高等法学教育培养出来的是只知道程序和规则的法律工匠。"二死"是指高等法学教育的教学方式死板,教师照本宣科,学生死记硬背,缺乏生动活泼的共鸣气氛。在这样的方法下所培养出来的学生是毫无创新性可言的,考试中出现的抄袭和夹带等也对学生的人格造成缺损。"三无"是指在高等法学教育中缺乏实践、实习和理论联系实际的环节,书本上的法与现实中的法脱节。"四旧"是指高等法学教育知识体系、教育模式、人才培养模式和教育方法的陈旧,尤其是人才培养模式的陈旧。"五差"是指从事法学教育的人员在学历层次、专业素养、道德水准、实践经验等整体综合素质参差不齐,难以胜任社会期望值高的法学教育的重任。②

这些弊端在司法资格考试的检验之下一瞬间被暴露出来。司法考试作为一种选拔型考试,与前文集中讨论的教学测量型考试之间存在的一个最重要差别,是其具有明显的导向作用。司法考试与未来法律职业者的利益密切相关,因此它在无形当中,对学生、教师和教学机构的学习和教学行为就会产生规范和引导作用,引导着他们根据司法考试的要求和标准去调整自己的学习和教学方向。③从几年来司法考试的实际情况来看,常常出现没有受过系统法学教育的考生居然要比法律院系科班出身的考生成绩还要高的现象。这更使得我国的法学教育界油然产生一种"狼来了"一样的危机感。于是,有人提出,应当将司法考试作为法学教育改革的一个重要考虑因素,甚至有人主张,应当将司法考试的通过率作为衡量法学院系教学水平的一项指标。

在这样一种思路的指引之下,不少法律院系纷纷以司法考试为指向,对教学工作进行了一系列调整。比如:第一,对学校教育观念和教育思路方面

---

① 陈君武:《略论国家统一的司法考试制度与高等法学教育》,载《甘肃政法学院学报》2002年2月。

② 饶艾:《国家司法考试进程中高等法学教育的思考》,载《西安交通大学学报(社会科学版)》2004年第4期。

③ 喻军:《链接司法考试改进大学法学教育》,载《湖南科技学院学报》2007年第1期。

的冲击，其表现为一些学校面临司法考试低通过率的压力，已经准备砍掉一些基础课程、公共理论课程，转而与司法考试"直接对接"，围绕司法考试这一中心组织教学。第二，对教师教学内容和教学方法的冲击，其表现为一部分高校的法律院系在司法考试的"指挥棒"下把精力集中于如何使学生通过考试关，教师的授课重点也转移到司法考试内容上，教学方法逐渐向题海战术转移，日常的考试测验也都是司法考试的题型。第三，对学生课堂学习的冲击，其主要表现为在就业压力日趋严重之下，许多法学生奔走于法学院和司法考试培训学校之间，无心进行课堂学习，即使能够参加课堂学习，也只重视应试科目，而忽视对法制史、法哲学等非应试基础性学科的学习。总而言之，面对司法考试，各法律院系不得不开始思考，应当在教学过程中教给学生一些什么知识，以及用怎样的方法去传授这些知识。[①]

但是笔者认为，在当前条件下，如果仓促将司法考试当作法学教育的指挥棒，使法学教育蜕变为一种应试教育，那将是非常危险的。任何问题的讨论都不能脱离论者所处的具体环境。目前我国法制改革进程中面临的具体情况是，一方面，国家统一司法资格考试仅有几年的时间，尚处于探索阶段；另一方面，法学教育经过数十年的发展，取得了一定成绩，但依然问题丛生，且弊端逐渐暴露。可以说，上述二者都存在一个不断改革和完善的问题。在它们之间不应该是一个谁服从谁的问题，而是一个如何相互促进、协调发展的关系。换句话说，司法考试通过率无疑能够作为衡量法学院校法学教育质量的标准之一，但是，也不能将司法考试通过率作为法律人才培养质量评价的唯一指标。因为，"在市场经济体制之下，人才流动加大，职业转换频繁，甚至在很多单位和部门，职业的概念已经模糊，用人单位对专业对口的要求大大放宽了，他们更强调知识结构的覆盖面和自主获取知识的意识和能力"。[②]

（二）法学教育的应对

众所周知，国家统一司法资格考试的最重要功能之一是促进法律的职业化。正如有学者指出的："随着社会的发展，随着法律职业化建设的不断完

[①] 参见刘桂清《大学法学教育应理性应对司法考试带来的冲击》，载《法制与经济》2006年第8期。

[②] 张文显主编：《世纪之交的中国法学——法学研究与教育咨询报告》，高等教育出版社2006年版，第211页。

善，各法律职业化比较好的国家，殊途同归地选择了以法律职业资格考试作为遴选法律职业者的手段，并各自根据本国传统建立起了一套符合本国法律职业化需要的法律职业资格考试制度。之所以出现这一结果，这是由于法律职业化的内在要求决定的——一方面，法律职业资格考试是检验法律职业者法律知识和法律运用能力的手段……另一方面，法律职业资格考试形式以及考试结果是保持法律职业者法律专家形象的最好手段。"[1]

正是由于国家统一司法考试契合了法律职业化的需要，因而一下子击中了我国法学教育的"命门"。目前一种非常具有代表性的看法认为，大学法学教育应当是一种职业教育。如早在10年前，方流芳教授在考查了法律教育与法律职业之关系的发展演变之后就明确指出，大学本科的法学教育的职能"应当是让学生获得从事多种法律职业都必须具备的能力，这种能力对于法官、律师、法学具有同等重要的意义。因此，大学本科法律教育的定位只能是职业教育"[2]。但是，我国自新中国成立以来的大学法学教育在职业化方面的欠缺则是人所共知的一个事实。而国家司法考试作为职业教育训练中的一种制度设计，它一端和法律职业连接，另一端和一个国家或地区的法学教育连接。[3] 既然统一司法考试有助于促进法律的职业化，而职业化又恰恰是大学法学本科教育的目标，那么，将司法资格考试作为大学法学教育改革的一个主要参照物，似乎在逻辑上是成立的。

但是此种观点也仅限于在逻辑上成立，若联系实际考查则并非如此简单。由于我国统一司法资格考试的实践仅有几年的时间，从考查的内容、题型设置到考试模式的具体安排等诸多方面都有待于进一步的发展完善。换言之，目前的司法考试在选拔法律职业人才方面的功能尚未得到很好的发挥。因此，至少在目前，司法考试的考核标准，并不能够等同于对一名法律职业者在专业知识和能力上的要求。对于国家统一司法资格考试的导向作用，大学法学教育尽管不可能，也不应该完全视而不见；但同时也应当以慎重的态度对待这种导向作用，不能完全向其"缴械投降"。如何根据法律职业化的要求对自身加以完善和改革是司法资格考试和法学教育共同面临的一个课题。

所谓法律的职业化，一般认为是指通过一定的方式，使司法职业形成一

---

[1] 刘俊：《法律职业化与司法考试的关系分析》，载《南京社会科学》2007年第3期。
[2] 方流芳：《中国法学教育观察》，载《比较法研究》1996年第2期。
[3] 刘东方：《国家司法考试若干问题探讨》，载《中国司法》2006年第12期。

个拥有共同专业的法律知识结构和独特的法律思维方式，具有强烈的社会正义感和公正信仰的整体，具有仅属于该群体的职业传统和职业气质。职业性一般包括同质性、专业性与技术性等特征。① 在法律职业化进程中，法学教育与司法资格考试均为必不可少的环节，发挥各自重要的作用。法学教育的目的在于培养职业化的法律人才，而司法考试则是职业法律人才的选拔机制。

抛开我国的具体情况不谈，国家统一司法资格考试作为选拔法律职业者的一种方式，本身便具有一系列固有的局限性，需要其他相关环节的弥补。比如，有学者指出，司法考试可以较好地评测应试者的法律知识和能力，但难以评测应试者的政治思想和职业道德素质。另外，司法考试也无法穷尽特定法律职业者应具备的法律知识、能力和素质，在选拔复合型人才方面的功能上打了折扣，无法将具有创造性的人才选拔出来。② 因此，司法资格考试在选拔专业法律人才方面并不能单独起作用，而必须辅之以一系列相应的配套措施。对于这一点，诸多有识之士已经提出了许多有价值的创见，笔者不再赘述。③

更为重要的是，我国目前的统一司法资格考试即使在测评应试者的法律知识和能力方面，也存在诸多不尽如人意之处。"司法考试，是以检验欲担任法官、检察官以及律师的考生是否掌握了所应当具备的学识和应用能力为目的的国家考试。"④ 但是目前的司法考试并不足以达到上述考核的目的，甚至在很大程度上会适得其反，将那些真正具备上述素质的考生排除于法律职业之外。具体而言，主要存在以下几个方面的问题。

第一，考核内容广度有余，深度不足。我国司法考试所涉及的内容包括法理学、法制史、宪法、经济法、国际法、国际私法、国际经济法、法律职业道德、刑法、刑事诉讼法、行政法、行政诉讼法、民法、商法、民事诉讼法（含仲裁制度）等多个学科。如此广泛的领域包含在由四张试卷构成的一次考试之中，这必然使得题目在深度上存在不足。如前三份试卷均为客观题，每卷试题共100道，考试时间180分钟，平均下来每道试题所用时间不超过2分钟，根本不可能考核学生就某一法律问题展开深入分析推理的能

---

① 汪启和、黄艳葵：《职业性与学术性：司法考试应并重》，载《行政与法》2005年第3期。
② 参见何士青《司法考试与法学教育》，载《湖北大学学报》（哲学社会科学版）2004年第1期。
③ 参见夏秀渊《司法考试需要相应制度的支持》，载《雁北师范学院学报》2005年第1期。
④ 潘剑锋：《论司法考试与大学本科法学教育的关系》，载《法学评论》2003年第2期。

力。因此有学者将我国司法考试称为"一"字形考试,即"点多面广、面面俱到,照顾到了都懂一点,没能照顾到专题深度"。①

应当说,这种考试内容的安排有其一定的道理,比如有人认为,鉴于我国司法资格考试报考条件比较宽,非法律专业本科的毕业生也可以报考,考试内容涉及面宽些,有利于检测这些考生法律知识的水平。②但在笔者看来,关键原因并不在于此。在如此宽泛的考核内容的背后,反映似乎是目前我国法学界对于法律职业者"同质化"概念的狭隘理解。如有学者认为,"统一司法考试制度的建立,初步统一了法官、检察官和律师的准入和任职条件,在制度上保证了不同法律职业者都要求具备系统的法学理论、法律知识,系统的法律专业教育背景,通过相同要求的职业资格考试等。这些要求不仅使得法律职业者具有同质化的最基本的法律职业素质素养,而且也促使法律职业群体形成一种与法治理念相适应的同质化的职业共同思维方式,使得他们很容易运用统一的标准对任何法律问题作出近乎一致的评价"③。

在笔者看来,所谓法律职业者的"同质化"最为本质之处应当是,法律人奉行一种共同的思维方式,即在面临具体纠纷的时候,运用一种相同的方法或技术加以解决;由此才进一步导致了在知识结构、职业道德、教育背景等其他诸多方面的趋同。一个人对这种方法或技术掌握得纯熟与否,只有当面临达到一定复杂程度的具体纠纷时,方可检验得出来。法律上所谓的复杂案件,其实大多就是俗称的"边界案件"。而之所以说我国当前的司法考试在广度上有余而深度不足,是因为它仅仅侧重于考查考生对相关知识点的记忆程度,即使绝大多数题目采取了案例的形式,但稍做分析不难发现,这些案例很少有需要考生展开深入分析与推理的边界性案件;考生只需将相关的法律条文背诵熟练,在考试当中便可以成为输出标准答案的"自动售货机"。

可见,目前司法考试片面追求考查内容上的面面俱到,这在法律职业人的同质性之塑造上,可谓是舍本逐末。须知,所谓"同质性"不在于法律人阅读和背诵了共同的法律文本,更重要的则在于,他们掌握了同样的一种法律思维方式。

第二,题目类型客观题过多,主观题不足。目前我国统一司法资格考试

---

① 刘东方:《国家司法考试若干问题探讨》,载《中国司法》2006 年第 12 期。
② 潘剑锋:《论司法考试与大学本科法学教育的关系》,载《法学评论》2003 年第 2 期。
③ 刘俊:《法律职业化与司法考试的关系分析》,载《南京社会科学》2007 年第 3 期。

的题型包括主观题与客观题两种,四张试卷中,前三卷均采用客观题,占总分的75%,最后一卷采用主观题,占总分的25%。而即使在最后一卷的主观题中,大部分题目也都存在一个唯一标准的答案,评分是采取"按点给分"的原则,究其实质,这无非是一种"客观化了的主观题"。因此总体上来看,目前的司法考试仍然是一种标准化考试,或者说是一种"寻找正确答案的考试"。

笔者在前文讨论教学测量型考试的时候就已经指出,这种标准化考试不宜在法学考试中采取,它无法考核出考生进行法律分析和推理的能力,因为在司法实践中,任何一起案件的处理都很难说存在唯一正确的方案。相对于法律的实际运作过程而言,此种标准化的测试无异于纸上谈兵。

从世界各国司法考试的内容来看,一般由三部分组成,一是客观题考试内容(MBE),二是法律写作考试(CEE),三是法律实务考试(MPT),其中主观题和开卷考试占了主要的比重。[①] 此种题型设置既考查了应试者对基本知识的掌握程度,同时更为重要的是,可以考核其运用这些知识解决具体案件的能力。《国家司法考试实施办法》规定,"司法考试主要测试应试人员所应具备的法律专业知识和从事法律职业的能力"。根据这一规定,司法考试的目标有两个,一是测试应试人员应当具备的法律专业知识;二是测试应试人员应当具备的从事法律职业的能力。前者具有一定的客观性,可以主要通过客观题加以考查;但后者则是考查应试人员在掌握法律专业知识的基础上所具有的各种职业技能,如逻辑思维能力、推理能力、判断能力、表达能力等,具有极强的主观性。[②] 目前司法考试的题目仅能满足上述第一个方面的需求。

第三,考试模式采取一次性书面考试。目前的统一司法资格考试每年一次,分两天举行,并完全采取书面考试的形式。如果说以国家统一司法资格考试的形式选拔职业法律人才,本身就是一种具有诸多局限性的人才选拔机制的话,那么此种一次性书面考试的做法,弊端则更为明显。因此,目前世界各主要法治国家的司法资格考试均在具体方法上精心设计,以求更好地实现考核目的。

比如德国实行统一的国家司法考试制度。任何人要想成为法官、检察官、政府律师、自由执业律师、公证员,都必须通过两次统一司法考试。而

---

① 刘玉田:《司法考试对法学教育的影响及其改进》,载《中国大学教学》2006年第5期。
② 参见苏号朋《论国家司法考试方式与题型的完善》,载《中国考试》2006年第3期。

且，接受过大学正规的法学教育是加入法律职业群体的一个前提条件。在德国，只有大学法律专业毕业生，或符合一定条件的正式在读法学院学生才有资格报名参加第一次司法考试，通常情况下，法学院学生在大学经过7个学期的法律学习后可参加第一次司法考试。第一次考试的主要目的在于检测考生是否达到作为预备法律工作者的资格。考生只有在第一次考试中的笔试考试和口试考试中合格才能取得考试管理部门颁发的第一次国家法律考试合格证书。考生通过第一次考试后便进入历时两年半的培训阶段（也称"预备服务阶段"），其身份为临时文职人员，有权领取国家津贴。完成全部实务训练并考核合格之后，学员获得参加第二次国家司法考试的资格，这项考试的主要目的在于考核这些"准法律职业者"是否具备作为法官、检察官、律师或者高级公务员所要求的综合知识水准、综合能力和个人品行。第二次考试同样以笔试和口试的方式进行，与第一次考试不同的是，这次考试的内容更加专业化，并且加大了州法的份额。只有在笔试中合格，才可以参加口试。第二次考试合格以后，才可以获得"候补文职官员"的资格，可以申请法官、检察官、高级公务员，以及申请成为自由职业者——律师。

　　法国不实行统一的国家司法考试，律师资格考试与司法官考试分别进行。而且，接受大学法律教育并不是参加司法考试的必要条件。司法官是法官与检察官的统称，在国家司法官学院接受培训是成为司法官的必要条件，国家司法官学院的入学考试实际上就是法国选任法官、检察官的司法考试，入学考试合格者获得"准司法官"的身份，并在该学院进行为期两年零七个月的研修。研修的主要内容是学习司法方法论、生理学、心理学、法医学、会计学等实际应用知识以及到有关部门进行实习。"准司法官"学习期满合格以后，由司法部长提名，由总统任命担任司法官。要成为律师，需要取得法学硕士或者具备与之相同的条件，并且首先参加各个上诉法院辖区内律师协会设立的地方律师研修中心入学考试，接受一年的理论学习和实务研修，然后要参加一次相当于毕业考试性质的特别考试，如果合格，可以获得律师资格合格证明书。取得律师资格证书的人员可以到各地的律师协会登记，成为见习律师，见习律师需要在律师事务所工作一段时间（一般为3—5年），然后要回到上述地方律师研修中心参加二年的实务培训，在获得律师评议会的承认具有从事律师业务的资质以后，才可以成为正式的律师。

　　日本实行法曹一元化制度，法官、检察官和律师都通过统一的司法考试来选拔。日本的司法考试分为第一次考试和第二次考试。第一次考试的目的在于检测报考者的基本素养、基本教育水平，第一次考试只有一个阶段，主要内容是检测一般的人文社会科学知识。第一次考试全部都是笔试，具有大学学历的应考者可以免除第一次考试，考试合格者可以参加第二次考试。第二次考试分笔试和口试两种方式，分三阶段进行。笔试又分为主要包括客观试题组成的"简答式"和主观论述试题组成的"论文式"两种。简答式考试是第二次考试的第一阶段，考生需在3个小时内就宪法、民法和刑法三个主要学科的60道试题作出回答。简答式考试合格有资格参加下一阶段考试——论文式考试。论文式考试的主要范围是宪法、民法、商法、刑法、民事诉讼法、刑事诉讼法六个科目，每一个科目一张试卷，每张试卷只有两个题目，考生要就试题题目撰写一篇小论文，考试时间为2个小时，整个论文式考试时间为14个小时，论文式考试的合格者才有资格参加下一阶段的口试。口试集中由司法考试考查委员主持进行，口试测试科目为宪法、民法、刑法、民事诉讼法、刑事诉讼法五个科目。考生通过第二次司法考试之后并不能从事法律职业，只是有资格成为司法研修所的学员。司法研修生享受国家准公务员的待遇，所有研修费用由国家支出。只有在司法研修所接受近一年半的实务训练并考试合格后才能从事法律职业。①

可见，与我国一次性考试的模式相比，各大陆法系国家为了有效地检测考生法律知识结构的全部内容，几乎都采取了阶段性考试的方式。将全部司法考试分为前后连接的一个过程，分成若干阶段，每一个阶段设计出不同的题型，针对不同的法律知识结构内容进行测试。同时，阶段性考试实行阶段淘汰制，可以做到优中选优，将最优秀的法律专业人才选拔出来。

与我国单纯的书面考试相比，各国司法考试则注重多种考试方法的综合运用。除必要的闭卷考试之外，开卷、口试等亦是司法考试中经常采用的形式。如根据日本《司法考试法》的规定，司法考试通过笔试和口试两种方式进行。笔试考试的科目分为必考科目、必选科目以及一般选择考试科目。必考科目为宪法、民法、刑法、民事诉讼法以及刑事诉讼法五个科目；必选科目就是从商法、行政法中选择一个科目，一般选择科目是从商法或行政法（两个必选科目中未选的一个科目）、破产法、劳动法、国际私法、刑事政策五个科目中任选一门。在笔试考试中合格的考生有资格

---

① 丁相顺：《阶段性考试模式与我国统一司法考试制度的完善》，载《中国司法》2005年第9期；常淑芬：《大陆法系国家司法考试制度比较与借鉴》，载《山西省政法管理干部学院学报》2005年第3期。

参加口试，口试主要围绕着宪法、民法、刑法、民事诉讼法以及刑事诉讼法五个科目展开。①

总之，我国目前的统一司法资格考试，无论是从考核的内容，还是从考试的形式方面，都有非常多的问题需要加以改进。而且不难看出，现行司法考试中的种种弊端，甚至是延续了本章前文探讨的教学测量型考试中的一系列问题。因此，如果法学教育一味迎合司法考试的需要，则不仅不会带来法学教育水平的提高，反而会使整个法治建设的进程遭到遏制。

当然，在我国现有条件之下，司法资格考试作为获得法律职业资格的一个"硬指标"，它给法学教育带来的巨大冲击毕竟是无法避免的。正如有学者指出的，司法考试的通过率被当做衡量一所法律院校教学质量的标准，在目前条件下是一个无法避免的现实，因为它是一个"市场化"的指标。② 于是，在法学教育与司法资格考试之间便出现了一种微妙的紧张关系。一方面，来自司法资格考试的巨大压力必然会成为法学教育改革过程中一个必须考虑的因素；另一方面，法学教育在巨大压力面前，也应当保持冷静的态度，司法考试并不是，也不可能是法学教育的全部。具体而言，笔者在此提出以下几个观点。

1. 大学本科法学教育应当继续以职业教育作为改革的方向，注重培养学生的法律思维能力和技能

但必须明确的是，职业教育不等于司法资格考试的应试教育。而是应当进一步坚持案例教学和实践性教学的基本思路，注重学生专业素质的提高。如果说目前的法学教育与司法资格考试之间存在"脱节"的现象，问题并非完全出在法学教育的身上，前文的分析已经表明，我国现行的司法考试模式与法律职业化之间原本就是"脱节"的。目前，司法考试培训在我国早已成为一项繁荣的产业，但是这种培训显然并非是以促进法律职业化为目的的，而是一种彻头彻尾的应试教育，大学法学教育自然不能委身其中。

以往学界主流观点对于法学教育中强调注重职业技能的倾向颇为不屑，认为这是一种培养"法律工匠"的做法。但在现代法治社会，必须

---

① 参见张鹏飞《从法律职业的专业分类谈司法考试内容和题型设置》，载《中国司法》2007年第2期。

② 吴志攀：《统一司法考试与高等法学教育的改革取向》，载《中国高等教育》2005年第13、14期。

要有一大批这样的"法律工匠"队伍担负起解释、适用法律,并捍卫法律尊严与权威的使命。这些人在很大程度上应当被归入"技术人才"的行列,只不过他们所掌握的技术是有关法律这样一种"人为理性"的运作技术,诸如法律解释技术、法律推理技术、法律渊源的识别技术、法律漏洞的填补技术,等等。我国以往的法学教育往往过分执著于一种对大学教育所谓"学术性"的误解,将培养学术性人才作为法学教育的基本目标。但实际上,就法学这门学问而言,"学"与"术"原本就是连为一体的,需要通过法学研究和教育来不断传承。正如有学者指出的:"法律技术存在于任何一个法律领域之内,与具体的司法实践相始终。这一特点与法学本身的特色相关,与其他类型的学科,例如哲学、历史学相比,法学实质上是一种介于人文科学和社会科学之间的学科,这既要注重法律的价值、本质等有关人类终极关怀的基本问题,同时又要涉及具体的法律操作和法律应用,具有'经世致用'的学科功能。如果要使法律成为一种理性的活动,就离不开相应的技术规则作为支撑,因为'技术'本身在某种程度上就是人类实践经验的总结,法律的进步在某种程度上也是法律技术的完善与人性化。"[①]

2. 大学法学教育应当更加关注中国目前法治进程的实然状况

在探讨我国法学教材建设时,笔者曾经指出,在我国各部门法学当中,法律的应然与实然之间的紧张关系表现得非常明显。反映在法学教育中,则体现为前文所讲的,片面理解所谓的"学术性",只注重对应然层面的抽象原理、原则的研究和阐述,而忽视了中国法治的实际面貌。甚至在大多数法学教材当中,对于一系列真正发挥作用的法律解释、条例、规定等法律文件都没有进行系统、全面的梳理。这便导致了大多数法律院系的毕业生在准备司法考试的过程中,仍然困难重重,甚至教师考不过学生、研究生考不过本科生的现象也屡见不鲜。因为司法考试必然是以考查法律的实然运作为主要内容的。如果说司法考试为法学教育提出了哪些有益启示的话,恐怕最为重要的一个便是促使法学教育更加关注中国的法制实践,使我们的法学教育成为真正的"中国法学教育"。

3. 根据法律职业化的需求,建设法律院系的师资队伍

前文提到的目前我国法学教育当中的种种不足,绝非单纯的事先"定位"上的失误所致。比如当前的法学教育为什么过度轻视法律技术的培养,

---

① 邹学海:《试论法律技术在法学教育中的地位》,载《江西社会科学》2001年第11期。

为什么没有能够充分关注我国法治进程的实然状况。这里不仅有一个想不想的问题，还有一个能不能的问题。我国目前绝大多数法律院系的教师往往并不具备司法实践经验，对于法律在实践中的运作状况知之甚少。这种知识结构上的欠缺成为制约我国法学教育职业化进程的一个重要因素。因此，完善法学院系教师的知识结构应当成为今后法学教育改革的一项重要工作。关于这个问题本书已有专章论述，此处不再展开。

4. 法学教育不仅为司法考试输送合格的考生，同时对于司法考试本身的发展完善还可以起到巨大的推动作用

一国司法资格考试的水平在很大程度上是由法学研究和法学教育水平决定的。上文提到的目前司法考试中存在的种种弊端，归根结底还是源自于我国法学研究和法学教育水平的落后。在司法考试的命题根据究竟应当如何确定的问题上，学界有两种不同的看法：一种看法是我们法律本科学什么，你就得考什么；另一种看法是法律职业是什么样，就必须考什么。① 这两种观点的分歧，实质上恰恰反映出我国法学教育与法律职业之间的脱节。在法治成熟的国家，这一分歧原本是不应该出现的，或者说至少不应当像在我国来得这么尖锐。因为满足法律职业的需要原本就应当是大学法学教育的功能。正是由于我国目前的法学教育与法律职业之间存在严重的脱节现象，才导致司法资格考试作为连接二者的纽带而顾此失彼。因此，只有通过法学教育的逐步改革，推进我国法律职业化进程，统一司法资格考试才能够逐渐摆脱目前腹背受敌的尴尬境地。

从目前司法考试的实际情况来看，试卷中考核的内容与司法实践的实际情况相比，存在明显的"纸上谈兵"的倾向。换句话说，即使那些在司法考试中取得非常好的成绩的考生，对于司法实践状况仍然很可能是一无所知。其优异成绩完全来源于考前对书本知识的突击背诵。这一点单纯靠司法考试制度本身是根本无法解决的。因为之所以出现这一问题，根本原因还是在于我国法学教育和法学研究方面的滞后。司法实践中真正的问题所在，尚未转化为法学知识谱系当中的正式内容，自然也就无从通过法学教育的渠道加以传授。而要使这些真正成为可以传授的知识，法学研究和法学教育可谓任重道远。

但是，也必须看到，法律职业并非法学专业毕业生的唯一出路，实践中，尽管不少法学专业毕业生从事了司法职业，但同时也有不少法学专业毕

---

① 霍宪丹：《中国法学教育反思》，中国人民大学出版社2007年版，第139页。

业生由于种种原因没有从事司法职业,所以,通过司法考试,成为法律职业者,并不是法学教育的唯一目标。培养高素质的且有较高法律素养并有独立思考精神、创新能力和较强社会适应性的能够在社会进步中发挥应有作用的人才,才是法学教育的长远目标和可持续发展的真正动力。①

---

① 王继军:《研究性理念与法学本科教育模式的创新》,载《教育部高等学校法学学科教学指导委员会、中国法学会法学教育研究会 2007 年年会暨中国法学教育论坛论文集》2007 年 12 月。

第十章 法学教师

列宁曾经说过："学校的真正的性质和方向并不由地方组织和良好愿望决定，不由学生'委员会'的决议决定，也不由'教学大纲'等决定，而是由教学人员决定的。"① 1996年《国际21世纪教育委员会报告》也指出："在传授人类积累的关于自身和自然的知识方面以及在开发人类创造力方面，教师将始终是主要的责任者，始终起主导作用。"法学教育的发展壮大也离不开一支优秀的教师队伍。

事实表明，目前我国法学教育体制中的各项改革都直接或间接地与教师素质之间存在密切关系，甚至可以说教师素质已经成为制约我国法学教育水平的一个关键性因素。比如，法学教育究竟应当是职业教育还是素质教育，这个问题被我国法学教育界当做法学院教育的首要问题，因为它涉及法学教育的"定位"。但是苏力教授却认为，这个问题其实并不如一般人认为的那么重要。因为"更重要的问题不是法学院应当教什么，而是法学院的教授有什么可教"②。如果教师的素质达不到相应的要求，那么，任何教育"目标"或"定位"都只能是无源之水、无本之木。

我国法学教育历来将培养学生与培养教师作为同样重要的目标。中国人民大学法律系是新中国法学教育的发源地，董必武同志曾将该系最初的任务概括为："人民大学要培养政法教师，并要摸索出政法教育的东西来。"③ 人民大学法律系在当时承担的一个重要职能是为全国高校法律系培养师资和从事法学研究的专家。一方面，苏联专家为人民大学法律系举办师资培训班；另一方面，从人民大学法律系两年制研究生班毕业的学生被分配到各学校的法律系任教。④

---

① 《列宁论国民教育》，转引自郭捷等《中国法学教育改革与人才培养——来自西部的研究与实践》，中国法制出版社2007年版，第132页。
② 苏力：《当代中国法学教育的挑战与机遇》，载《法学》2006年第2期。
③ 《董必武法学文集》，转引自莫宏宪、王明星《董必武法学教育思想与法学教育改革》，载《武汉大学学报》（哲学社会科学版）2004年第6期。
④ 方流芳：《中国法学教育观察》，载《比较法研究》1996年第2期。

但是，这一时期的法律人才培养受到浓厚的意识形态和政治运动的影响，在法学专业素养方面的训练是非常薄弱的。根据 1951 年教育部制定的《法学院、法律系课程草案》的规定，"阐述新法制的进步性及优越性"应当是贯穿各课程的主线，"讲授课程有法令者根据法令，无法令者根据政策……如无具体材料可根据参考，则以马列主义、毛泽东思想为指导原则，并以苏联法学教材及著述为讲授的主要参考资料"。① 不难看出，新中国的法学教育从一开始就与政治紧密联系在一起，并成为其附庸。而即便如此，法学教育也在历次的政治风潮中被一步步地侵蚀殆尽。

在经历了"反右"、"文化大革命"等一系列政治运动之后，20 世纪 70 年代末，法学教育开始恢复，当时摆在法学教育面前的仍然是师资力量严重匮乏的问题。据统计，当时全国法学教师仅有两三百人。② 因此，法学教师队伍的建设一直是法学教育工作的重中之重。各法律院系想尽一切可能的办法来充实教师队伍。这其中既有从历次政治运动中幸存下来的老一辈法学教育工作者，也有从司法实践部门转行进入法学教育行列的原法律工作者，更多的则是新时期从各法律院系毕业的学生，甚至还有很大一部分是从原本与法学不相干的其他专业中通过"自学成才"参与其中的。③

以 1978 年为界，如果说在此之前的法学教师队伍建设更强调其政治性的话，那么，自法学教育重新恢复以来的法学师资建设，则一步步地转向了对专业素质的强调。我们逐渐对法学作为一门学科的专业性特征达成了共识，并有意识地根据法学专业教育的特点和规律来培养和造就合格的法学师资队伍。当然，在这个过程中也经历了一次次针锋相对的争论。

一　法学教师的基本素质

美国斯坦福大学校长约翰·亨尼斯在上海召开的第三届中外大学校长论坛上发表讲话认为，"中国大学未来面临的挑战是如何吸引优秀的师资，而不是优秀的学生"。④ 培养高素质的法律人才，亦必须首先培养高素质的法

---

① 《中国教育年鉴 1949/1981》，中国大百科全书出版社 1984 年版，第 266 页。转引自方流芳《中国法学教育观察》，载《比较法研究》1996 年第 2 期。
② 甘绩华：《法学教育的成就与改革》，载《政法论坛》1989 年第 2 期。
③ 苏力：《当代中国法学教育的挑战与机遇》，载《法学》2006 年第 2 期。
④ 原春琳：《中国大学应首先吸引优秀师资而不是学生》，载《中国青年报》2006 年 7 月 16 日。

学教师队伍。一个社会，法学教师的学术水平和教学状况如何，直接影响着一个社会法律文化的状况和法律文明的程度，直接影响着一个社会的法制或法治的现状，以及能否或在多大程度上实现法制和法治。法学教师是一个社会法律和法学发展的重要基础和基本保障。① 那么，作为一名法学教师，应当具备哪些基本素质呢？在笔者看来，至少应当包含以下几个方面的内容。

（一）高度的职业道德

"大学之道，在明明德，在亲民，在止于至善。"所谓"明明德"，就是以道德教人的意思。教师历来被誉为"人类灵魂的工程师"，承担传递知识、教书育人之艰巨使命，若非具备高度道德感和责任感的人则不能胜任，高校教师尤其如此。

欧陆大学里曾有"教授无错"之说流行，此谚将教授比至"国王无错"之国王，洪堡更是首创了集大学教学、科研、管理于教授一身的所谓"正教授大学"模式，将教授在大学至高无上的地位制度化。② 近年来，我国教育界痛感高等教育的行政化体制所带来的种种弊端，而对此种"教授治校"的模式心向往之。但殊不知，此种模式是以一大批高度精英化的教师队伍为基础的。他们除具备深厚的学术功底之外，还是一个严格自律的群体，其在职业道德和责任心方面已经受到全社会高度信赖。

高校教师的职业有非常明显的特殊性，在很多环节上，必须依靠自律而非外部力量的管理来维持其良性运作。因为众所周知，学术必须自由，否则便会遭到扼杀的命运，"学术自由意味着松散的结构和最低程度的干涉"。但是，正如美国斯坦福大学前校长唐纳德·肯尼迪所言："与学术自由互为补充和对应的是学术责任，但后者却鲜为人用。在我们这样的民主社会里，这二者被视为是一个硬币的两面。在谈到个人自由与群体责任之间的对称与均衡关系时，约翰·加德纳（John Gardner）表述得很好：'自由和责任，权利和义务，它们是交易的关系。'"③

因此，作为高校教师，我们不仅要致力于追求自己的学术自由和学术权利，同时还应当对自己的职业道德和责任有一个明确的认识。目前随着高等

---

① 卓泽渊：《法治进程中的法学教育与法律人才》，载中国法学网，http://www.iolaw.org.cn/shownews.asp?id=15678。
② 郑永流：《知行合一经世致用——德国法学教育再述》，载《比较法研究》2007年第1期。
③ [美]唐纳德·肯尼迪著：《学术责任》，转引自肖忠群《论大学教师的职业责任与道德》，载《高校理论战线》2002年第12期。

教育产业化的发展趋势，在高等教育问题上出现了一个非常耐人寻味的现象。那就是，一方面，高校教师们大都明显地感到自己在教学和科研工作上受到来自于方方面面的限制，很难按照教学、科研的自身规律安排自己的工作，因此纷纷呼吁获得更多的学术自由和权利；但另一方面，社会对高等教育界的批评却又时有发生，这些批评往往是集中在高校教师不能很好地履行自己的职业责任，奉行自己的职业道德，比如近些年被披露出来的一系列学术腐败、造假、教师对教学工作严重不负责任的事件，引起了全社会对高校教师道德素质的深切忧虑。笔者认为，这其实是一个矛盾的两个方面。对于高校教师群体而言，获得更多学术自由和学术权利的根本途径，并非一味向外界提出各种要求，而是不断地充实自身，只有一个具有高度自律性的群体，才能得到社会赋予的更多自由。

高校教师应站在学生的立场上，本着对学生负责任的态度安排自己的教学内容和教学方法。无数实践证明，教师职业道德本身就是一种巨大的教育力量，对学生起着潜移默化的作用。[1] 我国高校教师普遍承担着教学和科研的双重任务，从目前的情况来看，教学工作正在受到来自于科研方面的巨大冲击。因为在当前我国高校的评价机制之下，科研工作的状况与教师的切身利益之间存在更为直接的关系，而教学效果的好坏则显得无足轻重。这一现象并非我国独有，而是一个世界性问题。对大学来说，研究水平及其成果是决定学校声望和排名的硬指标，对于教师来说科研成果的多少、优劣则是决定他们的晋职、待遇的硬指标，这样在有意无意之间就轻视了教学。[2]

因此，在许多高校教师的心目中，教学逐渐退居到一种边缘化的境地，用一句通俗的话讲，原本应当是教师天职的教学工作竟成了一种"良心活"，这无论如何不能说是一个正常的现象。

就法学院系而言，一门课程教学效果的改善，虽然并不能在短期内带来任何可见的效益，但它终究是整个法学研究和法治建设发展前进的源头活水，若这一源头枯竭的话，在其他环节的所谓"重大突破"，究其实质，也只能是一系列耀眼的泡沫而已。老一辈法学家梁西先生在讲到法学课程的教学方法时曾说："作为一个老师，哪怕学问多么好，如果不进行认真与扎实的备课，是绝不可能把课讲好的。一般地说，老教师或讲老课：备课与讲课的最低比

---

[1] 黄蓉生：《教师职业道德修养》，西南师范大学出版社2001年版，第86页。
[2] 肖忠群：《论大学教师的职业责任与道德》，载《高校理论战线》2002年第12期。

例应为 5 : 1；新教师或讲新课：备课与讲课的最低比例应为 10 : 1。"① 这样一种严谨、负责的精神应当成为每一位高校教师的典范。

（二）丰富的专业知识

当我们谈及教师素质时，常常会提到的一句俗语是："给学生一碗水，自己先要有一桶水。"法学教师应当具备丰富的专业知识，这自然是一个不言而喻的问题。特别是我国目前正处于法治建设飞速发展的时期，新情况、新问题层出不穷，因此，法学教师的知识结构也面临着随时更新的压力。

我们通常习惯于将知识区分为理论与实践两个层面，法学亦是如此。在传统法学教育模式之下，更多地偏重于理论知识的传授，对法学教师在专业知识水平方面的衡量标准也主要是看其受教育的程度，以及科研实力等方面。比如，我们常常将一所法律院系的教师中获得博士学位的比例，以及在核心期刊发表论文的数量，作为衡量其师资力量最为重要的指标。

从法学教育的整体发展历程来看，当其跻身大学教育行列之后，对于理论知识和学术研究水平的偏重，是不可避免的一个倾向，即使在法治发达国家亦不例外。比如，当法学教育凭借兰代尔的案例教学法而在美国大学站稳脚跟之后，担任哈佛大学校长的艾略特就曾经因为该校法学院中的任何一名教授都不具备司法实践经验而引以为豪。② 但是此种看法已被证明是不全面的。法学是一门实践性学科，20 世纪 60 年代在美国率先兴起的"诊所式"教育浪潮，便是针对上述观点的一次重大革命。这一点笔者在探讨法学课程教学方法的时候，已经作出比较系统的介绍，这里不再赘述。

近年来，实践性教学在我国也受到越来越多的关注，无论是在课程设置和教学方法上，都在进行相应的探索。这一趋势对法学教师的专业知识提出了新的要求。绝大多数法学院系在此类教学改革过程中，面临的一个最大困难都是缺乏能够胜任此类课程教学的教师。目前比较常见的做法是与司法实践部门合作，聘请兼职教师；但此种做法的一个弊端是很难形成比较长期、稳定的师资队伍，颇有些"救场"的意味。为此种课程教学储备较为固定的师资力量，似乎应当成为今后法学教师队伍建设的一项重要任务。

总之，法学作为一门应用性学科，既包含理论层面的内容，也包含实践层面的广泛内涵。我国新中国成立之后的院系调整，曾将大学法律系和各专

---

① 梁西：《法学教育方法论的若干问题》，载《法学评论》1995 年第 4 期。
② 参见杨欣欣主编《法学教育与诊所式教学方法》，法律出版社 2002 年版，第 103 页。

门的政法学院的培养目标区分为，前者培养法学教学和研究人员，后者培养政法干部，即法律实际部门的工作者，这实在是把法学这门学问看得太过简单了。时至今日可以发现，法学教育不但没有完全按照当初的设想发展，反而离这一既定轨道越来越远。因为法学原本就不是可以进行如此简单的两分法的。法学教师在知识结构上也不能囿于某一个狭小的领域。

（三）高超的教学水平

衡量一个教师水平的高低，不仅要看他自身学术水平有多丰富，更重要的还要看他能够教给学生多少有用的知识和技能。高校教师大多未曾接受师范专业的训练。其教学能力和经验主要来自于学生时代的耳濡目染，以及在教学实践过程中的逐步摸索和积累。

事实上，教学水平的高低归根结底受制于教师自身知识水平的高低，因此，提高教学水平的根本还是在于不断充实和完善教师自身的知识储备。在此基础之上，一名法学教师还应当有意识地从以下几个方面提升自己的教学水平。

首先，对教师的最低要求应当是能够把知识尽可能准确地传递给学生，因此良好的表达能力是教师的一项基本功。

其次，教师还应当具备较强的沟通能力。教与学是一个互动的过程，要取得好的教学效果，就必须在师生之间形成一个良性的互动关系。教师必须时时与学生进行沟通，才能够及时发现教学过程中存在的问题，并加以解决。甚至应当将师生之间的沟通和互动作为一种基本的教学方法来认识，目前已有学者对"互动式"教学方法在法学教育中的应用作出了非常有价值的探索。

最后，教师应当具备启发和引导学生进行独立思考的能力。韩愈有云："师者，所以传道、授业、解惑也。"但在现代高等教育中，教师仅仅满足于"解惑"是不够的，一名优秀的教师应当能够恰当地引导学生在所学知识的基础上作出进一步的思考，即教师还要能够为学生"制造疑惑"。正所谓学无止境，教师若仅仅"传道、授业、解惑"，那么，弟子将永远"不如师"，师将永远"贤于弟子"。考虑到我国的法学研究和法治建设尚处于初步的探索阶段，因此这一点在法学教育中尤其重要。

（四）较强的科研能力

2005年，上海交通大学教师晏才宏先生的病逝曾经在我国高等教育界引发了一场不小的争论，争论焦点集中在"只负责讲课的教师在大学中的地位"的问题上。晏先生是一名数学教师，其教学水平和师风师德广受赞扬，但由于没有发表论文，他去世时还仅仅是个讲师。① 有学者对此评论道，大学老师的本职是讲课，即使是研究型大学，它首先也是一所大学，既然是大学，就必须将大学生、研究生的教学放在重要位置，研究也必须与教学结合。而我国目前各个高校无视具体条件的限制，急功近利地争办所谓研究型大学，片面强调科研工作，从而使教学的重要性相形见绌。②

对此，笔者亦深表赞同，但是这并不意味着教师不应当在提高科研能力上作出努力。晏才宏先生的事例仅仅表明，我国现行高等教育界在评价机制上存在的弊端，但是从大学教育本身的功能来看，大学教师应当具备一定程度的科研能力，是一个必须的要求。我们目前习惯于将衡量一个人科研能力的标准归纳为一系列可以量化的条件，如发表论文、专著的数量，承担课题项目的级别，等等。但是这种标准是不足以真正反映科研能力的高低的，这一点在学界同仁心目中早有同感，但是由于长久以来形成的积弊，使这一体制性的缺陷一时积重难返。在这样一种量化标准的背后，在很大程度上，所谓科研能力实际已经逐渐演变为一个人的公关能力或人际关系的反映。在目前条件下，做一篇学术"论文"似乎已经并不是什么难事，而要将其发表，才是对学者个人能力的真正考验。

笔者在此强调的是，法学教师应当具备较强的科研"能力"，这种能力与上文提到的内容无关，而是指法学教师应当努力培养一种学术的思维能力。实际上，就法学这门学问而言，法学教育和法学研究原本就是很难区分开来的。"法学教师是法律知识的传授者，也是法律知识的创造者。历史上许多法学教师既是教育工作者，又是研究工作者。他们教学的过程也是创造的过程。法学教育的发展离不开他们，法学研究的发展也同样离不开他们。"③ 这一现象的出现与法学自身特点有很大关系。"法学的任务是，以解释性的阐述和批判为目的，通过阐释（解释）和辩论对法律进行研究。法

---

① 参见《评论靶子：晏才宏书教得再好也评不上教授》，载人民网，http://opinion.people.com.cn/GB/1034/3299605.html。

② 参见葛剑雄《只讲课的教师在大学应有什么样的地位》，载中国法学网，http://www.iolaw.org.cn/lawedu.asp。

③ 卓泽渊：《法治进程中的法学教育与法律人才》，载中国法学网，http://www.iolaw.org.cn/shownews.asp?id=15678。

学的对象是法律；法学的方法是阐释和论证。"① 可以说，法律思维方式本身就是一种研究性的思维方式。因为法学的论证方法和结论并不是恒久不变的唯一真理，而是处于一个不断的发展和探索之中。"尽管大家非常努力，直到今天，法学家们还未做到发现真正的法律，并将它与'本性'连起来，或是人类的本性，或是事物的本性，这就使他们的学术常常显得光泽暗淡。"②

因此，法律人的工作在很大程度上就是一种探索性、研究性的工作，法学教师作为法律知识的传递者，不仅要将现有的知识，更为重要的是将法学的思维方式传授给学生，而后者则更是法学的精髓所在。在某种程度上，甚至可以说法学教育暗合了所谓"研究型大学"观念，根据这一观念，"大学教育不是职业培训，大学教育也不是由教师向学生灌输已有的整理好的知识，而是通过科学进行教育。师生关系不再是教师先进行探究，然后将探究的结果告诉学生，而是师生一起探究，或者是教师带领下的探究；研究和教学不再是处于两个阶段，而是处于同一个过程；研究性大学，简单说也就是教育、学习与研究的一体化。学术共同体不光存在于作为学者的教师之间，教师与学生之间也结成学术共同体"③。

尽管我国已经有越来越多的人主张将大学法学教育定位于职业教育，但是此种职业原本就是一种带有浓厚研究性的职业，因此，法学教育与法学研究是无论如何也分不开的。对于法学教师而言，研究能力实际上就是其专业知识水平的一个重要组成部分，同时也是其教学的基础。从长远来看，一名法学教师的教学水平与科研能力应当是呈正比的，两者会互相促进。换句话说，当我们要求法学教师应当具备高超的教学水平的时候，较强的科研能力就是其中的应有之义。

二 问题及原因

从上文对大学法学教师基本素质的探讨中可以得出这样的结论：尽管我国法学界还在就法学教育应当是精英教育还是通识教育的问题上没有完全达

---

① ［德］N. 霍恩：《法律科学与法哲学导论》，罗莉译，法律出版社 2005 年版，第 34 页。
② ［德］卡尔·恩吉施：《法律思维导论》，郑永流译，法律出版社 2004 年版。
③ 赵晓力：《学术自由、大学自治与教授治校》，载中国法学网，http://www.iolaw.org.cn/lawedu.asp。

成共识，但法学教师队伍建设的精英化则应当是一个努力的方向。大学法学教师应当由一批具备高度的职业道德、丰富的专业知识、高超的教学水平以及较强科研能力的精英人士来担任。以这样的标准来衡量的话，我国目前法学教师队伍的建设尽管与以前相比已经取得了长足的进步，但仍然存在着一系列明显的不足，这些不足正在严重制约着我国法学教育事业的发展。

（一）人才流失

尽管一直缺乏精确的统计数据，但教育界人士普遍感到，师资力量的流失向来是困扰我国整个高等教育最为严重的问题之一，法学教育亦不例外，目前我国设有法律院系的高校已经达到600多所，普遍感到教师数量严重匮乏，无法满足日常教学工作的需求。

谈及教师流失的问题，人们往往习惯于列举某法律院系又有多少教师离职而去，这的确是一个明显可见的依据。但在笔者看来，它仅仅是法学教师队伍人才流失的一个方面的表现，姑且可以称之为人才的"显性流失"。高校教师流失，既包括显性流失，也包括隐性流失。显性流失即教师与原有工作岗位发生分离，主要表现在以下三个方面：（1）地区间流动，即经济欠发达地区教师流向经济发达地区的高校工作（其中包括国内教师流向国外）；（2）校际间流动，即同一地区的普通高校教师流向重点高校；（3）职业间流动，即教师从高校教师职业流向其他职业领域。隐性流失则表现在教师主要精力的转移，比如从事第二职业，或对本职工作敷衍了事，等等。[①]

目前各法律院系中，显性流失与隐性流失的现象都非常严重。尽管相比之下，教师人才的显性流失常常引起人们更为密切的关注，但隐性流失在实质上与显性流失并无太大区别。许多仍然正式在编的教师，并未将绝大部分时间和精力投入教学和科研工作，而是忙于各式各样的"副业"，这在实质上也是一种人才的流失。换句话说，"跳槽"固然意味着人才的流失，而"人在曹营心在汉"、"在其位不谋其政"也是一种流失。甚至后者的危害比前者来得更为严重，因为，它不仅在实质上大大削弱了教学力量，而且由于其还占据着相应的编制，从而堵塞了新力量的加入。

另外，从教师流失的具体流向来看，存在绝对流失和相对流失的分别。所谓绝对流失是指教师改行流向法学教育机构以外的单位的一种流失形式；

[①] 参见傅永胜、成云、廖洪兰《试论高校人力资源管理如何应对教师流失问题》，载《当代教育论坛》2007年第2期。

所谓相对流失，是指法学教师从一所法律院系流向另一所法律院系的流失形式。这种流失形式之所以被称为"相对流失"，是因为尽管就某一所高校而言，教师流失了，但从法学教育的整体来看，教师并未流失。①

法学教师的相对流失由于并未造成法学教师队伍整体数量的减少，并且这种现象似乎还暗含了教育产业化、市场化趋势下的竞争性需求，因此，其所造成的弊端并未引起足够的重视，甚至可能有人还会认为，这一现象客观上还可以促进各法律院系在教学、科研质量以及教师待遇水平等方面的提高。但笔者以为，若联系当前我国法学教育的具体情况来看，教师相对流失现象带来的负面影响也是不容忽视的。

目前各高校法律院系之间教师的相互流动，大体上是一种以博士点、硕士点的申请为最终目的，以经济待遇为基本手段，以知名教授为主体的流动形式。此种模式在制造学术和教育"泡沫"方面的功能，似乎要远远大过对办学质量的实质性促进。它产生的直接后果是大多数法律院系的教师队伍结构严重不合理。在人才"竞争"过程中居于劣势的大多数院系，为满足基本教学工作的需要，不得不大量使用缺乏教学经验的青年教师，合理的教师队伍梯队难以形成。同时，由于青年教师在走上教学工作岗位之后，马上便要承担繁重的教学工作，使得他们在最初的几年当中往往要疲于应付超负荷的工作，这种过度的使用，使得青年教师在教学和科研能力方面很难取得真正实质性的提高。更为严重的是，在现行的教育管理和评价机制之下，青年教师的繁重劳动很难换来真正的回报。当青年教师感到自己的付出与收获严重不成比例的情况下，便难免转而谋求其他出路，从而造成教师的"绝对流失"。

过低的收入和待遇往往被认为是造成教师队伍人才流失的一个主要原因，② 因此，很多人不约而同地指出，应加大投入，提高教师待遇，以挽留人才。但是在笔者看来，这并非问题的全部，更为深层次的原因则是体制性的。在目前各高校教师中一个比较带有普遍性的感受是，在本职工作上的辛勤付出，往往不能得到应有的回报；各高校现行的教学和学术评价机制，不能对教师工作给出公正的评价。在这一点上给教师带来的挫败感远非生活上的清贫所能涵盖。正如有学者所言："大多数人只是在受到不公正待遇而又

---

① 参见郑汉华、卞光文《对高校教师流失现象的几点思考》，载《安庆师范社会科学学报》1995年第3期。

② 杨振山：《中国法学教育沿革之研究》，载《政法论坛》2000年第4期。

无能为力的时候,才会另找出路。这似乎与孔夫子当年的主张一脉相承,即所谓'道不行,乘桴浮于海'。"①

总体而言,当前各高校实行的各种评价机制主要存在两个方面的问题:一是实质上不合理,二是程序上不健全。在实质层面,首先,如前所述,在各高校争办研究型大学的热潮中,教学已经逐渐趋于边缘化,甚至教师教学效果的好坏都还没有形成一个通行的评价标准可资参照,而只能借助于教师在学生当中的"口碑"获得一个大致的印象,这必然造成教师教学热情的降低。其次,在科研层面,以发表论著的数量或主持科研项目的级别为主要标准,也无法真正反映教师在科研方面真正的能力和成就。在程序层面,对于教师的职称评定、岗位聘任等问题,各高校实行的评审程序普遍存在不公开、不透明,以及行政权力的专横等现象。②

凡此种种,都将真正有志于法学教育和法学研究的人才推入一个尴尬境地。当某一领域的游戏规则与该领域的基本规律之间存在矛盾的时候,必生"劣币驱逐良币"之效。这样看来,上述两种形式的人才流失也就并不奇怪了,而且这一问题的解决,也绝不是可以仅仅通过提高待遇得到解决的,更为根本性的措施乃是改革目前高校的管理体制和评价机制。

(二) 专业素质薄弱

法学教师应当具备怎样的知识水平,这一点在上文已经做过论述。但是,从实际情况来看,法学教师的知识结构和知识水平仍然不尽如人意。这是由多方面原因决定的,在此,笔者将结合具体原因对这一问题进行分析。

首先,我国法学研究和法治建设的实践刚刚起步不久,总体上的知识积累就是非常有限的。这是造成法学教师在知识水平上存在缺陷的最为现实的原因。尽管在短短的20余年时间里,法学教育的规模飞速发展,甚至近年来已经出现法学博士、硕士满天飞的景象。但实事求是地说,法学知识的实质性积累要远远落后于法学教育规模扩大的速度,在很大程度上,法学教育规模的扩大是对现有的知识积累进行"稀释"之后的结果。因此,法学教师队伍在知识水平上的提高,从根本上有赖于法学研究和法治建设的进步。

其次,过于精细的学科划分为法学教师教学和科研水平的提高制造了障碍。与我国法学整体知识积累较为贫乏的现象相映成趣的,则是我国法学领

---

① 方流芳:《中国法学教育观察》,载《比较法研究》1996年第2期。
② 同上。

域内部却存在着无比精细的学科划分。每一名法学教师和科研人员大多都属于某一固定的"专业",终身从事该专业的教学和研究,而不涉足其他"专业"。这一局面在我国法学教育恢复初期,有利于尽快搭建法学的学科体系,但是此种模式又很快成为制约我国法学发展壮大的一大瓶颈。笔者在探讨法学课程教学方法的时候,就已经提出,法学作为一门以解决纠纷为直接目的的学问,具有极强的实践性,现实中发生的各种纠纷是丝毫不会顾及法学内部的学科划分的,一起案件的解决很可能既涉及实体问题,又涉及程序问题,可能与刑事、民事、行政等各个法律领域都有相关。学科内部的专业划分过于精细,彼此不相往来,显然不利于学术研究走向深入。目前,中青年教师已经逐渐成为各法律院系教学和科研的骨干力量,而这些人恰恰是这种学科划分高度精细化的法学教育体系培养出来的,其知识结构呈畸形发展的趋势,不能满足培养高素质法律人才的需求。

再次,各法律院系的教师绝大多数以理论知识见长,而对法律的实际运行所知甚少。详言之,主要表现为以下两个比较明显的倾向。一是偏重于抽象性的理论,而不注重具体的操作。讲授理论法学的教师,有很多几乎完全不了解应用法学的基本原理和发展概况,完全是从理论到理论的教学;讲授应用法学的教师,则是仅仅满足于掌握该学科的原理、原则和具体的条文规定,但对于这些内容在司法实践中的运作状况,则不甚了了。二是偏重于国外的法律原理和制度,而不了解中国自身的问题。目前,我国无论是法学研究还是法治建设,都将西方法治发达国家作为主要的灵感来源。从事理论研究和教学工作的人,往往不自觉地认为,后者应当是我国法治发展的基本方向,而目前中国法治的实际运行状况,则是一种暂时的、落后的现象,而没有给予足够的关注和研究。

上述两种倾向,都造成了目前的法学教师对有关中国法律之实然状况方面的了解甚为薄弱。这在以往偏重学术性的大学法学教育当中,还不能称其为一个问题。但是随着实践性教学和职业教育呼声的日见强烈,法学教师在知识结构上的这一弊端,便一下子暴露出来。因此,大学法学教育模式或目标的转变,必然是以法学教师知识结构的转变为前提的。如有学者针对这一问题,提出构建所谓"双师型"法学教师队伍的概念。该学者指出,"双师型"法学教师,就是既精通理论又擅长实践的教师,走进课堂,他们是教师,走向社会,他们又成为合格的律师、法官,可以直接处理法律实务。[①]

---

① 张红艳:《"双师型"法学教师队伍的构建》,载《成才之路》2007年第5期。

(三) 教师队伍结构

"师生比"是近年来被频繁用于衡量高校办学条件的一个重要指标。所谓师生比是指，某特定教育层次在指定年份中的学生人数与同年同一教育层次工作的教师人数之比。它反映某特定教育层次在某年每位教师平均负责教育学生的人数。由于近些年高校的扩招的趋势愈演愈烈，教育部更是将师生比作为本科教学评估的一个硬杠杠，规定1：23的师生比为限制招生的"黄线"。

应当承认，将师生比当作一个衡量师资力量的标准，是非常必要的，因为教育质量的提高，必须以与教学规模相适应的一定数量的教师为基础。但是，数量上的保证仅仅是教师队伍建设的一个方面。教师队伍的结构也是一个非常重要的问题。目前，我国法学教师队伍的结构问题还未引起足够的重视。

从法学教师的学历结构看，据统计，1999年法学教师队伍中，具有研究生学历的比例为31%，教育部属院校的这一比例为63%，（具有博士学位教师的比例为14.8%）部委属院校为34%，地方院校为21%；重点院校为48%，（具有博士学位教师的比例为8.8%）一般院校为32%，专科学校不到10%。[①] 截至目前，一些地方高校的法律院系中，教师仍然是以本科学历居多。

从法学教师的职称结构看，就普遍状况而言，各法律院系中，高级职称的教师比较缺乏，甚至有些法律院系没有一名具备正教授职称的教师。因此，许多高校正在急切寻找所谓的"学科带头人"。但与此相反的现象则是，在少数名牌法学院中，则又是名师云集，甚至在很多学科中，所有的教师均具有正高职称的状况亦不少见。

从法学教师的学缘结构来看，"近亲繁殖"的现象仍然不同程度地存在于各法律院系之中。比如本校毕业生留校任教，其籍贯或出生地是法学院所在省市区，某法学院教师都从某一两个法学院获得学位等。这些情形不利于法学教师间形成科学的学术批判精神。[②]

从法学教师的年龄结构来看，近年来各高校顺应逐年"扩招"的大趋

[①] 郭捷等：《中国法学教育改革与人才培养——来自西部的研究与实践》，中国法制出版社2007年版，第150页。

[②] 蒋云贵：《当代中国法学教育的现状及改革方向》，载《长沙大学学报》2007年5月。

势，大量引进青年教师。青年教师在教学经验与学术水平方面尚显稚嫩，其成长离不开老教师的传、帮、带，高校在培养学生的同时，亦应承担培养教师的责任。但从实际情况来看，青年教师在走上工作岗位之后，往往立即被赋予繁重的教学任务。这一方面难以确保教学质量，另一方面对青年教师的成长亦非常不利。

从一个法学院系整体上的学科结构来看，除少数几所名牌法学院之外，普遍存在各学科发展不平衡的现象。一些法律院系由于整体实力无法与老牌法学院抗衡，于是纷纷因地制宜地选择了特色化发展的道路。即着力发展某一学科，力争达到国内较强行列，而其他学科则相形见绌。尽管教育部规定了法律院系必须开设的14门主干课程，但由于法学的社会科学性质，一门课程只要有了教师即可开班授课，而无须其他太多的辅助性设施。因此，在总体资源有限的前提下，那些未获优先发展的学科，往往被精简至最低限度，甚至有的核心课程，连相对固定的教师都没有，而只能由讲授其他专业课程的教师兼任。应当说，在师资力量足以确保基本教学质量的前提下，集中力量发展某些特色学科的做法原本无可厚非，但是若专为发展某一强项，而砸锅卖铁牺牲其他学科，则显然是错误的，它将使学生的知识结构呈畸形化发展。

三　提高法学教师队伍素质

法学教师队伍素质的提高，在我国必然是一个要经过较长时间的发展才能实现的目标。目前在我国高等教育改革过程中，许多人在这一方面纷纷献计献策，其中也不乏针锋相对的争论，但是这一问题终究并非仅仅凭借某一项制度的改革即可一蹴而就，而是要涉及方方面面的因素。笔者认为，探索适合法学教育内在规律的管理体制和评价机制，是提高法学教师队伍素质的根本性措施。

如前所述，管理体制和评价机制的不健全，是我国高等教育师资力量流失的重要原因。实际上，这一问题所造成的影响已经远远不只是教师的流失，它已经构成教师队伍素质整体发展的一个最大障碍。而且这在我国已经成为一个普遍现象，并非法学教育所独有。如何建立适当的管理体制和评价机制在我国目前还是属于探索当中的一个问题。

高等教育的管理体制和评价机制是紧密联系在一起的，后者是前者的组成部分之一。因此，两者存在的问题也是一脉相承。如有教育部官员指出：

"目前的评价分配制度与学术成果的数量关系过于紧密,学术成果的数量往往直接与个人职务晋升、岗位聘任、工资奖金直接挂钩,与单位的绩效考核、领导政绩挂钩,与科研项目评审、科研经费挂钩。"① 应当说,上述官员提出的问题并非什么惊人之语,而几乎是一个尽人皆知的现象。但迄今为止,教育管理部门没有拿出任何行之有效的措施对上述弊端加以解决;反而是从教育部的管理机构到各个高校管理部门,依然如故,一丝不苟地将这一体制推而广之。② 笔者在此也无法拿出一个尽善尽美的方案出来,但笔者认为至少有以下几点应当引起重视的。

1. 法学教育的管理体制和评价机制应当符合学术的逻辑。目前我国高等教育在管理体制和评价机制上的种种弊端,其核心在于没有明确地按照学术的逻辑来制定相应的标准。无论是教学还是科研,行政力量都在其中起主导作用。但是对于"政绩"的评价标准和对教学科研的评价标准毕竟是不同的,我国现行体制的问题是,两者被杂糅在了一起,而且前者居于明显的优势地位,后者要对其时时迁就。

目前有学者呼吁在高等教育内部引入竞争性机制,以激励教师提高业务素质。但问题是竞争的具体规则应当如何设置。正如有学者指出的:"只有当学术竞争完全依照学术逻辑的条件下,这些学术水平较低的人才会主动退出市场。否则,市场'竞争'得越激烈,结果就会变得越不确定,一个愿意毕生致力学术的学者反而越有可能回避这样的是非之地,而选择可以安心做学问的地方。那些认为真正杰出的人就不会惧怕竞争的观点恐怕将学术研究的逻辑想得太简单了……只有当竞争完全依据学术逻辑进行时,一个优秀的教授候选人才可能在竞争中战胜一个水平低劣的候选人。"③

可见,竞争亦不可盲目进行,我国目前亦非不存在竞争机制,但问题是在现行体制之下确立的竞争规则与客观规律存在冲突。如以发表文章的数量、以主持科研项目的行政级别为标准的竞争只能最终使科研和教学走向歧途。

2. 不同学科的教学和科研有其各自的规律,因此,对其教学和科研的

---

① 周晓燕:《学术评价要由量到质转型——专访教育部社会科学司副司长袁振国》,载《人民论坛》2006 年第 21 期。

② 黄安年:《评现行学术评价机制的排他性和功利性弊端》,载哲学门户网站,http://www.philosophydoor.com/Education/critic/3075.html。

③ 李猛:《如何改革大学——对北京大学人事改革方案逻辑的几点研究》,载天益网,http://www.tecn.cn/data/detail.php?id=698。

管理和评价机制亦不应完全相同，而应当适应该学科的需要。而我国现行做法一个比较普遍的弊端则是标准过于单一化，对不同学科以同样的方法对待，而没有体现各学科的特点。

比如，"核心期刊"这个名称是 20 世纪 80 年代从西方传译过来的。30 年代英国科技文献统计学家布拉道夫为了统计科技论文的文摘数据，考查了当时 300 种科技类文摘、索引期刊，他得出这样一个结论：某一学科的期刊中存在着被称为"核心期刊"的刊物，这些刊物刊发了该学科的大量论文。但是这种现象仅限于科技论文文摘源与文摘量的分布统计。布拉道夫没有对其他类型，特别是哲学社会科学期刊作任何定性定量的分析。如果我们撇开中国期刊的实际，把这种方法简单机械地运用到对哲学社会科学期刊的评价中去，那是不科学的。① 但是我国目前的情况则是，各学科几乎无一例外地将核心期刊发表论文的数量作为最重要的评价标准，而且各高校的教学科研管理制度在很大程度上，亦是围绕核心期刊而设置。这种不考虑学科具体特点，强行适用同一评价标准的做法无异于削足适履。

上述两方面是在探索高等教育管理体制和评价机制的过程中，应当把握的总体方向。惟其如此，方能形成一个有助于教师素质提高的整体环境。另外，具体就法学教师队伍的建设而言，还存在以下两点急需解决的问题。

3. 合理调整法学教师的内部结构，促进梯队建设。如前所述，目前我国各高校法律院系在教师内部结构上多有不合理之处。笔者认为，法学教师的结构调整主要应当从以下几个方面着手。一是在年龄结构上，应当新老结合，既有教学经验丰富的老教师，又有知识结构较新、富于创新精神的年轻教师，形成以老带新、优势互补的局面，实现教学科研发展的连续性和稳定性。二是在教师的学科结构上，应当平衡发展，避免出现过于偏重某一学科的畸形结构。这不仅有利于学生的全面发展，而且可以促进各学科之间的充分交流，实现教学和科研水平的整体性提高。三是适应目前法学教育中实践性教学的发展方向，大量吸收具有丰富实践经验的教师参与到法学教师的队伍中来，充实实践性课程的教学力量。

4. 注重青年教师的培养。在我国当前高校教师队伍当中，青年教师是一个比较特殊的群体。他们一方面在教学和科研水平上亟待提高，另一方面，他们又承受着巨大的生活压力。可以说，青年教师最初两三年的工作经

---

① 刘曙光：《关于"核心期刊"及学术期刊评价机制的几点思考》，载《云梦学刊》2004 年第 4 期。

历在很大程度上决定了其最终能否成长为一名优秀的法学教师。现实中，一些青年教师在重压之下一蹶不振，甚至还有很多最终选择了离开教师岗位。这已成为我国法学教育事业中的一个巨大危机。

目前在各法律院系中，青年教师承担的工作与老教师并无太大的区别，许多新教师一参加工作即被分配大量基础课程的教学任务，而没有一个事先对教学工作进行熟悉和学习的过程。甚至一个带有很强普遍性的看法认为，青年教师年富力强，承担更多的教学工作是理所当然的。这使得很多青年教师疲于应付、狼狈不堪，既无暇根据需要对自己的学术水平进行充实和提高，同时在教学能力上，也没有得到有效的指导。

因此，在法学教师队伍的建设方面，各法律院系应当将青年教师的培养作为一项重要任务来抓，采取符合青年教师成长需要的措施，使其能够安心于教学和科研工作，为我国法学教育的发展储备力量。

正如牛津大学校长卢卡斯所言："大学存在的更高价值是为了探究真理，发现和认识真理，从而创造一个更美好的社会。大学从事的是人的教育，应该培养学生的判断能力和思考能力。如果我们相信创新可以带来发展的繁荣和稳定，那我们必须承认创新活动只能源于有创新思维和能力的人。"只有具备创新思维和能力的法学教师，才能培养出具备社会需要的判断能力和思考能力的学生，才能带来社会的进一步发展繁荣和稳定。

第十一章 法学教育与司法职业

古诗云："问渠哪得清如许，为有源头活水来。"法学教育与司法职业应该说具有互为"源头"与"活水"这一相辅相成、共生共长的辩证关系。但是，在中国法学教育恢复重建30年来，对于法学教育与司法职业之间关系的认识和定位，显然经历了一个渐进的过程：法学教育从封闭式的"束之高阁"的校园教育，到重视司法职业对法学教育的需求，再到反思法学教育与司法职业的应然关系；司法职业者从对法学教育的"高高挂起"，到"评头论足"，再到躬身参与，无疑经历了一个探索与发展的阶段。在笔者看来，即使在当下，人们对法学教育与司法职业之间的关系定位也并不清晰、准确，一方面，法学教育者并未真正从教育的理念上因司法职业对法学教育的指引功能而发生深刻的变革，另一方面，司法职业者依然也没有良策去影响和参与法学教育，甚至也没有去认真地思考和探索过这一问题。法学教育与司法职业"两张皮"的现象仍然客观存在，法学教育与司法职业之间继续面临着多重困境。因此，研究两者之间的良性互动关系必然成为法学教育界和司法职业界共同关注的热点和难点问题。

一　法学教育与司法职业关系之辨析

有研究者认为，"法学教育既具有教育属性，又具有法律属性，法律人才培养制度，既是我国高等教育的组成部分，又是司法制度的重要制度之一。法律人才培养工作是政法队伍建设的基础，法学教育工作也是政法工作的一项重要内容"。[①] 在我国，由于"政法队伍"和"政法工作"这些词汇具有浓厚的政治色彩，所以，长期以来，学界关于其内涵与外延并没有给予一致性的界定。但是，在笔者看来，研究者在这里所谈的"政法队伍"，很

[①] 霍宪丹：《再论法律职业共同体与法律人才培养共同体的互适与共生》，载《教育部高等学校法学学科教学指导委员会、中国法学会法学教育研究会2007年年会暨中国法学教育论坛论文集》2007年12月，第269页。

大程度上是指称从事司法职业的人员。为此，对于其阐述的与法学教育之间的不可割裂的关系，笔者是赞同的。

（一）法学教育与司法职业概念之界定

1. 法学教育的特征

顾名思义，法学教育具有法学和教育双重属性，是一种专业教育。教育是指培养新生一代准备从事社会生活的整个过程，主要是指学校对儿童、少年、青年进行培养的过程。同时还指说服人照着（规则、指示或要求）做事。[①] 因此，教育具有文化传承、使学生社会化、改良社会等功能，同时也具有使人学会按照有关规则或要求做事的功能。《国际成人与继续教育词典》对专业教育的定义是：面向那些高地位的职业而进行的职业教育就是专业教育。[②] 美国《商业与金融百科全书》将专业教育定义为：专业教育是在专业学校进行的专门训练，通过这种正式的方式学习者获得理论知识和应用技能。专业教育常见的目标包括将知识和基本价值观融合成专业伦理，理解核心概念、方法和实践应用技术，获得进入专业领域实践所必需的能力和可持续发展的能力。这种教育是为了培养有责任意识的专业人士，通过帮助他们认识和理解不断充实专业知识和完善实践标准的重要性，从而确保他们在专业上的持续发展能力。专业教育不断将理论转换为实践，确保专业与时俱进。[③] 英国学者大卫·沃森（David Watson）对专业教育概念的表述是：专业教育是指把受教育者培养成为胜任的专业人士的教育过程。此外，还包括提供职后课程和继续教育以确保在职专业人士在变化的社会中保持其专业性的过程。[④] 我国学者则认为，专业教育是在专业学校进行的为专门职业培养专业人才的教育。它既包括职前教育，也包括职后教育。通过正式的、较长时间的专业教育，学习者获得专门的理论知识和理智性的实践技能，养成强调服务理念与客户利益的专业伦理。这种教育基于实践，也基于研究，强

[①] 中国社会科学院语言研究所词典编辑室编：《现代汉语词典》，商务印书馆1999年版，第640页。

[②] Peter Jarvis. International Dictionary of Adult and Continuing Education. London: Kogan Page, 1990.

[③] Encyclopedia of Business and Finance. The Gale Group, Inc, 2001. http://www.answers.com/professional%20educmion.

[④] Hazel Bines, David Watson. Developing Professional Education [M]. Buckingham Philadelphia, PA, USA: The Society of Research into Higher Education&Open University Press. 1992: 1.

调在实践研究中培养学生应用专门知识的能力和可持续发展的能力，培养学生的创新意识和批判意识。① 法学是指研究国家和法的学科。② 那么，法学教育就是指以法学专业为传授内容的培养过程。其具有广义和狭义之分，广义的法学教育是指凡是以法学学科为传授内容的教育活动均为法学教育。包括高等院校的学历性法学教育和司法职业的职业培训等活动。而狭义的法学教育是指以法学现象为研究对象的法律科学为教育内容，以法律知识的传授、法治理念的塑造、法律实际技能的培养为己任，有学历性要求的高等院校教育过程，其范围集中于普通高等院校的法学专科、本科和研究生教育层次。③ 本章拟探讨的系广义法学教育语境下与司法职业之间的关系。

相对于司法职业来讲，法学教育一般具有如下特征：

（1）以教育工作为核心。教育的目的是树人，是培养学生"学会认知、学会做事、学会共处、学会生存"的过程。④ 教育是促进个体、文化、社会进步的重要手段。法学教育活动从社会角度来说，有利于法律人才运用法律知识促进社会的进步。从法律文化角度来说，有利于传承、发展、创新法律文化。从个人角度来说，有利于个人智力发展、文化素养、工作技能和能力提高。这个特征是法学教育不同于其他法律职业的根本区别所在。

（2）以法学学科为教育内容。法学教育的教育内容主要为传授法律知识、培养法律能力、塑造法律伦理、锻炼法律技能，使受过法学教育的人能够有不同层次的扎实的法律知识、熟练的法律职业从业技能和坚定的法律信念等素质。这个特征是法学教育不同于其他学科教育的根本区别所在。

（3）以成人为主要教育对象。从法学教育中职业教育层面来说，其受教育对象当然是已经工作了的成年人；从在校的学历教育层面来说，其受教育对象也一般是高考之后的学生，同样是成人学生；而从各个成人学历性法学教育来说，毋庸置疑，受教育者系成人。实际上，在世界各国，除少数特殊教育方式外，高等教育指称的是完成中等教育后的教育层面，因此，高等教育是成人所受的教育。

（4）以法律人才培养为教育目标。法学教育的培养目标是培养法律人

---

① 徐今雅、朱旭东：《"专业教育"辨析——兼论专业教育与高等职业教育的关系》，载《复旦教育论坛》2007年第6期。
② 中国社会科学院语言研究所词典编辑室编：《现代汉语词典》，商务印书馆1999年版，第342页。
③ 参见彭凤莲、苏旭《法学教育与司法职业》，载《科教文汇》2008年第2期。
④ 杜作润、廖文武：《高等教育学》，复旦大学出版社2003年版，第87页。

才，即培养学生成为从事检察官、法官、律师、法学教育者、学者、立法者、执法者、司法辅助人员等职业的人或培养从事上述职业的人进一步深造职业技能。

2. 司法职业的特征

司法即法的适用，是指拥有司法权的国家机关及其所属的具体行使司法权的工作人员，依据法定职权和法定程序，运用法律规范处理具体案件的活动。① 职业，是指个人在社会中所从事的作为主要生活来源的工作。② 司法职业作为一种专门职业，它与一般职业和一般法律职业均有较明显的区别。

与一般职业相比较，我国学者认为专门职业的特征是：第一，从业者需具有系统的专门知识，高度的智能性技术，操作过程需要心智和判断力；第二，从业者必须经过和接受比从事普通职业更多的教育与训练，即需接受长期的专门化教育；第三，从业者需通过资格认定取得专业的证明，垄断地从事社会不可缺少的工作，从而借此获得社会地位、专门权利和较高的经济报酬；第四，从业者必须遵守服务重于报酬的原则，并遵守专业伦理守则；第五，专门职业是被授权的，形成了专门职业协会，有综合性的自治组织；第六，专门职业形成于职业之中，并处于动态发展过程，并非以"全有"或"全无"的状态存在；从业者需要不断更新知识，掌握新技术。③

一般的法律职业概念历来有狭义与广义之分。但通识认为，一般法律职业应是指以通晓法律及法律应用为基础的职业，主要包含法官、检察官、律师、立法者（主要指草拟法律者）、执法者、法律研究人员、法律教育人员和司法辅助人员（如检察书记员、法院书记员、律师助理等）。司法职业的核心词汇是"司法"，即以法律的适用为特征，所以，司法职业应当界定为包括法官、检察官和律师从事的职业。

基于上述分析，司法职业主要有如下特征：

（1）专业的知识技能。司法是适用法律的过程，司法职业者应该有法律专业的知识和技能，以确保法律的正确适用。因为，随着社会关系日益复杂，调整社会关系的法律必然更有技巧性，没有专业的知识和技能，很难完成司法的职能。同时，应该看到，法学本身是一门专业科学，其具有内在的

---

① 参见刘作翔《法理学》，社会科学文献出版社2005年版，第361页。
② 中国社会科学院语言研究所词典编辑室编：《现代汉语词典》，商务印书馆1999年版，第1616页。
③ 徐今雅、朱旭东：《"专业教育"辨析——兼论专业教育与高等职业教育的关系》，载《复旦教育论坛》2007年第6期。

规则、原则，随着社会分工的细化，普通的从业者在没有经过专业的训练之下，很难胜任此项工作。

(2) 垄断的职业领域。司法职业要求司法职业者具有专业的知识和技能，也就意味着，无专业知识和技能者无法进入此领域，而为了确认司法职业者的职业身份，往往会有一定的资格认定程序，并赋予区别与非从业者一定的"特权"，如目前通过司法考试来确认司法职业者的准入资格和如律师在诉讼过程中，往往比普通人有更多的参与诉讼的"特权"。

(3) 专门的组织制度。法律是道德的最后底线，那么司法从业者具有专业知识，又在司法领域具有垄断的地位，就必然意味着需要有专门、独立的组织和相关制度规范其行为。如律师有律师协会作为自治组织，有律师法规范其行为；而法官和检察官除了要遵守国家公务员的一般法律法规外，还有国家组织制度予以规范，有专门法官法、检察官法等法律予以约束。同时，为了保证司法独立，往往要求司法机关及职业者有着独立适用法律的权力。[①]

(二) 法学教育与司法职业关系之辨析

1. 区别

法学教育与司法职业尽管有着千丝万缕的联系，然而两者的区别是很明显的。两者的区别主要表现在如下三个方面：

(1) 不同的主体。法学教育的主题是"教与学"，其参与主体为教师、学生，机构主要为学校，场所的设置原则是便于法学教育的各项活动。司法职业的主题是"寻求公正"，其参与主体为法官、检察官及律师，机构为国家机关法院、检察院及律师事务所，场所的设置原则是便于司法活动的展开。进而，由于参与主体的不同，产生了法学教育主体与司法职业主体之间存在不同的思考问题的视角、处理问题的方法、从事职业活动的能力、素质和技能等。

(2) 不同的性质。法学教育是高校教育的一个重要部分，其主旨是教育培养学生成为法律职业所需要的人；司法职业则是适用法律的一个重要环节，其主旨是定纷止争，寻求被破坏的社会关系得以恢复的方法。进而，由

[①] 相似论述参见彭凤莲、苏旭《法学教育与司法职业》，载《教育部高等学校法学学科教学指导委员会、中国法学会法学教育研究会 2007 年年会暨中国法学教育论坛论文集》2007 年 12 月，第 341—342 页。

于性质不同，两者在工作任务上具有完全不同的侧重点，如法学教育研究的是如何使学生掌握法律知识、训练法律思维、能力和技能；司法职业研究的是如何运用法学教育中所掌握的法律知识、法律思维、能力和技能解决社会矛盾纠纷。

（3）不同的培养目标。法学教育的培养目标是法律人才，包括司法职业者在内的所有与法律有关的从业者；司法职业的培养目标则是在实践工作中培养出专门的法官、检察官或律师。进而，由于不同的培养目标，可以看出，法学教育输出的人才需要经过司法职业机构的选择和人才个体的选择才能统一到一起。这意味着法学教育中入职前的教育所培养出的人才不一定会成为司法职业者，其需要经过司法职业机构的再一次选择，才有可能成为司法职业者，且要在司法职业中予以锻炼。而入职后的职业教育虽然已是司法职业者，但同样需要在教育之后与司法职业相结合，才能将职业教育中的知识转化为具体的应用。

2. 联系

法学教育与司法职业虽然有着明显的区别，但其联系却又是十分紧密的。两者的联系集中体现于如下四个方面：

（1）主体的兼容转化。法学教师和学生可以成为司法职业者，甚至法学教师可以兼职律师、挂职法官或检察官；司法职业者往往可以进入高校或职业培训机构成为兼职教师；司法职业者还可以成为受法学教育的学生，在学校接受学历教育，在培训机构接受职业教育。

（2）目标的趋同一致。法学教育与司法职业的终极目标都是法律的公正实施和法治社会的构建。具体来看，法学教育是通过法律人才的培养去实现法律的公正实施，维护社会的稳定与和谐；司法职业则是依靠司法职业者的直接行为实现司法的公正，参与法治社会的建设。

（3）理念的融合统一。虽然法学教育和法律职业在微观的理念上会有差异，但是从宏观上看，两者的理念却是融合统一的，如法治理念、法律至上、司法公正、权利本位、程序正当、权力制约等。同时，法学教育产生司法职业者，属于一种专业教育，如果法学教育与司法职业没有共同的法治理念追求，则两者就无法成为一个连续的整体。法学作为一个系统科学体系，为法学教育与司法职业之间建立起交流、连续的平台。

（4）知识的结构相同。法学教育与司法职业都是通过教育者与职业者的行为实现，而法学教育者与司法职业者师出一门，即一般原都是受法学教育者，所以，两者在法学的基本知识结构上应当是共同的，其受教育期间接受的法律思维与法律方法训练也是相同的，只不过是由于职业选择的不同，其后的知识积累与养成有所差异而已。

综上，法学教育与司法职业之间存在紧密的关系。从历史角度来看，法学教育的出现是由于司法职业的需要，法学教育出现后进一步促进了司法职业的形成；从理论与实践的关系来看，法学教育提供的系统的法学理论为司法职业技能和职业伦理铺设了专业基础，而司法职业在某种程度上丰富了法学教育的内容；同时，法学教育使司法职业素养得到提高，而司法职业则在一定程度上决定了法学教育的发展方向。

二 法学教育供给与司法职业需求面临的困境

当前，一些重点大学如北京大学、南开大学等院校的法学本科生应聘基层法院聘任制书记员的现象已并非稀罕事，① 而在大学毕业生供需洽谈会上法学职位为数过少也成为常态，② 法学专业毕业生就业率低已经成为一个不容置疑的事实③。为此，国内一些学者认为法学专业成为冷门，如南京师范大学法学院党总支书记眭国栋认为，法学专业有被打入"冷宫"的趋势。④ 而有的学者则认为，中国法学院的产品还不能满足社会的急迫需求，同时表现为产品的紧缺与过剩，紧缺的是两端，过剩的是中间产品。⑤ 需要说明的

---

① 2007年江苏省镇江市法院系统拟招收6名聘任制书记员，在434位报名者中，既有北京大学法学院的学生，又有中国政法大学和南京大学法学院等名牌高校的学生。参见王评等《北大本科毕业生争聘地方法院书记员惹争议》，载《扬子晚报》2007年6月24日。

② 2006年11月，江苏省暨南京市2007届高校毕业生公益性供需洽谈会上共有3万个职位，法学类仅占5‰。参见姜丹《法学毕业生就业遭遇高门槛》，载《人民法院报》2006年12月15日。

③ 据最近麦可思人力资源信息管理咨询公司发布的《2007届大学毕业生求职与工作能力调查报告》揭示，毕业半年后，本科专业的平均就业率是91.2%，但是很多热门专业的就业率并没有达到这个水平。应届大学生毕业半年后失业人数最多的10个本科专业依次为计算机科学与技术、法学、英语、国际经济与贸易、汉语言文学、工商管理、电子信息工程、信息管理与信息系统、会计学、数学与应用数学。2007届法学类毕业生毕业半年以后的就业率为85.6%，与法学类2006届毕业生毕业后半年83.2%的就业率相比略有提高。山东经济学院、山东社会科学院多名专家组成的全省人才供需预测课题组发布的《山东省近3年来本专科毕业生生源情况、社会需求和就业流向等情况的调查》显示，高等教育12大类学科专业毕业生初次就业对口倍率最低的4类学科从最低依次为历史学、哲学、法学、管理学。资料来源：http://edu.sina.com.cn/gaokao/2008-8-6/1413157952.shtml。

④ 娄银生：《法学毕业生就业究竟难在哪》，载《人民法院报》2006年12月16日。

⑤ 参见蒋安杰《中国法学教育面临挑战——朱苏力教授访谈》，载《法制日报》2007年6月3日。

是，由于入职后的非学历教育主要是为了司法职业者更新知识或有其他目的而设置，一般说来不存在与司法职业需求发生关系，故本部分主要阐述的是高校的学历性法学教育供给与司法职业需求之间的状态。

（一）法学教育供给与司法职业需求脱节

30年来，中国法学教育有了长足发展，无论是法学教育机构的数量还是法科学生的数量都有了空前的增长。就法学教育与司法职业的关系而言，有学者指出，"中国的问题是，一方面是法律教育的膨胀，另一方面是职业传统的薄弱和实务界对法律教育控制力的微不足道，这中间的弊端将会随着时间的推移而越来越凸显出来"[①]。法学教育供给与司法职业需求之间的脱节，表现在如下方面：

1. 教育理念、培养目标脱节

法学的教育理念决定着培养目标，决定着法学教育的方向、方法、内容、师资和毕业生去向，以至于直接影响着司法职业活动进行。而我国法学教育的理念及培养目标与司法职业活动之间长期存在着明显脱节的现象。

（1）教育理念不适应实际需要。古语云：鉴古以知今。而"洋为中用"也是解决问题的方法之一，但法学教育也正因如此，导致在教育理念上与当前我国的司法职业存在脱节。"法学与法学教育特有的保守性导致了法学的封闭性。法学教育理念显然已落后于时代，也不符合素质教育的要求"[②]。不止如此，我国法学教育理念存在两种倾向，致使教育理念脱节：一是固守过去的经验和传统，导致教育理念滞后。法学教育理念的落后，归根结底是过于迷信过去的经验与传统，无法及时敏锐地察觉司法职业在近年来日新月异的变革，无法及时改变教育理念以适应实际需求。二是盲目照搬国外的理念，导致教育理念上的水土不服。在法学教育不断发展的过程中，一些教育者往往由于自身留学的经历或其他因素喜欢求助于国外理念，认为西方法治模式是解决问题的最佳选择，忽视了我国的基本国情，甚至有些法学教师忽视我国法律体系知识的传授，过多引进和传播西方法治理念，致使毕业生走上工作岗位后，难以适应我国司法环境和司

---

① 贺卫方：《中国法律职业：迟到的兴起和早来的危机》，载《社会科学》2005年第9期。
② 焦富民：《地方综合性大学法学素质教育的目标与法学教育的改革》，载《扬州大学学报》2003年第4期。

法工作，面对具有我国国情特色的法律问题一筹莫展。据悉，在2007年国家司法考试一道关于社会主义法治理念的考题中，相当比例的考生不知所云，而又以"院校派"为众。

（2）教育层次过多、培养目标不够清晰。现阶段，我国的法学教育主要由普通高等法学教育、成人法学教育和法律职业教育构成。仅就普通高等法学教育而言，就包括专科、本科、第二学士学位、硕士、博士全日制教育。成人法学教育也有短期培训、岗位培训、职业培训、专业证书教育、专业继续教育、成人法律专科、"专升本"和"高起本"教育之多。如此多层次的教学机构和学力构成，其培养目标实际并不明确，很多学校对于为什么开设法学专业，各学历层次之间培养目标应有何不同，各层次学生毕业后面临什么层次的单位等均没有明确答案。以法律硕士研究生为例，其与法学硕士在教学内容与就业出路上没有区别，结果两者之间形成互相挤压、竞争的局面。事实上，本着功利主义，很多法律院校积极培养学生拿文凭应付司法考试，使学生成为只懂理论、懂考试、不懂技能和实务的人。培养目标不明确，遑论因材施教适应司法职业需求。

教育理念滞后、培养目标不明确和教学层次过多的直接后果，就是出现办学无特色和学科设置结构性失衡。从法学院系设置来看，不少法学院系基本没有什么特色，或者缺乏发挥自身优势、设置具有特色学科的意识，导致千人一面，学生毕业后就业竞争优势不明显；从学科设置角度来看，随着社会主义市场经济的发展、我国加入WTO和法治进程的加速，传统法学已不能囊括调整社会关系的各个方面，WTO、反垄断、反倾销、反补贴和知识产权保护等方面的法律学科在很多学校尚未设置，导致这些学科的学生供不应求。

2. 教育基础脱节

师资、生源、教材、教学内容与方法等均构成了法学教育的基础环节，但是，我国法学教育的这几个方面均存在着与实际需要相脱节的地方，影响了教育质量，进而影响了司法职业的需求。

（1）师资结构先天性不良。目前，我国各高校的法学教师基本上多是国内外法学院校毕业后直接走上讲台的，有司法职业经历或者有经验者数量极少。这些法学教师往往是从学生直接变成教师身份，从走出课堂到再走进课堂，缺少对司法职业的感知与体验，因此，指望这些法学教师在法学教育中传授司法职业的技能和经验显然是不可能的。就像美国法学教育的批评者质疑的一样：本身不是或者也没有从事过律师，如何教会学生"像律师一样思考"？诚然，在近年的法学教育中，高校教师通过社会调查等方式也了解到了司法职业的一些情况，不少法学院系也注意聘请司法实务界的资深专家走上法学教育课堂。但是，高校教师通过所谓的社会调查究竟对司法职业与司法实践的状况了解多少、了解到何种程度？甚至有的学者认为带着几个研究生到司法实务部门看了几本卷宗、召开了几个座谈会，就以为了解了实践，摸到了"症结"，就敢于"对症下药"，笔者认为是很值得商榷的。笔者所见到的一些学者在课堂上或者会议上对司法实践活动的"指手画脚"与"评头论足"，多是"道听途说"后的"人云亦云"，或者是"走马观花"后的"以讹传讹"。而有司法实务经验者和被邀请到课堂上的司法实务专家数量的有限性造成了师资结构的先天性不足，导致法学毕业生在司法职业技能方面的先天性匮乏。

（2）生源素质不断下降。在联合国教科文组织编写的《国际教育标准分类》中，将法律人才定位为高层次人才。而我国法学教育的现状是，除了原本设置法学专业的优势高校外，财经类、师范类、外语类院校，甚至农林类、机械类、矿业类院校均纷纷设置法学专业，法学专业的增设导致法学专业学生的扩招，而由于这些具有本身特色的学校往往将法学专业学生入学的门槛降低，将那些高考分数不够特色专业分数线的学生"降格"到法学专业学习，生源素质水平明显低于其他专业，直接导致毕业生质量的下滑，其在司法职业中的竞争力可想而知。

（3）教材结构性失调。我国法学教材至少存在两方面的窘境：一是传统法学教材泛滥，缺少统一协调性。虽然，学术界提倡"百家争鸣"的繁荣景象，但几乎没有准入门槛的法学教材在同一课程上版本繁多，且无权威性评定，让人无所适从。无怪乎有学者认为，"法学教材的多元化既是法学教育繁荣的表现，也装点了法学教育和法学研究的繁荣，但是也一直存在着散乱、参差的问题。良莠不齐成为法学教材的重大问题。优秀者固然优秀，低劣者过于低劣。这与一些法学教育机构缺乏师资又在编写教材上勉力而为有关，也与一些学校将法学教材作为科研成果在评定职称中予以不适当定位有关。"① 同时，从多种版本教材的内容上看，各版本教材又存在简单重复资源浪费，低劣的教材质量直接影响着教学质量；二是新法律学科教材匮乏，缺少系统性。新学科教材的撰写具有滞后性。目前，新的法律学科，如WTO等法律学科尚未形成有一定深度、没有系统性的教材，教师们往往凭

---

① 卓泽渊：《法学教育的问题与出路》，载《法制日报》2007年6月3日。

借翻译国外一些法律、标准等得来的一些材料和根据自己理解编写的提纲作为教材授课。再如一些实践性的课程，也多未形成教材。教材匮乏的直接后果之一就是这些课程的教学也缺乏统一性、权威性，若出现知识性错误则贻害深远。

（4）教学内容与方法缺乏新意。专业教育一般应包括两方面内容，即通识教育和职业教育，但中国的法学教育，长期以来，沿袭了传统的教育方式和教学方法，侧重于通识教育，即侧重于法学理论的讲解、法律条文的普及和应时性知识的传授。大部分法律院校因此主要以课堂讲授为主，课堂上教师照本宣科，课堂下学生死记硬背；课堂上以教师为中心，课堂下以教材为中心；学生课堂上以倾听为任务，课堂下以考试为任务。这种单向灌输式教育方式，教师、教材中心主义学习方式，导致"教与学"之间缺少互动，学生对于法律现象和法学理论缺少深层次认识、理解、思考和分析。有学者认为这是一种被动型传统教育，"重知识传授，轻技能培养，重理论讲解，轻实践培训，重法条注释，轻法律精神的培养，重教师讲授，轻学生的能动性，重考试，轻能力，重考试分数，轻素质提高"。① 针对性教学内容和创新性的教学方法千呼万唤。

3. 教育内容脱节

一个教育内容与司法职业活动脱节的法学教育机构培养出的学生，很难想象会受到司法机构的青睐。目前，法学教育内容脱节的主要表现是：

（1）教育内容单一，导致学生知识体系不完整。任何一种科学体系都不是孤立存在的，法学也不例外。法学是人文科学，与社会生活息息相关，与其他人文科学相互交融，具有关联性。如对金融类犯罪的预防与控制，就不仅需要法学的知识结构，还需要具备金融知识和财会知识。我国法学教育内容设置中，内容过于单一，一个亟待解决的问题是与法学交叉学科如政治学、哲学、社会学、统计学等学科知识的加入。

（2）教育内容呆板，导致关注社会法律焦点问题的敏感度不够。当前，学者关注社会法律难点、热点问题已成风气，但法学教育中却鲜有指导、引领学生关注社会法律难点、热点问题的教学内容。在与近年法学毕业生的交谈中，竟然有学生不知道"杜培武"、"孙志刚"、"佘祥林"、"许霆"等案件，对"执行难"、"涉诉上访"、"附条件逮捕"等法律热点问题也一问三不知，给人一种典型的书呆子的感觉。

---

① 房文翠：《当代法学教育的法理学透视》，载《法学家》2002年第3期。

(3) 实践性教学内容欠缺，导致学生成为司法职业者后过渡期过长。我国民法学家、经济法创始人、法学教育家芮沐曾指出"本国各学校法科着重知识之灌输而不及方法之传授，此端为本国法律教育之最大弊端"。① 经过了近70多年的发展，我国的法学教育却依然无法摆脱这一状况。当然，这与我国教育界教学方式的大环境和学校性质有关，但依然影响了法科毕业生就业后的适应能力。虽然案例教学、模拟法庭、实习等实践方式已被广为采用，但这些实践性教学方式往往成为形式，产生的效果有限。② 各项实践性环节的教学方式弊端，导致法科毕业生从事司法职业后仍需要花较长时间重新开始锻炼司法实务技能。更严重的问题是，这种学校所学与工作所用的分离将会使法科毕业生走上另外一个极端，在学习司法实务技能的同时，忘却了在学校所学的新理念、新知识，完全继承了司法职业中"前辈"身上的旧理念和不良习惯，这就完全背离和否定了法学教育改良社会的意义。

(4) 缺乏司法职业伦理教育，导致学生具有法律工具主义倾向。中国政法大学校长徐显明教授于2003年12月9日在山西大学所作"法学教育"专题报告中说："法学是价值之学，真正的法学教育应是价值观的教育，应是法律正义观的教育，高等法学院校应是法律价值观的集散地。"司法职业伦理是公民道德素养的高度概括，对实现社会公平和正义具有重要作用，也是防范司法腐败的重要手段。但是，我国高校法学教育中缺乏伦理教育，甚至在司法考试中、学校的评估和考察中均忽略了对司法职业伦理的考察，导致许多学生不注意自身道德修养，一旦从事司法职业，手里掌握了权力，往往经不起社会上的多种诱惑而导致职业生涯的颠覆。缺乏司法职业伦理教育课程，导致了法学教育质量的缺失。

---

① 何勤华：《民法法学论文精粹》第一卷，法律出版社2003年版，第247页。
② 如案例教学，由于师资结构先天不足，许多教师对于司法实务并无实际接触，仅仅运用理论知识在案例教学中对学生的引导未必与司法实务相符；再如模拟法庭，往往指导者和参与学生并未进过真正的法庭，模拟法庭变成了纯粹想象的表演，甚至借用西方影视作品中的庭审方式，完全在误导学生；而实习环节的弊病就更多了，以往学生数量少，被安排到法院、检察院或律师事务所实习，学校负责监督管理学生。随着学生增多，政法部门无法安排更多的实习生，于是，学校提倡学生自己找实习单位，但是，在目前法学专业毕业生就业压力逐年增大的情况下，许多学生将实习看成了求职的机会，这一方面使学校失去对学生实习的指导和监管，学生往往不知实习的意义和实践从学生到工作人员的转变，另一方面，由于学生本身缺少解决实务的能力，使日常工作忙碌的实习单位对学生缺少指导的热情。这都使得实习失去了本来的意义。

(二) 司法职业需求与法学教育供给脱钩

法学教育与司法职业的脱节不能完全归罪于法学教育的错位,从两者的互动关系上讲,司法职业需求的模糊性也导致了法学教育的盲目性。

1. 司法职业化建设进程缓慢

(1) 司法职业化尚未成型。近年来,随着司法考试制度的确立,法官、检察官的任命,律师的任职均需要通过司法考试,这使得我国司法职业化进程有了外部环境。但是,不应忽视的是,长期以来,由于制度和观念上的因素,我国把法官、检察官,甚至曾一度把律师看做国家政法干部,强调其行政性,忽视了其专门性和技术性。在司法考试制度建立之前,许多实务部门的法官、检察官没有在法律院校接受过正规的法学教育与培训,仅仅凭工作年限或职别就上岗独立办案,如转业军人进入法院或检察院做法官和检察官就一度引起社会的负面评价。这造成了司法职业者未受过法学教育,受过法学教育者却要被迫转变专业,不能从事司法职业,使得司法职业与法学教育之间的关系陷入怪圈。另外,即便是司法考试制度设立之后,由于考试门槛只要具备大学本科学历即可,法学教育的毕业生并无根本从业优势,因为只要考过司法考试便可有司法从业资格,这使得未受过法学教育并未形成真正的法律思维方式但具备司法从业资格的人员,仅仅对于基本的法学知识和法律条文有了记忆性的认知,便进入司法职业行列,而真正受过法学教育的毕业生却与这些人共同参与司法职业就职竞争,导致法学教育的培训方向发生向司法考试过度倾斜的弊端。事实上,司法职业化程度较高的国家实践表明,司法职业化程度和法学教育之间存在正比关系,即司法职业化程度越高,对法学教育的需求和依赖程度越强,反之则越弱。我国的司法职业的现状表明,我国司法职业对于法科毕业生的需求依赖并不高,司法职业的从业人员来源并非是法学院校,因此,导致了法学教育似乎供过于求的假象。

(2) 司法职业化建设进程相对封闭。司法机关是国家机关,司法体制改革有赖于公权力的行使,那么司法职业化进程,也具有依赖公权力推行的特点,这就意味着,司法职业化进程具有封闭性,无法及时与法学教育界进行信息传递和共享,影响了法学教育对现实司法体制改革的感知,进而影响了法学教育理念和培养目标的及时调整。同时,这种相对封闭性也影响了司法职业化建设进程本身,无法及时吸收法学教育新成果,导致理论基石不稳,也导致招录人员时标准偏离,用人时对法科毕业生的预期不准,从而陷入因定位不准而失望的另外一个怪圈。

（3）司法潜规则与法学教育内容不吻合。不可否认，由于我国司法机关并未褪尽也不可能褪尽政治色彩，那么司法权的行使必然存在潜规则的灰色地带，这些潜规则实际是对法律的违背，但是，高校的法学教育却不能因此将潜规则交给学生，这也是法科毕业生"理论与实践脱节"的原因之一。如有学者认为，"人们对本科毕业生的实践能力颇有微词，实践部门对此的批评性意见也较多。这是事实，但是不能完全怪罪于法学教育。所谓'理论与实践'脱节的问题，主要问题不在学校，而在许多地方的法院、检察院的工作存在'脱法'现象，所谓潜规则替代了法律，这是不能怪罪法学教育的。我们不能要求学校脱离法律规定而教育学生如何适应非法的现实，我们也不能要求学校不对现实的法律作出评价"。①

上述缓慢的司法职业化进程，导致了法学教育产品缺少用武之地，必将抑制法学教育的发展，这也是法学教育供给相对过剩的一个重要原因。

2. 司法职业需求定位不明、不准

根据市场经济规律，市场产品需求不明确，则生产者的生产方向也易产生偏差，因为盲目地生产，带来的只能是撞大运的市场经济。同样的道理，司法职业需求定位不明、不准，必将导致法学教育的盲目性。有人形象地比喻说，作为法学教育产品主要需求者的司法机关，对这一供求关系的正常发展并未发出明朗而又确切的信号，这种司法职业需求的模糊性带来了风险教育的盲目性。②

（1）司法职业准入标准不明。无论是《法官法》、《检察官法》、《律师法》均规定了司法职业的准入资格：年龄、学历、司法资格，而其中学历和司法资格则是实质的准入条件，既具有大学本科学历，且通过司法考试者均有资格成为司法职业者。至于司法职业伦理，虽然法律中有所规定，但因为缺乏考查机制，其在司法职业准入上有如虚设。但是，对于司法职业者需要具备何种思维方式、何种技能、何种内在的技术性标准均无可操作性明确标准，这使得法学教育界无所适从，加之司法机构与学校对于法律人才的认识不，很难从中提炼出司法职业需求的人才标准，也就很难有针对性地确

---

① 张亮：《"法学院大扩招"应尽快结束——周永坤教授访谈》，载《法制日报》2007年6月3日。
② 参见徐清宇《法学教育供给与司法职业需求的不对称及其校正》，载《教育部高等学校法学学科教学指导委员会、中国法学会法学教育研究会2007年年会暨中国法学教育论坛论文集》，2007年12月，第310—311页。

定自己的培养目标和培养内容。同时，司法机构本身也由于准入标准不明，在引进人才时出现错位，即常常"唯学历论"，在选择人才时，不根据职业的实际需求，而是根据学历高低去招录人才，导致本来大专生、本科生就可胜任的职位，偏去招录研究生来就职，一方面造成人才的浪费，另一方面使高校对于各学历层次的学生培养目标混乱趋同。

（2）司法职业层次性定位不准。主要表现在两个方面：一方面，同等条件的法科毕业生在不同级别的司法机构无需求差别。如我国法院、检察院分为四级，各级机构之间有着法律规定的不同级别的业务，如基层法院、检察院的主要任务是承办大量普通案件，最高级别的法院、检察院则主要侧重于业务监督与指导。但是，不同级别的法院、检察院之间在人才选拔上却无根本的区别，因为无论是《法官法》还是《检察官法》均未明确表明各级机构法官、检察官的任职标准，导致同一层次的法科毕业生既可以被招录进最高级别的法院、检察院，也可以被招录进最基层的法院、检察院。再如律师行业，律师事务所有大小之分，但除了少数领域需要有更严格的准入标准外，大部分被招录的律师在代理案件诉讼时和代理非诉业务时也无根本区别。这种人才需求的模糊性选择，势必带来法学教育内容和定位上的困惑。另一方面，法学本科毕业生就业处境尴尬。各级司法机关和发达城市的律师事务所在招录法科毕业生时，往往将门槛提高到硕士研究生以上学历层次，不再招录法学本科毕业生，使许多法学本科生纷纷转行，与此同时，经济落后地区的司法机关和律师事务所又出现法学本科毕业生难求的现象，导致法学本科毕业生面临就业时似乎只有两种选择，转行或到经济不发达地区。因此，这种就业尴尬局面，也使得法学本科、法学研究生之间的培养目标和内容混同。

（3）司法职业地域需求不均。由于我国地域广阔，由于地区历史及经济、文化传统、民意、制度设计等差异，其司法职业需求具有地域性差异，这使得法学教育出现两难命题：一方面，有些地方的司法机构和律师事务所倾向于招收本地生源或本地高校毕业生，压缩了法科毕业生在全国的就业范围，加重了地方化特色司法；另一方面，不同地区的司法具有不同特色，需要适应本地特色的法律人才，但各高校法学教育并未因地域不同而施教，那么其产出的法科毕业生很难适应不同地区的司法实务。这两个方面似乎是矛盾的，即一方面招收了本地生源的司法机构未必招收到了适应本地区司法特色的人才，另一方面希望在全国范围内寻找就业机会的法学教育机构又无视司法的地方性特色，教育出了千人一面的法科毕业生。司法职业的地域需求不均和不明确，使法学教育同样陷入了窘迫的境地。[①]

有论者进一步认为，法学教育供给与司法职业需求之间严重脱节的负效应导致了对我国法治建设进程的消极影响：一是延误法治进程。法治的进程首先有赖于法治理念的确立，法治理念在整个社会的确立在很大程度上首先依赖于司法职业者确立法治理念，但是法学教育不能按照司法职业需求进行司法理念教育，而司法职业者虽然在法治实践的最前沿，却往往在法治理念的确立上具有滞后性，两者在理念上的分离，将影响整个社会的法治理念的确立，进而影响到我国的法治进程。二是削弱司法权威和公信力。不可否认，法学教育的产品依然是司法职业从业者的主要来源，但是，法科毕业生与司法职业需求之间的差异导致的法学教育质量下降，显然将影响司法职业者的从业水平，进而削弱了司法机关的权威性和公信力。三是延缓了司法职业化进程。司法职业化在当代法治社会已成趋势和共识，司法职业化指的是司法职业者具有职业理念、职业素养、职业技能、职业伦理道德等，法学教育与司法职业的脱节必将影响法科毕业生在职业理念、素养、技能、道德等方面的水平，进而延缓了司法职业化的进程，最终延缓了司法职业本身的发展。[②]

三 法学教育与司法职业之间关系域外之考察

从世界范围来看，法学教育模式主要有通识教育和职业教育两种。考察一些法学教育与司法职业较发达的国家发现，不同国家在法学教育与司法职业之间的关系上呈现出不同特色。

（一）德国的法学教育与司法职业

在德国，法学教育与司法职业之间有两大特色：一是所有的法律人均要经过相同的法学通识教育和职业教育两个阶段。德国作为联邦国家，16个州对于法律教育的法律规定虽不尽相同，却大体一致。二是司法职业之路由两次司法考试铺就。第一次考试结束学生时代，第二次考试结束实习文官时

[①] 参见徐清宇《法学教育供给与司法职业需求的不对称及其校正》，载《教育部高等学校法学学科教学指导委员会、中国法学会法学教育研究会 2007 年年会暨中国法学教育论坛论文集》，2007 年 12 月，第 310—311 页。

[②] 同上书，第 315—316 页。

代。因此，在德国，从受法学教育的学生成长为司法职业者要经历较漫长的过程。

1. 学生时期的通识教育

德国学生在高中毕业后即可选择进入法学院校接受法学教育，学习一般为 4—5 年，学习内容涵盖法律史、法哲学和主要的法学部门，包括民法、刑法、行政法和宪法。德国法学教育界认为，在短短 4 年的校园学习中讲授完德国所有现行法律是不现实的，因此将培养重点放在了主要法律问题上。学生们必须达到熟悉德国法中主要的法典、学会如何来运用成文法以及在司法程序中应该如何操作等目标。但是，除了这些知识传授外，训练学生学会科学的方法也是德国法学教育界重视的问题，因为在他们看来，科学的方法对于所有的法律职业都是很重要的。学生们应当学会如何依据宪法的价值理念去解释法律，学会如何用正确的方式通过类推去弥补立法中的漏洞以及如何准确地去探求立法意图，等等。大学中法学教育的最终目标是要使得学生们学业结束时，具备运用各种法律和法规的方法技巧能力，包括应当在合理的时间内就能够应用全新的法律和规定。

2. 第一次国家考试

大学时期的法律学习以通过第一次国家考试为标志，这对于所有接受法学教育者是必须的。第一次司法考试由笔试和口试两部分组成，每部分的考试内容都涵盖实体法的主要科目和一门学生自选科目。笔试的内容涉及民法、刑法、行政法和宪法等领域。每一项笔试都需在 5 个小时以内完成，并且考试中唯一可以寻求的帮助就是法典。德国的大部分州都要求笔试次数为 8—10 项。口试要持续 5 个小时左右。笔试的试题主要是就一个法律案件发表司法意见，这些案例一般比较简短，只涉及法律问题，不涉及事实问题。通常，州第一次司法考试合格率很高，达到 70%—80%，在整个德国范围内，每年通过考试的人数达到 12000 多人。因此，法学教育在大学阶段围绕国家考试开展教育活动，一般不规定必修科目或选修科目，由学生根据国家考试中"必须"和"选择"为标准进行学习。此外，为适应第一次州司法考试的需要，除了教师授课和研讨外，还采用课下练习、业余学习小组或复习课程等多种手段实现教学互动。可见，德国大学的法学教育授课和研讨，具有浓厚的学术性色彩，偏重理论学习。

3. 实习文官（见习律师）时期

通过第一次国家考试者，便不再是学生，而被称为实习文官，每月可以从州司法部领取一定补助，并要参加为期两年的实习。实习期大致可分为五个阶段：

一是民事法院实习期，时间7个月。此期间，实习文官（也被称作"见习律师"）将由一名经验丰富的法官指导进行工作，主要工作是撰写司法意见，草拟决定、判决，甚至可以在法官的监督下，主持庭审和听取证人证言。

二是检察官办公室实习期，时间3个月。此期间，实习文官由一位颇具经验的检察官指导工作，负责撰写法律意见和起诉书，甚至可以在检察官的监督下出庭，在一些轻微案件中甚至可以独自以检察官的身份出庭诉讼。

三是律师事务所实习期，时间4个月。此期间，实习文官将从事各种法律事务，包括诉讼代理，但是地区法院审理的民事案件除外，因为法律要求只有具有完全资格的执业律师才能进行此类诉讼代理。

四是行政机关实习期，时间6个月。实习文官将在一个行政机关接受培训，主要任务是撰写法律意见、草拟行政决定或法令。

五是预备服务期，时间4个月。此期间是实习文官自主选择法律培训地方的实习期，实习文官必须选择一个能够提供法律培训的地方，并且要有具有完全资格的律师来培训他。目前，几乎有50%的人选择在国外完成实践培训任务，如在美国或加拿大。

实习文官时期，每周都会有一次的专题讨论课，由法官和经验丰富的公务员讲授，目的是使学生完善他们所掌握的程序法知识、分析复杂的案例。

4. 第二次国家考试

在实习文官时期，学生一般要通过8次笔试和口试，才能参加第二次国家考试。这次考试是口试，允许旁听，考官由知名的宪法、民法、刑法、商法、行政法、劳动法、诉讼法教授、资深法官和政府官员等人员组成，口试由学生的一段演讲开始，然后接受上述人员的轮流发问，这些问题涉及范围都是实践问题，主要是具体案例所涉及的法律规定和解决办法。考官如果发现考生能够对答如流，就会停止发问；如果认为考生回答不好，就会深究，连续发问。① 此次考试的合格率大概在75%—85%之间。

5. 司法职业的选任时期

两次国家考试通过者才有资格申请司法职业。但是第二次国家考试成绩对于学生的择业至关重要，因为只有成绩为优秀、优异、完全满意等级的学生才能成为法官的候选人，而这部分学生仅占15%，还需要通过面试才能

---

① 参见常柏《忙碌的德国律师》，载《中国律师》2000年第5期。

被州司法部或司法委员会选任为见习法官。见习法官经过3—5年的见习期后，才能成为州职业雇员，终身任职。同时，见习法官的见习期间中的两年可以从事其他法律职业，且所有的法官都需要从基层干起，而联邦法官则需要从州法院法官中进行选任。较之法官选任需要职务空缺产生的竞争，律师的选任就容易些，一般情况下，只要通过第二次国家考试，且没有法律禁止的情形，州司法部都会批准获得律师资格。而检察官的选任与法官的选任大体有类似之处，需要有空缺的职务及司法部的面试方可获准。

6. 入职后的职业培训

进修和专业培训是德国司法职业者在职期间的一项终身任务，目的在于提高司法技能、增进司法效率和激发司法方面的杰出表现。由于德国司法具有职权主义色彩，法官的职业培训尤其突出，如法官的培训包括见习法官培训、续职法官培训，其中见习法官培训包括工作中的培训和为期四周的培训和为期一周的两次强化培训，续职法官培训则旨在更新知识、向其他学科渗透。德国十分重视法官的职业培训，认为法官是可以培训和培养出来的。至于律师则更希望在自己名字上点缀上博士等头衔，自然也十分注重入职后的培训。

从德国法学教育与司法职业互动的状况可知，司法职业需要掌握专门的职业知识和技能，遵行专门的职业伦理。受法学教育者在通过司法考试，并最终成为司法职业者之前，每个人的成长道路都是大致相同的。实习期的培训和轮岗涉及几乎所有司法职业机构和政府机关，甚至境外。按照德国人的理念，每个人在实现人生"定位"之前，都要体验其他相关部门的"生存状况"，以便于日后能够换位思考，且对今后法官和检察官之间的工作转换也有帮助。[①]

（二）日本的法学教育与司法职业

日本的法学教育同德国法学教育相类似，分为通识教育和职业培训两个阶段，是一种完全的精英教育，通过司法考试是从事司法职业的前提条件。

1. 世界第一难的考试

获得日本司法职业从业资格的第一步是完成法科大学院的学习。从2004年以来，日本高校设立法科大学院，只有完成法科大学院的课程学习

---

① 此部分的内容介绍参考了关毅《德国模式的法官成长之路》，载《法律适用》2008年第5期。

或者是通过预备考试,才有资格参加司法考试。而从 2006 年开始,在 5 年之内仅允许参加 3 次司法考试。① 司法考试由法务省的常设机构——司法考试管理委员会组织进行,每年度举行一次,形式是闭卷考试,共分三个阶段。第一个阶段是基础性考试,考试范围仅限于宪法、民法和刑法,题型多是判断题和简答题,考生只回答对与错即可;第二阶段考试是论文考试,通常连考 7 天。考试内容包括宪法、刑法、民法、商法、诉讼法等 6 门必修学科和一门选修学科,每天逐科进行。前两个阶段考试合格后,考生才能参加第三阶段的考试。第三阶段的考试范围与第二阶段考试范围一致,采取口试的方式,时间也是 7 天。这种分三个阶段的考试不仅在考试内容上还是时间上对于考生来说都是一次严峻的考验,因此,通过此考试者仅占 2% 左右,可谓凤毛麟角。②

2. 司法研修阶段与司法职业选任

参加司法考试的考生并不需要选择从事司法职业的哪一种,但只有通过司法考试才能进入司法研修阶段,成为司法职业的预备者。通过司法考试者,可以获得司法研修生的身份,以同学历、同年龄国家公务员的薪水标准到司法研修所进行一年半的带薪学习。司法研修阶段分为三个时期:

一是集中研习,时间 3 个月。课程内容是法律实务,如法曹伦理教育、实务研修的导入教育、民事审判、刑事审判、检察业务、民事辩护、刑事辩护等,主要培养学生掌握基本的从事实务的技能,使得学生学会法律文书的写作、通过模拟法庭演练法官、检察官、律师的实务能力,研修所的教官将及时对学生的法律文书写作和庭审情况进行指导。

二是实务进修,时间 1 年。此阶段又称为"临床教育",这是核心的研修阶段,学生将在全国 50 个法院、检察院、律师事务所,按刑事审判、民事审判、检察、律师四大项业务,各安排三个月时间进行学习。通过对具体案件的处理,亲身感知法律实务。此外,还要参加一些必要的法律援助活动,如法律咨询、到老人院、少年院体验生活等。

三是集中培训,时间 3 个月。最后的集中培训主要是总结提高和接受考试。考试合格的,便取得"法曹"资格,由司法研修所根据双向选择,即根据学生的个人志愿、表现以及"法曹三杰"的名额比例等情况,分别任命为判事辅(法官)、检事(检察官)、律师,同时报日本最高法院、最高

---

① 参见钱欧《日本律师制度简介》,载《中国司法》2008 年第 5 期。
② 参见董华《日本国的法官制度》,载《人民司法》1999 年第 7 期。

检察院、日本律师联合会注册备案。集中培训中的考试，未通过者极少，一般是口试和笔试相结合进行考核。

值得一提的是，司法研修所在对"法曹三杰"的培训中，没有使用统一的教材，主要学习的是教官根据自己的教学经验编写的一些案例和讲义。这是因为，司法研修所认为这是有别于高校的一个特征，也是司法研修所立足于培养应用型法律人才的一个体现。另外，司法研修所的教官多是从事了15—30年的司法职业经历者，具有丰富的司法实务经验。①

3. 入职后的培训

日本同样注重司法职业者入职后的各类培训。如法官在入职后培训场所也是司法研修所，培训种类竟有五种之多：判事辅培训②、简易裁判所判事培训③、审判实务培训班或研讨会议④、法院外研修⑤、司法研究⑥。这些培训除法院外研修外，均系短时间的集中脱产培训。⑦ 日本的检察官研修是一种常规机制，既有根据其级别、工作年限确定的研修，也有根据其专业或所需专业进行的研修，种类繁多到十多种。如新任检察官为期1年的实务训练学习，工作2—3年、7—10年的一般检察官、骨干检察官每年两次、每次两周的案例、办案经验研修，等等。⑧ 另外，对于律师的培训主要集中在伦理道德教育与考试上，以增强律师在执业过程中的伦理道德修养。

从日本法学教育与司法职业的关系可知，日本在法学教育方面也是提倡司法考试通过后的实务教育与训练，鼓励技能训练与法律职业共同体的形成，这种训练是通过长达一年半的时间完成的，而即便入职后，司法职业者也往往首先面临了较长时间的培训与教育，如日本检察官入职后一年内都要接受培训，这表明，法律基础知识十分重要，在具备基础知识之后，解决实

---

① 参见黄石勇《日本的法官教育培训》，载《法律适用》2005年第2期。
② 判事辅是对未满10年工作经历法官的通称，判事辅在担任判事辅的一年半、三年半、六年半时，要接受培训一次。到了担任判事辅满10年，如果被任命为判事，还要进行一次培训。
③ 日本的简易裁判所，是日本的最基层法院，负责审理小额的民事案件、轻微的刑事案件等，简易裁判所的法官，在担任判事三年半、五年半时，都需要接受一次培训。
④ 这类培训侧重于具体的审判业务，有很强的针对性和指导意义，如对审判工作中出现的新情况、新问题的应对办法，各类疑难案件的审理等进行研讨或研修。
⑤ 主要是外派法官去其他职业领域工作两个月到两年之久，以拓宽法官的知识体系。
⑥ 对审判实践中的问题进行专题研究的培训方式。
⑦ 参见黄石勇《日本的法官教育培训》，载《法律适用》2005年第2期。
⑧ 另外还有检事研究、逃税搜查实务研究、A厅制度、国外研修、其他部门研修和副检事研修。参见贺田正纯《日本检察官的继续教育》，张纯田译，载《检察实践》2000年第6期。

务能力更是入职前后的首要任务。

(三) 英国的法学教育与司法职业

英国的司法职业是一体化的,即检察官、法官均来自于有一定执业经历的律师,因此,英国的法学教育走向司法执业的第一步就是接受作为律师的培训。

1. 大学基础法学教育

基础法学知识的教育完成于大学中,一般由大学的法学院承担,学制为3年(学习语言者加1年),主要重视基础理论的学习,各大学的法律核心课程包括:合同法、信托法、房地产法、公法(宪法和行政法)、民事侵权法、英国普通法和衡平法等。选修课则主要有:劳动法、家庭法、继承法、公司法、犯罪学、国家安全法、冲突法、比较法、法学理论、法律史学、法社会学等。各大学法律院系所开设的选修课选择资源共享的方式,即除本法学系设置的课程外,有些课程可以由学生在本大学其他院系进行选修。作为判例法国家,司法案例在实践中十分重要。因此,各法学院系在教学方式上都非常重视案例教学,采用问答式和讨论式训练学生的职业技巧和技能,促使学生积极思考,锻炼法学思维方式,激发其学习创造性,进而因为深刻理解、领悟而掌握法律知识与规则。同时,实践训练在英国大学法学教育中,也是必不可少的,大部分法学院系都开设某种形式的法律实践课,甚至以法律事务所的形式进行,使学生有机会在法学教师的指导、监督下仿造职业环境为客户"提供"法律服务。学习的最后阶段,凡通过学术考试者,多数大学的法律院系授予其学生法学士学位,而牛津大学和剑桥大学的法科毕业生则被授予文学士学位。

2. 职业训练阶段

要想成为一名律师,就必经此阶段,主要在律师学院进行,学生在入学资格上要求必须有一个学士以上的学位,无论这个学位是否为法学或获得学位是否在英国。律师学院的教师,都是事务律师或出庭律师,他们有着丰富的实践经验,他们所授的课程,往往也是他们过去或现在正在从事的专项律师业务。[①] 但是,如果是非法学学位的学生,必须用一年时间集中学习法学知识,主要有:法律研究方法,即集中学习立法和案例法的解释及欧盟法对英国法的影响和法律图书馆、计算机及网络的使用方法;英国法的七门必修

---

① 参见杨新京《英国律师培训制度》,载《国家检察官学院学报》1999年第4期。

的核心课程，即合同法、侵权法、刑法、衡平法和信托法、财产法、欧盟法；选修课程，学员可以按照自己的爱好及发展方向进行选择。① 法学学位的学生和已完成一年学习的非法学学位学生可以根据做事务律师还是出庭律师选择两种课程进行学习，其中选择事务律师方向的有全日制一年和业余学习两年两种方式，选择出庭律师方向的只有全日制一年学习方式。② 两个方向职业训练的核心课程包括怎样进行法律研究、会见客户、法律文书写作、谈判技巧、律师的财务问题、职业道德和执业纪律规范等。上课以20人左右的小班授课为主，并以大量的模拟方式进行教学，如模拟会见客户、辩护等。课程内容覆盖作为出庭律师或事务律师所应具备的全部知识和技能，并介绍课程背景知识、律师行为规范和一些选修课程。学生通常通过案例分析方法来学习技巧和知识。教材是由英国律师学院的教师专门编写，不但对学生适用，对执业的律师也有很大帮助。律师学院要求学生学习的主要技巧有案例研究的技巧、法律文书写作技巧、人际关系的技巧③。另外，学院每年都组织活动补充学生课堂上所学的知识，如定期与执业律师一同工作、参与案件审理、参观各级法院、邀请法律界知名人士演讲、参加法律服务中心的工作。值得一提的是，学院的法律服务中心，其宗旨是为遭遇法律难题的人提供免费的法律帮助并为学生提供实践的机会，使学生了解现实生活中法律是怎样运作的并加深对律师职业道德和执业纪律的思考，并使学生建立自信、增长经验、加深对现实社会的认识、增长法律研究能力、练习会见客户的技巧并具有责任感。④

3. 实习阶段

选择出庭律师方向的学生实习期为一年，首先，学生要跟着实习教师工作6个月，随他们一起出庭，做开庭或会见记录，应要求对案件进行背景调查和准备对案件的意见。然后，学生被允许在教师的监督之下自己办案6个月。学生所要办的案件一般系较次要或处于诉讼早期的案件，直到实习后期才可能接手一些比较复杂的案件。两个阶段的实习期可以在不同的律师事务所或同一个律师事务所进行。选择事务律师方向的学生实习期2年，分4个阶段，每个阶段4个月，一般在律师事务所进行，需要在4个不同的教师指

---

① 参见王凌军《英国律师学院对我国律师培训的启示》，载《中国律师》2002年第7期。
② 参见杨新京《英国律师培训制度》，载《国家检察官学院学报》1999年第4期。
③ 包括会谈、谈判、辩论技巧等。
④ 参见王凌军《英国律师学院对我国律师培训的启示》，载《中国律师》2002年第7期。

导下进行。①

4. 司法执业选任

(1) 律师的选任。英国的许多大学设有法学院或者法律系,但学生毕业时只能拿到法学学位,却不能直接从事律师工作,而必须先去高级律师公会或者事务律师协会开办的律师学院学习和参加法律实践,而在律师学院经过职业训练和实习两个阶段的学习和实践后,学生还要经过严格的考试和激烈的竞争后,50%以上的学生在成为高级律师公会或事务律师协会的会员并取得执业资格之后,才能从事律师工作。

(2) 法官和检察官的选任。法官和检察官在选任前首先需要是事务律师或出庭律师,且执业一定年限,才能被女王任命为各级法院的职业法官或大法官、被总检察长任命为检察官。换言之,职业律师是法官和检察官的基础。

(四) 美国的法学教育与司法职业

美国的法学教育被定位为"学士后"教育,即研究生性质的教育,其特色是超出其他国家对于职业技能的训练与培养程度,十分注重实践教育环节。

1. 法学教育

(1) 入学考试。在学校设置方面,美国已改变了律师学院式教育场所,而确定了由法学院进行法学教育;在教育程度上,确立了研究生教育程度,即在本科阶段,除了法律学、宪法学、法哲学等基础学科外,不传授法律知识。只有进了法学院后才开始系统学习法律知识。大学法学院的入学竞争十分激烈,属于美国法学院协会的大部分法学院都要求申请入学人参加全国性的法学院入学考试(LSAT),用以测试他们学习法律的才能,然后以申请人本科学习平均成绩和法学院入学考试所得分数相结合来决定是否准予入学。美国律师协会要求申请法学院的学生应掌握:广阔的历史知识,尤其是美国历史;基本的政治思想和理论知识;基本的伦理学知识;初步的经济学知识,尤其是微观经济学;一些基本的数学和金融学技能;一些基本的社会学知识;在美国和世界范围内的多元文化知识。

(2) 法学院学习。法学院的培养思路是:以大量的课程培养学生的法律思维。在法学院内,学生除了学习法律,律师考试科目的设置及本人对未

---

① 参见杨新京《英国律师培训制度》,载《国家检察官学院学报》1999年第4期。

来工作方向的定位将使他选修很多其他非法律专业的课程，用以丰富知识体系，提高自身素质。大部分专业内都开设课堂讨论课，学生还被鼓励选修所谓"前瞻性"课程，包括比较法（或特定外国法律制度概论）、法律史、法律哲学和边缘学科（如法经济学）。学生修完所要求的学时课程，将取得法律博士学位（J.D.）。法学院的教师一般都是具有多年司法实践经验的人。在整个学习过程中，美国律师协会要求学生应掌握一个律师应具备的基本技能：解决实务问题能力；法律分析和推理能力；法律研究能力；调查事实的能力；交际能力；咨询能力；谈判能力；诉讼和其他纠纷解决的替代方法程序；法律工作的组织和管理能力；认识和解决伦理难题的能力，等等。当在法学院学习完毕后应具有为当事人的利益尽最大努力、努力增进社会的公正、公平和道德观念、为整个律师业的发展做出努力、注意业务上的自我发展的职业观念。

（3）特色课程和教育方法。与英国相比，美国更加注重实务训练，如采用"判例教学法"、广泛开展"模拟审判"活动、免费法律扶助服务、到地方法院检察院担任职务，等等，许多课程设置和教学方法被许多国家所学习和效仿。目前，经过多年的摸索与改革，美国法学教育的"判例教学法"，一般以法律诊所教育模式进行，学生通常在教师指导下在外面的律师事务所进行。"模拟审判"是实践课的一种，除此之外，还有：代表有特殊教育背景的父母和儿童，就虐待、归属犯罪等参与案件的审理过程；代表当事人与州和市的行政机构谈判、管理庭审中的事务或庭审诉讼程序，确保当事人的教育权、医疗、自由和利益；通过接触避难所等场所给无家可归的、感染艾滋病的人们提供法律帮助；为寻求政治避难和卷入被驱逐出境的案件程序中的人进行辩护；每周在地方法律服务所工作 8—12 小时，并参加课堂学习；对联邦和州监狱内的犯人提供法律帮助。导师一般是来自社区的法官和富有经验的庭审律师。同时，美国有《哈佛法学评论》，这本杂志的所有人员均有法学院学生担任，构成美国法学教育的重要一环。[①]

2. 司法职业选任

当被美国律师协会认可的法学院学生在学习完毕获得了法律博士学位后，便有资格参加本州的或任何其他州的律师考试。律师考试通过后，这一新律师就被批准在该州执行律师事务。在美国，没有全国统一的律师考试，考试及录取由各州自己确定。实际上，因为法官、检察官出于律师队伍，因

[①] 参见何勤华《西方法学史》，中国政法大学出版社 2003 年第 2 版，第 380—386 页。

此这里所说的考试就是一种司法考试,并无法官考试或检察官考试。考试大致包括四个方面内容:法律知识考试、职业道德考试、作文考试、能力考试。虽然各州具有考试内容的自主权,但各州通常都采用美国律师协会考试中心制作的权威试卷。每个州一般每年举行两次律师考试。考生报考时要填写详细的简历表,必须有推荐人。州律师协会或最高法院考试委员会对报考者要进行资格审查:通过指纹检验确定该人有无犯罪或不良记录,通过疑点调查查清考生品行。考生通过考试后成为律师,并成为州统一律师协会的会员。①

美国与英国一样,也是司法职业一体化的国家,因此,获得了律师资格,就有可能选任为法官和检察官,但是,在美国,法官的地位是尊崇的,被选任的律师一般都十分有成就,且一般会参与政治,在社会有威望的人才能担任。而检察官却未必,有时会成为跳板,人员流动性较大。

(五)香港、台湾地区的法学教育与司法职业

1. 香港地区法学教育与司法职业特色

香港地区法学教育与司法职业体制的构架主要借鉴于英国,法学教育注重实务学习,司法职业一体化,近年来进行了许多改革。

(1)通识教育。香港的法学教育主要指定香港大学法律学院和香港城市大学法学院承担,保证了优秀师资、高素质的学生生源和优质的图书资料和办学条件,并能保证按照既定教育目标进行教学。香港的通识教育阶段称为法学士课程阶段,学制四年,前两年主要目标是奠定学生稳固及连贯的基本法律理论知识基础,包括宪制及行政法、法制及法律方法学、洽约法、侵权法、刑法、产权法、法律理论、实习审判及中国法制,并培养法律学科特别需要的判断及分析技巧。后两年为学生提供更专门的法律培训及相关专业技巧培训,使其能与法律专业证书课程融合。该课程阶段还注重英文口头表达和英文写作能力,要求学生口头、书面语言均以英文为主。②

(2)职业教育。在香港,这个阶段称为法学专业证书课程阶段,学制一年,学生是已经获得法学士学位的人。完成法学士课程教育的人只有修习此阶段,才能进入律师行业。该阶段主要是对学生进行专业知识及技能训

---

① 王文锦、余文杰:《美国律师制度对我国的借鉴与思考》,载《中国司法》2008 年第 3 期。
② 冯心明:《香港法律教育制度改革及其启示》,载《华南师范大学学报》(社会科学版) 2005 年第 6 期。

练，主要课程有：物业转易和遗嘱认证实务、税务法、商法及商业实务、民事和刑事程序、讼辩技巧、会计（半科）和专业执业（半科）。为了适应国际化需要，这个课程开办为期一个学期的法律写作及草拟课程、两个学期的讼辩课程、着重审讯讼辩的技巧、一个学期的税务法课程等。培养目标是使该课程的毕业生不但能符合专业要求，且能在高度国际化的香港经济环境中具竞争力。该课程阶段，不仅重视英文的口头与书面表达能力，还设置了中文选修，使学生中英文都达到高等水平。①

（3）司法职业选任。香港律师分为律师和大律师，法官和检察官均出自律师队伍。根据《香港律师执业条例》等有关法例规定，要获取律师和大律师的资格，首先必须是在香港居住年满7年以上的香港永久性居民，完成法学士课程及法学专业证书课程后，经过实习、考试合格后，由高等法院批准，即可获得律师资格。曾在澳洲、加拿大（魁北克省除外）、新西兰等普通法地区已取得律师或大律师资格，回港后又供职于香港政府部门的法律专业人士，也可以申请作香港的律师或大律师。但是，取得律师资格的人还需要在意味执业律师处至少工作两年，才能单独执业或与其他人合伙开律师行；取得大律师资格的人还需要跟随一位有五年以上执业经验的大律师实习一年或在律政署实习九个月才能正式执业。至于法官、检察官的任职均出自执业一定、有一定业绩的律师队伍。②

2. 台湾地区法学教育与司法职业特色

台湾地区的法学教育本身并不注重实务训练，但是进入司法职业，如作为法官或检察官，就需要考过司法特考后进行一年半的司法官训练作为职前训练，后进入两个行业；而律师需要经过律师考试后，经职前训练和实习，才能成为职业律师。

台湾地区的法学教育首推本科法学教育，主要开设了20多门必修课程，这些课程多倾向于民法、经济法、国际法等部门法，还提供了广泛的选修课和财经知识，供学生选择学习。③研究生教育与我国大陆类似，分两种方式，一种类似于法学硕士教育，一种类似于法律硕士教育，被称为

---

① 冯心明：《香港法律教育制度改革及其启示》，载《华南师范大学学报》（社会科学版）2005年第6期。

② 姚秀兰：《澳门与香港特别行政区律师制度之比较》，载《律师世界》1999年第12期。

③ 屈茂辉、周志芳：《海峡两岸法学专业本科课程设置之比较》，载《邵阳学院学报》（社会科学版）2005年第1期。

"法硕乙"。① 在台湾，大学里的法学教育并不注重实践，学生往往为了通过律师考试或司法官考试，而通过参加补习班的方式补充在实务方面的缺失。

台湾地区进入司法职业有两种考试，一种是司法特考，主要针对招录检察官和法官，一种是律师考试，主要是考核进入律师行业的人。台湾地区的法官和检察官是一体化的，司法特考不区分法官与检察官，而是每年录取120名左右的司法官，并在司法官训练所给予一年半的职前训练，然后再依结束时的成绩排名决定何者担任法官或检察官的工作，基本上是以名次为"3"的倍数者担任检察官，即第3、6、9、117、120名，其余名次之人则为法官。由于法官、检察官基本上是同一资格，仅因结束训练时考试名次不同而担任不同工作，故如有司法官对所担任职务自觉不适，检察官和法官可以互相调换。②

纵观域外各国对于法学教育与司法职业体制可见：多数国家将法学教育定位于职业教育，注重实务训练，大陆法系除了法学教育阶段需要实务训练外，更注重在入职后进行培训；英美法系则将在校或特殊机构的职业教育放在首位，注重入职前的培训。

四　法学教育与司法职业关系之改良

"如果没有一批像柯克那样敢于向国王说不的法官，没有一批像斯塔尔那样敢于在总统头上动土的检察官，没有一批像林肯那样成为政坛领袖的律师，中国就不可能有真正的法治。"③ 这句话可能稍有些偏激，却道出了司法职业者在法治进程上的重要作用。好的司法职业者来自于好的法学教育体制，那么适应司法职业的法学教育应是怎样的呢？答案当然是培养出像柯克、斯塔尔、林肯那样的合格司法职业者。

（一）法学教育适应司法职业需求之改良

英国著名经济学家凯恩斯曾言，在供给与需求这对矛盾中，起决定作用

---

① 周宸立：《21世纪台湾法学教育之新趋势——法硕乙》，载《法学家》2001年第2期。
② 林则奘：《台湾地区检察官制度面临的几个问题》，载《国家检察官学院学报》2008年第1期。
③ 黄文艺：《法律家与法治——中国法治之路的一种思考》，载《法苑》2004年第1期。

的不是供给，而是需求。① 司法职业是法学教育最主要的买方市场，有了需求才有供给的动机。基于我国法学教育与司法职业脱节的现状，法学教育无疑应为适应司法职业的需求而进行改良。

1. 法学教育定位的调整

法律人是精英人才，法学教育是高层次的教育。正如伯尔曼所说："法律职业者，无论是像在英国或美国那样具有特色地称为法学家，还是像大多数其他欧洲国家那样称作法学家，都在一种具有高级学问的独立的机构中接受专门的培训，这种学问被认为是法律学问，这种机构具有自己的职业文献作品，有自己的职业学校或其他培训场所。"② 在中国，对于法学教育模式究竟该如何定位呢？

近年来，在对我国法学教育是"精英教育"③、"通识教育"④ 还是"职业教育"⑤ 的定位之争中，一直是"公说公有道，婆说婆有理"。在我看来，适应社会主义市场经济与法治社会初步建立和完善的需要，在现阶段，中国法学教育的定位还不能非此即彼。在相当长的一个时期内，中国的法学教育既需要精英式法律人才，也需要一般法律人才，更需要职业法律工作者。但是，该三者并不是在法学教育中"三分天下"的关系。30 年来，法学教育的繁荣发展，培养了一大批一般法律人才，但是精英式人才和优秀司法职业人才的培养却明显不足。在该种情形下，一方面，可以考虑将作为法律人才培养的法学院系分层次建构为精英型法学院系、司法职业法学院系和一般法学院系。另一方面，可以考虑在法学院系的人才培养中作层次设置。然而，鉴于对我国法学教育中职业教育的诟病，当务之急还是在现行模式之下，努力调整法学教育与司法职业的关系，将司法职业教育摆到一个重要的位置上，首先解决法学教育与司法职业的良性互动问题，其次逐步完善法学教育精英化和大众化，最后实现法学教育职业化、精英化和大众化的有机统一。

就职业教育而言，笔者在考查前述国家法学教育制度中发现，不少国家

---

① 转引自黄秋如《西方供求关系理论述评》，载《井冈山学院学报》（哲学社会科学版）2006年第1期。

② ［美］伯尔曼：《法律与革命》，贺卫方等译，中国大百科全书出版社1993年版，第9页。

③ 精英教育说认为，我国的法学教育目标首先应当是精英式法律人才的培养，注重素质教育和职业教育，向职业化教育模式转化。

④ 通识教育说认为，我国的法学教育属于国家普通大学教育的一部分，因此，应当注重培养受教育者的人文素质和专业理论素养，使其具备高尚法律职业道德和品格。

⑤ 职业教育说认为，法学教育的目标是在培养适应社会各方面发展需要的职业法律人才，应重点对受教育者进行法律实践技能技巧方面的职业训练。

一般都将职业教育放在重要位置,且将理论学习和实务学习作比较明显划分,两者在整个法学教育中占几乎同样的地位。我国的法学教育目前缺少职业教育,无论是学校的法学教育,还是司法职业入职前的法学教育均未专门设置职业教育,一般更多的是重视法学理论的阐释、演绎以及法律条文的注释,即便是设置了实践课,也常常成为形式或作为新生事物一般成为理论课的点缀,司法职业者一般在入职后马上开始工作,在工作中学习实务,但常常表现出学历与能力之间捉襟见肘的尴尬。因此,有人建议,我国应明确将法学教育设置为通识教育与职业教育两个阶段,交由法律院校和实务部门负责,或交由法律院校和指定的院校负责,指定院校的教师队伍应主要由来自于司法职业实务部门人员组成,通识教育完毕后,可以由学生选择和司法考试考核双向确定可以从事司法职业,进入职业教育的学生,而未选择司法职业或未通过司法考试的学生则可以分流后从事其他职业,进入职业教育的学生应在接受教育并考核合格后才能获得司法职业资格。考虑到我国的法律传统,学生接受完毕职业教育之后,应再通过具有专门分工意义的考试,如法官考试或检察官考试等进行职业分流。[①] 笔者认为是有一定道理的。

2. 法学教育学历的改革

笔者认为,法学教育学历的改革,主要从两个方面入手:

第一,取消法学教育的低层次学历设置,提高法学教育的准入条件。一是立即取消中专和专科教育,逐步取消成人高校的法学教育,强化本科和研究生教育;二是提高法学教育准入条件,确定合理在校生规模。对于小规模、弱师资、教学条件差强人意的法律教育机构,应进行撤并。对于新要建立的法律院校,要严格审批,提高法学教育机构的设置门槛;三是相对提高法学教育门槛,确保优秀人才进入。目前,大规模限制法学本科、研究生的招生规模还不现实,因此,当务之急是遏制当前法学招生不断扩大的趋势,逐步控制其招生规模,尽可能地吸收录取优秀学生进入法学院校。通过上述改革,一方面提高法学教育整体生源水平,另一方面可以避免学生选择低层次的法学教育后,学无所用,浪费资源。

第二,重新界定或者明确法学教育各学历与学位教育的培养目标。一是法学本科教育目标的明确。本科教育不必在专业方向上分得过细,因为较细的专业划分应当是研究生和博士培养阶段的任务或是作出职业选择前后的划

---

① 相应观点可参见褚红军、徐清宇两位同志撰写的文章,载《教育部高等学校法学学科教学指导委员会、中国法学会法学教育研究会 2007 年年会暨中国法学教育论坛论文集》。

分。本科教育在专业方向过细的划分将不利于学生建立扎实的专业基础，对于学生就业也会有重要直接影响。故本科教育应确定为通识教育，基本要求是法学基础扎实、知识面宽广、能力较强。另外对于在本科教育后即欲参加司法实务工作者，可以考虑适当增加一年作为实践、实习期，使其锻炼实践能力和解决实务问题的能力，增强其就业竞争力。二是硕士研究生教育目标的调整。我国以往的法学研究生教育主要注重于学术训练、侧重于以论文为主的理论思考能力和研究能力，却极少进行职业教育，法学研究生无法满足社会对高层次实用型法律人才的需要，学生十分欠缺实践能力。实际上，法学研究生教育应将职业教育作为其中至少占一半分量的教学内容。具体说来，在法学硕士研究生的培养上，增加实践性强的课程，增加其他学科的选修学习；在法律硕士研究生的培养上，一方面需要强化法律理论知识的集中学习，另一方面注重职业教育，开设专门的实践课程，并聘请实务部门有实务经验、有较高学术造诣的司法职业者作为实践课程的教师。三是法学博士研究生教育目标的把握。我认为，博士研究生依然不能完全漠视职业教育，因为一方面法学博士研究生也有可能进入实务部门工作，另一方面，即便进入教育或研究部门或立法部门工作，同样也需要有一定的实务经验，才能使自己的研究成果不至于成为空中楼阁或闭门造车的产物。

3. 法学教育内容的完善

应当根据司法职业的需求，完善调整现在法学教育内容，改善教育内容结构。蔡枢衡先生曾经说过，合理的课程编制不一定必然导致良好的教育结果，但是，不合理的课程编制却可能只有坏结果发生。[1] 因此，法学教育应改变以往传统内容模式，除确立以教育部规定的16门主干课程作为必修课的教学内容，培养学生基本的法学理论基础外，应确立以法律语言学、法律推理学、法律解释学、法律技能学、法律伦理学等内容的课程，培养学生的司法职业思维能力和伦理道德修养；确立以实践课和实习为内容的课程作为各部门法课程学习的一部分，以增强学生的实践能力和对理论的理解领悟能力；确立以自然科学、社会科学在内的与法学理论有关的课程作为选修内容，培养学生的人文素质及全面的知识体系。

4. 法学教育方法的改进

应改变填鸭式、灌输式、单向式的教学方式，[2] 采用促进教学互动的方

---

[1] 蔡枢衡：《中国法学及法学教育》，载《清华法学》第四辑，第23页。
[2] 这里必须强调，改变不等于取消，一定的基础知识讲解和灌输还是必要的。

式授课。主要可采取课堂交流法，使学生与教师彼此都了解对方所要传达的信息，能够使学生更能了解教师所教的内容，而教师也能极快地得到教学反馈；采取案例教学法，使学生接近法学实务问题，关注解决实际问题，锻炼解决实务问题的思维能力和处理方法；采取讨论教学法，使学生彼此之间对于学习方式、心得等方面切磋交流、彼此促进；采取法律诊所教育法，使学生实际接触真实案件，学会司法职业者的各项技巧，如会见技巧、谈判技巧、辩护技巧、法律文书写作技巧，等等。这些教学方式主要目的是让学生作为教育主体积极参与教育过程，主要使学生全面提高听、说、思、做的综合能力，提高其法律思维、法律思辨和解决实际问题的能力。另外，还需要改变考核学生的方式，不能将考试仅仅放在一张期末考卷上，而应该注重平时的实践能力考核，使学生改变期末才抱起书来死记硬背的学习习惯。

5. 法学实践教学的规范

当前的实习环节往往因考核、管理不善，流于形式，主要可以从四个方面进行改善：

（1）扩宽实习领域。学生在校期间的实习，不应仅仅在某家律师事务所或某个法院或检察院，应充分利用假期时间，使学生多到几家单位进行实习，每家单位的实习至少为期一个月。这样，一方面学生可以充分了解司法职业各种角色的技能需要，另一方面也为学生未来择业方向提供一定的感性参考。目前，大部分高校都设置在大、中城市，甚至一座大的城市内，有多家法律院校，实习基地人满为患，而许多小县城，尤其是经济不发达地区，司法职业者少，法律服务和司法协助的需求却大，但鲜有学校到这些地区进行实习。这一方面是由于经费问题，学生的吃、住、行问题解决困难，另一方面是学校担心这些地区的生活条件较差。实际上，确立经济不发达地区的司法职业机构作为实习基地。一方面拥有新知识、新理念的学生可能在一定程度上影响这些地区的法治发展；另一方面学生也可以走进社会最基层，了解社会和大众的实际需要，同时，学生还可以进一步增强社会责任感和职业伦理道德。

（2）确立实习层次和内容。由于法学教育存在本科教育、研究生教育等层次，那么实习层次应不尽相同。法学本科学生应主要到基层的检察院、法院进行实习，到兼具诉讼业务和非诉讼业务的律师事务所进行实习，实习内容应主要承担相当于检察书记员、司法书记员和律师助手的工作任务，学习卷宗的整理、基础材料的搜集、各种笔录的制作，等等；同时应安排本科学生去中级法院、检察院、高级法院、检察院进行参观，到法庭实际旁听庭审等活动。对于受法学教育的硕士研究生应根据自己的专业选择到基层或中级的检察院、法院进行实习，到兼具诉讼业务和非诉讼业务的综合性律师事务所进行实习，实习内容前期应是辅助检察官、法官、律师进行工作，承担助手的角色，后期应在资深检察官、法官、律师的指导下承办一定数量的案件，同时，可以到检察院、法院的法律政策研究部门实习，阅览大量案件材料，确定一定课题，进行论文调研。至于法学教育的博士研究生则应建立与检察院、法院、律师事务所的长期联系、挂职机制，使其能够在理论研究与实务中寻找到学习的平衡点，并为这些单位发挥其自身作用。

（3）建立实习内容、目标指导制度。针对当前，学生在实习中往往不清楚自己的实习目的，也不知实习内容是什么，到了实习单位成为摆设的现状，学生在到实习单位之前，应由学校组织实习前的教育与指导，使学生明确实习的目的和目标，明了到实习单位应注意的事项、遵守的纪律和应有的职业礼仪。指导教师可以请来自于实务部门的司法职业者客串指导，也可以是本校有司法实务工作经历的教师进行指导。

（4）完善实习监控与考核。对于实习环节，学校不应放松监控，应通过多种形式建立由实习单位参与的监控机制。实习考核应是多种形式相结合，主要形式可以有：①实习报告。内容包括实习的经过、实习的主要内容、实习的感悟等，使学生通过总结实习，加深对司法实务的思考。②实习交流会。以座谈或演讲的形式进行，内容包括学生在实习中所获得的经验和受到的感触，使学生分享其他同学的实习成果。③实务情景模拟。这与实践课的模拟法庭等不同，由学生以实际参与过的案件情境进行模拟，模拟后进行讨论，并由教师加以指导，巩固实习的成果。④案例解析报告。由学生围绕在实习中所遇到的典型个案进行讨论，增强学生思考、解决实务问题的能力。

（二）司法职业对法学教育促进之改良

毫无疑问，任何脱离司法职业的法学教育都是舍本求末的，任何脱离法学教育的司法职业都是没有前途的。"法学教育与法律行业密切相关，从某种程度上甚至可以说，在深层次决定着法学教育的不是教育制度，而是这个国家的法律传统，是这个国家的法律行业的发达程度、法律职业的职业化程度以及规范化程度。"[①] 可见，法学教育谋求改良和发展，司法职业不能袖

---

① 杨莉、王晓阳：《美国法学教育特征分析》，载《清华大学教育研究》2001年第2期。

手旁观。

1. 教育资源共享互用

目前,法学教育不能适应司法职业需求的一个重要原因是两者脱节,故整合两者的首要手段就是实现资源共享,而资源共享的方式有人员共享和信息共享两种,人员共享又有教师共享和学生共享两种。

(1) 建立教师互教制度。即法学教师进司法职业部门参与实务案件办理,法官、检察官、律师进校园参与授课,尤其是参与实践课的指导。有学者认为,应鼓励专家型的法官进大学校园讲课,作为法学师资的有益补充。[①] 实际上,目前,检察系统、法院系统均成立了专家库,将本系统内擅长理论与实践的纳入其中,而一些律师事务所的律师也常活跃在一些学术论坛上,这些人应该说是理论与实践兼顾的人才,相对于一些"出学校即入学校"的法学教师来说确实能弥补其缺少甚至无实践经验的短处。因此,这部分司法职业者可以入法学院校为受学历教育的学生讲授实践环节的课程,同时,他们也是本系统入职后职业培训这部分法学教育的师资力量。当然,为了鼓励司法职业者入校园讲课,除了授予一定荣誉职称外,也可以作为其业绩的一部分进入本单位、本系统的考核范围。法学教师进入司法部门参与实务案件办理,系指法学院校应组织教师根据专业情况到各司法职业单位进行实习工作,参与承办实务部门的具体案件,增加实践经验。目前,有不少学者到司法部门挂职,但这种挂职多是以资深学者身份到司法部门对于司法实务进行指导的一种形式,是司法机构引入新的法律理论知识的一种途径,也是司法机构与学校信息共享的一种机制。但是,这些挂职的学者多是资深学者,在学校给本科生讲课的时候少,在实务部门又一般不参与办案,并非本书所提到的法学教师入司法机构进行办案的本义。本书所提到的法学教师进司法机构或律师事务所,是以实际参与办案的方式进行的,由单位授予一定法律名分,参与案件办理的各个环节,当然,这种参与办案应该有资深的司法职业者予以扶助和一定程度的指导和交流。为鼓励法学教师参与实务部门的办案,一方面需理顺学校与司法机构的关系,另一方面应将参与实务部门办案的经历作为法学教师的考核标准之一,将之与成果挂钩、与职称

[①] 笔者认为,江苏省盐城市中级人民法院院长徐清宇提出的建立专家型法官授课制度和应用型法学教师办案制度以及法律实践资格评选制度,是一种务实的改革方案,值得在法学教育中予以尝试。详见徐清宇《法学教育供给与司法职业需求的不对称及其校正》,载《教育部高等学校法学学科教学指导委员会、中国法学会法学教育研究会 2007 年年会暨中国法学教育论坛论文集》,2007 年 12 月,第 318—319 页。

挂钩，这种教师资源的互通有无，将使法学教育与司法职业紧密联系起来，共同促进彼此事业的发展。

（2）建立学生互换制度。即受法学教育的学生到司法机构和律师事务所进行实习，而司法机构和律师事务所的职业培训可放在专业的法学院校进行，以实现资源共享互用。法学院学生去司法机构等部门实习已经论述过，此处不再赘述。司法机构和律师事务所的职业培训放在指定的法学院校进行，是指将司法职业者的职业培训放在指定的法学院校进行，在这时，司法职业者就再度成为学生。这是参照国外多个国家在司法职业入职前后均有十分专业的实务训练的先进经验所设立的。如英国的职业训练在律师学院，日本的职业训练在司法研修所，等等。在法学院校进行职业培训的优点在于一方面避免重复建设和师资浪费，法学院校有强大的师资力量、图书资料资源和教育设施，另一方面也拓展了法学院校的教育范围；同时，由于建立教师互换制度，那么职业教育中司法部门的资深前辈也将在职业培训中成为主要授课者，不会使得职业培训脱离职业特点和职业实践。这种学生互换制度实际指的是学生的实习和司法职业者的职业培训，这也是法学教育与司法职业互通有无的有效方式之一。

（3）建立信息共享等长效联系机制。实际上，信息共享包括理论知识和实践知识的共享及需求信息的共享。理论知识和实践知识的共享可以使理论成果及时应用于实践，而实践中出现的问题及时得到法学学者及学生的关注、研究和解决；需求信息的共享，可以使法学教育的目标更加明确，教育内容更加具有针对性，教育层次更加分明。实际上本部分上面提到的教师互换、学生互换制度均可同时纳入信息共享的机制中去。除此之外，法学院系和司法机构、律师事务所还应建立畅通的长效联系机制，以解决法学教育和司法职业关系互动过程中出现的问题。

2. 发展目标一致协调

尽管司法职业化的呼声尚存争议，但随着我国法治进程的不断纵深，司法职业化已是大势所趋，司法考试制度的确立便是一个明显的标志。而司法职业化的进程也在实际上影响着法学教育的发展。从法学教育与司法职业共同发展的大局和长远看，两者的发展目标应当一致协调。要实现该目标，就司法职业而言，要求明确以下几点：

（1）明确司法职业的发展方向。法学教育是一个过程，法学教育根据今天的情况提供的产品未必是明天司法职业所需求的。法学教育需要明确司法职业化发展的总体方向和趋势，需要根据司法职业的未来发展方向确定教育内容和培养目标。这意味着，司法职业界应将其总体发展目标和规划以恰当的方式让法学教育界知悉；同时，法学教育界人士应当积极参与司法职业化进程建设，为司法职业的健康发展提供坚实的理论基础和指导。

（2）确定司法职业的层次标准。既要确定法官、检察官和律师不同司法职业的专业标准，也要确定法官、检察官和律师各自内部的职业层次标准，为法学教育目标的设定与人才的培养提供可以参考的坐标。同时，在司法职业入职条件的设置中，应当规定没有工作经历的法科毕业生，不宜直接就职于司法职业的高层机构，而应在基层单位从事具体的法律实务工作，同时实行高层司法职业机构司法者的逐级遴选制度。这一方面可以保证法科毕业生工作的力所能及；另一方面也明确了司法机构的用人导向，形成人才向上的流动机制。

（3）实施司法职业者的合理流动。法科毕业生的过剩是一种相对过剩，具有区域性的特点。因此，建议司法机构建立相对统一的招录和管理机制，即在省范围内统一招录和调度人员，建立内部合理的岗位轮换等机制。统一招录人员一方面尽最大可能保证了招录的公正性，保证了法科毕业生不至于被非法科毕业生因其他因素挤出司法职业者队伍；另一方面保证了未来的司法职业者的素质和能力。目前我国司法机关的岗位轮换一般是领导在各地区之间的轮换和干部在本机关内部的轮换，建议将轮换机制范围扩大到所有司法人员。此外，应建立机制，继续鼓励法科毕业生选择到西部经济不发达地区从事司法职业，增强该地区的司法力量。对于律师行业，政府除用优惠政策或补贴等方式鼓励法科毕业生到经济不发达地区的律师事务所工作外，还可以适当降低律师事务所的准入条件，由法科毕业生在有一定执业经历后到西部地区设立律师事务所。

当然，法学教育仅仅是指法律人才的培养全过程的一个起点，在法学教育的大教育观之下，我们应该突破传统的一次性的学校教育的培养模式和框架，树立一种与人的一生相伴相随的新的教育理念和培养模式。① 在该种理念下，法学教育与司法职业、法学教育与司法机构或者与法律职业共同体之间的关系，应当更加紧密，更加重要。

---

① 霍宪丹：《法学教育重新定位的再思考》，载《法学》2005年第2期。

第十二章 法学教育的质量控制

30 年来，伴随着我国高等教育体制改革与完善，我国高等教育有了很大的发展。法学教育的发展也是令人瞩目的。从教育的规律而言，教育的发展应当与质量的提高相辅相成，至少应当以质量保障为发展的前提条件。但是，伴随着超过 80% 的本科院校设置了法学专业，法学教育"村村点火、家家冒烟"的办学方式，在引起在校法学学生数量剧增和法学教学资源短缺的同时，法学教育的质量引起了人们的普遍忧虑。

根据司法部《法学教育"九五"发展规划和 2010 年发展设想》对中国法学教育提出的发展目标，我国对法律人才的培养，是要在专业教育的同时，特别注意对学生的素质教育，培养学生的创新精神和实践能力。[1] 法学教育应当担当培养"高素质、宽基础；懂法律、通经济；有专攻、能应变"的广泛适应社会需要的法律人才之重任。[2] 由此可见，法学教育质量的核心是人才培养质量，而提高法律人才培养质量的关键是建立起行之有效的法学教育质量控制体系，通过对法学教育质量的监控与评估，对于法学教育活动起到导向与激励、反馈与交流、检查与监控、鉴定与选拔的作用。[3]

一 影响法学教育质量的因素

近十几年来，高等院校的法学院系增加迅猛，招生规模激增，一方面，法学毕业生供求关系严重失衡，就业形势日益严峻；另一方面，法学教育的质量良莠不齐，令人担忧。影响法学教育质量的因素主要体现在以下几个

---

[1] 赵相林：《中国高等法学教育的现状与发展》，载郭成伟主编《法学教育的现状与未来——21 世纪法学教育暨国际法学院校长研讨会论文集》，中国法制出版社 2000 年版，第 15 页。

[2] 董天良：《论高等法学教育人才培养模式的改革》，载郭成伟主编《法学教育的现状与未来——21 世纪法学教育暨国际法学院校长研讨会论文集》，中国法制出版社 2000 年版，第 55 页。

[3] 熊时升：《构建法学专业教育教学质量评价与质量监控体系刍议》，载《教育部高等学校法学学科教学指导委员会、中国法学会法学教育研究会 2007 年年会暨中国法学教育论坛论文集》，2007 年 12 月，第 189 页。

方面：

（一）法学教育机构种类繁多

我国现行的法学教育体制中，从事法学教育的机构既有进行法学专科、本科和研究生教育的普通高等学校的法学院系、普通高等专科学校、政法院校、公安专科学校等普通高校，又有进行法学专科、本科和研究生教育的自学考试教育机构、各广播电视大学、党校、政法系统学校等成人教育机构，还有进行等同于高中法律专业教育的法律中专、司法学校、职业高中等中等专业学校。在全国1909所包括专科院校、职业技术学院在内的普通高等院校中，有超过1/3的院校设有法学院系或者法学专业。在这种法学教育机构种类繁多的形势之下，一方面是受教育人数的剧增，另一方面是法学教育机构办学能力的参差不齐，导致法学教育的质量已经成为显现出来的最大问题和将来相当长一段时期的隐患。据2007年有关数据显示，全国法学专业在校人数达30多万人，其中，法学本科生20多万人，法学硕士研究生6万多人，法律硕士专业学位研究生2万多人，法学博士研究生6000多人。[①]

（二）法学教育层次泛化

在我国现行的法学教育层次中，从教育结构上来看，存在着从中专、大专、本科、硕士到博士等多层次的教育，近年来，法学博士后也有学历或者学位化的趋势，其中，不仅有本科、硕士、博士三个基本层次的学历和学位教育，还有研究生班、大专、中专、专业证书班、培训班等层次教育；从教育方式上来看，不仅有正规的在校生教育，还有自考、夜大、在职、函授、远程、试验班等种类繁多的法学教育方式。以法学专业的硕士教育而言，不仅有全日制法学硕士教育（可以取得学历和学位），还有同等学力申请法学

[①] 在法学教育中，尤以成人教育学院及成人高校的非学历法学教育质量令人担忧。有学者认为，近年来，成人学历教育难以保证教学质量，这主要由于办学指导思想不够明确，"商品化"倾向严重，片面追求数量和经济效益，质量意识开始淡化；同时，近年来在职脱产生源明显减少，现有脱产生源主要来源于通过普通高考的在校学生及通过成人高考的社会青年，不脱产的生源素质滑坡，教学管理难度逐渐加大，而部分普通高校成人教育学院及成人高校为保证生源，有意无意地放松了教学与管理要求，没有努力做到"低进高出"，结果难以保证教学质量，致使培养出来的学生质量下降。特别是普通高校成人教育学院及成人高校的业余函授站的非学历教育，师资不足，校舍不够，教学条件差。此外，由于业余函授学历生因工学矛盾，学习时间难以保证，教学与管理要求只好一松再松，从而也影响到教学质量。朱小根：《论我国高等教育教学质量的保证》，载《经济与社会发展》2006年第1期。

硕士教育（只能取得学位，没有学历）；不仅有全日制法律硕士专业学位教育（可以取得学历和学位），还有在职攻读法律硕士专业学位教育（只能取得学位，没有学历）。上述多层次的法学教育，在培养目标上，即使国务院学位办和教育部有着较为清晰的定位，但是，实践中，多数法学院校并没有严格按照有关部门的定位培养，不少教师用同样的教案既教授法学本科，又施教法学硕士，又讲授法律硕士，甚至对全日制法学硕士和全日制法律硕士、全日制法律硕士和在职法律硕士这种在教育背景和培养目标上有着明显差异的教育，在教学内容、教学方式和教学方法上也基本相同，甚至一模一样。

（三）法学教育投资不足

法学教育投资不足，限制了法学教育的进一步发展。这是一个普遍问题，不仅在法学教育领域存在。以 2002 年为例，中国高等教育所需经费 2500 亿元，国家投资仅 1200 亿元，资金缺口一半以上。且教育经费往往向重点建设院校倾斜，一些新建立的或者被认为不入流的法学院校教育经费严重短缺，导致师资不足，基础设施缺乏，后勤保障困难。[①] 一些学校为了筹集教育经费，四处奔波，竭尽全力，部分社会资金注入法学教育后，使法学教育偏离了应有的方向。有的学校负责人终日为经费事宜绞尽脑汁，对学校教学质量的管理缺乏也无暇顾及。同时，由于目前我国的法学教育采用的教学方法是传统的课堂讲授法，这种方式门槛不高，办学成本低，只需要一位老师和一间教室就可进行，而不需要实验室、实验设备等硬件设施的投入，这种方式正好迎合了高等院校以数量规模来分摊经费压力的需求。也有一些学校脱离自身实际，片面追求多科性和综合性大学的发展目标，将法学学科、专业的牌子匆忙地树立起来，导致低水平重复建设的问题十分突出。这种低投入、快节奏地建立法学系或法学院，导致的结果就是教师力量不足，图书设施不齐全，学生生源质量差，法学教育目标不明确，法学教育不成体系等问题层出不穷，直接影响了法学教育的质量。

---

① 更有甚者，有的高校因学生人数骤增，教育经费紧张，出现学生宿舍不够，食堂容量太小，澡堂位置不足，开水供不应求，电路水路负荷超载，运动场地匮乏，学生自习地点紧张，后勤服务问题不断出现。朱小根：《论我国高等教育教学质量的保证》，载《经济与社会发展》2006 年第 1 期。

（四）法学教育管理混乱

法学教育教学管理不力直接导致了法学教育质量的降低。许多高校扩招后，为了经济利益往往鼓励学生选择法学专业，导致生源素质降低，水平参差不齐；同时，由于学生人数的骤增，一个班往往五六十人，并且经常安排几百人的大课，授课教师在授课过程中本身就难以进行课堂教学纪律管理，更别说有针对性地予以教学监控了，使得课堂纪律松懈，考勤也流于形式或根本没有，师生之间无法进行语言沟通和交流，有的学生整个学期没到课堂见过几次授课老师。同时，由于法学教育的学历、学位等文凭满天飞，社会对于法学教育的认知度在逐步降低，加之法学专业学生增多，供求关系失衡，就业压力随之而来，伴随着学生对就业前景产生迷惘，必然形成浮躁的学风，进而影响到法学教育质量。据有人调查，学生对于学风的满意率仅占15.2%，29.5%的学生认为影响教学质量的主要因素是"质量监控不到位"，赞成严格考勤制度者占46.3%，反对严格考勤制度者占22.1%，不赞成严格考试制度的仅占11.7%，在被调查学生中，对自己社会适应力的满意度低于10.1%，在选择"大学生活中最重要的是什么"一项时，得票率最高的是"培养学生适应社会的能力"。[①]

（五）院校重研轻教现象严重

当前，相当一部分重点院校，以研究型大学为办学目标，将学校的财力、物力、精力更多地集中在科研上，出现了重科研、轻教学的局面。多数一般性院校，在教师职称晋升等指标考量上，科研成果的比重很大，相对忽视对教师教学成果的评价。各大高校普遍看重、鼓励科研工作突出的教师，即便对于很少或者没有从事过教学活动的教师，仍然可以凭借良好的科研成果在职别、职称上得以晋升。"楚王好细腰，宫女多饿死"，由于法学教育管理者具有重科研的倾向，在教学与科研两者选择上，很多教师自然会把更多的时间、精力放在科研之上，却轻视教学。教授、博导们疲于科研，放在教学上的精力自然所剩无几，很少或者不情愿给学生上课，特别是不愿给本科生上课，于是，本科学生一般只能听到副教授、讲师及新教师的课，听所谓资深、知名教授的课就变成了天籁之音式难的事情。教师们平时很少钻研教学水平

---

① 刘初生等：《扩招后高校教育质量保障问题的调查与分析》，载《现代大学教育》2002年第2期。转引自朱小根《论我国高等教育教学质量的保证》，载《经济与社会发展》2006年第1期。

的提高与改进,而是把主要力量集中在申报课题、发表论文、撰写专著等科研活动上。既然拿下一个科研项目可以名利双收,而教学再好也仅仅是本职,没有硬性管理规定,所以高校自然偏离了以教学为中心的应然定位,高校之间的竞争成了教师科研成果多少的比赛,而不是法学教育质量高低的比较。

(六) 法学教育评估制度流于形式

关于高校评估制度和评教制度不够完善且多流于形式的问题,有人从高校实际出发,进行过较为详细的描述,认为高校扩招后,当然包括法学院系不断增设过程中,人们已经逐步认识到其对教育质量的影响问题。虽然,从国家到地方对大学的教学评估工作从20世纪末就展开了,但由于对优质院系根本没有硬性规定进行评估,也无可执行的评估标准,因此,法学教育质量评价问题一直以来在观念、主体、标准机构、制度等方面存在着诸多问题,即便是有制度也多流于形式,使教学质量评价作为教学质量管理的重要手段不能充分发挥其应有的功能。同时,在各高校法学院内部,对法学教育质量监控还停留重视理论教学的监控,在实践性教学环节上尚处于摸索阶段,监控十分不力;另外,各法学院重视学校自身的评价标准,缺乏引入社会评价机制的意识,更加忽视了学生作为受教育主体的作用,缺乏与之相应的配套制度,如学生评教制度、学生教学信息员制度、毕业生跟踪调查制度,或者说虽然建立了类似制度,但由于这些制度具有间接性作用,执行时往往流于形式,随之导致的结果是多数教师教学压力、动力小,在主要本职的教学工作上不肯下工夫钻研,却去追求社会的兼职以赢取利益。[①] 目前,国家有关部门和学校自身均缺乏对法学院校的质量评估制度,特别是针对不同类型的法学院系是否应当设置不同的评估标准,亟须予以研究总结。

二 法学教育质量控制的必要性

质量是高等学校的生命线。对此,有学者认为,从重数量的发展转向以质量为核心的发展,是走内涵发展道路,培养高素质的法律人才的必由之路,也是世界高等教育发展和改革的基本趋势。我国政府始终把提高教育质量放在重要的位置,并采取一系列有效措施,切实加强高等学校本科教学工作。1998年3月,在第一次全国普通高等学校教学工作会议上,就提出了

---

① 参见朱小根《论我国高等教育教学质量的保证》,载《经济与社会发展》2006年第1期。

"全面提高教育质量,坚持规模、结构、质量、效益协调发展的方针,坚持走内涵发展为主的道路"的基本思路。1999年6月,国务院颁发了《关于深化教育改革全面推进素质教育的决议》,指出,加强对高等学校的监督和办学质量检查,逐步形成对学校办学行为和教学质量的社会监督机制以及评价体系,完善高等学校自我约束、自我管理机制。2001年8月,教育部在《关于加强高等学校本科教学工作提高教学质量的若干意见》中指出,高等学校要根据新世纪人才培养的要求,不断深化教学管理制度的改革,优化教学过程控制;建立用人单位、教师、学生共同参与教学管理和制度建设。2005年1月,教育部在《关于进一步加强高等学校本科教学工作的若干意见》中又提出,高等学校要努力探索和建立本校教学质量保证与监控机制。[1] 2006年3月,周济部长在《2006—2010年教育部高等学校有关科类教学指导委员会成立大会》上强调指出,要站在科学发展观的战略高度,准确把握新时期高等教育发展的历史任务,紧紧抓住高等教育质量这一生命线,把高等教育工作重心放在更加注重提高质量上来。

(一) 法学教育质量控制的现状

在我国,对高等教育教学质量的监控从认识到实施都起步较晚,尚未形成完整成熟的体系,高等教育教学质量监控多体现为政府教育部门组织的随机性教学检查,这种通过外界的压力来推动教学质量提高的方式,暗含着高校缺乏对教学质量内在的自我约束机制和完整的、制度化、规范化的内部保证体系。

近几年来,政府开始重视通过建立教学质量监控体系来提高教学质量的方法。2001年教育部提出了"政府和社会监督与高校自我约束相结合的教育质量监测和保证体系,是提高本科教育质量的基本制度保障,各级教育行政部门要建立科学有效的本科教育质量评估和宏观监测的机制;高等学校要根据新世纪人才培养要求,不断深化教学管理制度的改革,优化教学过程控制;建立用人单位、教师、学生共同参与的教学质量内部评估和认证机制"。随后几年,教育部出台了实施教育质量工程相关措施。然而,从我国高校质量管理的现状来看,还有许多根本的问题没有得到有效解决。目前,

---

[1] 王肃元:《高等法学教育教学质量监控体系的构建与实施》,载《教育部高等学校法学学科教学指导委员会、中国法学会法学教育研究会2007年年会暨中国法学教育论坛论文集》,2007年12月,第205页。

构建高等教育教学质量评价、监控与保障体系问题研究虽已成为学术界的研究热点，但是，至今尚未探索出一条切实可行的路径。就法学教育的质量控制而言，仍没有形成对法学教育质量予以监控的长效机制，集中表现为：

1. 质量监控机制缺乏活力性

有学者提出，在我国，由于长期以来政府对大学实行高度统一的行政管理和评价，各高校往往缺乏办学自主权和自我约束意识，教学管理片面迎合政府需要，自身缺乏主动参与提高教学质量的内在动力和压力，竞争性和创优性没有得到体现。在监控体系上主要有如下问题：第一，教学过程监控不平衡。目前的教学质量监控主要偏重于课堂教学，对理论教学监控较重视。我国法学教育受大陆法系影响较多，强调对概念的理解和对体系的掌握，近来也引入英美法系的教学方式，采取案例教学和诊所教学，即实践性教学方式。但是，从我国法学教育长期采用的方式来看，还是以课堂理论教学为主，课外教学实践为辅的二元式结构，这种结构的形成直接影响了对实践教学环节的质量监控态度、方式及效果。第二，教学质量评价标准不尽完善。教学质量的评价标准直接影响评价结果，而评价结果又往往与许多利益挂钩，但是，目前有的法学院系尚未建立符合本校实际的、科学合理的教学质量评价指标，同时，由于评估过程中人为成分较重，对教学质量的评价结果难以达到真正的科学化、客观化，这直接影响了授课教师的积极性和教学质量的提高。第三，教学质量监控范围较狭窄。教学质量监控应贯穿整个教学过程始终，而目前的教学质量监控范围往往只限于对教学计划和教学现场秩序的监控，而对于教师执行教学大纲、拟定教学内容、进行教学钻研等方面的监控不足；往往只限于对教师教学活动的监控，而对学生课下学习情况的监控十分松弛，依靠学生自觉性进行自我学习情况的管理，持放任态度；往往只限于通过专业考试对学生知识的考核进行监控，而对学生素质和能力的考核缺少办法予以监控。[①]

2. 质量监控机制缺乏中立性

目前，高校教学质量保障体系的研究成果大多还是局限于通过教务部门来保证教学质量的层面，缺乏从学校整体工作上考虑，研究视野不够开阔，未能将管理工作纳入整个质量保障体系之中。一直以来许多高校未设立专门的质量管理部门，依托于教学管理某一相关部门；有的高校虽然设立了诸如

---

① 易兰、左福元：《建立高校内部教学质量保障体制的思考》，载《西南农业大学学报》（社会科学版）2006年第2期。

教学质量科、质量评价办等质量管理部门,但基本上附属教务处管理。实际上,高校教务部门一般既是教学过程的组织部门,也是教学质量的管理部门,还是教学质量的监控部门,一方面它既是对全校教学工作进行组织和调度的职能部门,另一方面它又代表学校行使教学质量管理责任,负责建立健全教学质量监控工作制度、教学质量管理方案,组织安排教学运行中的质量控制,开展经常性的质量调查、监测、评估。这样的管理模式使教务部门"既当运动员又当裁判员",使得教学管理本身的质量与水平、教学运行的程序出现监督缺位,又使教学检查与评估的独立性、公正性和权威性难以得到有效保证。

3. 质量监控机制缺乏全面性

以往的教学行政机构集教学决策与教学管理于一身,教学质量信息反馈主要是依靠行政管理系统的自我反馈,没有专门的反馈机构,这是一种被动、单方面的反馈模式,难以体现真正的教学质量。同时,由于常常忽视收集教研室、课程教学组、学生以及用人单位的反馈意见,往往对教学质量上存在的问题不能及时发现和改正。因为,来自于这些方面的反馈意见更能体现教学质量及教学过程中存在的问题。学校管理者仅凭单方面的力量难以捕捉到全面、真实、有用的教学信息,也无法做到科学的教育教学决策,进行有效的教育教学管理。不到位的、无力的管理不但无益于教学质量的提高,而且有助于教学行动主体滋生有损于教风、学风、管理作风的恶习。

除上述高校内部教学质量保障机制存在的问题之外,教育行政部门、法律职业部门等的质量控制体系尚未规范建立,如何对法学教育的质量予以监督控制,无论从监控主体,还是从监控方式,以及监控范围、监控内容、监控标准,均在摸索探讨之中。

(二) 法学教育质量控制的功用

对于法学教育质量控制的功用,可以从不同的角度予以认识。有学者从评价效果公布所产生的影响的角度评价法学教育质量控制的功用,认为,法学专业教育质量监控中一个重要的内容就是教学评价,而教学评价的结果公之于众的话,将会极其具有影响。通过这一体系的建立和推行,可以保证法学教育事业健康、有序、高效地发展,适应21世纪现代化经济建设和法制建设对法学、法律人才的需求;加强对法学教育的必要宏观管理,防止和克服发展中的偏差和失误;增进学校之间的了解和学习,以评促建;全面提高法学教育的办学质量。随着评估工作的逐渐成熟和推广,其影响包括以下几个

方面:

1. 内部影响

内部影响主要集中在法学教育机构内部,至少包括:一是该标准体系将对法学专业院系产生标尺和导向的作用,相关法学专业的决策层、管理层会对该法学专业的建设与发展有更为明确的方向,在培养方案、师资建设、教学硬件配置、专业结构等方面调整力度。二是相关法学专业内的教学人员和学生会更加了解法学专业人才的衡量尺度,有利于其提出建设性意见,促进该法学专业的改革、完善与发展。三是促进法学专业教育的"教与学"的相互影响和良性发展,形成良好的教风与学风。

2. 外部影响

外部影响主要是指质量评估将对政府及社会产生的影响:一是将改变教育行政主管部门、社会各界对法学专业教育的支持力度。教学评价的结果会直接关系到教育部、地方教育主管部门或者学校取得财政拨款等方面支持的水平,同样也会影响社会联合办学的力量、社会教育投资力量、国际教学研究交流机构的决策。二是将影响中学生高考时对学校、专业的选择。教学评估的结果通过公布使全社会都对法学专业的具体水平有一个基本的了解,这样中学生高考就可以利用这种信息选择符合自己水平的院校和专业。三是将影响毕业生就业的比率和流向。随着市场经济的逐步拓展,双向选择成了高校学生就业的主要方式。教学评估的结果可以为需要人才的单位在诸多院校中选取自己认为合适的人才进入本单位。[①]

有学者立足法学院校的法学教育,认为建立质量监控体系对于法学教育的意义集中于发展现代法学教育、促进教学质量提高、加强教师队伍建设和推动教学方式改革四个方面:

(1) 发展现代法学教育

对法学教育质量进行监控是发展现代法学教育事业的需要。法学教育事业的蓬勃发展,需要要面向现代化、面向世界、面向未来,需要真正能提高民族素质、多出法律人才、出好法律人才,人才的培养依靠的是教学工作质量,因此,加强教学质量监控,具有发展现代法学教育事业的意义。

(2) 促进教学质量提高

对法学教育质量进行监控是提高法学教育教学质量的需要,要增强教师

[①] 霍存福、何志鹏:《法学专业教学质量评估的制度构想》,载《法制与社会发展》2002 年第 6 期。

的责任心，提升教师的教学水平，提高教师的教学质量，培养"厚基础、宽口径、强适应的复合型法律专业人才"，离不开质量评价与监控这一杠杆。只有通过这一评价与监控，才能真正促进教师自觉地按教学规律办事，才能对教学工作中每个阶段和每个环节不断调整，促使教学工作向规范化、科学化方向发展。

(3) 加强教师队伍管理

对法学教育质量进行监控是加强教师队伍管理科学化的重要手段。不规范的教学行为和不严谨的治学态度，必然会严重影响学校教学质量的提高和育人目标的实现。失去监控的教学行为必然会严重影响学校教学质量的提高和育人目标的实现。学校的各项工作，尤其是教学工作的质量高低，关键是看教师这支队伍作用发挥得怎样，建立教学评价制度，能实事求是地评价教学工作，真实地反映教师的工作实际。它不仅能起到对照标准找差距的自我认识作用，且能唤起被评价者之间、后进与先进之间比、学、赶、帮、超的激励作用。这会对教师形成压力，带来动力，教学评价还可以为教师的晋升、评优及使用等提供重要依据，对成绩优异者予以重用，对不合格者给予培训或调离现职，从而加强教师队伍管理的科学化，调动教师教学的积极性。

(4) 推动教学方式改革

对法学教育质量进行监控是推动法学教育教学改革的巨大动力。教学评价就是对教学活动的价值和教学效果进行判定，这种判定不仅要运用现代教育的观念，而且要求评价内容、标准、方法都要符合教学改革的需要。在教学思想上，要求教书育人，要求把传授知识和培养能力、发展智力结合起来；在教学内容上，要注重处理教学与发展的关系，现代科学技术发展与现代的教学法相结合、理论与实践相结合；在教学模式上，要着眼于调动学生学习的积极性、主动性和创造性，培养学生的自学能力等。因此，科学的教学评价对于改革同社会主义现代化不相适应的教学思想、教学内容、教学方法、教学模式具有重要作用，它是推动教学改革的巨大动力。同时，任何教学改革实验，从方案设计、实验过程到实验结果的评定，都需要有一套完整的教学评价制度。没有科学的教学评价，教学改革工作就很难全面展开。[1]

---

[1] 熊时升：《构建法学教育教学质量评价与质量监控体系刍议》，载《教育部高等学校法学学科教学指导委员会、中国法学会法学教育研究会2007年年会暨中国法学教育论坛论文集》，2007年12月，第193—194页。

三 法学教育质量控制体系的构建

近年来,随着对教育质量监控与评估的重视与推进,特别是在以高等院校评估为主要内容的质量控制工作取得一定的经验之后,以法学、经济学、管理学等学科为代表的学科质量控制体系的建立逐渐被提上议事日程。法学教育作为国家教育的一个重要组成部分,必须要建立起有法学学科特色、反映法学学科规律的质量控制体系。[①]

(一) 质量控制体系构建原则

总结我国以高等教育院校评估为中心内容的教育质量控制体系构建已经取得的经验,借鉴国外一些法学教育历史悠久国家对法学教育质量控制的合理性,整合国内研究者关于我国法学教育质量控制体系构建的研究成果,我们认为,我国法学教育质量控制体系的构建,至少应当遵循如下五个基本原则:

1. 科学性与系统性相结合原则

借鉴霍存福教授关于"法学专业教学质量评估的制度设计原则",我国法学教育质量控制体系的构建,应当力求准确把握法学教育的内在要求与客观规律,科学、系统地确认对法学教育质量有重要影响的所有参数,以合理指标反映各法学教育主体关于教育质量的真实水平。

2. 现实性与长远性相结合原则

我国法学教育质量控制体系的构建,不仅要面对法学教育的现实状况,对各法学教育主体教育质量的现实情况予以考察评估和控制,同时,还要面

[①] 以法学专业评估体系的建立而言,法学教育必须要建立起一整套质量评估体系。因为院校评估作为一种全方位的评价体系,必然是全面审视整个院校的办学水平,而肯定会放弃掉一些专业的自身要求和发展特色,这就有可能忽略一个好的学校中存在着较弱的法学专业或者一个较差的学校中存在一个较强的法学专业的情况;或者,有的时候还可用一些理工科方面的要求来对法学教育进行约束,这就会造成即使学校和法学专业的实力相当,也仍然存在着无法了解该专业在全国法学院系、专业中的位置,无从认识其优长及差距的现象。在这种情况下,只有充分建立并运行起一套专业评估程序,才能使有关法学专业认清本身所处的位置,查明自身的优缺点,了解改进的领域和发展的方向,使自身的建设进入一个理性的轨道。同时,通过建立和运行法学专业的评估体系,可以为法学专业的建设提供一个基准,最终对我国法学人才的培养提供一个基本的要求,使法学教育进入良性循环的发展状态。霍存福、何志鹏《法学专业教学质量评估的制度构想》,载《法制与社会发展》2002年第6期。

向法学教育发展的未来，对各法学教育主体教育质量的长远发展目标予以考察评估和控制。既要通过质量控制体系准确把握法学教育的现实，又要能够科学考量法学教育发展的未来目标。

3. 导向性与激励性相结合原则

我国法学教育质量控制体系的构建，应当全面把握法学教育质量的各构成要素，同时根据法学教育发展的近期目标、中期目标和远期目标，合理设置和适时调整评价标准的权重，对于亟须解决的或者具有较强导向性的质量指标，通过权重调节等方式，予以特殊考虑，使得法学教育质量控制体系的构建，对各法学教育主体的法学教育活动开展具有导向性和激励性。

4. 简明性与操作性相结合原则

按照霍存福教授的观点，"作为一种具备指导性和操作性的规范，评价指标的设置必须简明扼要，一目了然；在评价系统中，应当突出重点，以定量评价为主、以定性评价为辅，这样才能得到一个真正可比较的结果，而不至于造成经过非常繁复的评价最后无法评判优劣的情况"。[①] 同时，应当注意，质量控制体系中的评价指标既不要事无巨细，面面俱到，也不要粗枝大叶，过于粗糙；要提纲挈领，重点突出，从可操作性上，尽可能准确界定每一项指标的内涵，使评估工作简便易行。

5. 通用性与兼容性相结合原则

我国法学教育质量控制体系的构建，应当"主要反映法学教育的共性特征，但也应当在一定层次、一定范围上反映个性特征"，尤其是对于各法学教育主体在法学教育活动中探索出的值得推广和借鉴的经验做法或者独具特色的法学教育模式，要给予充分的肯定。同时，要注意不同规模、特色和条件的法学教育主体之间的可比性，"可以考虑在历史不同、类型不同、规模不同、水平不同的"法学教育主体之间使用不同的标准体系，"通过基本标准体系中注重共性内容，在特别标准体系中注重个性内容的方式"，一方面对所有的法学教育主体有基本的最低要求，另一方面能凸显出某些法学教育主体的优长和特色，使得不同层次和类型的法学教育主体的真实水平，能够通过不同的指标评价体系充分反映出来。[②]

---

① 霍存福、何志鹏：《法学专业教学质量评估的制度构想》，载《法制与社会发展》2002年第6期。

② 同上。

（二）质量控制体系构建方略

法学教育的质量监控体系是一个系统工程，从法学教育所涉机构来说，包括教育行政机关、学校和社会三个层次的监控；从构成教学质量的要素来说，包括教育输入、教育过程、教育输出三个阶段的监控；从法学教育活动的多元性来说，包括教育过程中的各项活动的监控。在比较法的视角中，也可以发现，高等教育评估机制是实现教学质量监控的重要手段，不同国家的高等教育质量评估机制呈现出不同的特点。因此，从我国在一般高等教育已经获得的经验总结出发，借鉴一些先进法学教育国家质量控制体系的合理性，[①] 立足我国法学教育的现实，我们认为，我国法学教育的质量监控体系

---

① 英国是世界上高等教育最发达的国家之一，为保证英国高等教育的质量声誉，英国采取了一系列措施加强对高等教育的质量监控。英国高等教育质量保证体系在三个层面起作用：国家与大学层面、大学与院系层面和教学模块层面。英国高校充分发挥了自我评估的优点，它们建立了自上而下的教学质量自我评估机制，自我促进，自我提高，形成一种自觉维护和提高教学质量的氛围，并树立了学校"品牌"意识。其主要特色是：一是政府通过院校审查实现监管职能。英国高等教育机构的专家讨论认为，只要高等院校内部质量保障机能够有效地发挥作用，就没有必要再在全国进行综合性的学科评估。公众的利益可以通过6年循环1次"院校审查"这样一个更加严格的评估体系来保障。院校审查强调高等教育质量保障是院校自己的责任，重点不是直接评估高等学校的教育质量，而是评估高等学校内部质量保障机制的有效性。二是以自律为核心建立内部质量监控体系。英国的大学和学院大都是自我管理的自治机构，为自己的学术标准和质量负责。监控主要着眼于专业是否有效地达到预期的目标，学生的学习成果是否有效地达到设定的要求。它以内部为主的质量监控体系建设之所以能领先于世界之林，其根源在于长期重视质量监控体系建设的历史文化传统的积淀。现今英国的质量监控体系不单单是个指标体系，已经是其高等教育的一部分，是其高校文化的一部分，是其高等教育精神的体现。（参见吴蔚青，杨红荃《试论地方院校教学质量监控体系的重构——以英国为例》，载《煤炭高等教育》2008年第1期）三是建立以中介机构评估为依托的多元化外部质量监控体系。英国高等教育的外部质量监控体系主要有政府行政监管、中介评价机构评估、新闻媒体监督、毕业生质量反馈等政府、社会监控。政府行政监管是以中介评价结果为一定导向的，其他各方面的社会监督也往往以中介评价结果部分指标体系为评价标准和参考。（参见李良军《英国高等教育教学质量评估与监控制度研究》，载《重庆大学学报》2004年第1期）四是教学质量评估过程及结果均具有透明性。在英国高校内部质量评估体系中，一般会聘请校外观察员和学术审查员参与审核。校外督察员和学术审查员都是学术专家和专业人士，他们来自其他学校或社会相关领域，其主要任务是对大学的学生是否达到学校的学业标准进行动态的评估，检查学校在给予学生成绩和学位时是否依据学校订立的标准，对学生的评价是否有效和公平。（参见罗丹《教学质量内部保证体系述评——以英国华威尔大学为例》，载《宁波大学学报》2005年第2期）在英国高校外部质量评估体系中，评估结果对外是完全公开的，有关质量保证的文件，以及审查、鉴定、评估的结果都向公众公开，让公众了解各校的水准和质量。并且能做到按照统一标准对每门课程进行评估。结果公布使学生可以清楚地了解开设相同专业的所有学校的教学质量情况。

日本高等学校质量评估机制特点呈现双重结构。所谓双重结构评估机制即内部评估和外部评估

的建立应当是政府、社会和高校等法学教育主体共同的责任，一个科学合理的立体式监控体系是以政府做宏观监控，以社会做中观监控，以高校等法学教育主体做微观监控，三个层次的质量监控体系的建立，既符合国情，又符合法学专业的特点。

1. 政府：宏观质量控制体系

有研究者认为，政府在高等教育质量监控中应居主导地位，中国是以公有制为基础的社会主义国家，政府是高等教育最大的投资主体，因此，政府对高等教育肩负着经济、社会等多重管理职能。作为投资者，它要对高等教育行使产权约束；作为社会管理者，它要干预高等教育运行。尽管目前我国已经完成了市场经济体制的建立，但市场发育仍不充分，社会参与高等教育的力度有限。因此，只有充分利用政府的制度性力量才能宏观调控高等教育结构，补充和矫正市场机制的不足。此外，还需要强调的是，高等教育是一种培养高级专门人才的活动，既要为社会的经济建设服务，也要为社会的政治意识形态和社会发展服务，具有很强的上层建筑成分，高等教育市场化有别于经济的市场化，必须充分利用政府的制度性力量，在政府的主导下进行。因此，现阶段以及今后一个相当长的时期里，政府主导将依然是我国高

相结合，内部评估质量系统关注的是生源的输入和教学科研过程的运作，外部质量评估系统保证的是学校的输出结果，内外部评估共同监控教学从输入到输出的整个过程。日本高等学校内部评估主要指以高校为主体，高校内部进行自我评估和高校之间进行相互评估，其内涵主要是对教学科研活动进行评估，从而发现不足，明确改进方向。高校自我评估是日本高等教育实施评估最早提出的重要手段和评估制度，是高等学校应尽的义务，带有强制性色彩。高等学校内部评估是一种自我评估。高校内部自我评估的目的就是促进学校自身改革，提高教育研究质量，增强高校发展动力。在检查教育研究活动、正确认识现状的基础上明确应改进的问题及努力方向，同时还要经常不断地分析研究自我检查的项目、方法和自我评估的状况，逐步改进实施方法以期提高自我评估效果。日本大学通过实施自我评估制度积累经验，为制定实施外部评估制度提供了重要参考。2000年专门设立了外部评估组织机构，意味着日本大学外部评估制度从此产生。高等学校外部评估是一种以学校外部人士为评估主体，对学校活动进行全面评估的一种评估方式，一般包括社会评估和行政评估。社会评估主要指考生、毕业生以及社会企业所进行的评估；行政评估是指教育等行政组织所进行的评估。学校外部评估的目的在于改善教育投资环境，接受社会公开的监督，以获得更多的教育研究基金，以为学生择校提供依据，满足社会对教育活动的不同需要。参见范文耀、马陆亭《国际视角下的高等教育质量评估与财政拨款》，教育科学出版社2004年版，第144—154页。

作为一种控制法学教育质量的方式，美国的 US News and World Report 杂志每年都会评出100所最好的法学院，很多其他民间机构也都在这些方面进行品评。参见：http://www.utexas.edu/law/bleiter/LGOURMET.HIM。英国的 Higher Education Funding Council for England（HEFCE）也会定期进行包括法学在内的高等教育的质量评估。参见：http://www.qaa.ac.uk/revreps/subjrev/law/law%20Index.htm。转引自霍存福、何志鹏《法学专业教学质量评估的制度构想》，载《法制与社会发展》2002年第6期。

等教育质量监控的一大特色。政府在高等教育质量监控中承担的角色主要是导航者、控制仪和守护神的作用。导航者是指政府要掌握高等教育的发展方向，制定基本的质量政策，确定质量重点和标准，对学校办学指导思想、政治方向，执行党和国家的教育方针政策的情况，高等教育的基本培养目的和高校各专业培养目标和人才质量规格，普通高校教育发展规划的编制和执行情况等给予指导，确保高等教育朝着积极健康的方向发展。控制仪是指通过政府对高等教育运行的宏观调节和控制，补充市场机制的不足，矫正市场机制的失范，有效地预防和克服市场化带来的种种弊端，实现高等教育规模、结构、质量、效率的统一，促进高等教育持续、稳定、协调地发展。守护神是指政府通过建立完善的法规体系，规范高等教育的各项质量活动，保证有序运转，并提供高等教育质量保障方面的资金、信息、专家服务等支持条件。具体来讲，政府的职责主要是建立高等教育质量方面的法规、规程，负责审批普通高校的办学资格及开设院系的资格；确定高等教育的质量规格、标准；归口管理高等教育的招生和证书发放工作，根据国家规定，与有关部门协商，确定高等学校经费筹措原则、渠道、标准、办法，为高等教育健康发展和质量保障提供物质保证，制定评定教师职称的有关政策，根据事业发展需要，计划、组织、协调和指导高等教育质量的理论研究工作。[1]

该论者提出，政府对高等教育进行质量监控主要通过立法规范、行政指导、经济手段、评价督导等方式去实施。立法规范就是通过有关的教育立法，把国家关于高等教育的方针政策用法律法规的形式固定下来，成为国家的意志，使高等教育质量工作服从国家的指导。行政指导，就是政府通过政令、政策、条例、通告、建议、规劝、警告等行政措施对高等教育活动实行调控和指导。它往往成为政府关于教育立法的补充性工作，具有及时性和替补性特征。当高等教育活动遭遇法律空白时，就及时采取行政指导。经济手段是政府通过拨款、资助、投资、奖励、招标等手段，对高等教育的质量进行诱导性调控。政府对高等教育的投资是战略性投资。国家财政拨款是高教经费的主渠道。政府既可通过调整投资强度与拨款政策影响高等教育的供求总量与结构的平衡，通过财政资助和助学贷款等措施保障高等教育机会与成果分配的公平，更可通过经费拨款的杠杆作用，提高高等教育投资的质量和效益。评价督导授权社会中介机构对高等学校的教育质量作出评价，定期向

---

[1] 王志芳、余小波：《对市场经济条件下高等教育质量监控新模式的探讨》，载《经济师》2006年第9期。

社会公布评价结果，并报教育行政主管部门备案。政府再根据反馈回来的评价结果进行筛选，有针对性地对高校实施投资倾斜。[①]

近年来，我国法学教育质量不尽如人意的原因之一就是政府教育行政部门的宏观调控机制不够健全，对法学教育准入条件模糊，监督机制不力，又缺乏退出机制。同时，在一定程度上存在地方政府及其教育行政主管部门为提高高等教育入学率，放纵甚至鼓励教育机构超常规扩张规模的现象。虽然，教育部于2001年设立了由教育部官员及国内主要院校法学学科负责人共同组成的法学学科教学指导委员会，并且利用该学术机构在推动法学本科教育改革方面也做了大量的工作，取得了一些成绩。但是，该委员会由于职权不明，人员分散，且以兼职为主，所以在监控法学教育质量方面没有起到突出的作用。从解决上述问题入手，政府在宏观方面建立法学教育的监控体系主要应做到以下几点：

第一，构建法学教育准入制度。一方面，针对高校设立法学院系过热现象，为防止有关高校在条件不成熟的情况下盲目、低水平地建设法学院系，有必要适当提高法学教育的门槛，严格法学院系作为法学教育主体的准入条件，严格建立完善法学院系的资格审查制度。另一方面，对于在大法学教育观下有法学教育责任的机构，也要根据其承担的法学教育的内容，规定相应的准入条件，使得法学教育首先在准入制度上规范起来，这是政府从宏观上控制法学教育质量的基础。

第二，设立法学教育质量评估机构。对于高校教育质量的评估，教育部成立专门的高等教育教学评估中心，从2005年开始，每5年一轮对全国所有高校进行教学质量评估，其结果将向社会公布。这种做法对于增加高等学校办学透明度，动员全社会关心、支持和监督高等学校办学，进一步提高高等教育质量，无疑具有十分重要的意义。借鉴这一经验，教育部应当进一步设立包括法学在内的学科教育质量评估制度，以求从学科评价的角度，在全国范围内衡量各法学教育主体关于法学教育质量的高低与优劣。各地方政府教育行政部门也应当设立专门的法学教育质量评估机构，对地方法学教育部门的教育质量予以评估。法学教育质量评估机构的组成，可以采取专职人员与兼职专家相结合的方式，并保持一定的稳定性，避免高等学校评估中评估人员的东抽西调。

---

① 王志芳、余小波：《对市场经济条件下高等教育质量监控新模式的探讨》，载《经济师》2006年第9期。

第三，建立法学教育竞争淘汰机制。在目前法学教育"村村点火、家家冒烟"、法学教育产品良莠不齐的现实情况下，如果不通过一定的规则和程序，哪家也不会"灭火"、"熄灯"。为此，政府应当考虑建立法学教育的竞争淘汰机制，通过投资控制、设标考核、专项检查等多种方式，促使法学教育"千帆竞发"，"百舸争流"，让那些不具备法学教育条件的法学院系"自生自灭"，以达到优胜劣汰的目的。特别是要通过规则和程序的构建，逐渐减少直至停止各高校业余函授、远程教育以及中等专业法律教育等办学模式。该类法学教育模式的产生与存在有其必要性与合理性，但是，目前已经完成其历史使命，可以"寿终正寝"了。对于尚有必要存在的如在职法律硕士等成人法学教育，也要明确统一其办学宗旨、培养目标、质量评价标准，要设立主要学科的全国统一测试，使其考教分开，确保法学教育质量。

总之，政府对法学教育质量的监控是宏观间接调控，着重从宏观上进行法律规范、政策指导和投资约束。

2. 高校：微观质量控制体系

高校是教育的主体。高等学校具有招生权、学科专业设置调整权、教学科研与技术开发和社会服务权、对外交流合作权、机构设置权、人事管理权和财产经费管理使用权。因此，高校在高等教育质量监控中占据主体地位。政府教育部门的宏观调控，最终都要落实到高校的自主管理上。因此，高校也应当是教育质量控制主体。

有人认为，长期以来我国教育受计划经济的影响，高等学校的办学主体地位并没有得到真正落实，高等学校也还没有真正形成自我发展、自我约束的有效机制。经济体制转轨后，政府逐步从微观管理中退出，集中管宏观。高校开始真正面向市场，自主办学。这样一来，高校内部的教育质量管理就显得十分重要，教育质量成了决定学校、学科专业生死存亡的关键。质量上不去，学校培养的人才不适应社会需要，不能发挥其应有的作用，学校就会在激烈的市场竞争面前被淘汰。高校对高等教育质量的监控应具有两方面特点：一方面，应具有主动性、自觉性。高校对教学质量的监控应该是积极主动的，是主体的一种自觉行为，而不是过去消极被动的，从属政府管制下的一种无奈行为。另一方面，应具有系统性、严密性。高校对教学质量的监控应该有一整套系统严密、完整的内部监控机制，是内生的，而不是外生的。市场经济条件下高校的质量监控特征，决定了高校必须尽快转换角色，由过去政府部门的附属物尽快转到独立的办学主体和法人实体上来，彻底摒弃"等、靠、要"的思想，摆脱对政府的过度依赖，强化自己的主体意识，主动适应社会与市场,全面担负起教育质量监控的主要责任。教育质量监控中,高校应扮演具体操作者、全面管理者、直接促进者的角色,发挥自我约束、自我管理、自我激励的作用。作为操作者,高校通过教学和科研等各项工作,直接培育各类高级专门人才,为社会提供科技服务和其他社会服务,既对学生这一高等教育的直接服务对象负责,又对社会这一高等教育的最终服务对象负责,直接生成教育质量。作为管理者,高校应引入全面质量管理的理念,对人才培养的全过程和各方面实施有效管理,提供确保质量的各项条件,保证各项工作的质量,并为最终的人才质量把关。作为促进者和激励者,高校坚持以人为本的原则,调动各方面的积极性,把社会、家长和学生个人的质量要求转化为全校师生员工的自觉行为,为实现高等教育的目标共同努力。①

就法学教育质量监控而言,高校的主要职责就是对法学教育质量进行全程、全面、全方位监控,建立一个全员参与、全程管理、全面介入的教学质量监控系统。教育教学质量评价应将教师自评、学生评价、同行评价、管理部门评价结合起来,将校内评价与校外评价结合起来,将在校生评价与毕业生评价结合起来,将教师个体教学质量评价与学校集体教学质量评价结合起来,使教学质量评价体系成为全员参与、良性互动的网络系统。特别是必须加大学生评教力度。研究表明,在教师教育教学质量与效果评价中,与领导评价、教师同行评价相比,学生的评价尤其是毕业班学生的评价最具有客观性、可靠性和稳定性。我们要从"权威型"教学思想向"民主型"教学思想转变,牢固树立教学相长的教学思想,理解和支持学生参与教学管理,建立有效的学生评教制度。具体的设想是:以全员、全程、全面性理念为指导,将法学专业教学质量监控体系分成五个系统,即法学专业教学管理系统、法学专业教学监督系统、法学专业教学咨询与评估系统、法学专业教学评价系统、法学专业教学质量奖惩系统。这五个系统组成的教学质量监控与评估体系,具备了科学、系统、可操作性强的特点,且各子系统既相对独立,又相互关联。

(1)建立法学专业教学管理系统

按照有的学者的设计,法学专业教学管理系统由院(系)校两级构成,院(系)校两级均设置教学工作委员会、教务部门。校教学工作委员会负

---

① 王志芳、余小波:《对市场经济条件下高等教育质量监控新模式的探讨》,载《经济师》2006年第9期。

责重大的教学决策，校教务部门负责法学专业的日常教学管理，法学院（系）作为教学实体，具体组织落实和执行学校的教学任务与教育目标。法学专业教学管理系统是保证正常的法学专业教学秩序和教学质量的基础，应当具有整体性。其基本构想是建立院（系）校两级管理体制、建立健全培养方案管理制度和建立教学过程管理体制。[①]

（2）建立法学专业教学监督系统

法学专业教学监督系统是一个较庞大和复杂的系统，因为它要建立校内行政人员与教师、学生等多个层次、立体式的监督系统。具体是要在学校设置教学督导委员会、学生评教办公室、教学信息中心，在学院（系）设置教学督导小组、学生评教小组、教学信息小组，建立干部听课制度、学生信息员制度、教学检查制度、法律院（系）内部听课、评课制度、集体备课制度等。其中，校教学督导委员会、学院（系）教学督导小组主要负责对院校的教学工作进行监督、检查、评价和指导，强化校院教学管理工作的调控职能，保证有关教学管理规章制度的贯彻执行。学生评教机构、教学信息机构、干部听课和学生信息员从学校的管理层面和教育层面不断向学校决策者提供影响教学质量的信息。法律院（系）内部听课、评课制度、集体备课制度从院（系）、教研室的层面加强专业老师之间的交流，取长补短。法

[①] 院（系）校两级管理体制是指在法学专业扩招和深化管理体制改革的过程中，推进院（系）校分级管理，明确各级之间的责任，解决组织结构复杂给教学管理带来的难题，激发学校、院（系）教学管理工作活力。同时，明确以"校长—分管副校长—院（系）院长（主任）—教务工作者"的职责，分别承担决策、管理教学的工作，可明确学校、院（系）、教务部门各自的工作范围、职责、权利和义务。学校级工作的重心是突出目标管理、重在决策监督。院（系）级的教学管理部门重在实际管理教学，突出过程管理和组织落实。

培养方案是高等学校培养人才和组织教学过程的依据，是实现人才培养目标和规格的首要环节和根本性文件。建立健全培养方案管理制度就是要根据所培养的学历层次，明确培养目标，以"培养口径宽、基础厚、能力强、素质高、富有创新精神的人才"的教学改革思路，规范培养方案审批程序和变更程序，做到每次修改培养方案都要有论证，维护培养方案执行的严肃性，加强监督与管理。

建立教学过程管理体制第一要规范教学行为。由于教师在教学活动中起主导作用，因此应通过科学制定相关制度规范法学教师的教学行为，使教师最大限度地发挥主观能动性，把主要精力集中于教学，不断改进工作，从而提高教学质量；第二，提高教学管理水平。教学管理队伍的建设和完善直接影响了教学管理水平。应建立对院（系）校教学管理岗位人员的培训制度，提高管理队伍素质和能力结构；第三，以管理部门为主，建立各系统之间的例会制度。在整个监控体系中，管理、监督、咨询与评估等系统的各个部门或机构应建立起例会制度，以进行常规性的沟通与联系，以及时反馈相关信息，形成各系统之间的协调运作，良性运转。参见熊时升《构建法学教育教学质量评价与质量监控体系刍议》，载《教育部高等学校法学学科教学指导委员会、中国法学会法学教育研究会 2007 年年会暨中国法学教育论坛论文集》，2007 年 12 月，第 190—191 页。

学专业教学监督系统是强化法学专业教学管理工作的系统，应当具有层次性。①

（3）建立法学专业教学咨询与评估系统

法学专业教学咨询与评估系统，由院（系）校两级教育教学评估中心组成，负责对法学专业教学工作进行审议、评议和咨询。一般包括专业评估、课程评估、教师教学工作评估、学生评估。在法学专业教学咨询与评估系统中，还应建立外聘校外教学督察员和学术审查员制度，参与教学评估中心的评估工作。法学专业教学咨询与评估系统负责收集教学运行过程中的各类信息，为学院的教学管理服务，应具有全面性。②

---

① 具体设想是：第一，成立院（系）校两级教学信息中心，是执行干部听课制度、学生信息员制度、教学检查制度、内部听课制度、评课制度、集体备课等制度中，所反映出的问题予以收集整理的手段。第二，建立领导听课制度。建立干部定期听课制度，使学校各级党政干部深入教学第一线，倾听师生意见，及时了解教学情况，发现并解决教学中存在的问题，避免教学一线与管理层的脱节，保证了教学管理工作的针对性和有效性。第三，建立学生评教机构与学生信息源制度。由于"教与学"是一对相关的概念，同教师一样，学生在教学活动中也处于主体地位，让学生参与学校管理及制度建设，发现并反映教学过程中出现的问题是快速解决教学问题，树立"以人为本"教育理念的重要手段。第四，建立教学检查制度。教学质量要提高，日常教学检查制度是最基本和常用的手段。从期初到期末，教学情况的检查工作应贯穿始终，发现问题并及时解决问题，注意归纳分析和总结经验，以指导工作，不断提高管理者在日常教学检查中的预见问题、解决困难的能力。第五，建立法律院（系）内部听课、评课制度。通过听课、评课制度，可以促进专业老师之间的交流、沟通，特别是对于增强年轻老师的责任心，提高教学质量具有推动作用。第六，建立备课资源共享制度。虽然，教师的授课是各具特色的，但通过及时的备课资源共享，可以整合集体的智慧，达到取长补短的效果。参见熊时升《构建法学教育教学质量评价与质量监控体系刍议》，载《教育部高等学校法学学科教学指导委员会、中国法学会法学教育研究会2007年年会暨中国法学教育论坛论文集》，2007年12月，第191—192页。

② 1.专业与课程评估。通过专门机构根据本院校的办学方针、特色及师资力量、其他硬件设施等进行评估，确立专业设置；同时，通过在法学毕业生较集中的行业如司法机关、律师行业、企事业单位的法务部门进行调研，通过用人单位填写调查表，召开座谈会等多种方式，及时调整学科专业结构、专业教学计划和法律职业人才培养模式。课程是实现专业教学目标的重要手段之一，是实现教学目标的基础工程，是教学改革的出发点和落脚点。因此，在课程方面，要根据不同的学位层次进行评估，尤其注重对专业核心课程和自主特色课程的评估应区别对待，并注意在加强课堂教学评估的同时，尤其应加强实践性课程的评估。2.教师教学工作评估。对教师教学工作的科学评估有利于激发教师的工作热情，增进师生之间、教师与管理人员之间的相互了解，从而对提高教学质量产生极其关键的影响力。教师教学工作的评估具备全方位、多元化的特性，不仅包括对教师课堂教学质量、专业知识与科研能力的评估，同时也包括对教师情商、师德和人格魅力的综合评估。通过听课、问卷调查、同行评议、专家评价、学生评估等形式，对教师的教学工作进行综合考评。3.学生学习质量评估。学生学习质量是教学质量的重要表现，因此，对学生学习质量的评估首先从学风开始，通过严格的考试管理、狠抓考风建设，以考风促学风；通过严格过程淘汰制；重视学生报考研究生工作，以考研促进学风建设；通过鼓励学生开展学科竞赛和科技创新，以创新学分来替

(4) 建立法学专业质量评价系统

为确保教学质量,有学者提出引入全面质量管理这一企业生产质量管理理念。[①]质量管理的概念源于企业运作,历史上经历了质量检验、统计质量管理及全面质量管理三个发展阶段。各国全面质量管理的通行做法就是ISO9000 系列国际认证标准的引用。我国已于 1992 年采用 ISO9000 系列标准,发布 GB/TI9000 系列国家标准,2000 年修订的国标 CUB/TI9001—2000,GB/TI9004—2000 提供了有关质量管理和质量体系要素的最新指南。各高校法学专业也应按照国际标准、结合本校实际构建有特色的质量评价系统。[②]理论教学质量标准、专业考试质量标准、实践教学质量标准和专项工作的质量标准构成该质量评价系统的基本内容。另外,在质量评价系统内,还应注重建立年度考核标准,综合领导投入、师资结构、教学建设与改革、教学管理、教风、学风、实践教学、科学研究、教学效果等各项指标进行全面考察、综合评价的标准。[③]

(5) 建立法学专业教育质量奖惩系统

监控系统只有加强奖惩力度,才能真正使各项措施落到实处。教育质量奖惩系统旨在激励与约束法学专业教育质量,形成良好的学风、教风。有人

代课堂的选修学分,等等。同时,要建立毕业生跟踪调查制度,选择毕业生集中的行业对毕业生在用人单位的表现及受重视程度进行调查评估,从而指导在校生的教育指导与质量评估。4. 外聘教学督察员和学术审查员。上述三种评估中,应引入校外专家作为教学督察员参与,一方面,主要对学生是否达到学校、院系的专业标准进行动态评估,对学校、院系给予学生成绩和学位时是否依据学校、院系的标准进行。另一方面,学术审查员从学校法学专业的整体出发进行审查,考察专业办学标准是否能保持适合的水平。外聘专家进入评估系统,是为了保证评估的公正和合理性。参见熊时升《构建法学教育教学质量评价与质量监控体系刍议》,载《教育部高等学校法学学科教学指导委员会、中国法学会法学教育研究会 2007 年年会暨中国法学教育论坛论文集》,2007 年 12 月,第 191—192 页。

① 程凤春:《教学全面质量管理——理念与操作策略》,教育科学出版社 2004 年版。

② 吴蔚青,杨红荃:《试论地方院校教学质量监控体系的重构——以英国为例》,载《煤炭高等教育》2008 年第 1 期。

③ 1. 理论教学质量标准。主要包括课程教学大纲、教材选用办法、教师课堂教学质量评估标准、多媒体教学课件评审办法、教案书写格式规范、教学日志填写规范、教学进度表填写规范等。2. 专业考试质量标准。主要包括考试管理办法、试卷设计规范、试卷质量评价标准、学生成绩考核和管理办法、根据试卷成绩筛选淘汰办法、试卷和成绩分析表格填写规范、毕业论文组织答辩办法、毕业论文评分标准等。3. 实践教学质量标准。主要包括实践教学大纲、实习大纲、实践课教材选择和编写体例、实践课教学质量评估标准、不同单位的实习计划与规则、毕业论文指导规程、毕业论文撰写规范和检查标准等。4. 专项工作的质量标准。主要包括重点课程评价标准、专业结构评价标准、毕业论文组织标准、专业考试质量标准等等。参见王肃元《高等法学教育教学质量监控体系的构建与实践》,载《教育部高等学校法学学科教学指导委员会、中国法学会法学教育研究会 2007 年年会暨中国法学教育论坛论文集》,2007 年 12 月,第 207 页。

认为，建立法学专业教育质量奖惩系统，一方面，可以增强监控系统的约束性和强制力，督促教学管理者、教师、学生严格执行教育质量管理、监督制度，使教学工作规程、学籍管理规定、课程考核管理办法、考试违规处理办法等真正落到实处，逐渐在教学管理与实践中形成各主体自我约束、自我规范的机制，自觉做好本职工作，共同为提高教学工作质量与水平努力；另一方面，可以增强监控系统的导向性，通过激励政策与措施，如设立教学名师奖、优秀教师奖等，将教学质量与晋升、评优挂钩，组织经验交流，营造浓厚的学术氛围和竞争激励机制，激励教师钻研教学艺术；再如设立优秀学生研究生免考制度、设立奖学金、设立优秀学生优先推荐工作等机制，激励学生加强专业学习。[1]

事实上，法学专业教育质量监控体系最终要实现的是高校内部质量监控为主，内部质量监控与外部质量监控相结合的质量保障系统。确立管理的规范和教学的标准，建立刚性的质量保证系统是提高办学质量的一个重要方面，但它只是强制性地要求，使人被动地服从学校的管理要求，并非是一劳永逸的；要想从根本上使质量追求成为人的自觉行为，还要在高校营造人人重视质量，事事讲求质量，处处体现质量，时时不忘质量的文化氛围。因为，高等教育内部质量监控的实现离不开发挥学生和教师的"自觉性"，学生和教师的这种"自觉性"是高校校园文化建设自然而然形成的一种品质，也就是我们所提倡的校园质量文化。虽然文化的形成需要历史的积淀，但是一种文化一旦形成，它的生命力却最为持久、影响力最为巨大。因此，对质量内涵的理解不能仅仅停留在制度、规范等层面，质量对于大学而言更应是诚信办学的责任意识、严谨求是的工作准则、脚踏实地的工作作风、精益求精的工作态度和追求至善的人生境界。因此，院校两级的教学工作委员会、教学督导委员会等机构应制定长远的质量宣教计划，采取多种形式、广泛、深入地开展质量文化创建活动，不断强化全校师生员工的质量意识。只有当学校的质量要求融入了每一个人的心底深处，内化为自觉意识和自觉追求，成为大家的共同价值观念，自觉地体现到日常行为之中的时候，我们才可以说保证教育质量的长效机制最终形成了。[2]

---

[1] 参见王肃元《高等法学教育教学质量监控体系的构建与实践》，载《教育部高等学校法学学科教学指导委员会、中国法学会法学教育研究会 2007 年年会暨中国法学教育论坛论文集》，2007年 12 月，第 207 页。

[2] 参见张增年、徐立清、郭国扬《教学督导与评估长效机制构建》，载《电子高等教育学会 2006 年学术年会论文集》，第 131 页。

3. 社会：中观质量控制体系

毋庸置疑，社会是法学教育的依托，其作为法学教育质量监控的外部主体，在整个质量控制体系中有着不可或缺的作用。

有学者指出，在我国，长期以来，一直都是政府和高校参与高等教育质量管理，形成了两足并立的高等教育管理模式，社会与市场很少参与到高等教育事业的管理中来。但是，随着市场经济体制的转轨，社会力量日益强大，并越来越多地介入高等教育事务，高等教育作为准公共产品的属性也越来越彰显，社会与市场不仅成了高等教育资源的供给主体，更是高等教育产品与服务的最终需求主体，对高等教育不仅产生供给约束，而且产生需求约束，在高等教育质量管理中正发挥越来越大的作用，并形成了高等教育质量监控中区别于政府和高校的"第二股力量"，准确地说高等教育质量监控应由政府、社会与市场、高校三者共同参与。但与政府和高校不同，社会与市场对高等教育质量的监控具有间接性、非强制性、自发性、滞后性、动态性、复杂性等特点。这是因为：首先，政府可以通过法律条文、政策、条例、规章制度和具体措施等直接对高校教育质量实施监控，能够明确界定高等教育的行为，具有明确指向和直接约束力。而社会与市场对高等教育质量的监控是借文化的渗透力与市场机制的引导力实现的，没有直接约束力，需要通过教育系统的内化才能发生作用，带有间接性，它是一种隐性的、调适性的力量，具有"非强制性"的特点。其次，政府与高校对高等教育质量的监控是自上而下的一种主导行为，是事前的监控与事中的监控；而社会与市场对高等教育质量的监控是自下而上的一种自发行为，是事后监控与制约，具有滞后性。再次，社会与就业是动态的、复杂的，它对高等教育的影响也是动态的、复杂的。正因为如此，社会与市场是介于政府行政部门与高校之间的一种中观力量，是市场经济条件下连接政府与高校的纽带与桥梁，也是高等教育质量的外部约束力量。①

该论者认为，社会与市场在高等教育质量监控中，主要发挥供给者和购买者、方向仪、监督者的作用。作为供给者与购买者，社会一方面提供高等教育健康发展、确保质量所必需的人、财、物等资源的投入，另一方面也对高等教育培养的人才及其他社会服务进行选择性的接收，引导高等教育培养适销对路的人才，使教育服务能为社会所用。作为方向仪，社会主要是为高

---

① 参见王志芳、余小波《对市场经济条件下高等教育质量监控新模式的探讨》，载《经济师》2006 年第 9 期。

等教育提出基本质量要求,并适时地反映教育的运行与这种质量要求的符合程度。作为监督者,社会主要通过新闻传媒、社会舆论、民众心理,以及评估评价对高等教育运行情况进行评估监督,对偏离正确轨迹的行为进行预警,引导高等教育向着健康有序的方向发展。具体来讲,社会与市场的主要职责是:各种社会力量以投资、捐资、赞助等方式直接参与办学,参与高等教育质量管理;成立社会中介组织,使之独立于政府与高校之外,以第三者的身份对高等教育质量进行客观评价;通过文化传统、社会意识形态对高等教育进行影响和熏陶;通过社会大众、新闻传媒对高等教育进行舆论监督;通过市场配置高等教育资源,检验和接受高等教育产品,为高校教育质量提供市场反馈。社会与市场对高等教育质量的监控主要是通过市场导向、舆论监督和社会中介组织的评价等途径来实现。①

---

① 市场导向就是通过市场机制的作用引导高等教育运行,迫使高校提高教育教学质量。市场对高校教学质量的监控在两头:入口和出口,即投入与产出。入口方面的监控主要体现在高等教育的供给主体和生源上,因为入口一方面是指高校人、财、物的配置(即投入),在市场经济条件下必须借助价格、供求、竞争准入等机制的作用去完成,在市场这只看不见的手的引导下将社会资源配置到经济效益和社会效益好,声望高,贡献大的高校中去。哪里效益好、声望高、贡献大,社会资源就会自动流向哪里,从而,实现资源的优化配置。各高校要想获得更多的社会资源(人、财、物的投入),就必须提高教学质量,打造品牌,提高自己的社会声望。否则就获取不到社会资源,或只能获取到少量的社会资源,学校的生存就会面临困境。另一方面,入口指高校学生的来源,因为,学生可以自主选择和填报学校与专业,哪所学校专业设置好,教学质量过硬,生源就流向哪里,否则,就招不到学生。各高校的教育教学质量决定着生源的流向与流量。出口方面的监控主要是指高校培养出的人才或提供的高等教育服务,一方面,需要接受就业市场的检验与筛选,如果学校的教学质量不高,提供的教育服务不到位,培养出来的人才质量不过硬,就很难找到工作,造成待业,从而被市场淘汰。而另一方面,市场的形势变化,就业率的高低,又会影响到学校的生源,使学校招不到学生,从而陷入困境。

舆论监督。舆论又称公意,是社会上众人的议论和意见。在高等教育质量监控中,社会舆论发挥着相当大的作用,它是教育质量的晴雨表,代表和反映了时代的要求和民众的呼声。它通过广播、报刊、电视等媒介,把高等教育领域存在的现象与问题以及广大群众对此所持有的观点、意见,以及解决这些问题的意见反映出来,传播开来,使这些问题成为人民群众普遍关心的热门话题,成为社会关注的焦点。这对教育是一种压力,也是动力,促使和推动学校采取各种措施和步骤把舆论反映的问题提到议事日程,加以解决,这就对教学质量形成了一种监督。

社会中介组织的评价。社会中介组织是独立于政府与高校之外的"社会第二部门",属于"非营利性机构",在西方一般被称为"中介团体""缓冲组织",它的评估评价结论对社会影响很大,对高校的影响也很大。它们往往受政府的委托和资助,接受高校的申请,运用评估的方法,定期开展对高等教育的质量鉴定活动。一方面将学校办学水平和人才培养质量的信息提供给社会,并以排行榜的形式昭告公众。社会与公众就根据这些信息形成对各高校的价值判断,政府就据此确定对高校的投资意向与投资规模,其他社会力量也据此选择投资与捐资办学的对象,确定投资与捐资的数量与形式,学生就据此选择自己理想的报考学校与专业。总之,评估评价结论直接影响到学校的声借鉴上述对于高等教育予以社会质量控制的研究观点，我们认为，法学教育社会质量监控体系的建立，可以从以下若干方面予以思考：

（1）建立法学人才输入输出机制，发挥社会市场对于法学教育供求关系的调控作用。要通过一定机制的建立，让社会更好地了解各法学教育主体的状况，例如通过一定方式，让家长、学生、社会能详细地了解法学院校的教学思想和学生培养目标与模式、教学条件、师资队伍、学科专业结构、教学效果等，便于其择优而进。同时，让社会了解法学院校对学生培养的质量状况，便于社会择优而用。

（2）建立社会监督机制，发挥社会元素对法学教育质量的制约作用。要通过建立法学教育各领域联系平台，联系法院、检察院、公安、监狱、司法行政、律师和有关机关团体、企事业单位，参与到法学教育质量监控体系中，通过诸如对法学专业的设置、教学目标、教学方法、教学内容、教师队伍以及管理状况等进行评议、反馈和指导，促进法学教育质量的提高。

（3）建立法学教育质量中介组织评估机构，发挥社会中介组织对法学教育质量的引导作用。对此，可以借鉴国内外中介机构参与教育质量评估的经验，由政府教育行政部门或者学校委托社会中介机构对法学教育的质量进行评估。评估中介机构是独立于政府和法学教育主体之外的机构，通过中立地履行其社会服务职能，有效引导法学教育质量的提高。

四 法学教育质量控制的薄弱环节

如前文所述，在法学专业教育中存在质量监控的薄弱环节，主要表现为实践性教学环节监控不力、双轨制法科研究生监控界限模糊、成人法学教育质量监控流于形式等，有必要予以专门的对策性研究。

（一）实践性教学环节质量监控

目前，我国法学教育中实践性教学活动五花八门，我们认为，有代表性

誉，影响到学校的投资、生源等，决定学校的生存与发展。这就促使各高校不得不加强自我管理，提升教育教学质量。另一方面社会中介组织又将社会对人才培养的要求、毕业生的就业状况及其他相关信息反馈给学校。然后，学校就根据这些信息，及时调整人才培养的方向、规格、数量与质量，以保证高等教育质量沿着社会需要的方向发展。参见王志芳、余小波《对市场经济条件下高等教育质量监控新模式的探讨》，载《经济师》2006年第9期。

的主要有三种形式：模拟法庭活动、诊所法律教育和专业实习活动，[①] 其质量控制除去遵循法学教育质量控制的一般规律外，应根据实践教学的不同方式，确定不同的质量控制方式和标准。

1. 模拟法庭活动的质量控制

我们认为，模拟法庭教学活动的质量控制至少应当包含如下内容：

（1）庭审前的准备。模拟前学生应当掌握该活动所涉及的实体法和程序法知识；选择的案件应当具有典型性且具备一定的争议性，有使学生发挥个人知识和能力的空间；法庭设施应当齐备、逼真；应有合乎规范的职业服装；角色模拟准备充分。

（2）庭审中的控制。庭审过程应当完整；庭审活动符合程序法的要求；证据采信与事实认定符合证据规则要求；案件性质确认、裁判结果评判有实体法根据；不同角色定位准确。

（3）庭审后的交流。庭审结束后，学生应对模拟法庭的活动进行总结；指导教师应作出及时、详尽的点评；学校相关部门应进行考查和评估；应邀请模拟法庭活动中所涉及的法官、检察官、律师、法警等专业人员进行现场指导和点评。

2. 诊所法律教育活动的质量控制

诊所式法律教学是从美国引进的一种法学教学模式，在我国法学教学领域还是一种新生模式。我国从 2000 年开始在美国福特基金会的资助下，将这一诞生于美国的全新的法学教育方法引入我国法学教育体系。目前，诊所法律教学活动尚处于探索阶段，各教学单位的情况各有特色，以中国社会科学院法学研究所法律诊所为例，其诊所法律教育评估机制方式主要有五个方面：

（1）学员的自我评估。学员对每一个专题课程和活动完成后，填写自我评估表，对前一阶段的学习做出评估，并以此为基础，提出下一步对自己的要求。在学期结束时，做出总的评估报告，并将之归入学员的档案材料。

（2）教师对学员的评估。教师对每一位学员建立一页专门的评估表，

[①] 有学者认为，法学专业的实践性教学从学生参与的程度和方式上划分可以分为庭审观摩、现场勘察观摩、法医观摩等观摩认识实践性教学，模拟法庭、疑案辩论、证据实验等模拟体验实践性教学，诊所法律教育、专业实习等直接参与实践性教学和学年论文、毕业论文、专题研究等思考研究实践性教学。参见李平《法学专业实践性教学环节及其基本质量标准探讨》，载《教育部高等学校法学学科教学指导委员会、中国法学会法学教育研究会 2007 年年会暨中国法学教育论坛论文集》，2007 年 12 月，第 197 页。

记录学员在课堂上及实践中的表现，并在期末给学员一份正式的评估报告，内容为学员的表现，教师的评价，教师的分析建议等。

（3）学员对教师的评估。学员主要评估教师准备是否充分，法律知识是否完备，实践经验是否足够，课堂组织是否科学，"传帮带"的能力是否突出，是否适合担任法律诊所教师等。

（4）对课程的评估。不定期采用无记名调查表和教师访谈的方式进行评估。内容包括：学员的学习技巧，教师的教学技巧，学员对课程设置是否满意，学员有何经验教训，学员与教师的关系是否有利于诊所学习以及学员对教学的建议等。

（5）对诊所的评估。主要包括诊所设立是否符合该法学院系特色，是否具备可以从事法律活动的诊所机构，法律诊所是否具备从事法律活动的条件，是否建立了保障法律活动进行的规章制度，法律诊所办理实际案情的情况考察，法律诊所活动对法学教育质量的影响等。

3. 专业实习教学活动的质量控制

近年来，各高校在专业实习教学活动中已经基本形成了自己的模式。在通常情况下，对于专业实习环节的质量监控主要通过实习教学管理、实习单位鉴定、学生撰写实习报告、举办经验交流座谈会等方式实现。专业实习教学活动的质量控制应当至少包括如下内容：

（1）建立较为稳定和一定数量的实习基地，进行法学专业的不同职业训练。如与司法机关、律师行业、各企事业单位的法务部门建立常规性的实习制度。

（2）确定合理、明确的实习大纲、实习计划和组织实施方案，制定规范的实习管理和考核制度。

（3）合理安排专业实习单位，有针对性地给学生配备专业实习指导教师。这种实习指导教师除了由院校教师外，还必须在学生实习单位挑选有能力、有经验的法律职业人员担当。

（4）建立专业实习情况交流和效果检验的信息平台和相关制度，确立与实习单位的常规性沟通交流制度。

（5）实习后的总结与经验交流制度。通过实习活动结束后的总结和经验交流活动，巩固专业实习成果，寻找知识与能力的差距，弥补法学教育存在的缺失。

（6）实习单位对实习学生及其所在院校法学教育情况的评价反馈制度。

（二）双轨制法科硕士生质量监控

在比较法的视角中，我们可以发现，很多国家的法科硕士研究生都有学术型法科硕士研究生和职业型法科硕士研究生之分，两者在准入条件、培养目标和培养方式上具有明显差异。① 我国法科硕士研究生学位教育自1996年以来便步入了法学硕士与法律硕士学位独立培养的"双轨制"的体制。按照当初设置法律硕士专业学位时对法学硕士与法律硕士的定位，两者在学位定位、培养目标、课程设置、培养模式以及师资要求等方面都应当有明显区别。但事实上，运行了十多年的法科研究生双轨制培养模式，已经背离了初衷，偏离了方向，出现了混同趋势。为此，两种硕士研究生的培养质量均在某种程度上受到了影响。

根据笔者的观察，在双轨制法科硕士研究生培养中，最大的问题是法律硕士的培养处在了一个尴尬的境地：

其一，法律硕士的应然定位是培养成实践型、复合型法律人才，但是，法学教育中，多数院校在法律硕士的培养上与法学硕士的培养并没有多大区别，一个教师给法学硕士上课讲什么内容，给法律硕士上课时也讲同样的内容，法律硕士的"实践性"与"复合性"并没有得到体现。

---

① 日本采取的是双轨制教育模式，即在法科大学院招收具有多种专业知识背景的学生，开展研究生层次的职业化教育，是一种高等法学教育与司法考试、司法研修相结合的法律人才选任模式。但同时，日本所招收的以法律为本科的毕业生，仍沿袭以前的法学研究科，培养法学教育研究型为主的人才。与中国不同的是，法律本科的毕业生同样也可选择职业化教育的研究生教育模式，而且可以获得缩短一年学制的待遇。参见丁向顺《日本法科大学院教育制度及其特征》，载《法制与社会发展》2006年第3期。

英国法科研究生教育模式较多，概而言之有法律硕士学位教育、法学硕士学位教育、法律硕士课程教育三种，由法学院和律师学院共同承担教育责任。法律硕士学位教育偏重于应用型，学制1年，只集中学习一个专业方向，选几门课程，不必写论文，通过考试即可毕业；法学硕士学位教育偏重于学术型，学制2年，需写论文，答辩后获得学位；法律硕士课程教育属于将非法学学位的学生训练成为一名律师所进行的法学理论教育。

德国的法科教育起点为硕士层次，培养分两个阶段，即大学基础学习阶段的学术教育和见习期的职业教育。学术教育顾名思义，以法学理论的学习为主，在通过国家第一次考试后，学术教育阶段终结。但若想成为法律职业者，还必须经过见习期，学制2年。见习期间，需要在专业机构见习，并得到专业人员的指导，见习结束时，由专业机构负责人出具证明，对包括其见习期间的表现、工作能力、知识面、品德操行及取得的成绩等方面予以鉴定。见习期结束后，参加第二次国家考试，通过者可以作为候补文官，待法官、检察官职位空缺时充任。参见邵建东《德国"轨制"法学教育制度及对中国的启示》，载邵建东编译《德国法学教育的改革与律师职业》，中国政法大学出版社2004年版。第3—15页。

其二，由于法律硕士学位诞生后，法学硕士不仅没有转向学术型与研究型道路，而是把进入法律实务部门工作作为就业的第一选择，特别是随着法学硕士招生规模的扩大，在每年的就业"大军"中，越来越多的法学硕士成为法律硕士最强有力的竞争对手。[①]

其三，在高校法科硕士研究生中，因为法律硕士是付费的，所以法律硕士似乎就低人一等，无论从师资配备上，还是从后勤保障上，往往得不到重视，某重点大学就曾经出台法律硕士在食堂使用饭卡加收15%管理费的规定，引起了法律硕士的强烈抗议。

其四，与法学硕士，甚至是与法学学士混同的培养模式，使得法律硕士的培养质量无法保障，3年结束，法律硕士被培养成了"法学基础知识懂一点"、"法学前沿知识懂一点"、"中国法律知道一点"、"外国法律知道一点"的"样样通"、"样样松"的"法律夹生品"。

在法律硕士的培养面临困境的情况下，法学硕士的培养也出现了令人不得不反思并须立即作出回答和付诸实践的问题：

其一，法学硕士的定位是否需要调整。特别是在我国法学教育中对法科硕士生实行双轨制培养模式的背景之下，法学硕士的前后定位是否需要作出明确的调整，即法学硕士到底是定位于学术型、研究型法律人才培养，还是定位于学术型、研究型与实践型法律人才的共同培养。在笔者看来，一方面，将法学硕士定位于学术型、研究型法律人才培养不仅不需要调整，而且需要加强，而今法学硕士的培养已经误入歧途，必须予以尽快调整；另一方面，如果将法学硕士定位于学术型、研究型与实践型法律人才的共同培养，那么，由于定位的多向性，只能导致培养出"非驴非马"的"非法学硕士"、"非法律硕士"的"混合硕士"。

其二，法学硕士的数量是增加还是减少。在笔者看来，1978年国家恢复法学教育后，由于法律人才的极度匮乏，社会对法学硕士的需要量较大，法学硕士培养规模的不断扩大有其合理性与必然性；但是，法学教育经过30年的繁荣发展后，社会对学术型和研究型法律人才的需求已经相对饱和，自然的新陈代谢即可满足其常态要求，但是，社会对于复合型、

---

① 由于法律硕士与法学硕士相比，缺少了4年的本科法学教育，律律理论基础较为薄弱，所以在法律实务界，大多认同法学硕士，而不愿意接受法律硕士。2007年12月，在南京召开的中国法学会法学教育研究会2007年年会暨中国法学教育论坛上，就有一位中级法院院长将任职以来拒绝接受法律硕士、仅录用法学硕士作为队伍建设的经验予以介绍。

实践型法律人才的需求缺口依然很大，特别是双轨制法科硕士培养模式建立后，法学硕士的培养数量应当适度减少，以集中精力培养学术型、研究型法律人才精品。

其三，法学硕士的学制是3年还是2年。在长期以来法学硕士培养3年制的模式下，一些学校探索实践了2年制法学硕士培养制度。根据笔者对这些培养院校和毕业学生调查了解的情况，表明该种3年改2年的实践是不成功的。导师和学生一致认为，2年的时间太短，学生入学后，第1年紧紧张张上课修学分，第2年忙忙碌碌写毕业论文、找工作，还要参加司法考试，根本没有时间对学生进行系统的学术指导与培养，不少学生参加导师主持的一个课题尚未结项即面临毕业，使得导师对学生的学术考查都无法在校完成。因此，笔者认为，在反思法学硕士培养定位、重新强调法学硕士学术型、研究型培养目标的同时，应当尽快将法学硕士的学制统一规定为3年。

纵观各国的学术型法科硕士研究生和职业型法科硕士研究生的培养方式，双轨制法科硕士研究生主要体现了培养目标、教育模式和学生自我塑造的不同。法学硕士学位教育与法律硕士学位教育在培养目标上虽有不同，但是在培养方法和培养内容上也有相同之处。因为，即便是学术型的法学硕士，也需要了解法律实务，而职业型的法律硕士也需要有较深厚的法学理论功底。我国目前对法律硕士学位教育的重点，应放在探讨在短时间内使法律硕士培养出扎实的法学理论基础、熟练的法律思维方式及良好的法律实务技能的方式。

一般来说，高等学校法学教育的目标一般有三项：一是教育形成法学基本知识体系，二是训练运用基本知识处理法律问题的能力，三是培养法律人思维方式和法律理念。所以，高校法学教育质量控制体系的构建，必须紧密围绕上述三个目标。就我国法学硕士和法律硕士教育的质量控制而言，也应当以上述三个基本目标为中心，区别法学硕士和法律硕士的不同特点而具体构建。基于上述分析，笔者认为，对于双轨制法科硕士生的质量监控，应当在二者的比较中科学构建。同时，考虑到我国法律硕士有全日制与政法系统在职攻读之别，在质量体系构建中，应当具体区分。

1. 法学硕士与全日制法律硕士教育质量控制比较

	法学硕士	全日制法律硕士
教育背景	从（一般法学）理论到（专业法学）理论	从其他学科理论到法学理论
学习目的	学习的实践应用性，或者理论储备性；从理论到实践或者从理论再到理论	学习的实践应用性（多种情形）
学术研究要求	系统研究	具体研究，小题小做
学科知识要求	核心法学学科的前沿与研究学科系统前提下的纵深	核心法学学科的系统与选择学科的前沿
培养目的	研究型、专一型法律人才	复合型、实践型法律人才
教学方法	理论与实践；系统的学术训练	理论与实践相结合；系统的诊所法律教育

2. 法学硕士与在职法律硕士教育质量控制比较

	法学硕士	在职法律硕士
教育背景	从（一般法学）理论到（专业法学）理论	从实践到理论
学习目的	学习的实践应用性，或者理论储备性；从理论到实践或者从理论再到理论	学习的实践应用性；从理论再到实践
学术研究要求	系统研究	具体研究，小题大做
学科知识要求	核心法学学科的前沿与研究学科系统前提下的纵深	核心法学学科的前沿与选择学科系统前提下的纵深
培养目的	研究型、专一型法律人才	复合型、实践型法律专家
教学方法	理论与实践；系统的学术训练	理论回应实践，理论指导实践；必要的学术训练

3. 全日制法律硕士与在职法律硕士教育质量控制比较

	全日制法律硕士	在职法律硕士
教育背景	从其他学科理论到法学理论	从法律实践到法学理论
学习目的	学习的实践应用性（多种情形）	学习的法律实践应用性；从法学理论再到法律实践
学术研究要求	具体研究，小题小做	具体研究，小题大做
学科知识要求	核心法学学科的系统与选择学科的前沿	核心法学学科的前沿与选择学科系统前提下的纵深
培养目的	复合型、实践型法律人才	复合型、实践型法律专家
教学方法	理论与实践相结合；系统的诊所法律教育	理论回应实践，理论指导实践；必要的学术训练

（三）成人法学专业教育质量监控

成人法学专业教育自学为主、面授或者网络授课为辅的特点，决定了其质量监控必须有别于常规法学教育，要求在教学设计、教学计划、教学管理和课程考核评估等方面应当抓住成人教育的特点，重视对学生自我学习能力和发展能力的培养。根据成人学生与在校学历教育学生之间的不同，除应按照常规法学教育要求建立法学专业质量监控体系外，还应重点注意以下几点：

1. 专业发展目标应凸显职业生存能力和发展能力。成人接受法学专业教育往往具有明确的职业化倾向，对于所选择的学习目标也较之在校生更加明确，因此，培养目标应凸显职业能力、创业能力、适应能力等。

2. 赋予其与在校生相同的应用学校教学资源的权利。例如教师的辅导答疑，学校图书资料信息的使用等。

3. 培养学生学习兴趣，使其养成自主学习的能力和习惯。由于工学矛盾，成人学生往往没有更多的时间放在法学专业学习上，激发其自学的兴趣是确保教学质量必要的措施。同时，可以通过灌输学校声誉及文化氛围来培养其专业自豪感，从而产生学习的动力。

4. 改善学生的思维方式，注重人文素质的培养。成人学生的知识体系往往是不完整的，也就很难形成专业的思维方式，因此，改善其思维方式是教学中首当其冲的任务。

5. 尤其注重日常考核与期终考核，以考促学。由于成人法学专业教育方式多种多样，有函授式、面授式、远程网络式等，因此，对其专业知识的考试需要尤其重视。

6. 确立考、教分开，确立核心课程全国性统一考试体制。鉴于目前成人教育形式的多样性，教师及学生状况均良莠不齐，有必要对法学专业核心课程组织全国性统一考试，以提高控制成人法学教育的质量。

除此之外，有学者提出的"远程与开放教育法学专业质量保证指标体系"值得在整个成人法学教育质量控制中应用。[1] 详见下表：

---

[1] 马晓燕：《现代远程与开放教育法学专业质量保证体系的研究与实践》，载《教育部高等学校法学学科教学指导委员会、中国法学会法学教育研究会 2007 年年会暨中国法学教育论坛论文集》，2007 年 12 月，第 254—261 页。

一级指标		二级指标		内　　容
Ⅰ—1	一、专业教学指标	Ⅱ—1	专业发展指标	1. 生存能力，发展能力
Ⅰ—2	二、教学输入	Ⅱ—2	人才培养指标	2. 职业能力，创业能力，适应能力
		Ⅱ—3	师资队伍	3. 队伍结构，业务水平，教学能力
		Ⅱ—4	学生资源	4. 入学水平，成就动机，学习态度
		Ⅱ—5	教学条件	5. 教学经费保障 6. 图书资料信息 7. 现代教育技术 8. 教学实践设施
		Ⅱ—6	教学环境	9. 学校声誉 10. 文化氛围
		Ⅱ—7	教学管理	11. 机构设置 12. 队伍素质 13. 管理规范
Ⅰ—3	三、教学过程	Ⅱ—8	课程建设与教学活动	14. 教学大纲 15. 教材 16. 教学方案 17. 教学条件 18. 面授教学 19. 网络教学 20. 实践教学 21. 课程考核
Ⅰ—4	四、教学输出	Ⅱ—9	教育质量	22. 学生联络服务网点 23. 毕业生跟踪调查 24. 毕业生社会评价
		Ⅱ—10	教学效益	25. 办学成本 26. 师生比例 27. 获取资源能力 28. 生源变化 29. 学校地位

第十三章　科研机构法学教育的发展方向[①]
——以设立"中国社会科学院法学院"为范例的研究

改革开放30年来，中国的法学教育规模急剧扩大。据不完全统计，我国法学教育由1978年的1院5系，膨胀至目前设有法学本科专业的高校达到615所。然而，法学院越办越多，法科毕业生就业却越来越难。我们认为，中国法学教育的急剧扩张，很大程度上是一种"粗放式"的发展，虽然量的增长快，但质的提高不足。相当一部分高校原来一些与法学不相干的专业，摇身一变成了法学院，而实际情况却是根本缺乏必要的师资与培养条件，导致法学院的办学标准严重偏低，教学质量难以保证，法学毕业生就业率严重偏低。究其原因，中国法学教育虽然规模庞大，但在人才培养上的结构是严重失衡的："一方面农村、乡镇闹'律师荒'；另一方面真正能够处理复杂跨国法律业务的高端法律人才产出不足。中国大学法学教育的'产品'主要囤积在中下档次"。[②]

然而，随着依法治国基本方略的渐次展开，法学日益成为一门"显学"，社会各行各业也更多合格的法学人才，越来越多的青年才俊也非常愿意投身于中国法治建设的伟大实践，对于这些可造之才，究竟是将其推向不合格的法学产品生产作坊，还是利用优质的法学教育资源，使他们享受良好的法学教育。对此，我们认为：从未来的发展趋势看，中国高校法学院在培养合格法科毕业生的基础上，在功能定位上走分化和差异化的路线，如划分精英法学院和非精英法学院，可能在不久的将来会变成现实。而在精英法学院的建设中，有一支尚未引起人们足够重视的法学教育力量——科研机构法学院系。如何使他们尽快摆脱办学规模等羁绊多年的束缚，发挥其雄厚的师资队伍等教育资源优势，实现研教相长，教学相长，研学相长，成为精英法

[①]　由于工作的关系，中国社会科学院法学研究所博士后研究人员程雷先生、中国社会科学院国际法研究中心谢新胜博士、中国社会科学院法学研究所法律硕士教学管理办公室代主任金英女士、谷硕先生，对本章部分内容的形成作出了贡献，特此说明并致感谢。

[②]　参见李林在《花溪之畔·法学教育改革论坛》上的发言，载http://edu.sina.com.cn/gaokao/2007-09-19/1527101514.shtml，访问日期：2008年8月5日。

学教育需求下的一个崭新的增长点。

以中国社会科学院法学研究所和中国社会科学院国际法研究中心为范例，作为中国唯一的国家级法学研究机构，他们不仅具有极其雄厚的师资力量与研究力量，而且具有丰富的法学教育经验与独特的人才培养优势。30年来，为社会供给了大量优质的法学教育产品，完全有资格、有能力在未来的法学教育中担当更大的责任，为我国法治建设作出更大的贡献。基于此，我们提出了以落实党中央、国务院对中国社会科学院的"三个定位"[①]和贯彻2008年度中国社会科学院工作会议以及工作改革会议为契机，依托中国社会科学院法学研究所和中国社会科学院国际法研究中心[②]，在现在中国社会科学院研究生院法学系的基础上，设立精英性质的"中国社会科学院法学院"，以充分利用法学所优质的学术研究资源与教学资源，实现研教相长、教学相长、研学相长新的工作改革目标。

一 设立中国社会科学院法学院的现实背景

在2008年度中国社会科学院工作会议以及工作改革座谈会上，为贯彻党中央对中国社会科学院提出的"三个定位"的基本要求和一系列重要指示，陈奎元院长与王伟光常务副院长明确提出了未来中国社会科学院改革与发展的6项战略任务，要求全院同志解放思想、锐意探索、勇于创新，全面推进哲学社会科学创新体系建设。法学所在认真学习、思考院领导提出的上述改革精神与要求的基础上认为，在现有法学系的基础上创建中国社会科学院法学院，是落实"深化管理体制机制改革、推进哲学社会科学创新体系建设"精神的最佳实践方式与路径。

王伟光常务副院长在中国社会科学院2008年度工作会议报告以及在院工作改革座谈会上的讲话中，明确提出"我们要向改革要成果，向改革要人才，向改革要效益，向改革要形象，向改革要出路"；"解放与发展科研生产力是改革的根本目的"，"应集中力量突破不适应科研生产力和科研人员积极性发挥的体制性和机制性障碍，实现机制体制的不断创新"；"要积极推进制度创新，建立促进学科发展创新的管理制度、组织机构、运行方式

---

① 党中央、国务院对中国社会科学院的三个定位是指中国社会科学院是党中央、国务院的思想库与智囊团，是中国哲学社会科学研究的最高学术殿堂，是中国马克思主义研究的坚强阵地。

② 为尊重传统及叙述方便，以下简称法学所。特此说明。

和激励机制"。从法学系近年来的发展运行情况分析，我们认为，以设立法学院为契机，改革法学研究与法学教育的各项机制，是法学所和研究生院全面推进机制体制创新的共同有效途径。

（一）法学研究与法学教育

近年来，面对法学研究与法学教育日益严峻的竞争形势，法学所主要领导与全体同仁一道积极进取，勇于开拓，发挥了为中央全面推进社会主义法治建设充当智囊团、思想库的应有作用。然而，长期以来形成的思维定式、旧制度的束缚还是在一定程度上限制了法学所的改革与发展步伐。法学是一门实践性极强的学科，当前党和政府对法治事业与法学教育的关注，客观上要求应投入更多的科研和办公经费，引入与培养更多的优秀法学人才，而上述法学科研工作的特殊要求必然与法学教育工作紧密结合起来方可充分满足与实现。

1978年，自中国社会科学院研究生院依托法学所成立法学系开始招收法学硕士、博士研究生以来，特别是2003年开展法律硕士专业学位研究生教育工作以来，30年的法学教育工作充分说明：解放与发展法学科研生产力、突破体制性和机制性障碍、建立促进法学学科发展创新制度的关键，在于改革法学教育并进而为法学科研工作提供更多的学术实践条件、经济支持条件与人才支撑条件，从而全面推进法学所科研工作的体制创新与制度创新。在该种现实背景之下，在法学系的基础上设立法学院，已经成为目前法学所科研工作改革的一个十分重要的着力点与突破口，这一改革举措的成功将直接为法学科研工作创造更加合理的制度创新机制，更加优厚的人才引进与培养环境，更为宽广的国际交流空间，更加明显的学科优势与地位，更加完善的后勤和财政保障条件。

（二）法学生产关系与科研生产力

随着近年来我国法学教育的蓬勃发展，中国社会科学院的法学教育受制于"法学系"这一"古老的"机构设置，在教学规模、形式、内容、名称等许多方面与其他高校、科研机构的法学教育开展情况相比处于竞争劣势：一方面，教学规模太小，不少在国内外学术界有着重大影响的法学泰斗，3—5年的时间才可能获得一个博士培养指标，且还不能指导硕士研究生，与社科院雄厚的法学师资力量形成鲜明的反差。同时，每年仅有10个左右的研究生入学后，由于每个专业至多2人，也难以组织合乎教学规律的教学活动，教学的内容也必然受到相应的制约。受制于法学系缓慢的发展，中国社会科学院研究生院法学系虽然是1978年恢复法学教育即获得研究生培养资格的第一批法学院系，但是，30年过去了，竟然还有许多人不知道中国社会科学院还承担着法学教育的任务。另一方面，"法学系"的名称经常被人理解为教学力量不足、管理达不到法学院的水平与标准或者法学院下的二级单位，而且"法学系"名称早已落后于历史发展的要求，目前国内法学教育机构除了部分理工院校囿于师资与规模的限制不得不继续称之为"法学系"或者"法律系"外，绝大多数院校均已改称为"法学院"。因此，我们认为，法学系的名称及其教学模式与机制已经成为制约中国社会科学院法学教育与法学科研向前发展与跃进的阻碍性生产关系。为了解放法学科研生产力，应当大胆改革，锐意进取，通过在现有法学系的基础上创建法学院，进一步改革法学科研的生产关系，建立法学研究与法学教育相得益彰的发展机制。

二 设立中国社会科学院法学院的可行性与必要性

我们认为，中国社会科学院研究生院法学系改法学院是中国社会科学院全面履行党中央、国务院的"三个定位"，发挥科研优势为中国法学教育培养高规格、高质量法律人才的重要举措，也是中国社会科学院在日趋激烈的法学人才培养竞争过程中，把握机会、发展壮大并全面提升精英法学教育水平与声望的有效手段。系改院不是盲目求大、求全，而是要充分利用中国社会科学院现有的法学科研力量，发展精英型法学院。一方面，可以有效利用法学科研优势与资源为社会培养高端法律人才，特别是可以集中科研与教学力量，接受委托，培养国家和社会在特殊时期和特别领域需求的法律专业人才；另一方面，可以通过法学教育活动的开展，促进与支持法学科研工作的创新与进步，实践法学研究的成果，传播法学学术思想。

（一）可行性分析

我们认为，在现中国社会科学院研究生院法学系的基础上创建法学院是充分、高效利用中国社会科学院强大法学研究与教育资源的客观要求，具有现实的可行性。

1. 法学教育的基本概况

中国社会科学院的法学研究生教育始于20世纪50年代，时为中国科学院人文社科学部时期。1978年建立研究生院法学系，专事培养高层次的法学研究和法律实务人才。作为国务院学位委员会审核批准的全国首批法学一级学科博士学位授权点之一，法学系授予博士学位的学科有9个，分别为：法学理论、法律史、宪法学与行政法学、刑法学、诉讼法学、民商法学、经济法学、环境与资源保护法学和国际法学。除博士点外，法学系还有全部法学二级学科的10个硕士学位授权点，并在2005年和2007年自主设立传媒法和知识产权法两个二级学科硕士学位授权点。自1992年始，法学系设立法学博士后流动站，招收博士后研究人员。从1998年起，法学系开始招收外籍研究生，从2000年开始招收港澳台研究生。2003年，经国务院学位委员会批准，研究生院（法学所）成为法律硕士专业学位研究生培养单位，并于2004年招收首届全日制法律硕士研究生，2005年招收首届在职法律硕士研究生。相对法学研究生培养而言，法学系有关法律硕士的法学教育相对独立。

2. 法学研究生培养优势

目前，法学系的学科建设和日常管理依托于中国社会科学院法学研究所和中国社会科学院国际法研究中心，而法学所与国际法中心作为我国仅有的两个国家级的法学研究机构，为法学研究生的培养搭建了良好的法学理论与实践平台。两所现有15个研究室和12个研究中心，两份国家级法学期刊（《法学研究》与《环球法律评论》）。至2008年7月，法学系拥有教授78人，副教授41人，其中博士生导师41人，硕士生导师44人，另外，还聘请了一批海内外著名学者担任名誉教授、客座教授和兼职教授。法学所与国际法中心不仅拥有一批享誉海内外的著名学者和精品名作，而且在国家政治和社会生活中发挥着重要作用。自1995年以来，法学所与国际法中心的著名专家先后8人次担任中共中央法制讲座主讲人，8次担任全国人大常委会法制讲座主讲人。法学所与国际法中心的学者还应国家有关部门的委托和邀请，多次参与宪法修改以及其他立法、司法工作与国际人权对话和交流活动。

正是基于法学所与国际法中心良好的学术平台与广泛的社会关系，法学系的法学研究生教育取得了极为丰硕的成果。自1978年建系以来，师生员工辛勤耕耘，桃李满园，为国家和社会输送了大批优秀人才。截至2008年7月，法学系共培养硕士研究生611人，博士研究生254人，其中有些毕业生担任了党和国家高级领导职务，有些成为著名学者，有些成为优秀法官、检察官、律师和企业家。仅以目前已经获得中国"十大中青年法学家"荣誉称号的 50 位法学学者为例，法学系即有信春鹰、孙宪忠、莫纪宏、刘俊海、张新宝、孙笑侠、卓泽渊 7 位毕业生获此殊荣。而在我国著名律师事务所——君合律师事务所，设立的中国首家律师事务所奖学金——"君合律师人才奖学金"历届获奖人的名单中，法学系研究生谢鹏程、袁泳、张新宝、韩世远、邹海林、王明远、邱本、朱广新、谢鸿飞、徐涤宇 10 人曾荣获该项大奖。该奖在法学教育界，对于所有法学学子而言，是一个很大的荣誉，具有非常广泛的影响。据统计，到目前为止，中国人民大学法学院获此奖项的研究生也仅有 11 人，考虑到中国人民大学法学研究生的庞大基数，可以说，中国社会科学院研究生院法学系培养的法学研究生素质不仅毫不逊色，甚至在某种程度上还优于中国最顶尖法学院培养的学生。另外，法学所李步云教授指导的博士生周汉华①所撰写的《中国法制改革论纲：从西方现实主义法律运动谈起》获得了 2002 年教育部评选的全国优秀博士论文大奖，也反映出法学系法学研究生培养在全国法学教育中的重要地位。

然而，尽管法学所师资力量非常雄厚，法学教育成果相当突出，但由于目前法学系规模太小，招生名额过少，法学所的优质法学教育资源无法为更多法律学子所利用，某种程度上已经成为制约法学所法学教育发展的桎梏。仅以法学系 2007 年法学研究生招生情况为例，2007 年法学系博士报考 280 人，录取 28 人（国内 26 人，外国留学生 1 人，港澳台 1 人）；法学硕士报考 130 人，录取 16 人（国内 12 人，外国留学生 3 人，港澳台 1 人），一共招收法学研究生 44 人。而据统计，截至 2007 年底，法学系具有研究生招生资格的导师一共为 79 人，其中博士生导师 41 人，平均每位导师每年招收 0.68 位博士生；而硕士生导师 38 人，平均每位导师每年招收 0.42 位硕士生，这就是说一位硕士生导师可能要轮三年才能招收一位法学硕士研究生。正因如此，法学所的某些学科，如刑事诉讼法学，已经连续 4 年未争取到硕

---

① 现为中国社会科学院法学研究所宪法行政法研究室主任，中国社会科学院研究生院法学系教授、博士生导师，中国法学会信息法学研究会副会长，国家信息化领导小组聘任之"国家信息化专家咨询委员会委员"，国务院行政审批制度改革工作领导小组办公室聘任之"行政审批制度改革专家咨询组成员"国务院法制办聘请之"《行政许可法》起草小组成员"，国家计委、中国价格协会聘任之"政府价格工作专家咨询委员会委员"，信息产业部聘任之"《电信法》起草专家咨询委员会委员"及"信息产业部通信科技委员会委员"，铁道部聘任之"《铁路法》修改专家咨询组成员"，商务部世界贸易组织司聘任之"商务部新一轮多边贸易谈判（多哈发展议程）贸易与竞争政策议题谈判专家咨询组成员"，国家保密局聘任之"保密法制建设顾问"，国家海事局聘任之"《海上交通安全法》修订工作专家组成员"，河北省石家庄市人民政府聘任之"市政府首届专家咨询委员会成员"等。

士研究生的招生名额。反观一些著名高校的法学院,如北京大学法学院有博士生导师为30人左右,2007年共招收博士研究生39人(不含港澳台及留学生),师均招生1.9人;硕士生导师35人,2007年招收法学硕士研究生105人,师均招生3人。中国人民大学法学院有博士生导师为47人,2007年招收法学博士研究生70人,师均招生1.5人;硕士生导师40人,2007年招收法学硕士研究生245人,师均招生6.1人。至于像中国政法大学、西南政法大学、中南财经政法大学等一些单科法学院校,其法学研究生师生比更是与法学所不可同日而语。由此可见,由于法学所法学系师生比远高于目前的高校的法学院,法学所的法学研究生,尤其是法学硕士生招生比例太小,法学教育资源存在严重闲置与浪费现象。

3. **法硕研究生培养特色**

研究生院(法学所)于2003年9月成为法律硕士专业学位研究生(以下简称法律硕士)培养试办单位以来,截至2008年8月,共招收法律硕士387人,其中2004级全日制法律硕士149人,均已顺利答辩毕业;2005级在职法律硕士招收80人,均已顺利毕业;2006级在职法律硕士75人,2007级在职法律硕士83人,目前均在顺利培养当中。经过4年多的努力实践与大胆探索,法律硕士的各项培养工作取得了扎实稳步的发展,建立了一支高素质的教学与教学管理队伍,形成了一套成熟的教学与教学管理体系,编写出了一套规范且具有较强针对性的法律硕士教材,探索出了具有"社科法硕"特色的办学模式和经验做法,取得了预期的效果,实现了既定目标。

其一,建立了一支高素质的教学与教学管理队伍,组织了阵容强大的师资队伍。除法学所的导师外,还聘请了一批学者型、专家型的资深大法官、大检察官、大律师参与到法律硕士的培养教育工作中来。

其二,制定了一整套完善的教学管理和学生管理制度。这是全国唯一的一套专门针对法律硕士的培养制定的教学与教学管理制度。

其三,编写出了一套规范且有针对性的法律硕士教材。这是全国第一套专门针对法律硕士的培养而编写的通用教材。

其四,组织了方式灵活的教学与教学管理活动。法学所在法律硕士培养中,率先在全国实践开设了法律诊所教育课程。截至目前,已有150多名法律硕士参加了法律诊所教育活动,收到了良好的教学效果。2006年,在全国法律硕士培养试办10周年总结表彰大会上,法学所应邀作了题为"开设法律诊所教育、探索建立具有法学所特色的办学模式和'社科法硕'品牌"

的经验介绍。

其五，取得了良好的教学效果与社会效果。2004级全日制法律硕士已经顺利毕业，并获得法律硕士专业学位。2004级全日制法律硕士参加全国统一司法考试通过率为91%（全国司法考试通过率为10%左右），居全国法学院校同类研究生司法考试通过率之首。2004级全日制法律硕士除个别同学考博而未就业外，就业率为100%。

2006年，在全国法律硕士培养试办10周年总结表彰大会上，法学所荣获"全国优秀法律硕士教学奖"和"优秀法律硕士教学管理奖"双项大奖，有力地说明了其法律硕士培养工作的质量与水平。①

（二）必要性分析

1. 法学教育改革之需

设立法学院是当前中国社会科学院法学教育改革发展的客观要求。根据数据显示，2004年至今，"小法学"与"大法学"② 毕业生人数，基本保持在研究生院毕业总人数的20%—40%左右（详见下图）。2007—2008年共培养毕业生1378人，其中法学专业毕业生557人，在这557人中由法学系培养的"小法学"毕业生人数为411人，从比例上来看，大、小法学毕业生人数分别占研究生院培养学生总数的29.83%与40.42%。

中国社会科学院研究生院2004—2008年大、小法学毕业生与总人数比照表

类别 年度	研究生院			法学系				法学学科			
	硕士	博士	合计	硕士	博士	合计	比例(%)	硕士	博士	合计	比例(%)
2004届毕业生	263	207	470	40	24	64	14	79	51	130	28
2005届毕业生	290	223	513	79	28	107	21	112	56	168	33
2006届毕业生	331	260	591	79	40	119	20	116	77	193	33
2007届毕业生	497	252	749	220	38	258	34	256	71	327	44
2008届毕业生	393	236	629	127	26	153	24	166	64	230	37

这就是说，法学系培养的学生人数已经接近研究生院学生总数的三分之

---

① 详见本书附件三和附件四有关内容。
② "小法学"系指由专门法学系培养的法学专业学生。与此相对应的"大法学"系指既包括"小法学"，也包括法学系以外的其他系培养的颁发法学专业学位的学生。

一，"大法学"人数已经超过研究生院学生总数的五分之二。考虑到2008年教育部已经批准法学系恢复招收全日制法律硕士等因素（预计2008年将增加招生80人左右），法学系研究生的培养规模还将继续扩大。法学教育在研究生院招生、培养工作中占据如此重要的份额，将其称之为"法学系"显然是十分"名不符实"。为了适应目前以及未来一段时间内中国社会科学院法学教育规模的继续扩大以及做大、做强中国社会科学院的法学教育品牌，有必要通过创建法学院的改革方式，打破教育规模的障碍性约束机制，充分适应法学教育规模不断扩大的客观趋势与要求。同时，法学系在法学教育中的优势与取得的成绩说明，他们完全有力量、有能力、有资格依托法学所在现在的基础上建设高质量的精英法学院。为了更充分地利用法学所的法学教育资源，更好地满足广大学子接受优质法学教育的愿望，法学所的法学教育规模必须要适当扩大，而扩大规模，就必然要求在现有法学系基础上建设法学院。否则，在高校的激烈竞争下，不仅无法进一步拓展法学教育事业，甚至可能会导致目前法学所法学教育功能的萎缩，影响法学所的学科建设水平的提高。

2. *法学研究水平提高之需*

创建法学院有利于进一步提高法学研究水平。有的研究人员认为，法学所作为党中央、国务院的思想库、智囊团，只要搞好法学学术研究，完成党和政府交办的研究任务即可，法学教育只是"副业"，没有必要花大精力，费大力气，否则是对我们研究主业的背离。因此，在行动上体现为对教学重视程度不够，同时由于教学经验缺乏，个别教师的教学基本素质、教学内容、教学方式上与规范化的法学教育尚有距离，教学效果亟待改善。我们认为，这种观点是片面的，没有认识到法学学术研究的实践性以及法学教育对法学研究巨大的推动作用。

首先，法学学术并非存在于真空之中，其产生和发展的动力在于社会的需要。从法学的形成过程来看，国家对具备法律知识的管理人才的需要，以及市场对充当协调人和代理人的法律职业者的需求在其中起到了决定性的作用，因此法学学术从诞生之日起就与法学教育的发展紧密相连，两者的共同进步又巩固和促进了法律职业的建构。所以，法学学术研究的深化离不开法学教育，也无法与法律职业人才的培养相割裂。

其次，人们常常说"教学相长"、"研教结合"，意思就是研究与教学可以相互促进。在我们的研究工作中，常有这样的经验：有些理论表面上似乎研究得比较充分，但在与人交流或者辩难过程中，可能发现学术建构得并不完善，有些道理感觉说不清，道不明。而教学的过程就是把本学科的知识和理论系统地向学生讲授，与学生进行交流，研究人员在教学的过程中可以不断检视自己研究中的问题，有些本来觉得顺理成章、习以为常的东西如果一经碰撞、交流就可能产生新的思想火花，可能发现新的理论问题。学术研究贵在创新，其实质就是不断地发现新问题，修正原有不完善的理论。从这个意义上说，教学恰好为研究人员发现问题，检视原有理论提供了一个很好的互动平台。

再次，理论研究需要广阔的学术视野，才能做到触类旁通，上下勾连，这样写出的文章才能左右逢源，说服力强。而在研究实践中，我们有些研究人员的研究视野较为狭窄，经常过度纠缠于研究领域的一两个问题，而对属于本学科的其他问题不关注、不了解，因此研究结论往往流于片面。而教学就必然要求研究人员系统化地讲授一门课程，需要其对本学科有全面的把握，从而促使研究人员开阔视野，避免研究眼光局限于狭小领域，这对法学学术研究而言，也是百利而无一害。

所以，通过设立法学院的方式，提高法学教育在研究人员心目中的地位，将法学所的科研优势转化为教学优势，同时通过教学促进科研的发展，是实现法学研究与法学教育双赢的一条可行之道。

3. 社会地位强化之需

设立法学院有利于进一步扩大社科院法学所的社会影响力。虽然社科院法学所在学术界声名赫赫，学术水平受到法学界普遍认同，法学系培养的研究生素质也很高，但由于招生人数很少，社会各界，尤其是司法实务界，对法学教育了解还不多，认识还不够，社会影响力与我国著名高校法学院相比似乎还有差距。突出例证即为当我们力图拓展在职法律硕士生源时，相当一部分政法机关的同志甚至没有听说过社科院法学所的法学教育，更谈不上与北京大学、中国人民大学，甚至是中国政法大学的生源竞争，尽管我们的学术研究实力与师资力量可能要优于这些高校。实际上，法学所除负有学术研究与参与党和国家理论决策功能外，还负有法学教育功能与法学学术交流功能，而要很好地履行后两个功能，就亟须我们提高法学所的社会知名度与社会影响力。所以，通过成立社科院法学院的方式，广招天下英才而教之，大力弘扬学术思想，积极推介学术成果，乃是社科院法学所强化社会地位、扩大影响的一条可行之道。

4. 人才队伍建设之需

无须讳言的是，当前国家对于科研经费的投入尽管连年增加，但投入与需求之间的矛盾日益突出，科研经费的保障是科研队伍建设、科研成果建设的必备保障。其他大学法学院的科研工作得益于法学教育所产生的经济效益近年来已经对社科院法学所的科研地位、影响形成了巨大的挑战与竞争。为了进一步保持法学所在法学科研事业中的领先、主导地位，殊有必要通过创建法学院创造更多的经济效益以支撑法学科研事业竞争力的建设与发展。

法学所长期处于科研经费紧张，职工收入偏低的状态，通过举办法学院，一方面可以满足人民群众日益增长的接受优质法律教育服务的需求，另一方面也可以充分利用法学所的品牌在国内法学教育服务市场中占据一席之地，取得一定的经济效益，有效地缓解目前经费短缺，收入偏低的窘况。而且，法学所目前面临着与高校法学院激烈的人才竞争，近几年由于收入原因，法学所流失了不少学术骨干。为应对外部高校的激烈挑战，法学所的人才建设不仅要做到事业留人，而且要考虑待遇留人，用实实在在的物质待遇吸引和留住优秀的学术人才。但在目前院级经费普遍紧张的情况下，如何深挖内部潜力，多渠道创收，利用法学所品牌优势，举办法学院，从而积极拓展法律服务市场应是一个有效办法。

5. **法治使命履行之需**

党的十六大、十七大报告中明确提出建设社会主义法治国家的治国方略与宏伟目标，近年来我国的法治建设取得了长足的进步，但同时也反映出社会主义法治理念与法学教育方面存在的不足。针对这一状况，党的十七大以来，党中央提出了加强社会主义法治理念、改革法学教育的要求，我们认为，社会主义法治事业的建设与发展关键在于年青一代学子的理念教育与培养。当代各国的发展与竞争归根结底是人才的竞争，在各种思想暗流的交织与相互作用下，能否培养出适应社会主义法治要求、具备社会主义法治理念的新一代法学学子已经成为未来二三十年间，决定我国法治事业进程的关键一环。长期以来，中国社会科学院以及法学所作为马克思主义思想的坚强阵地，很好的生产、发展、传播了马克思主义及其指导下的社会主义法治理念，然而通过一种什么样的途径将这些正确、远大的思想、理念贯穿到法治国家的治理方略当中是值得我们深思的问题。我们认为，法治建设不仅仅需要先进、科学的研究成果与前沿思想，也需要合格的法学学子与思想传承人，法学院的设立将进一步促进中国社会科学院成为社会主义法治事业合格接班人的培养基地与摇篮，不仅仅是生产、创造社会主义法治的理念，更要将这些先进的、把握正确方向的理念灌输给莘莘学子，并通过他们带到社会实践当中去。

6. 国际学术交流之需

设立法学院是扩大法学对外交流，落实开门办院和"走出去"的院工作改革精神的需要。积极扩大国家学术交流、努力把中国社会科学院建设成为中国哲学社会科学走向世界的重要窗口是其当前工作改革的重要方向之一。在法学所与世界其他国家的同行们进行国际交流的过程中，经常体悟到国外科研交流的对象主要是教学与科研合二为一的大学，在国际交流与合作的过程中，由于目前社科院没有法学院的建制，对等、双向的法学交流经常面临着不应出现的机构上的困难与隔阂，也影响到社科院争取国外项目支持的机会，比如许多科研项目的申报要求具有较多的科研辅助人员与行政管理人员，这时大量、优秀的博士、硕士研究生的存在将会有效地弥补这一"硬件"缺陷。可见，设立法学院已经成为根据国际法学交流与合作的惯例开展国家间教学科研机构合作的必然要求，是进一步扩大社科院对外法学交流的重要举措。

（三）小结

一个法学教育机构是否具备成立法学院的资格，目前没有一个统一的标准。但是，我们认为，人才培养的规律表明，是否具备足够数量的"大师"以及能否培养出大量的优秀人才是最为基本的衡量指标。法学所30年来的法学教育历程充分地说明了法学所既有老中青三代结合良好的法学大师，又有层出不穷的优秀毕业生。加之过去5年中法律硕士大规模培养工作积累下来的丰富的教学与教学管理经验，已经充分说明了社科院完全具备设立法学院的条件。

从名称的确定来看，我们认为，"中国社会科学院法学院"是一个符合国际惯例与国内法学教育通常情况的称谓，与北京大学法学院、中国人民大学法学院等国内代表性法学院的称谓相同，"法学院"一词与直属院校或机构是直接连接在一起的，尽管从研究生管理的角度来看，法学院与研究生院存在密切的相互配合、协助的工作关系，但是，并没有任何一所高等院校将其名称确定为"某某大学研究生院法学院"。

基于上述分析，我们不难发现，无论从内部主客观条件还是从外部发展状况来看，设立中国社会科学院法学院的时机已经成熟，必要性与可行性理由均已充足，缺乏的仅仅是改革的勇气与创新的实践。

三 设立中国社会科学院法学院面临的困难与挑战

必须同时清醒地认识到,在中国社会科学院由法学系改为法学院,并不仅仅是名称的变化,而是对于中国社会科学院"三个定位"的深化认识与理解,是对中国社会科学院法学教育职能的重新认识与担当,是对中国社会科学院法学研究与法学教育关系的重新定位与实践。机遇在,困难与挑战也在。

(一) 需要进一步解放思想

在中国社会科学院这一中国哲学社会科学研究的最高学术殿堂,创设法学院毕竟是一个新想法、新事物。由于长期以来有人对社科院定位的惯性思维,有些人可能会认为法学教育这种"副业"不应冲击法学科研的主业。我们认为,这种观念的存在,一方面说明了还有人对法学所的定位与职能不够清楚。法学所自1958年创立以来,即承担着四项历史使命:一是从事职业法律学术研究;二是参与党和国家的有关决策研究;三是开展高级法学教育,培养法学硕士博士研究生和博士后研究人员,接纳海内外进修学者和专家,以及为国家公务员、法官、检察官、律师、法学教研工作者提供高级培训;四是促进国际学术交流与合作。由此可见,法学教育不仅不是法学所的"副业",而是法学所的"四项使命"之一;另一方面,在法学所法学研究与法学教育的关系上,仅仅强调法学研究而忽视法学教育,恰恰说明了中国社会科学院工作会议以及工作改革座谈会的精神与要求需要进一步坚持与贯彻:在新形势下,判断一项改革的可行性与必要性,关键是要看改革举措是否有利于解放和发展科研生产力。创建法学院就是要通过发展法学教育,支持和推动法学科研工作的发展。因此,我们认为,只要能够全面把握中国社会科学院改革工作的大局以及深刻领会院领导提出的工作改革"六项措施"的内容,以改革的精神与勇气认识法学教育改革的举措,就能够统一认识,统一思想,统一行动。在能否解放思想、成功推进改革试点的过程中,我们认为,应当上下一致,齐心协力,群策群力,齐抓共管,统一指挥,统一协调,稳步扎实地推进该项工作改革的进行。

(二) 缺乏精干的教学管理力量

我们认为,中国社会科学院法学院可以依托法学所与国际法中心的科教平台，整合现有法学系资源，在法学系的基础上加以设立。目前，法学系从招生到教学管理工作，从教务工作到学生管理，从学籍工作到后勤保障，从培养方案和教学计划的制定、教学活动和教材编写的组织、到学生党团组织和档案管理的建立等各项工作，已经基本上涵盖了一个法学院的全部工作。但与繁杂的工作相对照，法学系的工作人员显得严重不足。除人员数量上的不足外，法学系工作人员在一定程度上还缺乏相应的教学管理经验，而且不少工作人员属于聘用制、合同制，工作报酬相对较低，造成了工作人员人心不稳。因此，要成立法学院，必须要有一定数量的稳定、精干且热心法学教育的工作人员。

（三）研究生招生规模的限制

由法学系设立法学院后，当务之急的工作就是扩大招生规模。前文已述，由于法学系目前招生名额过少，而导师相对较多，导致研究生师生比远高于著名高校法学院，这也从侧面说明法学所法学教育资源闲置严重的状况。为有效改善这种状况，必须充分扩大研究生的招生规模。对于法学研究生教育而言，借鉴著名高校法学院招生情况，我们认为：法学硕士研究生的师生比达到1∶3，法学博士研究生师生比达到1∶1.5是比较合适的。也就是说，为达到这个目标，未来成立的法学院应每年招收法学硕士研究生120人左右，每年招收法学博士研究生60人左右，方能达到师生比的最佳配置。而就法律硕士研究生招生来说，主要分为两种情况：对于在职法律硕士研究生，宜实行自主招生，每年招收150—200人；就全日制法律硕士招生而言，宜每年招收200—400人。

（四）缺少固定、达标的办学场所

目前看来，扩大研究生招生最大的困难是教学场所问题。以法律硕士研究生办学为例，由于办学以来没有固定教学场所，三年办学辗转三处：2004年9月至2006年6月租用中研楼办学；2006年6月至2007年8月租用北大万柳学区办学；2007年8月后转回法学所办学。这种"打游击"式的办学方式，不仅在管理上带来极大不便，造成硬件支出上的不小浪费，还在学生中形成了思想波动。不少学生认为，法学所没有固定办学场所，显得不正规，学习场地、活动场地狭窄，学习场所的不断搬迁浪费过多学习精力。法学研究生的教学也存在同样问题，由于没有场地，不少法学研究生课程安排在周二"返所日"研究人员的研究室内进行，还有一些课程则由老师安排在自己家里教授。因此，可以毫不夸张地说，办学场地问题已经成为制约社科院法学教育学发展的瓶颈，社科院的法学教育要想做大做强必须要解决这一问题。为此，我们建议，在研究生院迁往良乡校区后，将现在的望京校区用于设立法学院，或者在研究生院新址建立独立的法学楼。

四　结语

总之，科研机构法学教育的产生、成长与发展，由其特定的历史背景与条件。在中国法学教育经过30年的大规模、多层次发展之后，法学教育的繁荣之下是人们对法学教育发展前景的担忧。中国未来的法学教育面临新的历史背景、社会发展趋势和新的时代要求，法学教育必须紧密围绕和谐社会就是法治社会的构建、围绕保障新时期经济又好又快的发展、围绕中国全面小康社会的建设、围绕全球化发展趋势的一致，立足中国国情，不断改革创新，建立起具有中国特色的法学教育制度。对此，作为法学教育主体的科研机构义不容辞，作为肩负党中央、国务院"三个定位"的中国社会科学院责无旁贷。

附件一　中国社科院法学所全日制法律硕士培养方案 II

中国社会科学院研究生院（法学研究所）法学系全日制法律硕士专业学位研究生培养方案

根据《中华人民共和国学位条例》和《中华人民共和国学位条例暂行实施办法》的规定，按照国务院学位委员会二〇〇六年八月三日下发的《法律硕士专业学位研究生指导性培养方案》的要求，结合中国社会科学院研究生院（法学研究所）法律硕士专业学位研究生培养的具体情况，特制定本培养方案，作为培养法律硕士专业学位研究生（以下简称法硕研究生）的基本依据。

（一）培养目标

法律硕士专业学位教育旨在为立法、司法、行政执法、法律服务以及社会政治、经济管理、公共管理等部门、行业培养德才兼备的适应社会主义市场经济和法治建设需要的高层次、复合型、应用型法律专业人才及管理人才。

具体要求：

1. 掌握马列主义、毛泽东思想、邓小平理论和"三个代表"重要思想的基本内容，拥护党的基本路线、方针、政策，自觉遵守和维护宪法和法律，热爱祖国，弘扬正义，具有较高的政治素质和良好的法律职业道德。

2. 掌握扎实宽广的法学理论、基础知识和实务知识，具备法律职业所要求的知识结构和思维能力，能够运用法学理论和法律知识分析和解决各类法律问题。

3. 能够综合运用法律、政治、经济、管理、社会、外语、科技、计算机等方面的相关知识，独立从事法律实务工作和相关的管理工作，达到有关部门中级以上专业与管理职务的任职要求。

4. 比较熟练地掌握一门外语，具备读、写、听、说能力。

（二）培养对象

具有良好政治素质和道德水平、身体健康、具有国民教育序列大学本科学历或具有本科同等学力的非法律专业的毕业生。

（三）学制

采用全日制学习方式，学制为三年。

（四）培养方式

1. 以课程教学为主，并辅之以形式多样的社会实践。课程教学中注重案例教学，注重对法硕研究生分析、解决实际问题的能力培养。
2. 采用导师组和论文指导教师相结合的培养方式。
3. 聘请法律实务部门的高级专家参与法硕研究生的培养工作。

（五）课程设置与学分要求

1. 课程按法学一级学科和法律专业的基本要求确定，课程设置应覆盖法律二级学科的主要内容，课程结构分为必修课和选修课。
2. 课程安排应发挥法学研究所的科研优势，体现高层次、宽基础的特点，并注重培养法硕研究生的应用能力。
3. 法硕研究生的学业管理采取学分制，学位学分要求不低于90学分，其中必修课32学分，必修环节12学分，学位论文10学分，选修课不低于36学分。每学分授课时数不少于18个课时。法硕研究生可以按照自己的意愿，确定合适的选修课。每门选修课的选课人数达到40人以上方可开设该门课程，或者在同级法硕研究生不足40人的情况下由法学系酌情决定是否开设该门课程。
4. 所学课程考核合格后，可获得相应的学分。考核分为考试和考查两种。考试成绩采取百分制，70分为合格；考查成绩分为合格与不合格两种。必修课应当采取考试的形式。选修课可以采取考试或考查的形式，其中考试科目不得少于选修课总数的1/2。

考试可由任课教师决定采取书面闭卷、书面开卷、论文或者多种形式相结合的方式。考核重在考查法硕研究生对所学专业理论和知识的掌握与运用，以及发现、分析、判断和解决实际问题的能力，应减少对机械性记忆的考核。

5. 公共课（政治、外语）的教学计划由中国社会科学院研究生院和法学研究所共同拟定，由研究生院教务部门负责实施。专业课由法学系负责具体安排。

（六）法律职业伦理与职业能力

采用多种途径和方式加强法硕研究生的法律职业伦理和职业能力的培养。法律职业伦理包括法律职业道德、法律执业规则。法律职业能力包括法律职业思维方式和能力、法律职业行为方式和技能。法律职业能力的培养内容主要表现为：

1. 对各种社会现象中的法律问题善于运用法律职业思维和法律原理予以发现、分析和解决；
2. 能够较熟练地进行法律推理；
3. 能够具备履行法官或检察官相应职责的能力；
4. 能够较熟练地从事诉讼法律事务和非诉讼法律事务；
5. 有起草法规的一般能力。

以上能力可通过课程教学、实践、专题讲座与研究等多种形式培养。

（七）实践必修环节

法硕研究生须在第二学年和第三学年之间进行为期两个月的实习。实习及格可获得3学分。实习的具体要求包括：

1. 经法学系许可实习单位可由法硕研究生自己联系。其范围主要包括立法机关、司法机关、行政机关、律师事务所以及企事业单位的法律部门。
2. 法硕研究生的实习应以法律实务工作为主要内容。
3. 实习结束后，每位法硕研究生需向法学系提交一份实习报告。该实习报告应由实习单位盖章确认，内容可以是调查报告、案例分析、论文等，字数不少于5000字；该实习报告应由指导老师审阅并评定成绩（优、良、及格、不及格）。

参加诊所法律教育可以作为实习的一种形式，具体要求与考核方法按照法学研究所有关法律诊所教育的规定执行。

（八）法律硕士导师组

设立若干与必修课和重要选修课科目相对应的法律硕士导师组。导师组由相应专业具有副高以上职称的人员组成，负责组织编写相关教材、确定相关课程的授课老师、指导法硕研究生的专业学习。为便于统一管理，由法学研究所各学科的知名专家（原则上是研究室主任）担任导师组组长，负责召集导师组会议，代表导师组与法学系联系，参加法律硕士教学管理委员会并承担相应职能。

从第二学年开始，由法硕研究生自主选择重点研究的方向。在开始学位论文写作以前，法硕研究生可以对自己的选择进行调整，改变所选研究方向。法学系按法硕研究生的选择安排相关的导师对其进行指导。每一导师组设秘书一人，由相应专业的青年研究人员担任，负责导师组与法学系、导师组与法律硕士研究生之间的日常联系。

导师组成员包括专职导师和兼职导师。专职导师一般由法学研究所具有指导法学硕士研究生资格的副高以上职称的研究员担任；兼职导师由法学系从具有一定知名度和影响的法官、检察官、律师及政府、立法部门的官员等人员中聘任。兼职导师主要承担法律实务课程的教学、指导法硕研究生的社会实践，也可指导法硕研究生的论文写作。

（九）学位论文

法硕研究生论文的具体要求包括：

1. 法硕研究生可以根据学术兴趣提出学位论文的选题，论文选题可以是学术论文、调研报告、重大疑难案例的解决方案或分析报告等。法硕研究生的选题经导师认可后，方可确定为学位论文的选题。

2. 学位论文选题确定后，要撰写开题报告，开题报告须说明该选题的理论意义、实践意义、以往研究状况述评、分析框架与创新、主要内容、结构、研究方法、主要参考文献。开题报告经导师组审核批准后，方可开始论文写作。

3. 学位论文初稿完成后，应按导师意见进行修改。如果论文的内容有重大缺陷、理论阐述有错误或学术不规范，导师组有责任阻止进入答辩程序，直至上述缺点改正为止。

4. 用于学位论文写作的时间一般应为半学年，字数不少于2万字；第三学年的3月份由申请人提出论文答辩申请，由系、院职能部门分别对申请人进行论文答辩资格审核。

5. 学位论文必须由两名本专业具有高级职称的专家评阅，其中必须有一位校外专家或学者，经评阅，如果评阅结果为不同意推荐答辩的，申请人及其指导教师对评阅结果有异议的，由系学位评定委员会审议。

6. 学位论文答辩委员会由三或五人组成，申请人的指导教师可以有一人参加答辩委员会，但不得担任委员会主席；学位论文答辩委员会成员中，应有一至两名实际部门或校外具有高级专业技术职务的专家；论文评阅人可有一人兼作答辩委员会委员，但不得担任答辩委员会主席。论文答辩实行三分之二（含三分之二）绝对多数通过制，通过无记名投票表决是否建议授予硕士学位。

修满规定学分并符合申请学位论文答辩条件者，可按照《中华人民共和国学位条例》、《中华人民共和国学位条例暂行实施办法》及研究生院的有关规定申请学位论文答辩，通过论文答辩者并经法学系学位评定委员会和研究生院学位评定委员会审议通过后可以授予法律硕士专业学位。

7. 完成课程学习，成绩合格，完成毕业（学位）论文并通过答辩，政治思想品德合格，准予毕业并发给毕业证书；毕业（学位）论文答辩未通过者，准予结业，发给结业证书；在规定的学习年限内，未完成培养计划规定的要求，或未完成毕业论文者（包括未进行毕业论文答辩者），或德、智、体考核不合格者，按肄业处理，发给肄业证明。

（十）在职攻读法律硕士专业学位教育参照本方案制定培养方案

二○○六年九月三十日

附件二　中国社科院法学所在职法律硕士培养方案 II

中国社会科学院研究生院（法学研究所）法学系在职法律硕士专业学位研究生培养方案

根据《中华人民共和国学位条例》和《中华人民共和国学位条例暂行实施办法》的规定，按照国务院学位委员会二〇〇六年八月三日下发的《法律硕士专业学位研究生指导性培养方案》的要求，参照《中国社会科学院研究生院（法学研究所）法学系全日制法律硕士专业学位研究生培养方案》，结合在职法律硕士专业学位研究生（以下简称在职法硕研究生）的培养特点，特制定本培养方案，作为培养在职法硕研究生的基本依据。

（一）培养目标

在职攻读法律硕士专业学位教育旨在为立法、司法、行政执法、法律服务以及社会政治、经济管理、公共管理等部门、行业培养德才兼备的适应社会主义市场经济和法制建设需要的高层次、复合型、应用型法律专业人才及管理人才。

具体要求：

1. 掌握马列主义、毛泽东思想、邓小平理论和"三个代表"重要思想的基本内容，拥护党的基本路线、方针、政策，自觉遵守和维护宪法和法律，热爱祖国，弘扬正义，具有较高的政治素质和良好的法律职业道德。

2. 掌握扎实宽广的法学理论、基础知识和实务知识，具备法律职业所要求的知识结构和思维能力，能够运用法学理论和法律知识分析和解决各类法律问题。

3. 能够综合运用法律、政治、经济、管理、社会、外语、科技、计算机等方面的相关知识，独立从事法律实务工作和相关的管理工作，达到有关部门中级以上专业与管理职务的任职要求。

4. 比较熟练地掌握一门外语，具备读、写、听、说能力。

(二) 培养对象

具有良好政治素质和道德水平、身体健康、具有国民教育序列大学本科学历或具有本科同等学力的法律专业的毕业生和部分非法律专业的毕业生。

(三) 学制

采用非全日制学习方式，学制一般为三年。学习期间不转档案、人事、工资、户口关系。

上课方式设定为周末授课与脱产学习（每学期集中授课 2 个月左右）两类。周末授课班学位课程安排为 2 年，脱产学习班为 1 年半，在职法硕研究生按规定修满学分，撰写出论文，通过答辩，可以按规定提前毕业。

(四) 培养方式

1. 以课程教学为主。课程教学中注重案例教学，注重对在职法硕研究生分析、解决实际问题的能力培养。
2. 采用导师组和论文指导教师相结合的培养方式。
3. 聘请法律实务部门的高级专家参与在职法硕研究生的培养工作。

(五) 课程设置与学分要求

1. 课程按法学一级学科和法律专业的基本要求确定，课程设置应覆盖法律二级学科的主要内容，课程结构分为必修课和选修课。
2. 课程安排应发挥法学研究所的科研优势，体现高层次、宽基础的特点，并注重培养在职法硕研究生的应用能力。
3. 在职法硕研究生的学业管理采取学分制，总学位学分不得低于 80 学分。每学分授课时数不少于 18 个课时。在职法硕研究生可以按照自己的意愿，确定合适的选修课。每门选修课的选课人数达到 40 人以上方可开设该门课程，或者在不足 40 人的情况下由法学系酌情决定是否开设该门课程。
4. 所学课程考核合格后，可获得相应的学分。考核分为考试和考查两种。考试成绩采取百分制，70 分为合格；考查成绩分为合格与不合格两种。必修课应当采取考试的形式。选修课可以采取考试或考查的形式，其中考试科目不得少于选修课总数的 1/2。

考试可由任课教师决定采取书面闭卷、书面开卷、论文或者多种形式相结合的方式。考核重在考察在职法硕研究生对所学专业理论和知识的掌握与运用，以及发现、分析、判断和解决实际问题的能力，应减少对机械性记忆的考核。

5. 公共课的教学计划由中国社会科学院研究生院和法学研究所共同拟定，由研究生院教务部门负责实施。专业课由法学系负责具体安排。

（六）法律职业伦理与职业能力

采用多种途径和方式加强在职法硕研究生的法律职业伦理和职业能力的培养。法律职业伦理包括法律职业道德、法律执业规则。法律职业能力包括法律职业思维方式和能力、法律职业行为方式和技能。法律职业能力的培养内容主要表现为：

1. 对各种社会现象中的法律问题善于运用法律职业思维和法律原理予以发现、分析和解决；
2. 能够较熟练地进行法律推理；
3. 能够具备履行法官或检察官相应职责的能力；
4. 能够较熟练地从事诉讼法律事务和非诉讼法律事务；
5. 有起草法规的一般能力。

以上能力可通过课程教学、实践、专题讲座与研究等多种形式培养。

（七）法律硕士导师组

设立若干与必修课和重要选修课科目相对应的法律硕士导师组。导师组由相应专业具有副高以上职称的人员组成，负责组织编写相关教材、确定相关课程的授课老师、指导在职法硕研究生的专业学习。为便于统一管理，由法学研究所各学科的知名专家（原则上是研究室主任）担任导师组组长，负责召集导师组会议，代表导师组与法学系联系，参加法律硕士教学管理委员会并承担相应职能。

从第二学年开始，由在职法硕研究生自主选择重点研究的方向。在开始学位论文写作以前，在职法硕研究生可以对自己的选择进行调整，改变所选研究方向。法学系按在职法硕研究生的选择安排相关的导师对其进行指导。每一导师组设秘书一人，由相应专业的青年研究人员担任，负责导师组与法学系、导师组与在职法硕研究生之间的日常联系。

导师组成员包括专职导师和兼职导师。专职导师一般由法学研究所具有指导法学硕士研究生资格的副高以上职称的研究员担任；兼职导师由法学系从具有一定知名度和影响的法官、检察官、律师及政府、立法部门的官员等人员中聘任。兼职导师主要承担法律实务课程的教学，也可指导在职法硕研究生的论文写作。

（八）学位论文

在职法硕研究生论文的具体要求包括：

1. 在职法硕研究生可以根据学术兴趣提出学位论文的选题，论文选题可以是学术论文、调研报告、重大疑难案例的解决方案或分析报告等。在职法硕研究生的选择经导师认可后，方可确定为学位论文的选题。

2. 学位论文初稿完成后，应按导师意见进行修改。如果论文的内容有重大缺陷、理论阐述有错误或学术不规范，导师组有责任阻止进入答辩程序，直至上述缺点改正为止。

3. 用于学位论文写作的时间一般应为半学年，字数不少于 2 万字；第三学年的 3 月份由申请人提出论文答辩申请，由系、院职能部门分别对申请人进行论文答辩资格审查。

4. 学位论文必须由两名本专业具有高级职称的专家评阅，其中必须有一位校外专家或学者，经评阅，如果评阅结果为不同意推荐答辩的，申请人及其指导教师对评阅结果有异议的，由系学位评定委员会审议。

5. 学位论文答辩委员会由三或五人组成，申请人的指导教师可以有一人参加答辩委员会，但不得担任委员会主席；学位论文答辩委员会成员中，应有一至两名实际部门或校外具有高级专业技术职务的专家；论文评阅人可有一人兼作答辩委员会委员，但不得担任答辩委员会主席。论文答辩实行三分之二（含三分之二）绝对多数票通过制，通过无记名投票表决是否建议授予硕士学位。

6. 修满规定学分并符合申请学位论文答辩条件者，可按照《中华人民共和国学位条例》、《中华人民共和国学位条例暂行实施办法》及研究生院的有关规定申请学位论文答辩，通过论文答辩者并经法学系学位评定委员会和研究生院学位评定委员会审议通过后可以授予法律硕士专业学位。

九、二〇〇六年三月十七日制定的《在职法律硕士专业学位研究生培养方案》与本方案不一致的，以本方案为准

二〇〇六年九月十七日

附件三　在全国法律硕士十年工作总结表彰大会上的发言

打造豪华教师阵容，编写通用教学教材
开设法律诊所教育，实施人文培养管理
探索建立具有法学所特色的办学模式和"社科法硕"品牌[①]

中国社会科学院研究生院（法学研究所）于2003年被批准成为法律硕士专业学位研究生（以下简称法硕研究生）培养单位。根据国务院学位委员会、教育部、司法部和全国法律硕士专业学位教育指导委员会等有关部门指示精神，中国社会科学院法学研究所和研究生院精心筹划，在校园建设、师资配备、教材编制、课程安排以及教学管理等方面都为法硕研究生创造了良好的条件。经过4年多的努力实践与大胆探索，我所法硕研究生的各项培养工作取得了扎实稳步的发展，建立了一支高素质的教学与教学管理队伍，形成了一套成熟的教学与教学管理体系，编写出了一套规范且具有较强针对性的法硕研究生教材，探索出了具有"社科法硕"特色的办学模式和经验做法，取得了预期的效果，实现了既定目标。现将有关情况总结如下：

（一）建立了一支高素质的教学与教学管理队伍

1. 成立了专门的教学领导与管理机构

为了搞好教学管理，保证教学质量，我们在充分借鉴有关院校经验的基础上，结合我所办学之特点，专门成立了由法学研究所所长担任主任，所长助理、各研究室主任、法学系主任与副主任以及法学研究所其他相关职能部门领导参加组成的法律硕士教学管理委员会，全面指导法硕研究生的培养工作。同时成立了由法学系常务副主任直管的法律硕士教学管理办公室，具体负责法硕研究生的管理工作。

---

① 收入本文时对有关数字作更新处理，文字稍作修改。

2. 组织了阵容强大的师资队伍

研究生教育培养质量在很大程度上取决于研究生导师的水平。造就一支一流的研究生导师队伍，是研究生教育培养可持续发展的重要保障。我所对法硕研究生导师队伍建设给予了高度重视，依托法学研究所各研究室的科研人员专门成立了14个法律硕士导师组，导师组组长均由集研究室主任、研究员、教授、博士生导师于一身的老师担任，并聘请了一批学者型、专家型的资深大法官、大检察官、大律师参与到法硕研究生的培养教育工作中来。这些学者与专家包括夏勇、信春鹰、王胜明、陈斯喜、张军、万鄂湘、黄松有、朱孝清、孙谦、高宗泽、霍宪丹、胡云腾、薛捍勤、宫晓冰、徐家力、朱伟一、肖微以及一批知名的外国教授。截至2007年6月，法律硕士现有研究生导师120人，辅导员47人，导师与法律硕士研究生的比例为1：1.23，导师与全部研究生的比例为1：1.55。这种导师与学生的高比例配置在全国法律硕士教育中也是名列前茅的。例如，北京大学法学院与中国人民大学法学院2007年招收法律硕士（含全日制法律硕士与在职法律硕士）均为400人，而师资力量与法学所大致相等，师均招生大约是法学所的4倍。

3. 建立健全了班主任工作制度

为加强对法硕研究生教学培养与管理，我们建立健全了班主任工作制度，在法学研究所研究人员中，选聘具有法学博士学位、副高级以上专业技术职称，且具有一定管理经验的青年学者，担任班主任，具体负责法硕研究生的日常管理和学习讨论与辅导，并建立了班主任工作评估与奖励制度。

（二）制定了一整套完善的教学管理和学生管理制度

1. 制定了高标准的法硕研究生培养方案

根据《中华人民共和国学位条例》和《中华人民共和国学位条例暂行实施办法》的规定，按照国务院学位委员会、司法部法规教育司1999年6月14日下发的《法律硕士专业学位研究生指导性培养方案》的要求，结合中国社会科学院研究生院研究生培养的具体情况和法学研究所的师资优势，法学研究所针对法硕研究生制定了高于国家标准的培养方案。培养方案中要求毕业学位总学分不得低于60学分，其中必修课不得低于35学分（国务院学位办研究生指导性培养方案规定学位总学分为不得低于45学分，必修课为30学分），选修课不得低于25学分。每学分授课时数不少于18个课时。

目前，根据国务院学位委员会2006年8月3日下发的《法律硕士专业学位研究生指导性培养方案》的要求，我们又对本所《全日制法律硕士培养方案和教学计划》进行了调整，在课程和学分的设置、选修课和必修课的分配以及社会实践等方面进行了进一步的完善。对在职法硕研究生的教学计划也做了适当调整，从而确保了我所法硕研究生的培养工作与国务院学位委员会相关规定的一致性。2006 年，我所被批准为全国首批招收在职人员攻读法律硕士专业学位知识产权方向研究生的五所院校之一。

2. 制定了规范系统的教学管理规章制度

我们借鉴有关院校法硕研究生教学管理之经验，结合我所法硕研究生培养教育之特点，在广泛征求意见的基础上，经法律硕士教学管理委员会讨论修改并经法学研究所有关领导审定，制定了《法律硕士专业学位研究生培养方案》、《教师教学工作规程（试行）》、《法律硕士专业学位研究生提前毕业的规定》、《法律硕士专业学位研究生学习成绩考核办法》、《法律硕士专业学位研究生论文撰写规范（试行）》、《法律硕士专业学位教育教学事故处理办法（试行）》、《JM 教学优秀奖评定办法》、《学习成绩考核办法（试行）》、《专题讲座暂行规定》等规章制度。统一印制成册，用于教学管理。这些制度的贯彻和执行，为法硕研究生的培养工作提供了有力的制度保障。

3. 制定了体现法学研究所教学特色的教学计划

教学计划中，除包括国务院学位委员会《法律硕士专业学位研究生指导性培养方案》中所规定的必修课外，在选修课的设置上，充分体现了法硕研究生的自身特点以及法学研究所师资队伍的优势，开设了特色课程，如比较法学、环境保护法学、传媒法学、劳动与社会保障法学、知识产权法学等。同时我们还开展了一系列具有法学研究所特色的活动，包括诊所法律教育活动、案例教学活动、定期和不定期的专题讲座活动等。

（三）编写出了一套规范且有针对性的法硕研究生教材

针对法律硕士专业学位研究生法学基础知识薄弱和目前全国还没有一套统一的法律硕士教材的情况，法学研究所成立了专门的法律硕士教材编写组，认真制定教材编写计划，拟订了相应的规范要求，实行教学委员会统一指导和主编负责制相结合的制度，编写了法律硕士专业学位研究生必修课和重要选修课的教材。其中，已由社会科学文献出版社出版发行的有 17 门学科教材：刘作翔主编《法理学》（52.8 万字）；莫纪宏主编《宪法学》（59.5 万字）；孙宪忠主编《民法总论》（28.4 万字）；屈学武主编《刑法总论》（39.8 万字）；王晓晔主编《经济法学》（50.3 万字）；杨一凡主编《新编中国法制史》（60.3 万字）；孙宪忠主编《物权法》（33.9 万字）；屈学武主编《刑法各论》（67.1万字）；王敏远主编《刑事诉讼法》（63.5万字）；朱晓青主编《国际法》（50.3万字）；刘兆兴主编《比较法学》（56.8万字）；张绍彦主编《犯罪学》（35.8万字）；沈涓主编《国际私法》（75.1万字）；陈洁主编《证券法》（34.7万字）；李明德主编《知识产权法》（64.3万字）；黄东黎主编《国际经济法》（85.1万字）；王晓晔主编《竞争法》（60.1万字）。今明两年将由社会科学文献出版社陆续出版《民事诉讼法学》、《行政法与行政诉讼法学》、《证据法学》、《公司法》、《劳动与社会保障法》、《司法制度》等21门学科教材。

四、组织了方式灵活的教学与教学管理活动

在教学方式的组织与安排上，我们以课程教学为主，重视和加强案例教学，并辅之以形式多样的实践教学，综合培养法硕研究生多种能力。

例如成立了民事法学习小组、刑事法学习小组、行政法学习小组等，针对如佘祥林等典型案件，举行案例讨论活动。

我们还在法硕研究生教学培养中，开设了法律诊所教育课程，成为中国法学会诊所教育会员单位，在2005年的诊所法律教育课程评估中得到了有关专家的充分肯定，也在全国法律院校中创设了以法硕研究生为诊所法律教育学员的先例，积累了分层开展诊所法律教育的经验。数个院校前来参观学习，新华社《高管信息》等刊物专门报道了我所诊所教育活动开展情况。截至目前，已有100多名法硕研究生参加了法律诊所教育活动，收到了良好的教学效果。

我们还在开展诊所法律教育活动的基础上，成立了法学研究所法律硕士研究生辩论队，成功举办了2004级法律硕士研究生首届辩论赛，分别与北京大学法硕研究生以及北京市西城区人民检察院、北京市海淀区人民检察院进行了辩论赛，参加了2006年1月在西安举行的国际大专辩论赛。

除按照教学计划组织有特色的课堂教学活动外，我们还组织创办了"社科法硕学术沙龙活动"，聘请国内外专家举办专题讲座。截至目前，共举办学术沙龙活动29场，先后邀请王泽鉴教授、江平教授、梁慧星教授等校内外名家来所演讲，丰富了法硕研究生的知识结构，开阔了视野，收到了良好效果。

我们还在法硕研究生教学工作中，开展了每年一届的"十佳教师"评选活动，既通过学生的评价和法学系的教学评估检查了教师的教学效果，又提高了教师教学工作的积极性和能动性。

  法硕研究生思想道德教育工作亦是学生管理工作的重要部分，为此，我们成立了法硕研究生党总支，由法学研究所副所长兼任党总支书记，并组建了三个法硕研究生党支部，一个团总支和三个团支部。开展了一系列的党团活动。例如，组织培养法硕研究生入党积极分子培训，在法硕研究生党员中开展"保持共产党员先进性教育活动"，组织法硕研究生团员学生参加共青团主题意识教育活动，组织法硕研究生党员参加庆"七一"红色之旅教育活动，参观梁启超烈士墓和"一二·九"运动纪念碑等活动。2004年至2007年，法硕党总支在全日制法硕研究生中共发展预备党员共35名，占未入党学生数的32%。在2005年12月团中央组织的增强共青团员意识主题教育活动中，我所法硕研究生团总支荣获中国社会科学院"十大优秀团组织"称号。

  以研究生会和班委会为代表的学生组织，是学校和学生联系和沟通的纽带，在学校的学生管理工作中发挥着重要作用。2004年9月，首届全日制法硕研究生入学之初，我们及时将其划分为二个教学班，选举成立了班委会，为促使同学们能更快地适应法学研究所的学习和生活发挥了积极作用。同时，及时组织选举了第一届学生会，使得学生自治工作得到了顺利的开展。2005年，首届在职法硕研究生入学后，我们又及时成立了包含在职法硕研究生和全日制法硕研究生在内的法硕研究生联合会，并多次组织举办两类不同法硕研究生之间的学习交流会，举办专题"社科法硕"学术沙龙活动，使他们在学习中能够相互借鉴，取长补短。

  为丰富法硕研究生的学习生活，密切老师和法硕研究生的关系，我们还成功举办了2005年和2006年元旦师生联欢会。法学研究所与研究生院领导以及法学研究所诸多著名学者如王家富、刘海年、梁慧星等教授亲自参加并表演节目，让法硕研究生享受到了与法学泰斗同台演出的荣耀，感受到了法学大师们的亲和，极大地鼓舞了法硕研究生的学习与生活热情。

五、取得了良好的教学效果与社会效果

  目前，2004级全日制法硕研究生已经顺利毕业，并获得法律硕士专业学位。各学科考核一次通过率是99.7%，优秀率为45%。在毕业的147名学生中，11名同学被评为优秀毕业研究生，6名同学被评为优秀毕业研究生

干部，5名同学被评为优秀毕业研究生党员。

2004级全日制法硕研究生参加全国统一司法考试通过率为91%（全国司法考试通过率为10%左右），居全国法学院校同类研究生司法考试通过率之首。

2004级全日制法硕研究生除个别同学考博而未就业外，就业率为100%。就业单位中，既有中国证监会、中国银行、中石油、北方工业集团公司这样的中央企事业单位，又有北京等各地党委、政府和法院、检察院、公安局等党政机关和政法机关，也有不少像普华永道、竞天这样的跨国公司与知名律师事务所。3名同学考取博士研究生继续深造。

首届全日制法硕研究生和首届在职法硕研究生在毕业之际，均以感谢信的方式，对我所的教学培养及教学管理工作给予了高度评价，表达了他们对法学研究所的感激之情，认为在全国法学院校中，法学研究所对法硕研究生培养的"性价比"最高，能够在法学研究所攻读法律硕士专业学位是幸运的、自豪的。

虽然我所开展法硕研究生培养工作起步较晚，但是在国务院学位委员会、教育部和全国法律硕士专业学位教育指导委员会等部门的领导和支持下，所党委高度重视，全所教职员工目标一致，齐心协力，锐意开拓，积极进取，经过4年多的不断实践与探索，我们在教学和教学管理工作等方面，已经建立健全了一整套科学的法硕研究生培养机制，积累了成功的办学经验，形成了具有法学研究所特色的办学模式，初步培养出了"社科法硕"的品牌。我们可以十分肯定地说，在法硕研究生教学培养方面，无论从办学态度，还是从重视程度；无论从师资力量，还是管理人员素质水平；无论从教学效果，还是对学生的人文管理，法学研究所领导及全体研究人员、行政人员都倾注了大量的心血，付出了巨大的努力。

当然，我们在法硕研究生办学的过程中也遇到了很多困难，工作中还存在许多不足，如尚需加强与有关部门沟通的主动性，取得有关部门的支持协助，以进一步发挥法学研究所法学研究、法制建设与法学教育之潜能等。在今后的法硕研究生培养工作中，我们有决心不断地认真总结经验教训，改进和完善不足之处。我们更有信心在国务院学位委员会、教育部和全国法律硕士专业学位教育指导委员会等部门的领导和支持下，虚心学习兄弟院校办学之经验，以培养政治坚定、素质优良、观念先进、独具特色的"社科法硕"研究生为目标，集中法学研究所的智慧和力量，不断开拓创新，把法硕研究生培养教育工作做得更扎实，为培养高层次的复合型、实践型法律人才和政法系统高级专门人才，为新时期政法和法律职业队伍建设，为新时期法学教育结构调整和法硕研究生教育改革作出更大的贡献。

中国社会科学院法学研究所（法学系）

二〇〇六年十二月六日

附件四 "社科法硕"发展历程
(2004—2008)

中国社会科学院法学研究所(法学系)(以下简称法学所)对法律硕士专业学位研究生(以下简称法硕研究生)的培养,经历了从无到有,从小到大,从摸索、探讨到制度化、规范化的发展历程。

(一)招生培养概况

2004—2008年,法学所共招收法硕研究生387人,其中2004级全日制法硕研究生149人,2007年均已顺利答辩毕业;2005级在职法硕研究生80人,78人已顺利答辩毕业;2006级在职法硕研究生75人,2007级在职法硕研究生83人,目前正在培养之中。

年级 \ 学生情况	学生人数	培养情况	分班情况
2004级	149	已毕业	3个班
2005级	80	已毕业	2个班
2006级	75	在读	2个班
2007级	83	在读	2个班
总计	387	227人毕业	9个班

(二)管理队伍建设

专门成立了由法学所领导、各研究室主任及各职能部门领导参加的法律硕士教学管理委员会。夏勇所长、李林所长先后担任主任。

为了搞好法硕培养工作,法学所专门成立了法律硕士教学管理办公室,具体负责法硕研究生的培养管理工作。4年来,他们脚踏实地,勇于创新,齐心协力,无私奉献,圆满地完成了法硕培养的各项工作。

附件四 "社科法硕"发展历程(2004—2008)

法律硕士教学管理委员会部分成员

法学系及法律硕士教学管理办公室部分成员

为加强对法硕研究生教学培养与管理，法学所建立健全了班主任工作制度，在法学所研究人员中，选聘具有法学博士学位、副高级以上专业技术职称，且具有一定管理经验的青年学者担任班主任，具体负责法硕研究生的日常管理和学习讨论与辅导，并建立了班主任工作评估与奖励制度。

班主任、辅导员

法硕党团组织活动

成立了由法学系、法硕办、班主任和法硕研究生组成的法硕党总支,以班级为单位分别成立党支部。成立了法硕研究生团总支,以班级为单位分别成立团支部。

(三) 制定规章制度

借鉴有关院校的教学管理经验,结合法学所法硕研究生培养教育的特点,在广泛征求意见的基础上,制定了有针对性的法硕研究生培养管理规章制度,统一印制成册,用于教学管理,为法硕研究生的培养工作提供了有力的制度保障。

社科法硕研究生手册

(四) 法硕教材编写

根据法硕研究生培养的特点,法学所成立专门的法硕研究生教材编写组,编写出了全国第一套法硕研究生培养通用教材。截至目前,已由社科文献出版社出版 17 部。

计划于 2008 年 10 月出版教材 8 部

- 《行政法与行政诉讼法》
- 《亲属法与继承法》
- 《证据法学》
- 《民事诉讼法》
- 《西方法哲学》
- 《司法制度》
- 《世贸组织法》
- 《债法》

(五) 组织"社科法硕"学术沙龙活动

除按照教学计划组织有特色的课堂教学活动外，法学所还组织创办了"社科法硕"学术沙龙活动。截至目前，共举办学术沙龙活动 29 场，先后邀请王泽鉴教授、江平教授、梁慧星教授等校内外名家来所演讲。

我国台湾地区王泽鉴教授讲座

北京大学法学院汪建成教授讲座

（六）组织"十佳教师"评选活动

法学所在法硕研究生教学工作中，开展了每年一届的"十佳教师"评选活动，既通过法硕研究生的评价和法学系的教学评估检查了教师的教学效

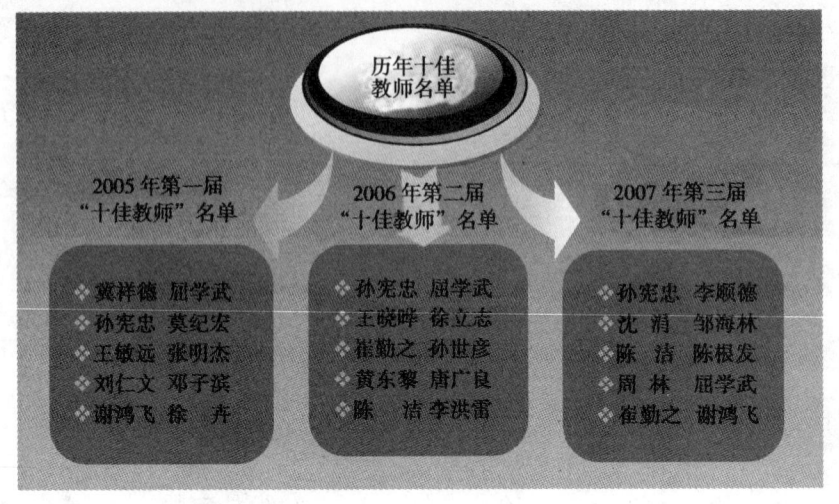

果，又提高了教师教学工作的积极性和能动性。

历年十佳教师名单

2005年第一届"十佳教师"名单
- 冀祥德　屈学武
- 孙宪忠　莫纪宏
- 王敏远　张明杰
- 刘仁文　邓子滨
- 谢鸿飞　徐　卉

2006年第二届"十佳教师"名单
- 孙宪忠　屈学武
- 王晓晔　徐立志
- 崔勤之　孙世彦
- 黄东黎　唐广良
- 陈　洁　李洪雷

2007年第三届"十佳教师"名单
- 孙宪忠　李顺德
- 沈　涓　邹海林
- 陈　洁　陈根发
- 周　林　屈学武
- 崔勤之　谢鸿飞

（七）率先推行法律诊所教育

以培养复合型、实践型法律人才为基本目标，充分发挥法学所师资队伍等优势，着力体现法学所"社科法硕"的培养特色，在全国法硕研究生培养中，率先实践了法律诊所教育模式，取得了良好的教学效果。

王敏远教授主持法律诊所教育活动

法律诊所教育课堂

（八）组织学生党团活动

2004—2007 年，法硕党总支共发展预备党员 35 名，占未入党法硕研究生数量的 32%。

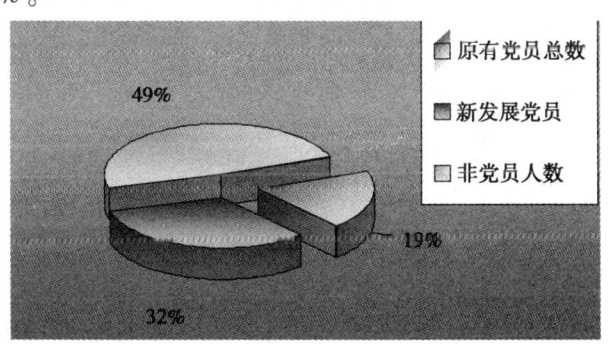

（九）组织文体活动

成立了全国首支"法律硕士辩论队"，组织参加了在西安举行的国际大专辩论赛，组织与北京市海淀区人民检察院、东城区人民检察院和北京大学法硕研究生等单位进行了辩论赛活动。

组织法律硕士党团活动

社科法硕团总支荣获"十大优秀团组织"的称号

附件四 "社科法硕"发展历程(2004—2008) 357

社科法硕辩论队与北京大学辩论队进行比赛

陈甦书记(第二排左七)参加社科法硕"七一"红色之旅教育活动

组织瞻仰梁启超烈士墓和"一二·九"运动纪念碑等活动

组织与中国人民大学法硕研究生足球对抗赛活动

附件四 "社科法硕"发展历程(2004—2008) 359

陈甦书记、教授

李林所长、教授

陈泽宾主任、教授

梁慧星教授

组织师生新年联欢活动

（十）司法考试通过率名列前茅

2004级全日制法硕研究生参加全国统一司法考试通过率为91%（全国司法考试通过率为10%左右），居全国法学院校同类研究生司法考试通过率之首。

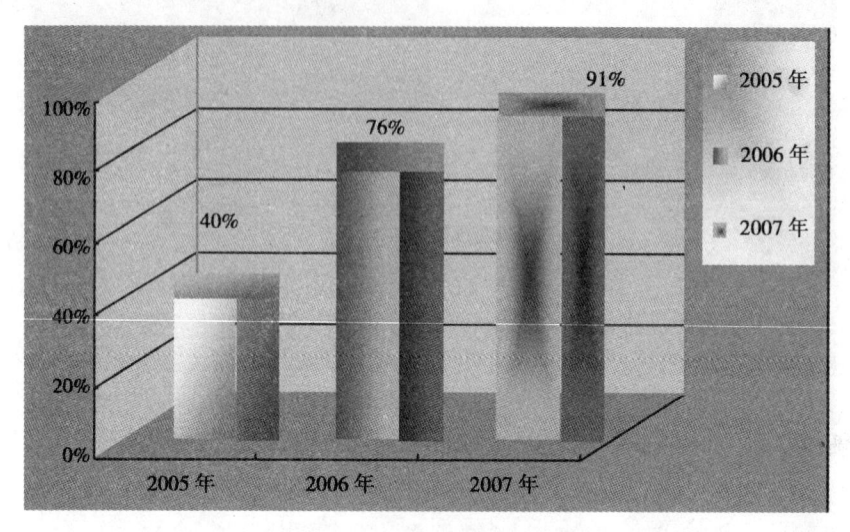

2004级法律硕士司法考试通过率

（十一）在全国法律硕士培养工作中介绍经验

2006年12月18日，在全国法律硕士培养试办10周年总结表彰大会暨全国第三届法律硕士论坛上，作题为"打造豪华教师阵容，编写通用教学教材，开设法律诊所教育，实施人文培养管理，探索建立具有法学所特色的办学模式和'社科法硕'品牌"的经验介绍。

（十二）获得全国法硕培养双项大奖

2006年12月18日，在全国法律硕士培养试办10周年总结表彰大会上，法学所获得"优秀法律硕士教学奖"和"优秀法律硕士教学管理奖"双项大奖。孙宪忠教授被授予"优秀法律硕士教学奖"，冀祥德教授荣获"优秀法律硕士教学管理奖"。

附件四 "社科法硕"发展历程(2004—2008) 361

冀祥德教授在全国法律硕士试办 10 周年大会上作经验介绍

(十三) 法硕毕业生就业率 100%

2004级全日制法硕研究生除个别同学考博而未就业外,就业率为100%。就业单位中,既有中国证监会、中国银行、中石油、北方工业集团公司这样的中央企事业单位,又有北京等各地党委、政府和法院、检察院、公安局等党政机关和政法机关,也有不少像普华永道、竞天这样的跨国公司与知名律师事务所。3名同学考取博士研究生继续深造。

证 书

冀祥德：

荣获优秀法律硕士教学管理奖

全国法律硕士专业学位教育指导委员会
二〇〇六年十二月二十八日

（十四）形成了规范的法硕培养工作机制

经过4年多的努力实践与大胆探索，法学所法硕研究生的各项培养工作取得了扎实稳步的发展，建立了一支高素质的教学与教学管理队伍，形成了一套成熟的教学与教学管理体系，编写出了一套规范且具有较强针对性的法硕研究生通用教材，探索出了具有"社科法硕"特色的办学模式和经验做法，形成了科学规范的法硕培养工作机制。

2004级法硕就业分布图示

- 国家机关 事业单位
- 国有公司 外资企业
- 公检法等 政法机关
- 律师所等 中介机构
- 攻读博士 继续深造

社科法硕培养工作机制

（十五）结语

我们决心，以设立中国社会科学院法学院为契机，坚持法硕办学可持续发展的指导思想，把握法硕工作一盘棋、一股劲、一条心的办学思路，以培养独具法学所特色的"社科法硕"为目标，集中法学所的智慧与力量，聚精会神搞建设，一心一意谋发展，总结经验，改正不足，开拓创新，把法硕研究生培养工作做得更扎实，更有效。

主要参考文献

专著类

1. 曾宪义、张文显主编：《中国法学专业教育教学改革与发展战略研究》，高等教育出版社2002年版。
2. 徐显明主编：《中国法学教育状况》，中国政法大学出版社2006年版。
3. 霍宪丹：《中国法学教育反思》，中国人民大学出版社2007年版。
4. 何勤华：《西方法学史》，中国政法大学出版社2003年第2版。
5. 《史记·秦始皇本纪》，中华书局1959年版。
6. 高浣月：《清代刑名幕友研究》，中国政法大学出版社2000年版。
7. 洪浩：《法治理想与精英教育——中外法学教育制度比较研究》，北京大学出版社2005年版。
8. 霍宪丹：《不解之缘：二十年法学教育之见证》，法律出版社2003年版。
9. 甄贞主编：《诊所法律教育在中国》，法律出版社2002年版。
10. 贺卫方主编：《中国法律教育之路》，中国政法大学出版社1997年版。
11. 张耕主编：《中国政法教育的历史发展》，吉林人民出版社1995年版。
12. 全国法律硕士专业学位教育指导委员会秘书处编：《中国法律硕士专业学位教育的实践与探索》，法律出版社2001年版。
13. 郭成伟、宋英辉：《当代司法体制研究》，中国政法大学出版社2003年版。
14. 霍宪丹主编：《中国法律硕士专业学位教育的实践与探索》，法律出版社2001年版。
15. 夏利民、李恩慈主编：《法学教育论》，中国人民公安大学出版社2006年版。
16. 王伯琦：《近代法律思潮与中国固有文化》，清华大学出版社2005

年版。

17. 杨欣欣主编：《法学教育与诊所式教学方法》，法律出版社 2002 年版。

18. 黄茂荣：《法学方法与现代民法》，中国政法大学出版社 2001 年版。

19. 王泽鉴：《法律思维与民法实例》，中国政法大学出版社 2001 年版。

20. 宋功德：《法学的坦白》，法律出版社 2001 年版。

21. 李贵连主编：《二十世纪的中国法学》，北京大学出版社 1998 年版。

22. 杨仁寿：《法学方法论》，中国政法大学出版社 1999 年版。

23. 李其瑞：《法学研究与方法论》，山东人民出版社 2005 年版。

24. 强世功：《法律人的城邦》，上海三联书店 2003 年版。

25. 杜作润、廖文武：《高等教育学》，复旦大学出版社 2003 年版。

26. 刘作翔：《法理学》，社会科学文献出版社 2005 年版。

27. 汤能松等：《探索的轨迹——中国法学教育发展史略》，法律出版社 1995 年版。

28. 程凤春：《教学全面质量管理——理念与操作策略》，教育科学出版社 2004 年版。

29. 邵建东编（译）著：《德国法学教育的改革与律师职业》，中国政法大学出版社 2004 年版。

30. 郭捷等著：《中国法学教育改革与人才培养——来自西部的研究与实践》，中国法制出版社 2007 年版。

31. ［美］埃尔曼：《比较法律文化》，贺卫方、高鸿均译，三联出版社 1990 年版。

32. ［美］罗伯特·斯蒂文斯：《法学院：19 世纪 50 年代到 20 世纪 80 年代的美国法学教育》，阎亚林等译，中国政法大学出版社 2003 年版。

33. ［德］K. 茨威格特、H. 克茨：《比较法总论》，潘汉典等译，法律出版社 2003 年版。

34. 卡尔·恩吉施：《法律思维导论》，郑永流译，法律出版社 2004 年版。

35. ［美］伯尔曼：《法律与革命》，贺卫方等译，中国大百科全书出版社 1993 年版。

36. ［美］约翰·S. 布鲁贝克：《高等教育论》，工承绪等译，浙江教育出版社 2001 年版。

37. N. 霍恩：《法律科学与法哲学导论》，罗莉译，法律出版社 2005

年版。

论文类

1. 曾宪义:"中国法律硕士专业学位教育的创办与发展",载《法学家》2007年第3期。

2. 张文显:"中国法学教育的若干问题",载《中国法学教育通讯》2007年12月。

3. 徐显明:"在'强化专业学科建设,提高法学教育质量'研讨会闭幕式上的讲话",载《中国法学教育研究》2006年第3辑,中国政法大学出版社2006年版。

4. 王利明:"关于法学教材建设的几点意见",载《中国法学教育研究》2006年第3辑,中国政法大学出版社2006年版。

5. 吴志攀:"统一司法考试与高等法学教育的改革取向",载《中国高等教育》2005年第13、14期。

6. 李福华:"研究型大学院系设置的比较分析与理论思考",载《清华大学教育研究》2005年第6期。

7. 符启林:"中国法学教育的过去、现状与未来",载《太平洋学报》2007年第6期。

8. 方流芳:"中国法学教育观察",载《比较法研究》1996年第2期。

9. 武树臣:"淡化专业与课程体系的调整",载《中外法学》1996年第2期。

10. 丁凌华、赖锦盛:"中国法学教育的历史及其反思",载《华东政法大学学报》2007年第4期。

11. 周少元:"清末法学教育的特点",载《法商研究》2001年第1期。

12. 孙谦:"改革和发展面向二十一世纪的法律职业教育",载《国家检察官学院学报》2000年第4期。

13. 肖扬:"在庆祝国家法官学院建院十周年大会上的讲话",载《法律适用》2007年第10期。

14. 王健:"中国法律硕士教育的创办、发展与成就:1996—2006",载《法制与社会发展》2007年第5期。

15. 王健:"法律硕士教育的性质",载《华东政法学院学报》2005年第3期。

16. 何勤华、张传:"从发达国家的法学教育看中国法律硕士的培养",

载《学位与研究生教育》2002 年第 12 期。

17. 霍宪丹："法律硕士教育定位的背景和基础"，载《华东政法学院学报》2005 年第 3 期。

18. 郑永流："学术自由、教授治校、职业忠诚——德国法学教育述要"，载《比较法研究》1997 年第 4 期。

19. 韩赤风："当代德国法学教育及其启示"，载《比较法研究》2004 年第 1 期。

20. 邵建东："德国法学教育最新改革的核心——素质和技能"，载《比较法研究》2004 年第 1 期。

21. 姜作利："意大利法律教育制度及其对我们的启示"，载《法学论坛》2002 年第 1 期。

22. 李龙、李炳安："我国综合性大学法学本科专业课程体系的调查与思考"，载《政法论坛》2003 年第 5 期。

23. 李红云："谈谈美国的法律教育"，载北京大学法学院编：《价值共识与法律合意》，法律出版社 2002 年版。

24. 曾宪义："我国法学高层次人才培养规划的必要调整"，载《学位与研究生教育》1997 年第 5 期。

25. 潘剑锋："论司法考试与大学本科法学教育的关系"，载《法学评论》2003 年第 2 期。

26. 霍宪丹："法学教育的历史使命与重新定位"，载《政法论坛》2004 年第 4 期。

27. 焦盛荣："法学专业教学方法改革初探"，载《黑龙江省政法管理干部学院学报》1999 年第 4 期。

28. 宣增益："法学教育培养模式中的教学方法改革路径之探讨"，载《时代法学》2007 年第 2 期。

29. 田春苗："论法学教育中的辩论式教学方法"，载《甘肃政法成人教育学院学报》2006 年第 4 期。

30. 王妍："'批判式'教学方法在法学教育中应用探讨"，载《吉林省教育学院学报》2006 年第 10 期。

31. 王清平："法学课程教学方法的探讨"，载《中国大学教学》2004 年第 12 期。

32. 周世中："英国法律教育制度及其对我们的启示"，载《法学论坛》2002 年第 1 期。

33. 王菊英"'诊所式法律教育'本土化的思考",载《河北法学》2005年第3期。

34. 蓝寿荣:"教之有法与教无定法——法学教学方法的回顾与思考",载《贵州师范大学学报》(社会科学版)2006年第1期。

35. 苏力:"当代中国法学教育的挑战与机遇",载《法学》2006年第2期。

36. 王晨光:"法学教育的宗旨——兼论案例教学模式和实践性法律教学模式在法学教育中的地位、作用和关系",载《法制与社会发展》2002年第6期。

37. 郑永流:"人有病,天知否?——当代中国高等法学教育问答",载《政法评论》2001年卷。

38. 陈金钊:"问题与对策:对法学教材编写热潮的感言",载《杭州师范学院学报》(社会科学版)2007年第2期。

39. 胡玉鸿:"试论法学教材的编写目的",载《法学论坛》2004年第3期。

40. 王光仪:"改革开放以来高校法学教材建设的回顾与展望",载《汕头大学学报》(人文社会科学版)1996年第4期。

41. 徐爽:"开放的互动:法学教材与学术成果之间",载《云南大学学报》(法学版)2002年第2期。

42. 梁慧星:"中国民法学的历史回顾与展望",载中国法学网,http://www.iolaw.org.cn/showarticle.asp?id=2131#_ftnref66。

43. 赵家琪等:"试论法学专业考试制度的改革与创新",载《牡丹江师范学院学报》(哲社版)2006年第5期。

44. 林锦平:"法学专业课考试方法改革浅论",载《福州大学学报》(哲学社会科学版)2001年增刊。

45. 喻军:"链接司法考试改进大学法学教育",载《湖南科技学院学报》2007年第1期。

46. 刘俊:"法律职业化与司法考试的关系分析",载《南京社会科学》2007年第3期。

47. 刘东方:"国家司法考试若干问题探讨",载《中国司法》2006年第12期。

48. 汪启和、黄艳葵:"职业性与学术性:司法考试应并重",载《行政与法》2005年第3期。

49. 何士青:"司法考试与法学教育",载《湖北大学学报》(哲学社会科学版)2004年第1期。

50. 霍存福、何志鹏:"法学专业教学质量评估的制度构想",载《法制与社会发展》2002年第6期。

51. 刘玉田:"司法考试对法学教育的影响及其改进",载《中国大学教学》2006年第5期。

52. 苏号朋:"论国家司法考试方式与题型的完善",载《中国考试》2006年第3期。

53. 丁相顺:"阶段性考试模式与我国统一司法考试制度的完善",载《中国司法》2005年第9期。

54. 张振刚、杨建梅、司聚民:"中美高等教育机构分类、布局和规模的比较研究",载《清华大学教育研究》2002年第1期。

55. 卓泽渊:"法治进程中的法学教育与法律人才",载中国法学网,http://www.iolaw.org.cn/shownews.asp?id=15678。

56. 卓泽渊:"法学教育的问题与出路",载《法制日报》2007年6月3日。

57. 郑永流:"知行合一 经世致用——德国法学教育再述",载《比较法研究》2007年第1期。

58. 肖忠群:"论大学教师的职业责任与道德",载《高校理论战线》2002年第12期。

59. 赵晓力:"学术自由、大学自治与教授治校",载中国法学网,http://www.iolaw.org.cn/lawedu.asp。

60. 杨振山:"中国法学教育沿革之研究",《政法论坛》2000年第4期。

61. 李猛:"如何改革大学——对北京大学人事改革方案逻辑的几点研究",载天益网,http://www.tecn.cn/data/detail.php?id=698。

62. 彭凤莲、苏旭:"法学教育与司法职业",载《科教文汇》2008年第2期。

63. 徐今雅、朱旭东:"'专业教育'辨析——兼论专业教育与高等职业教育的关系",载《复旦教育论坛》2007年第6期。

64. 贺卫方:"中国法律职业:迟到的兴起和早来的危机",载《社会科学》2005年第9期。

65. 徐清宇:"法学教育供给与司法职业需求的不对称及其校正",载

《教育部高等学校法学学科教学指导委员会、中国法学会法学教育研究会2007年年会暨中国法学教育论坛论文集》。

66. 关毅:"德国模式的法官成长之路",载《法律适用》2008年第5期。

67. 钱欧:"日本律师制度简介",载《中国司法》2008年第5期。

68. 董华:"日本国的法官制度",载《人民司法》1999年第7期。

69. 黄石勇:"日本的法官教育培训",载《法律适用》2005年第2期。

70. 贺田正纯:"日本检察官的继续教育",张纯田译,载《检察实践》2000年第6期。

71. 杨新京:"英国律师培训制度",载《国家检察官学院学报》1999年第4期。

72. 王凌军:"英国律师学院对我国律帅培训的启示",载《中国律师》2002年第7期。

73. 王文锦、余文杰:"美国律师制度对我国的借鉴与思考",载《中国司法》2008年第3期。

74. 冯心明:"香港法律教育制度改革及其启示",载《华南师范大学学报》(社会科学版)2005年第6期。

75. 姚秀兰:"澳门与香港特别行政区律师制度之比较",载《律师世界》1999年第12期。

76. 屈茂辉、周志芳:"海峡两岸法学专业本科课程设置之比较",载《邵阳学院学报》(社会科学版)2005年第1期。

77. 周宸立:"21世纪台湾法学教育之新趋势——法硕乙",载《法学家》2001年第2期。

78. 林则奘:"台湾地区检察官制度面临的几个问题",载《国家检察官学院学报》2008年第1期。

79. 赵相林:"中国高等法学教育的现状与发展",载郭成伟主编:《法学教育的现状与未来——21世纪法学教育暨国际法学院校长研讨会论文集》,中国法制出版社2000年版。

80. 熊时升:"构建法学专业教育教学质量评价与质量监控体系刍议",载《教育部高等学校法学学科教学指导委员会、中国法学会法学教育研究会2007年年会暨中国法学教育论坛论文集》。

81. 朱小根:"论我国高等教育教学质量的保证",载《经济与社会发展》2006年第1期。

82. 王肃元:"高等法学教育教学质量监控体系的构建与实施",载《教育部高等学校法学学科教学指导委员会、中国法学会法学教育研究会 2007 年年会暨中国法学教育论坛论文集》。

83. 王志芳、余小波:"对市场经济条件下高等教育质量监控新模式的探讨",载《经济师》2006 年第 9 期。

84. 张亮:"'法学院大扩招'应尽快结束——周永坤教授访谈",载《法制日报》2007 年 6 月 3 日。

85. 李平:"法学专业实践性教学环节及其基本质量标准探讨",载《教育部高等学校法学学科教学指导委员会、中国法学会法学教育研究会 2007 年年会暨中国法学教育论坛论文集》。

86. 马晓燕:"现代远程与开放教育法学专业质量保证体系的研究与实践",载《教育部高等学校法学学科教学指导委员会、中国法学会法学教育研究会 2007 年年会暨中国法学教育论坛论文集》。

后　　记

本书由我和我原在北京大学攻读博士时的两位师弟孙远（男，河北石家庄市人，法学博士，现为中国青年政治学院法律系副教授）、杨雄（男，湖北随州人，法学博士，现为北京师范大学刑事法律科学研究院讲师）合作完成。各章撰写分工如下：

第一章：冀祥德

第二章：杨雄

第三章：冀祥德

第四章：杨雄

第五章：杨雄

第六章：冀祥德、杨雄

第七章至第十章：孙远

第十一章：冀祥德

第十二章：冀祥德

第十三章：冀祥德

全书由冀祥德统一修改定稿。

在本书的撰写过程中，中国社会科学院法学研究所所长兼法学系主任李林教授给予了很多的指导与帮助；法学所法律硕士教学管理办公室代主任金英、法硕办谷硕、马杰、丹妮和国际法研究中心谢新胜博士、法学所博士后研究人员程雷以及我的研究生张文秀（现为北京市西城区人民检察院助理检察员）、杨瑞清（现为大地文化传播集团法务部专员、北京君本律师事务所律师）、北京大学法学院硕士研究生王一鸣，在有些资料的收集和整理中做了大量的工作；中国社会科学出版社的编辑任明老师，在本书的出版过程中，付出了辛勤的劳动。在此一并致以诚挚的感谢。由于我们研究水平和写作时间的限制，本书有诸多不尽如人意之处，敬请指教。

冀祥德

二〇〇八年八月十一日